刑法総論講義案

原口伸夫

は し が き

　この講義案は、私の担当する刑法総論の授業の講義案である。1回の授業で原則として1講ずつ進んでいく予定で書かれている。ただ、その時々のニュースに関連づけて話をしたり、その項目を理解するうえで前提的な事柄、関連する問題に話が及び、予定のところまで話が進まないこともあるかもしれない。授業の進度につきそのような場合もありうることはあらかじめ承知しておいてもらいたい。与えられた授業時間の中では話しきれないことでも、刑法総論を理解し、理解を深めるうえで必要と考えることを書いている部分もある。いずれにせよ、この講義案で、私がこの1年間の刑法総論の授業において話したいこと、理解してもらいたいこと、考えてもらいたいことを書いたつもりある。繰り返し読んで、予習・復習、授業内容の理解に役立ててもらえれば幸いである。さまざまな制約もあり、不十分な箇所、考察の至らぬ部分等々もあると思う。気づいた点につき指摘、叱正して頂けると幸いである。

2023年2月20日

原口伸夫

目　　次

凡　例

1.　本書において、刑法の条文を引用するときは、刑法という法令名を省き、単に数字に「条」をつける（たとえば、「199条」）、刑法以外の法令を引用するときは、法令名を記載する（ただし、略語を用いる場合がある。たとえば、「刑訴法204条」）。

2.　戦前の判例は、旧字体の漢字、カタカナ、句読点なしで表記されているが、引用する場合、読みやすさを考慮して、適宜新字体の漢字、ひらがな表記に改めた。なお、戦後の判例も、漢数字は、固有名詞等を除き、算用数字に改めた

3.　下記の文献は、太字の表記で引用する。

浅田和茂『刑法総論（第2版）』（成文堂、2019年）＝**浅田・総論2版**

井田　良『講義刑法学・総論（第2版）』（有斐閣、2018年）＝**井田・総論2版**

大塚　仁『刑法概説総論（第4版）』（有斐閣、2008年）＝**大塚・総論4版**

大谷　實『刑法講義総論（新版第5版）』（成文堂、2019年）＝**大谷・総論新版5版**

斎藤信治『刑法総論（第6版）』（有斐閣、2008年）＝**斎藤・総論6版**

佐伯仁志『刑法総論の考え方・楽しみ方』（有斐閣、2013年）＝**佐伯・総論の考え方**

塩見　淳『刑法の道しるべ』（有斐閣、2015年）＝**塩見・道しるべ**

曽根威彦『刑法総論（第4版）』（弘文堂、2008年）＝**曽根・総論4版**

高橋則夫『刑法総論（第5版）』（成文堂、2022年）＝**高橋・総論5版**

只木　誠『コンパクト刑法総論（第2版）』（新世社、2022年）＝**只木・総論2版**

団藤重光『刑法綱要総論（第3版）』（創文社、1990年）＝**団藤・総論3版**

西田典之（橋爪隆補訂）『刑法総論（第3版）』（弘文堂、2019年）＝**西田・総論3版**

橋爪　隆『刑法総論の悩みどころ』（有斐閣、2020年）＝**橋爪・総論**

日髙義博『刑法総論（第2版）』（成文堂、2022年）＝**日髙・総論2版**

平野龍一『刑法総論』Ⅰ（有斐閣、1972年）＝**平野・総論Ⅰ**、同『刑法総論Ⅱ』（有斐閣、1975年）＝**平野・総論Ⅱ**

藤木英雄『刑法講義総論』（弘文堂、1976年）＝**藤木・総論**

堀内捷三『刑法総論（第2版）』（有斐閣、2004年）＝**堀内・総論2版**

前田雅英『刑法総論講義（第7版）』（東京大学出版会、2019年）＝**前田・総論7版**

町野　朔『刑法総論』（信山社、2019年）＝**町野・総論**

松原芳博『刑法総論（第3版）』（日本評論社、2022年）＝**松原・総論3版**

松宮孝明『刑法総論講義（第5版補訂版）』（成文堂、2018年）＝**松宮・5版補訂**

山口　厚『刑法総論（第3版）』（有斐閣、2016年）＝**山口・総論3版**

山中敬一『刑法総論（第 3 版）』（成文堂、2015 年）＝**山中・総論 3 版**

『最高裁判所判例解説刑事篇（〇年度）』（法曹会）＝**最判解〇年度**

倉富勇三郎ほか監修（松尾浩也増補解題）『増補刑法沿革綜覧』（信山社、1990 年）＝**刑法沿革綜覧**

佐伯仁志・橋爪隆編『刑法判例百選Ⅰ総論（第 8 版）』（有斐閣、2020 年）＝**百選Ⅰ8 版**

　〔百選の前の版は、第 7 版（2014 年）＝**百選Ⅰ7 版**、第 6 版（2008 年）＝**百選Ⅰ6 版**、第 5 版（2003 年）＝**百選Ⅰ5 版**、

第 4 版（1997 年）＝**百選Ⅰ4 版**、第 3 版（1992 年）＝**百選Ⅰ3 版**、第 2 版（1984 年）＝**百選Ⅰ2 版**と引用する〕

西田典之・山口厚・佐伯仁志『刑法の争点』（有斐閣、2007 年）＝**争点**

　〔争点の前の版は、第 3 版（2000 年）＝**争点 3 版**、新版（1987 年）＝**争点新版**と引用する〕

4.　判例の略語は以下の通りである。

　大判（決）　　大審院判決（決定）

　最判（決）　　最高裁判所判決（決定）

　高判　　　　　高等裁判所判決

　地判　　　　　地方裁判所判決

　支判　　　　　支部判決

　簡判　　　　　簡易裁判所判決

　刑録　　　　　大審院刑事判決録

　刑集　　　　　大審院刑事判例集・最高裁判所刑事判例集

　裁判集　　　　最高裁判所裁判集（刑事）

　新聞　　　　　法律新聞

　高刑集　　　　高等裁判所刑事判例集

　高刑判特　　　高等裁判所刑事判決特報

　高刑裁特　　　高等裁判所刑事裁判特報

　東高刑時報　　東京高等裁判所判決時報（刑事）

　高検速報　　　高等裁判所刑事裁判速報集

　下刑集　　　　下級裁判所刑事裁判例集

　刑月　　　　　刑事裁判月報

　一審刑集　　　第一審刑事裁判例集

　判時　　　　　判例時報

　判タ　　　　　判例タイムズ

　裁判所 web　　裁判所公式ホームページ内の裁判例情報データベース

　LEX/DB　　　LEX/DB インターネット（TKC 法律情報データベース）

5. 2022年（令和4年）の刑法改正により懲役刑と禁錮刑が「拘禁刑」に統一された。この改正の施行は、公布の日（2022年6月17日）から起算して3年を超えない範囲内において政令で定める日からであり、まだ施行前であるが、この『刑法総論講義案』においては改正後の「拘禁刑」と表記し、改正法施行前の「懲役刑」・「禁錮刑」の表記は〔　　〕内で併記することとする。

（例）235条　他人の財物を窃取した者は、窃盗の罪とし、10年以下の拘禁刑〔懲役〕又は50万円以下の罰金に処する

第1講　刑法の位置づけ
── 「刑法総論」で勉強すること ──

I　「刑法総論」で勉強すること

（1）「社会あるところ、法あり」(Ubi societas, ibi jus.)」という古くからの法格言（法諺）がある。人は1人で生きていくことはできない。われわれは、家族、友達、近所の人たち、仕事の同僚……等々、関係の濃淡はともかく、多くの人とのかかわりのなかで日々暮らしている。1人だけで生活できるのならば好き勝手なことをしていてもかまわない。しかし、現代社会において自給自足の生活はおよそ不可能である。複数の者が共同で生活をすることになれば、おのずとルールが必要となる。冒頭の「社会あるところ、法あり」である。

このルール（規範）にはさまざまなレベルのものがある。道徳規範、宗教規範、法規範などである。「嘘をついてはならない」というのは道徳上重要なルールであり、平気で嘘をつく人が「この嘘つき！」と非難の対象になることはあっても、「嘘つき罪」という犯罪はない。もちろん、嘘をついて物をだましとれば、詐欺罪が成立することになる。法学部での学修の中心になるのは国家レベルの法規範であり、国会の議決により制定された法律がとくに重要である。

（2）わが国の法秩序は、日本国憲法をその頂点とし[1]、その下に、民事法と刑事法[2]に属する多くの法律が連なっている。民事法には、民法を筆頭に、商法、会社法、不動産登記法、金融商品取引法、著作権法、消費者契約法、特定商取引に関する法律等々、数多くの法律がある。それらは私人間の権利・義務にかかわるルール、取引にかかわるルール、身分関係にかかわるルールなどを定めている。お金の貸し借りのトラブルなど、これらに関するトラブルを解決するのが民事裁判であり、その手続を定めているのが民事訴訟法である。

民事法に対して、刑事法は、犯罪と刑罰に関するルールを定めている。その中心にあるのがこの「刑法総論」の講義において勉強する刑法（典）である。刑法は、どのような行為が犯罪になり、それに対してどのような刑罰が科されるのかを定めている。たとえば、199条は、「人を殺した者は、死刑又は無期若しくは5年以上の拘禁刑〔懲役〕に処する」と規定し、235条は、「他人の財物を窃取した者は、窃盗の罪とし、10年以下の拘禁刑

---

[1] 憲法97条～99条参照。憲法98条1項は、「この憲法は、国の最高法規であつて、その条規に反する法律、命令、詔勅及び国務に関するその他の行為の全部又は一部は、その効力を有しない」と規定する。最高法規性の関係で、憲法81条の違憲審査権も重要である。なお、憲法と条約（たとえば、子どもの権利条約、女子差別撤廃条約など）との関係は議論がある。

[2] 裁判も民事裁判と刑事裁判とがあり、それぞれ異なる手続により行われる。国民が裁判員として司法に参加する裁判員裁判は、刑事裁判においてのみ実施されている。そのことは、「裁判員の参加する刑事裁判に関する法律」という裁判員法の正式名称をみれば明らかになろう。

〔懲役〕又は 50 万円以下の罰金に処する」と規定し[3]、それぞれ殺人罪、窃盗罪の成立要件と、その要件を充たした場合に生じうる法律上の効果（刑罰）を定めている。刑法は古い法律であり、1907 年（明治 40 年）4 月 24 日に公布され（法律第 45 号）、1908 年 10 月 1 日から施行されている。部分的な改正は何度も行われてきた[4]が、基本的な部分は明治 40 年制定の刑法のままであり、それが 110 年以上にわたって使われ続けてきた。

　（3）「刑法」という場合、狭義では、1907 年制定の刑法典を指すが、広義では、犯罪と刑罰に関するルールを定めている法規範（刑罰法規）のすべてをいう。たとえば、自動車の運転により人を死傷させる行為等の処罰に関する法律（自動車運転死傷行為処罰法）[5]、暴力行為等処罰ニ関スル法律、盗犯等ノ防止及処分ニ関スル法律、爆発物取締罰則、組織的な犯罪の処罰及び犯罪収益の規制等に関する法律（組織犯罪処罰法）などであり[6]、これらを特別刑法という。これらは刑法典の中に規定されている犯罪に近い性質をもつ行為を規定しており、準刑法と呼ばれることもある。これに対して、道路交通、経済取引、租税、消費者保護、環境保護、医療等における行政目的を達成する（その実効性を担保する）ために刑罰を用いる法規があり、これらを行政刑法と呼ぶ。

　刑事裁判の手続規定のほか、証拠の捜索・押収、被疑者の逮捕など、犯罪捜査に関するルールも定めているのが刑事訴訟法である。刑事訴訟法は、犯罪が発生してからその捜査をし、犯人を特定・検挙し、裁判にかけて犯罪事実の有無を確認し、有罪の場合にはその刑を執行するまでの一連の刑事手続を定めている。刑法が実体法、刑事訴訟法が手続法であり、車の両輪のようにこの 2 つの法律がそろってはじめて刑事法が機能する。なお、少年法は重大な少年事件が起こった際などに社会的にも注目されるが、少年に関して、成人の場合とは異なる特別な手続（少年審判）や特別な効果（保護処分など）を規定しており、刑事訴訟法の特別法という性格をもっている。以上のような法律群がわが国の刑事法を形づくっている。

　犯罪の現状や原因を分析し、犯罪を予防・鎮圧するなどの対策（立法政策・行政政策など）、刑罰・犯罪者の処遇のあり方等を分析・考察する刑事政策学（犯罪学）という学問分野もある。

---

[3] 六法でこれらの条文を探して、確認してみよう。法律学の勉強において、六法で条文を確認することは、その内容を理解し、また、理解を深めるうえで不可欠な作業である。

[4] 一番大きな改正は、1995 年（平成 7 年）の刑法典の表記を平易化した改正である。明治時代につくられた刑法典は、この改正まで文語体の文章で書かれていた。たとえば、この改正前の 38 条 2 項は、「罪本重カル可クシテ犯ストキ知ラサル者ハ其重キニ従テ処断スルコトヲ得ス」と規定していた。この改正により口語体の文章に全面的に書き改められたのである。そのほか、この改正により、昭和 48 年に違憲判決（最大判昭和 48 年 4 月 4 日刑集 27 巻 3 号 265 頁）を下された尊属殺人罪（旧 200 条）の規定が削除されるなどがなされた。

[5] 東名高速道路において酒に酔った状態で大型貨物自動車を運転し、前を走る車に追突し、同車を炎上させ、幼児 2 名を死亡させ、5 名に傷害を負わせた事故（この事故につき、東京高判平成 13 年 1 月 12 日判時 1738 号 37 頁参照）を 1 つの契機として、交通事故の被害者・遺族を含め 30 万人以上の署名が集められるなどし、危険運転致死傷罪（当時の 208 条の 2）の新設に至った。その後、2013 年には自動車運転死傷行為処罰法が制定され、上記の危険運転致死傷罪や自動車運転過失致死傷罪が、刑法典からこの法律に移され、自動車事故関係の犯罪がこの法律にまとめられることになった。

[6] これらの法律も「六法」に掲載されている。「六法」の表紙をめくると、「法令索引」があると思われる。その索引で法律名を検索すると、その法律が掲載されている最初の頁数が記載されている。「六法」の利用に慣れるために、どの法律でもいいので、法律を六法で探し、条文を読んでみよう。

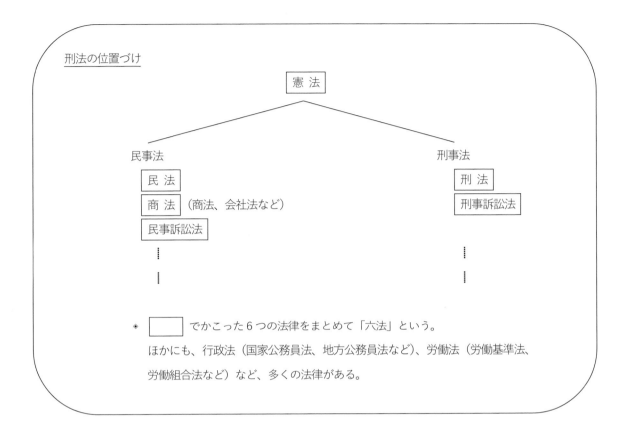

刑法の位置づけ

憲法

民事法
　民法
　商法（商法、会社法など）
　民事訴訟法

刑事法
　刑法
　刑事訴訟法

◈ 　□　でかこった 6 つの法律をまとめて「六法」という。
　　ほかにも、行政法（国家公務員法、地方公務員法など）、労働法（労働基準法、
　　労働組合法など）など、多くの法律がある。

【刑事法分野の授業科目】

・　［刑法総論］　犯罪すべてに共通する規則、ルールの一般的な成立要件（構成要件、違法性・責任など）を検討する（1 条～72 条）。この授業において勉強する。

・　［刑法各論］　個々の犯罪（殺人罪、窃盗罪等）の成立要件を検討する（77 条～264 条）。

・　［刑事訴訟法］　犯罪を捜査し、証拠の収集・犯人の検挙をし、裁判にかけ、証拠を調べ、有罪の場合に刑を執行する一連の手続を規定している。

・　［刑事政策（犯罪学）］　犯罪の現状・原因を分析し、犯罪の（予防・鎮圧などの）対策、刑罰・犯罪者の処遇のあり方等を考察する学問分野である。

Ⅱ 刑法における法益の保護 ── 補充的な法益保護

　刑法の基本的役割の１つは法益の保護である。法益とは「法」によって保護される利「益」であり、たとえば、殺人罪（199 条）の場合、人の生命が保護法益である。刑法は、生命という法益が侵害されないように、「人を殺してはならない」といったルール（禁止規範、命令規範）を設定し、そのルールに反する行為に対して刑罰を加えることを予定し、その違反行為に対して実際にその刑罰を加える、ということによって、法益の保護を目指している。法益を保護するという観点からは、刑法による法益の保護は、広く強い程よいとも考えられそうである。たとえば、殺人行為の場合、殺されてしまった者の生命はもはや回復することができず、その段階に至った後ではもはやその被害者に対する対応策はない。生命という法益の重要性、その回復不可能性等を勘案すれば、被害者の死というような取り返しのつかない出来事が起こらないように、殺害しようとする行為を強く禁圧し、また、早い段階で刑法が介入し、法益の保護を強めることは合理的であるともいえよう。

　しかし、刑法が強く、広く、早い段階で介入することに伴う別の側面も十分に考慮に入れなければならない。個人の生活へ国家が必要以上に介入すればする程、ある利益を保護するために行ったことが逆に他の利益の不必要な制約に導くということにもなりかねない。刑法の介入、（禁止・命令）規範の設定、その適用の可否（・程度）は、他の法領域との関係、侵害された法益の回復可能性あるいはその難易、禁止（命令）規範の設定により生ずる行動の自由の制約の度合いとそのことにより守られる法益（の重要性）の兼ね合いなど、さまざまな観点を十分に考慮する必要がある。捜査・裁判・行刑の運用のための国民の税負担、限られた人的・財政的体制での（効率的）事件処理という制約も無視することもできない。また、処罰されるに至った場合に受ける「犯罪者」として烙印、職場の喪失、家庭の崩壊などの更生・社会復帰を妨げる方向に働く事情も刑事法の運用に際して重要な関心をもたざるをえない。

　そこで、刑法の運用において、刑法の謙抑主義、刑法の補充性が一般に認められてきた。刑法の謙抑主義とは、刑罰は自由を剥奪し、生命をも奪うというきわめて峻厳な制裁であり、また、刑罰を科すことに伴う副作用があることも否定できないから、できるだけ控えめに、謙抑的に用いるべきだとする考え方である[7]。刑法の補充性（補充性の原理）は、社会における制裁の重層性から導かれる。すなわち、われわれの社会には、制裁（問題への対応策）が複数、しかも、重層的に存在しており、それらは究極的にはわれわれの人間関係のトラブル・軋轢を解決し、自由で平穏な社会（共同）生活を可能とするために存在している。同じ目的を目指し、それを達成できるのであれば、できるだけ穏やかな手段が用いられた方がよい。刑事罰を用いるよりも、民事的・行政的（その他の）対応によって当該問題を十分に、満足できるかたちで解決できるのであれば、それらを優先して用い[8]、それらが十分に対応できない場合にはじめて刑法（刑罰）が登場すべきであると考える。つまり、刑罰は他のよ

7　宮本英脩『刑法大綱』16 頁（弘文堂書房、1935 年）は、刑法の「根本主義の１として謙抑主義がある。それは刑法は有らゆる違法な行為に対して刑罰を以て臨まんとするが如き、謂はば不遜な態度を採るものではないといふことである」と主張した。

8　借りた物をは返さなければならないというのは社会の基本的なルールの１つであろうが、債務不履行に対しては民事的な対応が基本であり、債務不履行罪というのはない。

り穏やかな対応手段では十分でない場合に補充的に用いるべきであるとする考え方である（ultima ratio としての刑罰）。そして、このような補充的な刑法の適用は、その結果として、刑法による保護の断片的な性格ももたらすことになる。

　刑法による法益保護の原則は、このような、それを限界づけ、または調整を図る観点をあわせ考慮することによって、より正確に規定されることになる（補充的な法益保護）。このような限界づけ・調整が具体的にどのようになされるべきかのかということは、抽象的に、あらかじめ決められるといったものではなく、個々の問題ごとに考えていかざるをえない。法益の保護という刑法の重要な役割（機能）とそれを限定・調整する観点を常に意識し、個々のケースにおける刑法の解釈・適用、さらには刑事立法を考えていくことが重要である[9]。

---

9 斎藤・総論6版1頁以下、5頁以下（社会心理的に衝撃を与える程度において法益を侵害し、あるいは脅威を及ぼす限りで、法益を保護する必要があり、同時に、その限りでの刑法的保護で満足すべきである）も参照。

第2講　刑法総則規定の概観

（1）刑法は、犯罪と刑罰に関する法律である。わが国の刑法典は、「第1編 総則」（1条～72条）と「第2編 罪」（73条[1]～264条）の2つの編からなる。このうちの「第1編 総則」の条文解釈（条文の理解の仕方・意味のとり方）を、この刑法総論の講義において学修する。「総則」とは、全体に通じて適用するきまりのことであり、刑法典の「第1編 総則」は、すべての（少なくとも多くの）犯罪・刑罰に関して共通するルール、すなわち、犯罪の成否や刑罰の適用に関する一般的なルールを定めている。

（2）これから刑法を学修していくにあたり、最初に、わが国の刑法の歴史について簡単に示しておこう。

わが国の近代法の歴史は明治維新になってからはじまる[2]。当時、黒船に象徴される欧米列強の圧倒的な力を示され、幕末に徳川幕府が締結せざるをえなかった不平等な条約の改正が明治政府の悲願でもあった。明治政府は、関税自主権を回復し、治外法権を撤廃した条約改正を目指し、また、殖産興業・富国強兵のスローガンのもとに、欧米列強諸国と対等な地位に立つべく近代化へのさまざまな取組みを行っていった[3]。このような取り組みにおいて欧米を模倣しようとするに急であり、洋装・洋食の奨励、西洋建築、とりわけ鹿鳴館の竣工など、緊縮財政政策がとられているなかで外形的に取り繕う欧化政策がとられた。法律の分野においても、近代的な、西欧的な法典の編纂・司法制度の確立が急がれた[4]。そこで、明治政府は、フランスからパリ大学のボアソナード

1　73条から76条（皇室に対する罪）は、1947年（昭和22年）の刑法一部改正において削除された。六法をみてみよう。

2　明治維新以前は、長い間、中国系の法制度である律令制度がわが国の刑事法制度の基礎にあった。歴史の時間に勉強したように、大化の改新（645年）以降、わが国は律令国家としての歩みをはじめる。律令の「律」は刑法のことをいい、「令」は、今日の行政法、訴訟法その他のルールを含んでいる。701年に大宝律令、718年に養老律令が制定された。時代が下り、武士が台頭してくると、慣習法といえる武家法が中核をなすようになる。成文化されたものとしては、1232年（貞永元年）に北条泰時が制定した御成敗式目（貞永式目）、戦国時代の諸国の分国法（今川家のかな目録、伊達家の塵芥集、武田家の甲州法度など）、江戸幕府8代将軍徳川吉宗による1740年の御定書百箇条（公事方御定書）が歴史的に重要である。武家法は一般に威嚇主義的な色彩が強く、その刑罰は残酷なものが少なくなかった。わが国の刑法は、明治時代の前までは、大きくみれば、大化の改新以来、中国から学んだ律令制度をその基底とし、それに慣習法（武家法）が混在するというものであったといえよう。

3　三ケ月章『法学入門』58頁以下（弘文堂、1982年）は、「明治新政府が西欧法の移入に決断した背景には、不平等条約の撤廃という政治的な大目標があった。したがって西欧法の移入の過程も、その緩急も、またその対象も、すべてこのような政治的動機から割り出されていたとみても過言ではない」。「法自体にとって何が必要であるかという角度からの緩急順序よりも、何が法治国的外形を作り出すのに手っとり早いのか、ひいて、条約改正という政治目的に有効に作用するのは何か、という観点こそが、前面に押し出された」。「日本での法の継受・移植の仕方を規定していたの」は「決して『法の論理』ではなく、むしろ『政治の論理』であった」と分析する。次注も参照。

4　当時の司法卿の職にあった江藤新平は、法典編纂作業を急ぎ、フランスの法典の訳を担当していた箕作麟祥に、「誤訳もまた妨げず、唯速訳せよ。」といい、また、「フランス民法と書いてあるのを日本民法と書き直せばよい。そうして直ちにこれを頒布しよう。」と述べたという話は、あまりに有名である。参照、穂積陳重『法窓夜話』210頁以下（岩波文庫、1980年）、的野半介『江藤南白（下）』107頁以下（原書房、1968年）。また、磯部四郎「民法編纂ノ由來ニ關スル記憶談」法学協会雑誌31巻8号147頁以下（1913年）。『法窓夜話』は法律学を学修するにあたり読んでおいてよいわが国の法律学の古典的な本の1つといえる。ちなみに、明治23年に公布された民法典を予定通り施行すべきか、実施を延期し国情にあったものに修正すべ

（Gustave Boissonade）らを教師として招聘し[5]、優秀な若者たちにフランス法を中心に当時のヨーロッパの法律を学ばせた。このときに学んだ宮城浩蔵（1850-1894）、井上正一（1850-1936）、高木豊三（1852-1908）らが、わが国で最初の近代的な刑法典である旧刑法の制定に貢献する。旧刑法は、1880年（明治13年）7月17日に制定され、1882年（明治15年）1月1日に施行された。この旧刑法は近代的なものであったが、当時のわが国の実情に合わない、犯罪の激増に有効に対処できないなどと批判され、旧刑法制定後すぐに改正への動きが生じた。数次の草案など改正の準備作業を経て、1907年（明治40年）4月24日に新たな刑法が制定され、翌年の10月1日から施行された。これが現行刑法典である。

（3）このような過程で制定された現行刑法典の「第1編 総則」の規定をみてみよう。

（ⅰ）刑法典の最初の条文である1条1項は、「この法律は、日本国内において罪を犯したすべての者に適用する」と規定し、わが国の刑法が場所的に適用される範囲に関する原則を示している。たとえば、（ア）渋谷の繁華街でアメリカ人の留学生と中国人の旅行客が口論となり、一方がかっとなって他方に傷害を負わせた。（イ）フランスに留学している日本人留学生が、パリを観光中にスペイン国籍の者に財布をすり盗られた。（ア）（イ）の場合、それぞれわが国の刑法は適用されるのだろうか。国際的な人の移動が盛んな現代において、刑法の適用範囲について定めておくことは重要である。この問題について、次回の講義で検討する。

（ⅱ）9条以下はわが国の刑罰について定めている。9条は、「死刑、拘禁刑〔懲役、禁錮〕、罰金、拘留及び科料を主刑とし、没収を付加刑とする」と規定し、わが国で「刑罰」として用いることのできるものを規定している。歴史的にみれば、刑罰は9条で列挙されているものだけに限定されない。島流しの刑（流刑）は有名だろう。かの源頼朝も平治の乱のあと伊豆に流され、後に再起して鎌倉幕府を開くことになる。入墨（鯨刑）は律令制度のもとで刑罰の1つとされ、公事方御定書でも採用され、主として盗犯に科された。昔のことはともかく、現在、社会奉仕命令（community service order）や電子監視（electronic monitoring system）などといった刑罰ないしは刑の付随処分を用いる国もある。わが国の現在の刑罰制度については、第4講において検討する。

（ⅲ）正当防衛は、刑法の規定の中では、よく知られているものの1つであり、裁判例も多い[6]。正当防衛は

きかが論争された法典論争（これについて、穂積・前掲328頁以下参照）において、延期派の1人であった憲法学者穂積八束が「民法出デ忠孝亡ブ」（法学新報5号8頁以下［1891年］）と論じたのはよく知られているが、穂積八束は陳重の弟である。また、日本家族法の父ともいわれる穂積重遠は陳重の子であり、『法窓夜話』の序を書き、父陳重の没後、『続法窓夜話』（岩波書店）の出版に尽力した。

[5] ボアソナードの生涯、わが国の近代法律学形成に残した足跡などについて、参照、大久保泰甫『日本近代法の父 ボワソナアド』（岩波新書、1977年）。わが国の刑事法への寄与として、旧刑法典、治罪法典の編纂、法律家の養成はもとより、ボアソナードが「偶然の機会に拷問の現場を目撃し、全人格からほとばしる熱情をもって、その廃止を訴え」たことなども特筆されるべきである。参照、大久保・前掲96頁以下。

[6] 古くから多く議論されてきたが、近時でも重要な最高裁決定がいくつも下され、活発な議論が行われている。たとえば、「自招の侵害」（自ら招いた正当防衛状況での反撃行為）といわれる場合に関して、最決平成20年5月20日刑集62巻6号1786頁、これとも関連するが、侵害の急迫性に関して、最決平成29年4月26日刑集71巻4号275頁、正当防衛か過剰防衛かの区別にかかわる「量的過剰」の問題に関して、最決平成20年6月25日刑集62巻6号1859頁などである。
　最後の判例を用いて判例の表記の仕方を説明しておく。「最決」とは、「最高裁決定」の略語であり（「凡例」参照）、この判

36条で規定されている。正当防衛と同じように緊急状態下で身を守る行動として緊急避難（37条）がある。正当防衛と緊急避難はどのような点が同じであり、どのような点が異なるのか、具体的にどの程度の反撃行為・避難行為まで許されるのか。違法性阻却事由として刑法総論における重要な学修項目である。

　　（iv）責任能力を規定する39条について聞いたことがある人もいるかもしれない。「刑法39条」が小説や映画で取り上げられたこともある。刑法上の「責任」とは、違法な行為を行ったことに対して非難できることをいう。責任とは非難可能性である。刑法上の責任（非難）がこのように考えられることから、精神の障害により、事物の是非善悪（違法性）を弁別し、または、その弁別に従って行動する能力を欠く場合には、責任非難をすることができない。これは判例[7]・通説によりほぼ異論なく認められてきた。この責任能力の有無に関しては、実際の刑事裁判でも激しく争われるケースもある[8]。自分の行っている行為が悪い行為かどうかわからない者に対して、「どうして違法な行為を選択したんだ」と非難をすることはできないからである。

　　（v）物事はうまくいくとは限らない。犯罪もその例外ではない。人を殺そうとピストルの引き金を引いたが、弾がそれて被害者にあたらず、その目的を遂げなかった場合、その犯人は刑事責任を問われないのだろうか。そうではあるまい。しかし、「人を殺した者は、死刑又は無期若しくは5年以上の拘禁刑〔懲役〕に処する」という殺人罪の規定（199条）は、この場合に、直ちには適用できない。199条は「人を殺した者」を処罰しているのであり、「人を殺そうとしたが、殺し損ねた者」は「人を殺した者」にはあたらないからである。そこで、犯罪が失敗に終った場合にもなおその行為を処罰するとすれば、規定上なんらかの工夫が必要となる。それが総則の未遂処罰規定、43条である。これについては第22講で勉強する。

　　（vi）悪いことをする場合、1人でそれを行う場合もあるだろうが、何人かで一緒に、または、役割を分担して犯罪を行うということも考えられる。刑法典の立法者もこのことを当然予想し、複数の者が犯罪にかかわった場合の取扱いのルールを定めた。60条から65条の規定である。60条が共同正犯、61条が教唆犯、62条・63条が従犯を規定している。60条は「二人以上共同して犯罪を実行した者は、すべて正犯とする」と規定する。たとえば、XとYが一緒に強盗を行おうと計画し、XがAを後から羽交い締めにし、その間に、YがAのカバンの中から現金を奪ったという場合を考えてみよう。X・Yのそれぞれ行為を切り離してみれば、Xは暴行を加えただけであり、Yは財物を盗っただけである。しかし、Xが暴行罪（208条）、Yが窃盗罪（235条）になるというのではない。XとYは、暴行罪や窃盗罪よりは格段に刑の重い強盗罪（236条）の共同正犯（60条）になるので

　　例は、平成20年6月25日に言い渡された最高裁決定ということになる。また、「刑集」とは、「最高裁判所刑事判例集」の略語であり（「凡例」参照）、これはわが国の公式の判例集の1つである。最高裁判所刑事判例集の62巻6号の1859頁目からこの判例が紹介されている。この頁数は判例が掲載されている最初の頁を示しており、その頁以降数頁または数十頁にわたって掲載されている。最高裁判所刑事判例集などの判例集は大学の図書館にも所蔵されているが、データベース（判例検索システム）の利用が便利だろう。法律の学習にとって判例の勉強は不可欠である。「判例」の理解に関して、中野次雄編『判例とその読み方〔3訂版〕』（有斐閣、2009年）が有益である。

[7]　大判昭和6年12月3日刑集10巻682頁など、古くからこのように考えられてきた。生物学的要素（精神の障害）を基礎とし、心理学的要素（是非弁別能力・行動制御能力）より責任能力を判断する方法は、混合的方法といわれている。この判断の基礎は、法律学の問題というよりも、医学・精神医学・心理学の領域の問題に属する。

[8]　猟奇的なまたは大量殺人事件において被告人の精神状態が問題になることが少なくない。責任能力の有無を判断するために、医学・精神医学・心理学の専門家に精神鑑定を依頼することが多いが、その専門家の判断がわかれることもある。

ある。共同正犯とされた場合、自分の行った行為だけでなく、意思連絡に基づいて共犯者が行った行為、および、それに基づく結果も含めて責任を問われることになるのである。「一部実行の全部責任」といわれる。共犯・共同正犯も刑法総論おける重要な学修項目である。

　（vii）8 条は、「この編の規定は、他の法令の罪についても、適用する」と規定し、この編、つまり、刑法典の「第 1 編 総則」の規定が他の法令の罪についても適用されることを規定している。9 条以下の刑罰に関するルール、正当防衛（36 条）や緊急避難（37 条）の規定、責任能力（39 条）、未遂犯（43 条）、共犯（60 条〜65 条）に関するルールが、第 1 講で出てきた特別刑法の罪にオートマチックに（そのことを改めて規定しなくても）適用されることを定めているのである。つまり、第 1 編の規定は、実質的意味における刑法すべての総則規定である、ということになる[9]。

刑法　第 1 編　総則

　　第 1 章　通則（1 条〜8 条）　　　　　　☞　8 条は、刑法典「第 1 編 総則」の規定が他の刑
　　　　　　　　　　　　　　　　　　　　　　　　罰法規にも適用されることを規定する。

　　第 2 章　刑（9 条〜21 条）　　　　　　☞　刑の種類、刑の内容などを規定する。

　　第 3 章　期間計算（22 条〜24 条）

　　第 4 章　刑の施行猶予（25 条〜27 条の 7）

　　第 5 章　仮釈放（28 条〜30 条）

　　第 6 章　刑の時効及び刑の消滅（31 条〜34 条の 2）

　　第 7 章　犯罪の不成立及び刑の減免（35 条〜42 条）

　　　　　　　　　　　　　　　　　　　☞　正当防衛（36 条）、緊急避難（37 条）、故意
　　　　　　　　　　　　　　　　　　　　　　（38 条）、責任能力（39 条）などを規定する。

　　第 8 章　未遂罪（43 条・44 条）

　　第 9 章　併合罪（45 条〜55 条）

　　第 10 章　累犯（56 条〜59 条）

　　第 11 章　共犯（60 条〜65 条）　　　　☞　複数の者が犯罪にかかわった場合の取扱いを規
　　　　　　　　　　　　　　　　　　　　　　　定している。

　　第 12 章　酌量減軽（66 条・67 条）

　　第 13 章　加重減軽の方法（68 条〜72 条）

---

[9]　ただし、その法令に、刑法総則の規定を適用しない旨の規定を設けている場合はこの限りではない（8 条ただし書）。たとえば、軽犯罪法 3 条（教唆、幇助の特則）がその例である。

第3講　刑法の適用範囲

（1）前講において、（ア）渋谷の繁華街での傷害事件、（イ）フランスでのすり被害の事件という例を示し、わが国の刑法の適用の可否を問題にした。刑法典の総則においては、すべての（または多くの）犯罪・刑罰に関して共通するルールを定めており、かかるルールの検討が刑法総論の重要な課題となる。わが国の刑法がそもそも適用できる場合なのか、という刑法の適用範囲の問題は、すべての犯罪に共通する問題であり、刑法総論において扱うべき問題ということになる。国際的な人の移動・交流の（一層の）増加に伴い国境をまたいで行われる犯罪も増加し、それに伴い、この問題の重要性も増すことになる。

（2）国会において成立した刑罰法規は、公布・施行を経てその効力をもつに至り、具体的事件への適用が可能になる。「公布」とは、成立した法令を公表して国民の知りうる状態に置くことをいい[1]、「施行」とは、法令の効力を現実に発生させることをいう[2]。公布・施行により効力を有するに至ったわが国の刑罰法規の効力は、地理的・場所的にどの範囲にまで及ぶのか。これが刑法の場所的適用範囲の問題である。上記（ア）（イ）の場合で考えてみよう。

　刑法の場所的適用範囲の基本原則を示しているのが1条1項である。これは、「この法律は、日本国内において罪を犯したすべての者に適用する」と規定する。この条文で示されている基本原則を属地主義という。「郷に入っては郷に従え」といういわば常識的な考え方を表したものといえる。そうすると、渋谷の繁華街で起こった（ア）の場合には、外国籍の者同士の事件であっても、わが国の刑法が適用されることになり、その犯人[3]を特定できれば警察がその者を逮捕するなどし、さらに、その者はわが国の刑事裁判で裁かれることになる。一方で、日本人が被害に巻き込まれても、国外で起こった（イ）の場合、わが国の刑法は適用できず、その地の法律、（イ）のケースではフランス刑法によりその犯人は裁かれることになる[4]。各国の刑法がこの属地主義をとることにより、それぞれの国の国境が定められているのに対応して、基本的には、犯罪を犯した場所が確定すれば、その行為に適用される刑法も決まることになる。

---

[1] 法令の公布は、通常、官報をもってなされる。最大判昭和32年12月28日刑集11巻14号3461頁。http://kanpou.npb.go.jp においてインターネット版の官報をみることができる。

[2] 施行期日についての規定を設けるのが一般であるが、とくにその定めがない場合、公布の日から起算して20日を経過した日から施行される（法の適用に関する通則法2条）。

[3] 刑事法では、罪を犯したことが疑われる者を「被疑者」という。新聞等では「容疑者」と表現するのが一般的であるが、これは法律用語ではない。そして、被疑者が起訴される（刑事裁判にかけられる）と、そのときから「被告人」と呼ばれる。

[4] 例外的に、国外で行われた犯罪（＝国外犯）にわが国の刑法を適用できる場合もある（後述参照）。

属地主義の原則を定める1条1項の文言の意味を整理しておこう[5]。「この法律」とは、1907年に制定された刑法典のことをいう。「日本国内」とは、日本の領土・領海・領空内をいう。日本は島国なので、領土は基本的に[6]明確である。領海は基線（干潮時の海岸線）からその外側12海里（約22・2キロメートル）までの海域をいう[7]。領空とは領土・領海上の空域をいう[8]。「すべての者」とは、国籍のいかんを問わずという意味である。無国籍、二重国籍かも問わない。すなわち、属地主義とは、自国の領域内で犯された犯罪に対して、犯人の国籍を問わず、自国の刑法を適用するという考え方をいう。

以上のことについてとくに争いはない。議論が出てくるのは、犯罪地を決定する基準、条文に照らしていえば、「日本国内において罪を犯した」といえるかどうかを決める基準である。ある犯罪が1つの国の中だけですべて行われている場合——これがほとんどではあるが——属地主義の適用において難しい問題は生じない。しかし、ある犯罪行為が複数の国にまたがって行われる場合がある。たとえば、（ウ）日本国籍をもつAが同僚Bを殺害する目的で出張先のイギリスから日本にいるBに毒物混入の食べ物を送り、Bが日本国内でそれを食べた。しかし、その後、毒が効果をあらわす前にBが出張でアメリカに行き、出張先で死亡した場合、Aは「日本国内において罪を犯した」といえるだろうか。日本国籍を有するCが覚醒剤を隠した荷物を香港で船に乗せ、その船が横浜港に寄港し、数泊後サンフランシスコに行き、そこで荷物を下ろし、アメリカ国籍のDに配送され、Dは売買代金をCに送金したという場合も考えられよう。犯罪地が国内にあるといえるために、判例・通説は、構成要件に該当する事実[9]の一部が日本の領域内で生ずればよい、すなわち、犯罪行為の一部が日本国内で行われるか、その結果が日本国内で生じていればよいと考える。これを遍在説[10]という。この遍在説によれば、（ウ）の場合、A自身が自らの手で行ったことはイギリスでのみなされ、被害者Bの死の結果はアメリカで生じているが、Bは毒物混入の食べ物を日本国内で食べており、中間影響地が日本国内にあることから、この場合、Aは「日本国内において罪を犯した」（国内犯）といえることになる。覚醒剤密輸の例も同様である。遍在説をとることにより、

---

5 法律学の学修において、その条文で使われている言葉の意味を確認することは、きわめて重要である。というのは、法律の条文で使われている言葉の意味は、普段の生活で一般的に（日常用語として）使われているその言葉の意味とは厳密には一致しない場合もあるからである。また、言葉は、その中心的意味がはっきりしても、周辺的な意味が明確でない場合も少なくない。このことは、罪刑法定主義（第6講、第7講）を検討する際に考えてみよう。

6 「領土問題」といわれるところの、隣接国家との間でその帰属に争いのある場所はある。

7 領海及び接続水域に関する法律1条。基線から200海里以内で領海の外側を排他的経済水域（Exclusive Economic Zone＝EEZ）といい、探査・開発・保存・管理に対する沿岸国の主権的権利が認められるが、この海域は「領海」ではない。

8 領土・領海上の上空のどこまでが領空なのかは確定してない。宇宙条約（月その他の天体を含む宇宙空間の探査及び利用における国家活動を律する原則に関する条約）は、宇宙空間について、いずれの国家も領有権を主張できない旨を定めている。現実に問題になるとすれば、航空機内での犯罪であり、その場合、その航空機の登録国が管轄権を行使することになろう。

9 この「構成要件」という言葉は刑法学の（重要な）専門用語の1つであり、第8講で説明する。ここでは、「構成要件に該当する事実」とは、犯罪行為とその結果からなると考えておけばよい。

10 「遍在」とは、「ひろくあちこちにゆきわたっていること」をいう。「偏在」（かたよって存在すること）ではない。これに対して、犯罪地の決定において、犯罪行為が行われた場所を基準にする見解（行為説）や、犯罪結果が生じた場所を基準にする見解（結果説）もある。参照、辰井聡子・争点12頁。Eが国外で覚醒剤を調達してFに手渡し、Fらがその覚醒剤を国外から日本国内に輸入したという事案に関して、共犯者Eの犯罪地が問題となり、最高裁は、「日本国外で幇助行為をした者であっても、正犯が日本国内で実行行為をした場合には、刑法1条1項の『日本国内に於て罪を犯した者』にあたる」と判示し、共犯行為を行った場所のほか、正犯の犯罪地も含むとの判断を示している（最決平成6年12月9日刑集48巻8号576頁）。なお、複数の者が犯罪に関与した場合の取扱い、正犯・共犯に関しては、第25講参照。

結果として、いくつかの国の刑法がオーバーラップして適用されうる場合が生ずることになる[11]。

　犯罪地が日本国内である場合（アの場合）を国内犯といい、犯罪地が日本国外である場合（イの場合）を国外犯という。この犯罪地を決定する考え方が遍在説であり、この考え方により、（ウ）の場合は国内犯となる。属地主義とは、言い換えれば、「国内犯処罰の原則」といえる。

　1条2項は、「日本国外にある日本船舶又は日本航空機内において罪を犯した者についても、前項と同様とする」と規定し（旗国主義）、この場合、前項（つまり、1条1項）と同様に扱われるので、国内犯となる。

　適用条文を確認しよう。（エ）横浜港に停泊中のG国船籍の船舶内で外国籍の船員同士が喧嘩をし、一方が他方を激しく殴打し死に至らしめた。場所的適用範囲の問題を考える場合、まず、日本の領土・領海・領空内の事件かどうかを考える。日本の領域内の事件であれば、国内犯としてわが国の刑法が適用できる。（エ）のケースでは、横浜港で起こった事件であるから行為者の国籍のいかんを問わず、1条1項が適用される。旗国主義（1条2項）が適用される場合ではない。日本の領土・領海・領空外の事件であっても、それが「日本船舶又は日本航空機内」で起こった事件の場合にわが国の刑法が適用されることを規定するのが1条2項である。G国船籍の船舶ということでG国の刑法が適用されるかどうかという問題（これはG国の刑法の適用範囲の問題である）と、わが国の刑法が適用されるかどうかという問題は別問題である。かりにこの場合にG国の刑法が適用されえたとしても、そのことによってわが国の刑法の適用が排除されることにはならない。

　（2）わが国の刑法適用の基本原則は、これまで述べてきた属地主義（国内犯処罰の原則）であるが、補充的に、属人主義・保護主義・世界主義も併用している（例外的な国外犯処罰）。

　属人主義とは、「人」（国民）に着目し、犯罪地を問わず、自国民が犯した犯罪に対して、自国の刑法を適用するという考え方をいう。3条（国民の国外犯）、4条（公務員の国外犯）[12]がこの考え方をとっている。

　保護主義とは、わが国・国民を保護しようとする考え方であり、犯人の国籍・犯罪地を問わず、自国または自国民の利益を侵害する犯罪に対して、自国の刑法を適用する。2条（すべての者の国外犯）、3条の2（国民以外の者の国外犯）がこの考え方をとっている。2条は、わが国の利益を保護するために、内乱罪（77条）、通貨偽造罪（148条）、クレジットカードの不正作出（163条の2）など、国外で誰が犯してもわが国の刑法が適用されることを定めている。3条の2は、日本国民が国外で一定の（重大）犯罪の被害者になった場合にわが国の刑法が適用されることを定めている。この規定は、国外で日本人が重大な犯罪の被害に遭う機会が増加している状況に鑑み、2003年（平成15年）の刑法の一部改正により、自国民保護の目的で追加された。その対象となる犯罪は3条の2に列挙されており、殺人、傷害（致死）、逮捕監禁（致死）、略取誘拐、強制性交等の性犯罪、強盗（殺人）罪に限定されている。強盗以外の財産犯はここに列挙されておらず、したがって、窃盗罪などの財産犯が国外で犯された場合（イ）はわが国の刑法は適用できないということになる。

11　刑法の適用範囲の問題は、どれか1つの国の刑法が排他的に適用されるべきものを決める、という問題ではない。
12　日本国の公務を保護しようとするもの（保護主義）との理解や、保護主義と属人主義が併用された規定だとの理解もある。

世界主義とは、ハイジャック、海賊行為、テロ行為、人身売買、薬物の売買などに国際的に協力して対処するため、犯人の国籍・犯罪地を問わず、国際協調の観点から国外犯を処罰する考え方をいう。これら犯罪の背後には国境を超えて活動する犯罪組織がかかわっていることも少なくない。条約による国外犯の処罰を規定する4条の2[13]がこの世界主義の考え方に立つとされる。

　ある刑事事件にわが国の刑法が適用できるかどうかを考える場合、まず、「日本国内において罪を犯した」（1条。遍在説）といえるかどうかを考える。国内犯であればわが国の刑法を適用できる。次に、国外犯である場合に、国外犯処罰規定（2条〜4条の2）と照らし合わせて、問題となっている犯罪が国外犯として処罰できるかどうかを確認する、ということになる。

　（3）刑法の場所的適用範囲の問題は、裁判権の及ぶ範囲の問題と区別されなければならない。裁判権は、原則として、統治権の及ぶ自国の領域内に限って認められる。わが国の刑法が適用できる行為を行ったからといって、わが国の警察官が、国外にいる犯人の所に行ってその者を強制的に連れてくることはできない。国外にいる犯人に対してわが国の裁判権を行使しうるためには、犯人の所在国からその者の引渡しを受ける（国際司法共助）か、その者がわが国の領域内にやってくるのを待つしかない[14]。

　（4）犯罪地の決定に関して遍在説をとることにより、また、属人主義・保護主義・世界主義によって属地主義を補充することにより、同一の犯罪行為が2国以上の国の刑法の適用を受けるという事態が生じうる。わが国で犯罪を犯し確定判決を受けた場合、その既判力[15]により同一の行為について再び裁判を受けることはない（憲法39条後段）が、5条は、国外で犯罪を犯し、その外国で確定判決を受けた場合に、「同一の行為について更に処罰することを妨げない」と規定し、外国判決の一事不再理効を認めない[16]。ただし、「犯人が既に外国において言い渡された刑の全部又は一部の執行を受けたときは、刑の執行を減軽し、又は免除する」（5条ただし書）と規定し、わが国での刑の執行において、外国で執行された刑を差し引くこととしている（刑の必要的算入主義）。

13　1987年（昭和62年）の刑法改正により追加された規定である。これは、条約により国外犯の処罰が義務づけられた犯罪のうち、2条ないし4条では処罰されないものについて、そのたびに列挙することの煩雑さを避け、かつ、将来の条約締結上の便宜も考慮して、包括的に刑法の適用を認めたものである。

14　2019年末に、保釈中に中東レバノンに逃亡したカルロス・ゴーン氏の場合がその例である。彼の行為（特別背任罪、金融商品取引法違反）にわが国の刑法を適用できるが、国外に所在する彼に対してわが国の裁判権を行使することができない。

15　裁判が確定した場合に生ずる効果を既判力という。

16　西田・総論3版474頁は、5条本文の規定は「わが国が、独自の裁判権をもつ以上当然のことである。裁判権が異なる以上二重処罰の禁止に抵触するものではない」。「たとえば、外国で日本人が日本人を殺害した場合でも、その外国での裁判では、証拠法が異なるために無罪とされることや、不当に刑が軽いこともあり得る」など、「外国の刑事実体法の内容、刑事手続法によっては、不当な結果を生じる場合もあり得る」と指摘する。

第4講　わが国の刑罰制度1

（1）刑法は、犯罪と刑罰に関するルールを定めている。つまり、どのような行為が犯罪となり、犯罪を犯した場合に、どのような刑罰が科されうるのかを規定している。犯罪は、効果の面から定義すれば、刑罰を科されうる行為である。犯罪の成立要件を検討対象とする「犯罪論」の考察に先立って、わが国の現行の刑罰制度を検討しよう。

（2）刑罰は、犯罪を行ったことに対する法律上の効果として、国家によりなされる、行為者の利益の剥奪（害悪の賦課）である。それは、犯罪を行ったことを理由としてなされる、行為者に対する国家的非難である。刑罰は、行われた犯罪行為に対する応報の意味をもち、しかし、また、一般予防および特別予防効果ももたなければならない。行った行為に対する責任の清算・償いとしての意味だけでなく、社会一般の人々、および、行為者本人の規範意識を覚醒・強化し、今後犯罪を行うことを防止し、行為者の更生（社会復帰）を図っていくことも重要である。

9条は、2022年（令和4年）の刑法改正まで、「死刑、懲役、禁錮、罰金、拘留及び科料を主刑とし、没収を付加刑とする」と規定していたが、その改正により懲役刑と禁錮刑が一本化され、「死刑、拘禁刑、罰金、拘留及び科料を主刑とし、没収を付加刑とする」と改正され、公布日（2022年6月17日）から3年以内に施行されることになっている。この改正からもわかるように、刑罰（の種類）が普遍的に決まっているわけではない。第2講において言及したように、過去において、これ以外の「刑罰」も用いられてきたし、現在これ以外の「刑罰」を用いる国もある。「9条以下で規定されているわが国の刑罰制度が100点満点の制度である」ということでは決してない。犯罪行為により生じた人間関係のトラブル・軋轢を解決するにあたり、よりよい、より合理的な制度が常に探究されるべきである。そして、「あるべき刑罰」という立法論を考える前に、まず、現状の把握、つまり、わが国の現在の刑罰制度がどのようなものなのかを知らなければならない。

（3）刑罰により奪われる利益の性質に着目すると、①生命を奪うことを内容とする刑罰＝生命刑、②自由を奪うことを内容とする刑罰＝自由刑、③財産を奪うことを内容とする刑罰＝財産刑の3種類に大別できる。現行刑法で規定されている以外の「刑罰」も考察の対象に含めれば、身体を傷つけ、または害を加える身体刑、名誉を奪う名誉刑も加えることができる。歴史的にみれば、前に言及した入墨の刑は、「犯罪者」という烙印を一生消えないように体に刻み付ける身体刑であり、中国の法制を取り入れた養老律・大宝律の5刑、すなわち、笞・杖・徒・流・死の「笞」はむち打ちの刑、「杖」は杖でたたく刑であり、身体刑である。わが国の現在の憲法のも

とで、身体刑は、憲法36条の禁ずる「残虐な刑罰」にあたり、これを刑罰として用いることは許されない。性犯罪者に対する「断種」、スリ常習者の手の切断なども同様である。

話をわが国の現在の刑罰制度に戻すと、現行刑法は、生命刑として死刑を、自由刑として拘禁刑（2022年改正前の懲役、禁錮）・拘留[1]を、財産刑として罰金・科料[2]・没収を定めている。没収以外は、独立して言い渡すことのできる刑罰（主刑）である[3]。没収は主刑を言い渡す場合にのみこれに付加して言い渡すことのできる刑罰（付加刑）であり[4]、物の所有権を剥奪して国家に帰属させる処分である。

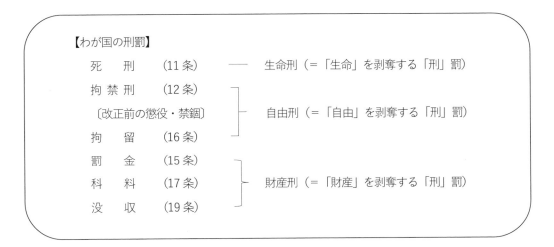

【わが国の刑罰】

死　刑　（11条）　──　生命刑（＝「生命」を剥奪する「刑」罰）

拘禁刑　（12条）
〔改正前の懲役・禁錮〕　├　自由刑（＝「自由」を剥奪する「刑」罰）
拘　留　（16条）

罰　金　（15条）
科　料　（17条）　├　財産刑（＝「財産」を剥奪する「刑」罰）
没　収　（19条）

（４）わが国の刑罰について１つ１つみていこう。

（ⅰ）　死刑（Todesstrafe,capital punishment）は、その者の生命を奪う極刑であり、古くは刑罰の中心にあったが、時代の進展とともにその適用数は減り、現在、死刑を廃止している国も多い。わが国においても死刑の存廃につき多くの議論がなされてきた。現行刑法は、9条、11条で死刑の存在を認めており、11条1項は「死刑は、刑事施設内において、絞首して執行する」とし、死刑の執行方法（絞首）を定めている[5]。死刑を存置して

1　「拘留」と同じ読み方をするが、別のものとして、刑事手続における「勾留」がある。勾留は、刑罰ではなく、裁判確定前の被疑者・被告人の身柄を拘禁する強制処分である（刑訴法60条・207条参照）。勾留は裁判を行うために被告人等の身柄を確保し、または、罪証隠滅を防止する目的で行われる。

2　これに対して、民事法上・行政法上の金銭罰である「過料」も刑罰ではない。科料も過料も「かりょう」と読むが、区別するために科料を「とがりょう」、過料を「あやまちりょう」と読む場合もある。

3　たとえば、「被告人を3年の拘禁刑に処する。」というように、判決（主文）が言い渡される。

4　たとえば、「被告人を1年6月の拘禁刑に処し、犯行に用いたサバイバルナイフはこれを没収する。」というように、判決（主文）が言い渡される。

5　刑訴法475条以下は、死刑執行の手続を定める。刑訴法475条1項は「死刑の執行は、法務大臣の命令による」と規定し、その2項は「前項の命令は、判決確定の日から6箇月以内にこれをしなければならない。但し、上訴権回復若しくは再審の請求、非常上告又は恩赦の出願若しくは申出がされその手続が終了するまでの期間及び共同被告人であつた者に対する判決が確定するまでの期間は、これをその期間に算入しない」と規定する。さらに、刑訴法476条は「法務大臣が死刑の執行を命じたときは、5日以内にその執行をしなければならない」と規定する。絞首という執行手段の合憲性について、最大判昭和30年4月6日刑集9巻4号663頁。

いる他の国において、銃殺・薬物殺（薬物注射）などの執行方法を行う国もあるが、11 条 1 項の規定により、わが国ではこれらの執行方法はとりえない。

　死刑廃止を主張する論者は、死刑は、死刑囚が強く拒んだとしても、その意に反して生命を強制的に奪うものであり、究極の身体刑ともいえ、先にみた、まさに憲法 36 条の禁止する「残虐な刑罰」にあたり、違憲無効の刑罰であり、憲法に反する制度である以上、これを用いることができないと主張する。これに対して、死刑は存置すべきだと主張する論者は、憲法 31 条を援用してこれに反論する。すなわち、憲法 31 条は「何人も、法律の定める手続によらなければ、その生命若しくは自由を奪われ、又はその他の刑罰を科せられない」と規定しており、これを反対解釈すれば（条文をいわば反対に、裏から読めば）、憲法 31 条は「法律の定める手続によ」ったのであれば、「その生命……を奪」うことを予定していると読むことができる。そうでなければ、わざわざ「生命……を奪われ……ない」と書く必要はないからである。そして、36 条は 31 条より後に出てくるのであり、31 条で生命を奪う刑罰の存在を認めておきながら、その後になって、36 条で死刑がすべて「残虐な刑罰」にあたり、憲法違反だと考えるとすれば、それは憲法の各規定間で矛盾することになる。法律の解釈は体系的に矛盾のないように解釈すべきである（体系的解釈）。したがって、31 条で生命を奪う刑罰を認めている以上、生命を奪う刑罰である死刑は憲法 36 条の禁ずる「残虐な刑罰」にあたらないといわざるをえない。死刑存置論はこのように解釈する。では、どのような刑罰が憲法 36 条の禁ずる「残虐な刑罰」にあたるのか。死刑の合憲性を判断した、昭和 23 年の最高裁判所大法廷（最大判昭和 23 年 3 月 12 日刑集 2 巻 3 号 191 頁）は次のようにいう。「その執行の方法等がその時代と環境とにおいて人道上の見地から一般に残虐性を有するものと認められる場合には、勿論これを残虐な刑罰といわねばならぬから、将来若し死刑について火あぶり、はりつけ、さらし首、釜ゆでの刑のごとき残虐な執行方法を定める法律が制定されたとするならば、その法律こそは、まさに憲法第 36 条に違反するものというべきである」[6]と判示した。憲法の解釈に関していえば、死刑存置論の解釈に分があるといえよう。死刑が憲法違反の制度であれば、わが国の現行法秩序のもとで死刑を用いることはできない。それに対して、死刑が憲法違反でない場合、それでも、さらに、死刑を存置するのが適切なのか、合理的であるのかなど、別の観点も検討する必要がある。憲法の解釈にかかわる議論だけで死刑の存廃の議論が決着するわけではない。たとえば、死刑に抑止力（凶悪犯罪を防止する効果）があるのか[7]。誤判の可能性をどのように評価すべき

---

[6] この大法廷判決は、本文のような法解釈を示し、死刑は憲法に反するものではないとの判断を示した。この判例が現在でも維持されている。なお、最高裁の裁判官は 15 名おり、この最高裁判官全員で構成する合議体を大法廷といい、憲法違反や判例変更など重要な事項が問題となる場合には大法廷で審理される。大法廷判決は、わが国の法秩序において、最も権威があり、影響力のある判断である。それに対して、上告事件は、通常、5 人の裁判官所属の小法廷（第 1 小法廷・第 2 小法廷・第 3 小法廷）で審理される。

[7] 存置論は、死刑を廃止すれば凶悪犯罪が増加し、現在の比較的安定した治安状況を維持することができず、犯罪防止にとって効果のある必要な制度であると主張する。これに対して、廃止論は、死刑の存否は、決して殺人犯人の犯罪遂行・断念の動機づけにはなっていないと反論する。つまり、殺人事件はそれまでの人間関係のトラブル（金銭関係、男女関係のもつれ、怨恨等々）に起因して、ことがそこまでに至ることが多いのであって、死刑があるから殺すのをやめようとか、死刑がないから人を殺してみようというように、死刑の存在が殺人の動機づけになっていると考えられるかは疑わしい。現在では死刑の言渡し数・執行数はきわめて少なく、死刑「それのみ」を取り出して犯罪抑止効果に結びつけるのはあまりに死刑を過大評価するものである。犯罪者は自分（だけ）は捕まらないと考えて（その合理的根拠の有無は別として）犯行に至るのであり、犯罪の防止には、刑を重くするよりも、迅速かつ確実に犯人を検挙する方がはるかに効果がある、などと主張する。なお、死刑制度が

16

か[8]。国民感情（世論）や遺族の感情を考慮する必要はないのか[9]。その他、刑罰論や（法）哲学の種々の立場から論じられ[10]、死刑廃止論と死刑存置論は激しく対立してきたのである。

死刑廃止が世界の大きな流れであることは確かである。1984 年にはヨーロッパ死刑廃止条約が締結され、現在ヨーロッパ諸国において死刑は用いられていない。また、1989 年には、国連において、いわゆる死刑廃止条約（「死刑廃止を目指す市民的及び政治的権利に関する国際規約第 2 選択議定書」）が賛成多数で可決されている[11]。死刑を存置するわが国においても、死刑の執行数は戦後徐々に少なくなり、近年ではその執行数は、毎年、数件程度にまで減少している。いずれにせよ、被害者補償制度の充実など、被害者・遺族への十分な対応・配慮が必要であることはもちろんである。

この講義では、この問題はこれ以上深入りしないこととするが、重要な問題でもあるので、時間のあるときに、この問題を論じている文献を読むなどして考えてみるとよいだろう[12]。

（ⅱ）拘禁刑（2022 年改正前の懲役、禁錮）、拘留（Freiheitsstrafe, imprisonment）は、いずれも自由を剥奪する刑罰、自由刑である。2022 年に改正された 12 条は次のように規定する。「拘禁刑は、無期及び有期とし、有期拘禁刑は、1 月以上 20 年以下とする」（12 条 1 項）。「拘禁刑は、刑事施設に拘置する」（12 条 2 項）。「拘禁刑に処せられた者には、改善更生を図るため、必要な作業を行わせ、又は必要な指導を行うことができる」（12

存在しているというシンボリックな（社会心理的な）作用の重要性を指摘する存置論者もいる。

8　廃止論は、裁判には誤判の可能性があり、死刑を執行した後で、万が一にでも「誤判」だったとわかった場合、取り返しのつかない事態となる。わが国においてこれまで冤罪事件は起きてきた。再審での死刑囚の逆転無罪事件として、1980 年代以降、免田事件、財田川事件、松山事件、島田事件がある。そのような可能性をゼロにできない以上死刑は用いるべきではないと主張する。これに対して、存置論は、誤判は死刑だけではなく、すべての刑罰に内在する問題である（程度の問題である）。つまり、誤判があるから死刑を廃止すべきだというのであれば、誤判があるからすべての刑罰を廃止すべきだということになるはずであるが、廃止論者はそうは主張しない。誤判の可能性があるというなら誤判が起こらないような諸方策を考えるべきであって、誤判の可能性があるからその制度を廃止せよ、というのには論理の飛躍がある。それは交通事故で毎年多くの命が失われているから自動車の運転を禁止せよというのと同じである。行うべきは交通事故が起こらないような交通政策（信号機の設置・歩道の整備・車の安全性能の向上等々）であって、誤判の起らないような裁判制度の構築が肝要である。現在では死刑判決はきわめて慎重に言い渡されている等々と反論する。最判昭和 58 年 7 月 8 日刑集 37 巻 6 号 609 頁（永山事件上告審判決）は次のように判示している。「死刑が人間存在の根元である生命そのものを永遠に奪い去る冷厳な極刑であり、誠にやむをえない場合における窮極の刑罰であることにかんがみると」、その適用は「慎重に行われなければらない」。「死刑制度を存置する現行法制の下では、犯行の罪質、動機、態様ことに殺害の手段方法の執拗性・残虐性、結果の重大性ことに殺害された被害者の数、遺族の被害感情、社会的影響、犯人の年齢、前科、犯行後の情状等各般の情状を併せ考察したとき、その罪責が誠に重大であって、罪刑の均衡の見地からも一般予防の見地からも極刑がやむをえないと認められる場合には、死刑の選択も許される」と判示した。現在、死刑の言渡しはきわめて限定的になされているといえる。

9　存置論は、これまでの累次の世論調査からも明らかなように、国民の多くは死刑の存置を支持しており、復讐の禁じられている現在の法秩序において、不合理とはいえない被害者の感情は刑事手続の中で適切に汲み取っていく必要があるなどと主張するのに対して、廃止論は、民主主義社会においても、すべての問題を多数決で決めてよいというものではなく、多数決になじむ問題とそうでない問題があり、死刑制度の問題は後者に属する。犯人の生命を刑罰により断つことだけが遺族の感情の汲み取り方ではなく、自分の犯した重い責任を一生涯背負って償わせるということも考えられうるのではないかなどと反論する。

10　第 5 講注 1 参照。文学作品において死刑をテーマとしたものとして、ヴィクトル・ユーゴー『死刑囚の最後の日』（1829 年）、ドストエフスキー『白痴』（1868 年）などがある。

11　わが国はこの条約を批准していない。なお、少年法 51 条 1 項は、「罪を犯すとき 18 歳に満たない者に対しては、死刑をもって処断すべきときは、無期刑を科する」と規定しており、この限りで、18 歳未満の者の犯罪行為に対して死刑が廃止されているといえる。

12　死刑の存廃の議論に関して多くの文献があるが、重要文献の 1 つとして、団藤重光『死刑廃止論（第 6 版）』（有斐閣、2000年）があり、これに関連文献も豊富に引用されている。

条3項)。

改正前の懲役刑は「所定の作業」（刑務作業）[13]を義務づけていた（改正前の12条2項）。しかし、高齢の受刑者の場合、体力や認知機能の衰えから通常の作業が難しい場合もあり、また、若年の受刑者の場合、刑務作業の時間確保のため、再犯防止に必要な指導・教育の時間が限られるという問題点が指摘されていた。そして、以前から指摘されてきたように、禁錮刑受刑者の数は少なく、その中でも請願作業の希望者が多数を占めていた。このような実情を踏まえ、受刑者の年齢や特性に合わせて作業と指導（再犯防止教育、矯正指導、教科指導など）を柔軟に組み合わせた処遇を行えるようにするため、懲役と禁錮を拘禁刑に一本化し、12条3項を新設する改正がなされた。

> 拘禁刑 … 無期拘禁刑、1月〜20年の有期拘禁刑（12条1項）
> ☞ 改善更生を図るため、必要な作業・指導
> ☞ 加重事由がある場合の加重の上限は30年（14条2項）
>
> 拘留 … 1日以上30日未満（つまり、29日まで）の刑事施設への拘置（16条）

拘禁刑により自由が剥奪される期間は、無期か、有期の場合、1月以上20年以下である。これに対して、「拘留は、1日以上30日未満とし、刑事施設に拘置する」（16条）と規定されている。たとえば、235条（窃盗罪）は「他人の財物を窃取した者は、窃盗の罪とし、10年以下の拘禁刑〔懲役〕又は50万円以下の罰金に処する」と規定しており、この場合の刑の下限は、この規定をみるだけでははっきりしない。しかし、総則の12条が各則の規定に自動的に適用される。12条は拘禁刑〔懲役刑〕の下限を1月と定めているから、窃盗罪の拘禁刑〔懲役刑〕は1月以上10年以下の範囲で言い渡されることになる。また、236条1項（強盗罪）は「暴行又は脅迫を用いて他人の財物を強取した者は、強盗の罪とし、5年以上の有期拘禁刑〔懲役〕に処する」と規定し、この場合には、刑の上限がはっきりしない。しかし、先ほどと同様、総則の12条が適用され、12条は拘禁刑〔懲役刑〕の上限を20年と定めているから、236条の拘禁刑〔懲役刑〕は5年以上20年以下の範囲で言い渡されることになる。総則の一般的な規定の効果はこのようなところにある。なお、「以上」「以下」はその前の数字を含み、「未満」の場合には含まないから、「1日以上30日未満」と規定する拘留の自由剥奪の期間は、1日から29日までの身柄の拘束ということになる。有期の拘禁刑〔懲役・禁錮〕を加重する場合には30年にまで引き上げることができる（14条2項）。このことは、同時に、わが国の現行刑罰制度には「懲役31年」という刑罰は存

---

13 刑務作業は、作業を通じて勤労意欲を高め、職業上有用な知識・技能を習得させ、受刑者の社会復帰を図ることを目的としている。木工・印刷・洋裁・金属・革工などの作業種がある。これらの作業によりできた製品は、百貨店の催事場などで催される矯正作業展で販売されることがある。CAPIC（＝Correctional Association Prison Industry Cooperation の頭文字をとったもの）という製品名で販売されている。機会があったら行ってみるとよいだろう。

在しないということを意味している[14]。

（5）罰金（Geldstrafe,fine）は1万円以上の金銭を徴収する刑罰であり（15条）、科料は千円以上1万円未満の金銭を徴収する刑罰である（17条）。上限は定められていない。たとえば、独占禁止法（私的独占の禁止及び公正取引の確保に関する法律）は、私的独占・不当な取引制限などの場合に「5億円以下の罰金刑」を定めている（同法95条）。罰金・科料を完納できない者は、刑事施設に附置された労役場に留置される（18条）。これを換刑処分という。罰金刑の言渡しは、毎年、刑事事件の裁判確定人員の9割以上を占める。罰金刑は、刑事施設への収容を伴わずに、規範意識を覚醒させるところに意義があり、短期自由刑の弊害[15]を回避できるというメリットがある。しかし、金銭（の剥奪）は、自由（の剥奪）と異なり、一身専属的なものではないことから、刑罰としての感銘力が弱い場合も考えられうる。経済犯罪などで罰金を「必要経費」のようにとらえる者や、規範意識の鈍麻した者に対しては犯罪抑止効果をもちがたいといえよう。また、その者の収入・資産等によって受けるダメージは異なり、不公平なものともなりかねないとの指摘もなされてきた。最後の問題点を除去する目的で考えられた制度として日数罰金制がある。日数罰金制は、まず、①行為の重大さに応じて「罰金6月に処する」というように日数が決められる。これは、たとえば、「1年の拘禁刑に処する」というのと基本的に同じ発想である。次に、②行為者の経済力を考慮して1日あたりの罰金額が決められる。たとえば、経済力のある人は1日あたりの罰金額が10万円、経済力のない人は3000円、といった具合である。そして、①の日数と②の日額を掛け合わせた額が罰金の総額ということになる。最初に北欧の国で法制化され、その後、ドイツやフランスでも採り入れられている。わが国でもその採否が検討されたこともあるが、現行制度とかけ離れている、現在の罰金刑の運用においてもある程度被告人の資力を加味して量刑がなされている、被告人の資力の正確な調査は困難であるなどの理由から、わが国では日数罰金制の採用には至っていない。

（6）没収とは、物の所有権を所有者から剥奪して国庫に帰属させる刑罰である。没収を科す趣旨は、当該物件を利用した再犯を防止し、または、犯罪による不当な利益の取得を認めないことにある。
　19条1項は、①組成物件（1号）、②供用物件（2号）、③生成物件・取得物件・報酬物件（3号）、④対価物件

14　これに対して、アメリカの州の刑法によっては（アメリカでは、連邦と各州およびコロンビア特別区の刑法典が、適用地域または規制対象を異にして、独立して併存している）、たとえば、懲役100年という刑罰も言い渡されうる。これは刑の加算の考え方が異なるからである。他の国の法制度の比較（比較法）は、わが国の法制度を顧みるよい材料を提供するため、学問的に重要であるだけでなく、あるべき立法を考えるうえでも不可欠である。

15　短期自由刑の弊害として、拘禁期間が短いため刑の執行により十分な教育・改善手段を講ずることができない。その一方で、刑事施設に拘禁することに伴う失業など、釈放後の社会復帰を困難なものにし、また、犯罪傾向がまだ進んでいない者が、刑事施設内において他の受刑者から悪い影響を受けて、犯罪性を強めることになりかねない（「悪風感染」といわれる）などの問題点が指摘されてきた。

（4 号）を没収することができる[16]と規定する。①組成物件とは、犯罪を構成するについて法律上必要な物であり、たとえば、偽造文書行使罪の場合の偽造文書である。②供用物件とは、犯罪行為に利用され、または利用のため準備されたものであり、たとえば、殺人に用いた凶器である。③生成物件とは、犯罪行為によって新たにできた物であり（偽造された偽造通貨・偽造文書など）、取得物件とは、犯罪行為によって犯人が取得した物であり（賭博によって得た金銭など）、報酬物件とは、犯罪行為の対価として取得した物である。そして、④19 条 1 項 3 号に掲げる物（前述③の物件）の対価として得た物が対価物件である[17]。

　物を没収するためには、没収の裁判の時点で没収対象物が存在していなければならない。19 条 1 項 3 号・4 号に掲げる物を没収することができないときは、その価額を追徴することができる（19 条の 2）。没収は、犯人（共犯者を含む）以外の者に属しない限り、これをすることができる（19 条 2 項）。原始的に没収ができない無形的利益の追徴はできない。

---

[16]　任意的没収である。これに対して、197 条の 5 による賄賂の没収は必要的没収である。なお、拘留・科料のみにあたる罪については、組成物件を除き、特別の規定がなければ、没収を科することができない（20 条）。

[17]　盗品は取得物件にあたるが、通常、盗品の所有者がいるため没収できない（19 条 2 項）。しかし、当該盗品を売却して対価を得た場合には 19 条 4 号に該当し、これを没収することができる。

20

第5講　わが国の刑罰制度2

I　刑罰論 ── 刑罰にはどのような意味があるのか

（1）前回の講義は、わが国の現在の刑罰制度について学修した。今回の講義では、刑罰にはどのような意味があるのか、なぜ刑罰を科すことが正当化されるのか、ということに関する議論を考えみよう。このような議論を刑罰論という。

　幼児がなにか悪さをした場合、親はその子を叱るだろう。なぜ叱るのだろうか。子供が憎くて叱るわけではあるまい。児童虐待のようなケースはここでは脇におき、一般的な場合を考えよう。親が子供を叱るのは、少なくとも多くの場合は、しつけとして、つまり、その子のために、その子の将来を思って、きちんと社会のルールを身につけさせていくために叱ると考えてよいだろう。会社の上司が仕事で失敗した新入社員を叱責する場合も同じようなことがいえるかもしれない。サークルや部活動において決めたことを守らない人がいる場合に、皆でその対応を考える場合はどうだろうか。人が人を叱ったり、咎めたり、ペナルティーを科すことは、人が共同で生活していくなかで、いろいろな場面において生じうることである。このような意味で、「刑罰論」を考えることは、さまざまな人間関係において生ずる問題の解決を考える際に参考になるかもしれない。

（2）刑罰論は古くから論じられてきた。大きくわけると、応報刑論と目的刑論とにわけることができる。応報刑論は過去に行われた行為との対応関係において刑罰を考えるのに対して、目的刑論は刑罰を科すことによる将来の効果に目を向けてその正当化を考える。視線の方向が、過去に向いているのか、将来に向いているのかという点において、その理論枠組みが決定的に異なっている。このことを、この問題の出発点としておさえておこう。

応報刑論は、害悪（刑罰）を意図的に科すことによって行われた犯罪行為の責任を清算しよう（罪を償わせよう）とする考え方である。「目には目を、歯には歯を」といわれるタリオの法理（同害報復）は応報の考え方の 1 つといえる。もちろん、本当の同害報復の多くは、身体刑として、現在では許されない残虐な刑罰となる。現代的意味での応報は価値的応報（自由剥奪などの量に換算された応報）である。良いことをすれば必ず良い報いがあり、悪いことをしているといずれ悪い結果がもたらされる、善い行いをすれば天国に行け、悪い行いをしていると地獄に落ちるといった因果応報（善因善果・悪因悪果）の観念も、——犯罪と刑罰の関係より射程の広い、現世だけの問題を越えたものであるが——過去の行為とそれに相応することの関係を考える思考方式といえよう。ドイツ観念論哲学を代表するカント（Immanuel Kant, 1724-1804）やヘーゲル（Georg Wilhelm Friedrich Hegel,1770-1831）は、その哲学的立場から理論的に応報刑論を突き詰めた哲学者である。

　行った行為に対する罰という見方は、ある程度の自明性をもってわれわれの意識の中に確固として存在していると思われ、「罪」、刑罰に対するわれわれのイメージの基底的なものを形づくっているといえよう。それゆえに、刑罰の意味づけを考えるうえで行為と刑罰の対応関係をまったく考慮外とするのは適切とはいえない。

　応報刑論は次のような大きな長所をもっている。すなわち、応報刑論が行為と刑罰の対応関係を考えることから、なによりも、刑罰の重さの程度に限界を設けることができるという長所である。罪と罰のバランス、罪刑の均衡を図ることができ、刑罰が苛酷であった過去の時代においては刑罰の制約原理として重要な意味をもった。かつて窃盗犯を死刑に処したような、行為に対して不相応に重い刑罰は、応報刑論によれば許されないことになるのである。現在もこのような意味は失われていない。しかし、このことを厳格に貫くならば、逆に、短所にもなる。応報刑論は、犯罪を行った以上、刑罰により罪を償うべきであるとの必罰主義に陥るおそれがあり、理論的に一貫すれば、軽微な犯罪行為であれ、それが犯罪行為である以上、それに相応する軽い刑罰は、理論的には「必ず」科さなければならないはずである。そうでなければ、軽微な犯罪であれ、犯した罪によって背負った責任が刑罰の賦課により清算されないままになるからである[1]。しかし、現在の刑事司法においては、比較的軽微な犯罪行為の場合に、正規の刑事手続過程から離脱させ、他の代替措置をとるダイバージョン（diversion）[2]と

---

[1]　カントは次のようにいう。「『全国民が滅びるよりは 1 人の人間が死ぬほうがましだ』という……標語に従って、予想される利益を衡量しながら、犯人を刑罰から免除しあるいは少なくとも刑罰の程度を軽減する何ものかを見出そうとしているような連中は災いなるかな！　なぜなら、もし正義が滅びるならば、人間が地上に生きることはもはや何の価値もないからである」。「ただ同害報復の法理〔ius talionis〕だけが……刑罰の質と量とを確定的に定めることができる」。「公民的社会が全成員の合意によって解散する〔たとえば、或る島国に住む民族が、互いに離別して全世界に分散することを決める〕といった場合にも、その前にあらかじめ、牢獄につながれた最後の殺人犯人が死刑に処せられ、こうすることによって各人にその所業にふさわしいものが報いられ、そして、この処刑をあえてなさなかったために当の民族に人殺しの汚名がかぶせられることのないようにしなければならないであろう。というのは、こうした処刑をあえてなさなかった民族は、右のような（司法的）正義の公的破壊の共犯者とみなされうるからである」（加藤新平・三島淑臣訳「人倫の形而上学」『世界の名著 39』474 頁以下〔中央公論社、1979 年〕）。カントは、このような立場から、ベッカリーアの死刑廃止論に対して、「ベッカリア侯は、気取った人道主義に対する感傷的な共感……からして、一切の死刑は不適法だと主張した」。しかし、その主張の「一切は詭弁であり法を曲解するものである」（加藤・三島訳・前掲 478 頁）と批判する。

[2]　ディバージョンともいう。道路交通法違反に対する反則金（これは刑罰ではない）の制度や、指定された軽微な事件について警察段階で手続を終わらせる微罪処分（刑訴法 246 条ただし書）、訴訟条件を具備し、犯罪の成立要件を充たすにもかかわらず、訴追の必要がないとして検察官が行う起訴猶予処分（刑訴法 248 条）などがその例である。刑事司法機関の負担軽減や犯罪処理の効率化という面もあるが、刑罰に伴う烙印付け（スティグマ）を回避し、行為者の改善・更生を図るという意味も重要である。

いう処理がしばしばなされ、それは、謙抑主義、刑法の補充性[3]に照らしても合理的な処理といえる。もし微罪処分や起訴猶予が認められないとすれば、わが国の現在の刑事司法は円滑に機能しえないといえよう。さらに、過去の行為とそれに対する反作用という関係に純化して刑罰を考えるならば、刑罰を科すことによってもたらされる将来の効果は考慮外とされるべきことになるから、受刑者の更生・社会復帰などを目指すべき行刑[4]の発展に役立ちえない。しかし、行刑において受刑者の改善・更生を考えなくてよいというのであれば、それも現在の行刑実務の考え方にも明らかに反することになる[5]。

　（3）目的刑論は、刑罰を科すことによって追求する「目的」に着目する。それゆえに、目的刑論といわれる。その目的とはなにか。それは犯罪を防止するという目的である。目的刑論によれば、刑罰は、刑罰を科すことによって犯罪防止という社会的に有益な目的を追求し、社会の利益を実現するがゆえに正当化されることになる。
　かかる目的を達成するための手段の点で、目的刑論は、一般予防論と特別予防論とにわけられる。一般予防論は、刑罰を法定し、宣告し、実際に執行することにより、そのような刑罰のいわば「威嚇」によって、社会一般の人々が犯罪行為に出ないように働きかけ、犯罪防止目的を実現しようと考える。もし犯罪を犯してもなんのお咎めもないままであれば、「それなら自分もやってみよう」と考える者が出てくるかもしれない。それに対して、犯罪者を捕まえ、厳しく処罰すれば、それを見聞きする他の者は、「やっぱり悪いことをすればそういう目にあうんだ。犯罪を犯すなんて割に合わない。やめておこう。」と考えて、犯罪行為を思いとどまることになろう。こう考えるのが一般予防論である。ドイツのフォイエルバッハ（Paul Johann Anselm von Feuerbach, 1775-1833）は心理強制説（Theorie des psychologischen Zwanges）を唱えた。すなわち、人は快楽を求め苦痛を避けるべく行動する。そこで、犯罪によって得られる快楽を上回るような、刑罰の賦課による苦痛を法定しておけば、人は快楽と苦痛を合理的に計算し（心理的に強制され）犯罪を思いとどまるだろうと主張した[6]。一般予防論も、刑罰に関する見方として古くからある考え方である。中国の紀元前の「書経」という書物に「刑は刑無きを期す」という言葉がある[7]。これは、悪人を罰するのは、それにより悪人をなくして、刑罰が不要になることを目的とす

---

[3] 第1講II参照。

[4] 刑事施設内での自由刑の執行を行刑という。

[5] 2022年刑法改正による12条3項、刑事収容施設及び被収容者等の処遇に関する法律30条も参照。

[6] フォイエルバッハは、本文のような心理強制説を主張し、また、議会による法律制定の重要性を強調して、「罪刑法定主義」（これは次回の講義で扱う）を基礎づけたことから、「近代刑法学の父」と呼ばれている。フォイエルバッハについては、参照、山口邦夫『19世紀ドイツ刑法学研究――フォイエルバッハからメルケルへ』3頁以下（八千代出版、1979年）。

[7] 「『刑は刑無きを期す』というフレーズは、中国古代の帝舜の言として書経に見える。措辞含蓄に富むが、刑罰を適正に行えば犯罪者は減り、やがて刑罰も無用に帰するの意であろうか。むろん『適正』とは何かについて理解は分かれる」。「時は流れて18世紀後半、仙台藩の儒者、芦野徳林（東山）は、中国の刑事思想を学んだ研究の成果を『無刑録』と題する大著にまとめた。この書物に対しては後世の為政者の関心が高く、明治10年、元老院がこれを印刷刊行し、また昭和初期にも刑務協会が訳注を添えて出版している」（松尾浩也「刑は刑無きを期す」法学教室203号1頁［1997年］）。最後の本は信山社により復刻されている。東山蘆野徳林（佐伯復堂訳注）『訳註無刑録（上巻・中巻・下巻）』（信山社、1998年）。中国の法家の思想家である韓非子も「刑を以て刑を去る」など厳刑主義（一般予防）を主張した。

る、という意味に解されている。一般予防的な考え方といえよう[8]。

　一般予防論の問題点として、重罰主義に流れやすいということが繰り返し批判されてきた。ある犯罪行為が増えて困り、それを減らそうとする場合、その行為に対する刑を重くする。これまでもそのような対策がとられてきた。先の心理強制説的な発想に基づくといえよう。もし刑を重くしても犯罪が減らないならば、では、もっと刑を重くしよう、ということになる。犯罪防止のために刑罰が科される（そして、刑が重ければ重いほどその「威嚇効果」も増す）というその論理からすると、行為との対応関係で刑の重さを限界づける理屈は出てこない。応報刑論とは反対に、一般予防論は罪刑の均衡を図る考え方を内在しておらず、この点に、一般予防論の最大の問題点がある。平成になって以降、わが国において、交通犯罪の関係で、危険運転致死傷罪の新設、その刑の加重、道路交通法違反の罰則の数次の重罰化が行われてきたが、このような立法の適否について、今後分析を必要としよう。

　（4）特別予防論は、応報刑論および一般予防論と比較してマイナーな考え方といえよう。それは、刑罰について比較的新しい見方であることにも起因する[9]。特別予防論というのは、犯罪者という「特別な」存在に着目し、刑罰によりその個々の犯罪者に働きかけ、将来犯罪を繰り返さないよう、社会生活の基本的ルールに反することのない生活ができるように教育・改善し、もって犯罪の防止（犯罪数の減少）を実現しようとする考え方である（個別予防ともいう）。特別予防論が理論的に主張されはじめたのは19世紀の後半になってである。ヨーロッパ諸国において、19世紀の終り頃から、資本主義の発展に伴い、犯罪、とくに窃盗罪などの財産犯が急激に増加し、しかも犯罪を繰り返す累犯者、少年犯罪などが激増した。その原因として、産業革命による工業化が進み都市に人口が集中し、大量の失業者などがスラム街を形成し、貧困者が犯罪の予備軍となっていったことがある。このような事情を背景に、応報刑論をその基礎とした伝統的な犯罪論（これを旧派刑法学という）に対して、行った犯罪行為に対してただ罰すればよいという発想は犯罪防止対策に関してなにも益をもたらさず、犯罪対策にまったく無力であるという批判が向けられた。ドイツのリスト、イタリアのフェリーらが中心となって、素質と環境に影響され（制約され）た犯罪者を教育・改善することにより犯罪の減少・撲滅をはかるべきだとする考

---

[8] 近時では、刑罰が人々の規範意識に対して働きかけ、（行為）規範の実効性（に対する国民の信頼）を維持・強化するという点を重視する積極的一般予防論が有力である。

[9] イタリアのロンブローゾ（Cesare Lombroso, 1835/36-1909）、ドイツのリスト（Franz v. Liszt, 1851-1919）、フェリー（Enrico Ferri, 1856-1929）らが代表的な主張者である。ロンブローゾはイタリアの医師であり、死刑になった犯罪者の頭蓋骨などを多数調べ、生来性犯罪人説を主張した。生来性犯罪人説とは、生物学的に野蛮な状態に「先祖返り」して社会に適合できず、宿命的に犯罪に陥る生来性犯罪人（delinquente nato）がいるという仮説であり、ダーウィンの進化論の影響も受けている。この仮説はその後誤りであるとされたが、事実に照らし仮説を作り、それを検証していくという科学的方法論を用いて犯罪の原因を分析しようとした点において「犯罪学の父」と呼ばれている。ロンブローゾおよびその考え方について、長尾龍一「宿命としての犯罪？―ロンブローゾの衝撃」『法学に遊ぶ』75頁以下（日本評論社、1992年）も参照。リストは、刑法学・刑事訴訟法学・刑事政策学などを統合した「全刑法学」を構想し、ベルギーのプリンス（Adolphe Prins）、オランダのハメル（G.A. van Hamel）とともに、国際刑事学協会（Internationale Kriminalistische Vereinigung）を設立し、20世紀の刑務所の改良や刑事政策の発展に大きく寄与した。本文の「罰せられるべきは、行為ではなく、行為者である」のほか、「刑法典は犯罪者のマグナ・カルタである」、「最良の社会政策こそが最良の刑事政策である」など、刑事法学の関係で有名な言葉を多く残している。

え方が強力に展開された。これを新派刑法学という。新派刑法学は犯罪の原因論的研究を促し、刑罰の社会的機能を論じた。特別予防論の登場である[10][11]。リストの「罰せられるべきは、行為ではなく、行為者である」のスローガンは有名である。統計的にみると、犯罪を犯し、刑事施設に入る人のかなりの部分は再犯者（累犯者）である。社会の多くの人々は、一般予防論のいうように刑罰の法定・宣告・執行による「威嚇」を行わなくても、良識（もしくは刑法以外の社会規範）に従い一生犯罪を犯さず、犯罪と刑罰にかかわりのない生活を送る。しかし、犯罪を犯す者は、刑事施設に入れられ、刑に服し、出所した後、また性懲りもなく罪を繰り返す。もし犯罪を犯して刑事施設に入れられた者が、刑罰による働きかけにより、出所後もはや罪を犯さなくなる、再犯者がいなくなるならば、犯罪統計からみて犯罪の総数は減少するはずである。このように考えて、犯罪者の改善・更生（再社会化、社会復帰）を図り、もって犯罪の防止（減少）を図るべきだというのが、特別予防論の基本的コンセプトである。犯罪にはなにかことがそこに至る原因があると考えるのも、特別予防論の主張の1つである。病気に原因があり、その原因を除去しなければ、一時小康状態となることはあっても、いずれ病気が再発する可能性がある。それと同じように、犯罪者は犯罪を犯すべき何らかの（素質的・環境的な）原因（負因）があり、それを除去しなれば、いずれまた犯罪を犯すことになる。そこで、刑罰によりその原因を除去し、再犯に陥らないようにしようというのである。

　一般予防論も、特別予防論も、犯罪防止（予防・抑止）という目的を追求する点において同じ理論的出発点に立つが、その目的を達成する方法論において、社会一般の人々への働きかけを重視するか、犯罪者への働きかけを重視するかで異なるのである。これに対して、応報刑論は、将来の効果による刑罰の正当化を考えるのではなく、過去の行為とそれに対する反作用（刑罰）の関係に（のみ）焦点をあてる点で、その理論的基礎をまったく

10　わが国において、江戸時代後期には「改悔後悔を重視する特別予防的なものが重視されるようになった」（石井良助『江戸の刑罰』4頁［吉川弘文館、2013年］）。具体的には、「牢内で悪に染まる弊害をふせぐのみならず、進んで罪人に職をさずけ、獄中の作業に対して銭を給し、これを官費で補い、出所後の生活を安定させようとし」、人足寄場（江戸の石川島の人足寄場）が設けられた。「それはまさに、特別予防的思想の必然的発展の産物といえよう」（石井・前掲5頁。また、同19頁以下）とされている（人足寄場については、同189頁以下）。

11　わが国の刑法学は、明治以降、近代西洋法を積極的に摂取し（第2講（2）参照）、明治期後半以降には、ヨーロッパにおける新派刑法学の主張がわが国にももたらされることになる。勝本勘三郎（1866-1923）はロンブローゾに学び、新派刑法学の刑法思想をわが国で展開した。リスト、フェリーに学んだ牧野英一（1878-1970）は新派刑法学の立場から、刑論論（意思決定論を背景にした目的刑論、教育刑論）、それと密接に関連する責任論（社会的責任論）にとどまらず、主観面（犯罪的意思、危険な性格・反社会性）に重点を置いた主張を、犯罪論においても広く、たとえば、不能犯論（第12講Ⅰ（2）参照）、事実の錯誤論（第14講Ⅰ（1）参照）、実行の着手論（第22講Ⅱ（1）参照）、共犯論（第25講Ⅱ（1）参照）を強力に展開した。宮本英脩（1882-1944）、木村亀二（1897-1972）などもこの陣営から論陣を張り、新派刑法学は大正・昭和初期には隆盛を誇った。これに対して、旧派刑法学の立場から、大場茂馬（1869-1920）、小野清一郎（1891-1986）、瀧川幸辰（1891-1962）らが応報刑論（多くは相対的応報刑論）に立ち、新派刑法学の刑罰論、主観主義刑法を激しく批判し、客観面を重視した犯罪論を展開して対抗した。新派と旧派の対立について、参照、大塚仁『刑法における新・旧両派の理論』（日本評論社、1957年）。時代が下り、戦後になると、主観主義刑法学は大幅に退潮し、客観主義刑法学が支配的になっていく。新憲法の理念のもと、主観面の重視した解釈や刑法の早期の介入などに対する警戒感が強まったといえよう。一方で、新派刑法学が刑事政策を進展させた面を無視することはできない。藤木英雄・争点新版8頁は、「新派刑法学は、人間が自由意思の持主であること、すなわち主体的にみずからの意思で決断し選択する存在であることを無視し、人間を1個の生物体としか見ない点で根本的な欠陥がある」としつつも、人格的な欠陥により自己規律能力が著しく欠け、罪に陥ってしまう者の存在を指摘し、「そのような者に対する改善、教育の必要を説き、刑罰論、刑事政策論の展開に貢献した点では、新派刑法学の存在意義を積極的に認めなければならない」。「新派刑法学の主張は、犯罪の原因の科学的分析という点に1つの強みを持ち、また、すでに有罪を確認されて刑の執行、とりわけ自由刑を受ける段階に至った犯罪者の処遇の理念を明らかにした点では、刑法および刑罰制度の発展に大きな貢献を及ぼしたものと言わなければならない」と指摘している。

異にする考え方ということになる。

　特別予防論は、刑の執行猶予、累進処遇・開放処遇など処遇の個別化、近時の薬物依存離脱指導や性犯罪再犯防止指導など、20世紀以降、行刑の発展（刑務所の改良）に大きく寄与してきた。しかし、特別予防論も根本的な問題点をかかえている。特別予防論によれば、犯人が軽い犯罪を犯した場合でも、今後再び犯罪を犯す危険性が大きいと考えられる場合、この危険性を除去するために刑罰により働きかける期間（つまり、刑事施設への収容期間）が長期に及ぶことも正当化される。しかし、行った行為の重さを相当に超える収容（身柄の拘束）は「人権侵害だ」との厳しい批判が向けられてきた[12]。そもそも、そのような拘束の基礎になる「再犯（犯人の危険性）の予測」それ自体を、現在の科学的知見により正確に行えるのかどうかも疑問にさらされてきた。行為の重さに見合った刑の期間を超える身柄の拘束はやはり問題であり、そのことの正当化は難しいと思われる。

　（5）以上のように応報刑論、一般予防論、特別予防論にはそれぞれに長所・短所があり、それゆえに、刑罰の意味づけについて、現在の一般的な見解は、応報刑論をその中心に置きつつ、その範囲内で（一般予防および特別予防という）予防目的を追求すべきであると考える。これを相対的応報刑論（統合説）という[13]。ここでの問題は実践的な問題であり、統合説を支持することができよう。すなわち、刑罰は、まず、過去の行為への非難によって基礎づけられるべきであり、その限りで、刑の上限が行われた行為との関係により画されるべきである（刑の上限に関する罪刑の均衡。責任主義）。しかし、一定数の犯罪者が素質・環境に恵まれていないことも直視すべきである。応報刑論の主張は、ときに、あまりに理想的な（・合理的に行動する）人間像を前提としがちな点においても疑問が残る。行為との関係で画されるべき刑の上限の範囲内で、行刑において受刑者の改善・更生という特別予防目的が追求されるべきであり、軽微な犯罪行為の場合に刑の執行による責任の清算に固執すべきではない。一般予防、とりわけ規範意識の覚醒・強化による予防、積極的一般予防目的も重要であり、刑罰（刑の執行のあり方）に対する不信が抱かれかねないほどに一般予防が犠牲にされてはならない。したがって、行われた犯罪行為との対応関係を出発点とし、それにより画される上限の範囲内で、各刑罰目的を調整し、それらの長所を生かせるように統合するかたちで刑罰制度は実践的に運用されていくべきである[14]。

---

[12] 反対に、再び起こることのないような特殊な（または異常な）状況下で重大な犯罪が行われた場合、特別予防論からは、再犯のおそれがないということから処罰が不要ということになろうが、それでよいのか、ということも批判されてきた。

[13] 内藤謙『刑法講義総論（上）』124頁（有斐閣、1983年）は、「刑罰という複雑な歴史的・国家的制度を、『応報』とか『一般予防』とか『特別予防』とかいう1つの考え方で根拠づけることは困難であろう。1つの考えを絶対化することによっては、刑罰の実態をとらえることができないだけではなく、その妥当な運用をもなしえないからである」と指摘する。

[14] 「応報」の意味、目的刑論の問題点など刑罰の意味・正当化に関してより深く考察するのは、髙橋直哉『刑法基礎理論の可能性』103頁以下（成文堂、2018年）

Ⅱ　被告人に言い渡される刑罰の決め方（法定刑 ⇨ 処断刑 ⇨ 宣告刑）

　被告人に言い渡される刑罰はどのように決められるのだろうか。例として、特殊詐欺に加わったXを考えよう。246条1項（詐欺罪）は、「人を欺いて財物を交付させた者は、10年以下の拘禁刑〔懲役〕に処する」と規定する。詐欺罪を犯したXには、1月以上10年以下の拘禁刑〔懲役〕の範囲内で刑罰が考えられる。このように刑罰法規の各本条が定めている刑罰のことを、法律の定めている刑という意味で、「法定刑」という。死刑・無期刑以外の主刑の法定刑は、上限（長期・多額）・下限（短期・寡額）を示して幅をもって規定されている。

　まず、法定刑から「処断刑」が形成されることになる。　処断刑とは、法定刑に刑の加重・減軽などを施した後[15]の刑罰である。法律上の刑の減軽事由として、心神耗弱による刑の減軽（39条2項）、自首減軽（42条）、未遂減軽（43条本文）、従犯減軽（63条）、過剰防衛（36条2項）、過剰避難（37条ただし書）、中止未遂（43条ただし書）などによる刑の減免がある。刑の加重事由として、併合罪加重（45条以下）、再犯加重（57条）がある。刑罰法規によっては刑罰の種類が選択的に規定されている場合がある。たとえば、殺人罪（199条）は「人を殺した者は、死刑又は無期若しくは5年以上の拘禁刑〔懲役〕に処する」と規定している。このような場合には、処断刑の形成にあたり、まず、刑種の選択をしなければならない。殺人罪の場合、死刑にするのか、無期拘禁刑〔懲役〕にするのか、5年以上20年以下の有期拘禁刑〔懲役〕にするのかがまず選択されなければならない。そのうえで、刑の加重減免がなされる。たとえば、Xは特殊詐欺の首謀者・中心人物ではなく、周辺的にかかわったにすぎず、詐欺罪の従犯[16]であると認定された場合、従犯減軽がなされる（63条）。「有期の拘禁刑〔懲役又は禁錮〕を減軽するときは、その長期及び短期の2分の1を減ずる」（68条3号）。つまり、「1月以上10年以下の拘禁刑〔懲役〕」という246条の法定刑の長期・短期をともに半分に下げ、「15日以上5年以下の拘禁刑〔懲役〕」という「処断刑」が形成されることになる。刑法でいう「減軽」とは、処断刑の形成における、言い渡しうる刑の幅の縮減のことをいう。

　処断刑の範囲内でXに言い渡す具体的な刑が決められ、Xに言い渡されることになる。これが「宣告刑」である。たとえば、Xに対して、「被告人を1年の拘禁刑〔懲役〕に処す。」と言い渡す。処断刑の範囲内で具体的な刑の重さを決めることを「刑の量定」（量刑）という。この量刑をどのような基準により行うべきなのかという問題は、きわめて難しい問題である。「等しいものは等しく扱う」というのが、法の適用における基本原則の1つであるから、過去に言い渡された同種事件の刑の重さが1つの目安になる。もちろん、まったく同じ事件というのは存在せず、どの要素を重視して「同種の」事件というべきかがまさに問題である。法定刑の幅が広いわが国の刑法典においては、この量刑基準（宣告刑の決め方）はまさに重要問題なのであるが、実は、この量刑基準の理論化はまだ十分ではないといわざるをえない。

　刑法典の中にこの量刑に関する規定はないが、刑訴法248条が1つの目安を提供しているといわれている。

15　加重・減軽をする事情のない場合、法定刑がそのまま処断刑となる。

16　正犯と共犯（従犯）の区別については、第25講参照。さし当り、正犯とは犯罪の中心人物であり、第1次的な責任を負うもの、従犯とは周辺的なかかわりをした者であり、第2次的な責任を負うものと考えておくとよい。

それは、「犯人の性格、年齢及び境遇、犯罪の軽重及び情状並びに犯罪後の情況により訴追を必要としないときは、公訴を提起しないことができる」と規定している。これは起訴すべきか否かを判断する要素を列挙しているが、量刑を決める要素（量刑因子）としても参考になる[17]。さらに、1974年（昭和49年）に法制審議会で決定された改正刑法草案48条は、（1項）「刑は、犯人の責任に応じて量定しなければならない」。（2項）「刑の適用にあたっては、犯人の年齢、性格、経歴及び環境、犯罪の動機、方法、結果及び社会的影響、犯罪後における犯人の態度その他の事情を考慮し、犯罪の抑制及び犯人の改善更生に役立つことを目的としなければならない」という規定を提案した。この改正刑法草案は、結局、法律にならなかったが、量刑に関する基準としておおむね賛同の得られるものといえよう。

Ⅲ　刑の執行猶予

（ⅰ）たとえば、「被告人を1年の拘禁刑〔懲役〕に処し、2年間その執行を猶予する」と言い渡される場合のように、被告人とって、執行猶予となるのか否かはきわめて重要である。短期自由刑の弊害[18]を回避し、また、猶予が取り消されれば刑が現実に執行されるとの心理的強制のもと、対象者が社会の中で自力で改善・更生する機会を与え、その社会復帰を図る（社会内処遇、地域社会に基礎を置く矯正 community-based correction）ため、一定の要件のもとで刑の執行猶予が認められる。

　刑の全部の執行猶予の要件は、①（ア）前に拘禁刑〔禁錮〕以上の刑に処せられたことがない者、または、（イ）前に拘禁刑〔禁錮〕以上の刑に処せられたことがあっても、その執行を終った日またはその執行の免除を得た日から5年以内に拘禁刑〔禁錮〕以上の刑に処せられたことがない者[19]が、②3年以下の拘禁刑〔懲役もしくは禁錮〕、または、50万円以下の罰金の言渡しを受けたとき、③情状により、④1年以上5年以下の期間、その刑の全部の執行を猶予することができる（25条1項）。

　猶予期間は必ずしも宣告刑の長さに対応するわけではない。初度の執行猶予の場合（25条1項）は裁量により、再度の執行猶予の場合（25条2項）は必要的に保護観察を付する（25条の2）[20]。猶予期間中に一定の取消事由があるとき、執行猶予は取り消され、刑が執行される。刑の全部の執行猶予の言渡しを取り消されることなくその猶予の期間を経過したときは、「刑の言渡しは、効力を失う」（27条）。「刑の言渡しは、効力を失う」とは、その刑に処せられなかったことになり、刑の言渡しに伴うすべての効果が消滅する。

17　第4講注8で引用した最判昭和58年7月8日刑集37巻6号609頁も参照。

18　第4講注15参照。

19　再度の執行猶予の場合、①前に拘禁刑〔禁錮以上の刑〕に処せられたことがあってもその刑の全部の執行を猶予された者が、②2年以下の拘禁刑〔懲役または禁錮〕の言渡しを受けたとき、③情状にとくに酌量すべきものがあるとき、④1年以上5年以下の期間その刑の全部の執行を猶予することができる（25条2項）。

20　更生保護法が保護観察の実施等についての詳細な規定を設けている。保護観察における指導および補導援助は保護観察官または保護司が行う。保護観察に付されている者には一般遵守事項と特別遵守事項がある。

（ⅱ）2013 年（平成 25 年）の刑法改正において刑の一部の執行猶予の制度が導入された。刑の一部の執行猶予の要件は、①（ア）前に拘禁刑〔禁錮〕以上の刑に処せられたことがない者、（イ）前に拘禁刑〔禁錮以上の刑〕に処せられたことがあっても、その刑の全部の執行を猶予された者、または、（ウ）前に拘禁刑〔禁錮〕以上の刑に処せられたことがあっても、その執行を終わった日またはその執行の免除を得た日から 5 年以内に拘禁刑〔禁錮〕以上の刑に処せられたことがない者が、②3 年以下の拘禁刑〔懲役または禁錮〕の言渡しを受けた場合において、③犯情の軽重および犯人の境遇その他の情状を考慮して、再び犯罪をすることを防ぐために必要であり、かつ、相当であると認められるとき、④1 年以上 5 年以下の期間、その刑の一部の執行を猶予することができる（27 条の 2 第 1 項）[21]。実刑部分につき仮釈放も可能である。

　刑の一部執行猶予は、執行が猶予されなかった部分の期間を執行し、その後残刑が猶予される（27 条の 2 第 2 項）。仮釈放に類似する制度であるが、①刑の一部の執行を猶予すること、および、その期間を判決において確定する点（執行時に行政機関が判断するのではなく、判決時に司法機関が判断する）、②猶予期間が残刑の期間ではなく、残刑とは独立した 5 年以内の期間である点（残刑期間主義ではなく考試期間主義）の点で現行の仮釈放と異なっている。

21　さらに、薬物使用等の罪を犯した者に対する刑の一部の執行猶予に関する法律に基づいて刑の一部の執行猶予が認められる場合がある。

第6講　罪刑法定主義1

　法律が犯罪を定め、犯罪を行った者を適正に処罰することにより自由で平穏な社会生活が維持され、われわれは安心して生活することができる。あるいは、それが可能になるように、刑事司法制度の運用が目指されている。

　しかし、歴史的にみれば、時の権力者が、自己に反抗する者、批判的な者など、自らにとって都合の悪い者の身柄を拘束し、処刑するなど、その権力・政治体制を維持するための道具として刑法・刑罰が用いられた時代もあった。残虐さの限りを尽くすような死刑の執行方法、公開処刑など、威嚇的・見せしめ的な刑罰の運用である。中世ヨーロッパの刑法の特徴（問題点）として、権力者の考え方次第の恣意的な法執行、どのような行為が犯罪となり、刑がどの程度のものか明らかにされないままの専断的な法運用、身分によって取扱いを異にする不平等性、犯罪行為に比して不相応に重い苛酷な処罰、ある特定の道徳観や宗教的信条を押し付ける過度の干渉性などが指摘されてきた。魔女裁判なども悪名高いものとして知られているところである。

　わが国においても、ヨーロッパとは文化的・宗教的背景を異にするとはいえ、かつての刑罰の運用は異なるものではあるまい。わが国の近代的な刑法が、明治維新後の 1880 年（明治 13 年）制定・1882 年施行の旧刑法に始まることは第 2 回講義で言及した[1]。明治維新後その旧刑法施行までの間、「王政復古」（いにしえの天皇親政への復帰）の名のもと、大宝・養老の律によりながら、明律・清律も参酌した律令形式の（暫定的な）刑法が施行されている。明治元年（1868 年）の仮刑律、明治 3 年の新律綱領、明治 6 年の改定律例である。これらは国民に向けて公布されたものではなく、官吏の執務上の準則であった。まさに「民は由らしむべし、知らしむべからず」[2] である。潤刑[3] といって武士・僧尼を特別に扱う刑罰も残っていた。また、類推による処罰も認めていた[4]。明治当初の刑法がこれであるから、これ以前の、江戸時代・戦国時代（さらには、それ以前）の（実質的意味での）刑法・刑罰の運用は推して知るべしであろう。

　これに対して、近代西欧法を積極的に取り入れた旧刑法は、国民に対して公布するという形式をとり、その 2 条で「法律ニ正条ナキ者ハ何等ノ所為ト雖モ之ヲ罰スルコトヲ得ス」、3 条 1 項で「法律ハ頒布以前ニ係ル犯罪ニ及ホスコトヲ得ス」と規定し、罪刑法定主義を明文化したのである。ここに、旧刑法をもって、わが国における近代刑法の始まりであるとされる所以がある。

---

[1] 第2講（2）参照。

[2] なにを犯罪とし、それがどのような効果を伴うのかを明確にせず、統治者の専断に委ねるやり方を罪刑専断主義という。「専断」とは、自分だけの考えで勝手に物事をとりはからうことをいう。

[3] 法制史上、一般的な刑罰である正刑と、特別な身分のある者に科せられる閏刑にわけられる。武士に対する切腹、改易、蟄居、僧侶に対する追院、僧尼に対する還俗などがその例である。

[4] 新律綱領は「援引比附」（断罪無正条・類推による処罰）を認めていた。すなわち、「凡（およそ）律令に該載し尽さゞる事理、若くは罪を断ずるに正条なき者は、他律を援引比附して、加ふ可きは加へ、減ず可きは減じ、罪名を定擬（ていぎ）して、上司に申し、議定って奏聞（そうもん）す。若し輙（たやす）く罪を断じ、出入りあることを致す者は、故失を以て論ず」と定めていた。また、「不応為」（明文のない場合に情理に基づく処罰）も認めていた。これは、「凡律令に正条なしと雖も、情理に於て為すを得応（べ）からざるの事を為す者は、笞三十。事理重き者は、杖七十」と定めていた。

A．罪刑法定主義の理論的根拠

  ┌ 民主主義的要請 ── 三権分立、国民主権

  │

  └ 自由主義的要請 ── 行動の自由（予測可能性）の保障

B．罪刑法的主義の具体的な的内容（派生原則）

〔罪刑法定主義の伝統的な内容〕

  ① 法律主義（慣習刑法の排斥）

   ☞ 政令（憲法 73 条 6 号但書）

    条例（地方自治法 14 条）

    〔参照〕最大判昭和 37 年 5 月 30 日刑集 16 巻 5 号 577 頁

  ② 遡及処罰（事後法）の禁止

   ☞ 判例にも同様の効果（遡及適用の禁止）が認められるか？

    〔参照〕最判平成 8 年 11 月 18 日刑集 50 巻 10 号 745 頁

  ③ 被告人に不利益な類推解釈の禁止

   ☞ 拡張解釈は許される。

  ④ 絶対的不定期刑の禁止

〔罪刑法定主義の新しい内容〕

  ⑤ 明確性の原則

    〔参照〕最大判昭和 50 年 9 月 10 日刑集 29 巻 8 号 489 頁

  ⑥ 刑罰法規適正の原則

   ☞ 過度の広汎ゆえに無効の理論、罪刑の均衡など

Ⅰ　罪刑法定主義の意義・沿革・理論的根拠

（1）罪刑法定主義とは、どのような行為が犯罪となり、それに対してどのような刑罰が科されるのかは、あらかじめ法律で適正に定められていなければならない、という近代刑法の基本原則である。「法律なければ犯罪

なし。法律なければ刑罰なし。」という言葉で標語的にいいあらわされる[5]。罪刑法定主義の具体的内容（または派生原則）として、伝統的に、①法律主義、②遡及処罰（事後法）の禁止、③被告人に不利益な類推解釈の禁止、④絶対的不定期刑の禁止の4つがあげられてきた。さらに、今日では、⑤明確性の原則、⑥刑罰法規適正の原則なども加えられるのが一般である。

（2）罪刑法定主義の思想的淵源は1215年のイギリスのマグナ・カルタ（Magna Charta）に遡ることができるとされる[6]。その思想は、その後、アメリカ諸州の権利宣言（1776年）、フランスの人権宣言（1789年）、フランス刑法典（1810年）にとり入れられ、諸国の刑法に大きな影響を与えていった。第2次世界大戦後は、1948年の世界人権宣言11項2項、1979年発効の市民的及び政治的権利に関する国際規約（国際人権規約B規約）15条1項において遡及処罰の禁止が承認され、罪刑法定主義は国際法上も認められるに至っている[7]。

わが国においては、前述のように、旧刑法によってはじめて罪刑法定主義の規定が設けられた。さらに、1889年（明治22年）制定の大日本帝国憲法23条も「日本臣民ハ法律ニ依ルニ非スシテ逮捕監禁審問処罰ヲ受クルコトナシ」と定めた。これに対して、現行刑法は罪刑法定主義に関する規定を置いていない。しかし、このことは、現行刑法が罪刑法定主義を認めないということではない。通説的な理解は、罪刑法定主義が解釈上明白な原

---

[5] ラテン語で Nullum crimen sine lege, nulla poena sine lege. と表現されるが、これはフォイエルバッハが用いたものである（参照、山口邦夫『19世紀ドイツ刑法学研究』41頁、45頁注48、49頁［八千代出版、1979年］。また、第5講注6）。国家刑罰権の恣意的な適用から国民の権利・自由を守り、人権を保持するために刑罰の法定を求める思想は、フォイエルバッハ以前にも、ロック（John Locke,1632-1704）、モンテスキュー（Charles-Louis de Montesquieu,1689-1755）、ベッカリーア（Cesare Beccaria,1738-1794）、ベンサム（Jeremy Bentham,1748-1832）などにもみられる。たとえば、ベッカリーアは、1764年の『犯罪と刑罰』（Dei delitti e delle pene）において次のように論じている。「法律だけがおのおのの犯罪に対する刑罰を規定することができる。この権限は、社会契約によって統一されている社会全体の代表者である立法者にだけ属する。であるから、裁判官——彼じしん社会の一員にすぎない——は、同じ社会の他の一員に、法律によって規定されていないどんな刑罰をも科すことはできない。裁判官が、もし法律で規定されているよりきびしい刑を科したばあい、その刑罰は不正となる。なぜなら、そのばあい裁判官はすでにきめられている刑罰の上に新らしい刑罰を加えて科したことになるから。したがってまた、どんな裁判官も、たとえ公共の福祉のためという口実をつけようとも、ある市民の犯した犯罪に対してすでに宣告された刑を加重することはできない」（風早八十二・五十嵐二葉訳『犯罪と刑罰』28頁［岩波文庫、1938年］。参照、また、小谷眞男訳『犯罪と刑罰』16頁［東京大学出版会、2011年]）。

[6] 1215年にジョン王が、いかなる自由人も、同一身分の適法な裁判により、かつ、国の法律によるのでなければ処罰されない（マグナ・カルタ39条）と誓約し、時代が下るなかで何度か確認された。17世紀のエドワード・クック（Sir Edward Coke,1552-1634）によるマグナ・カルタの再解釈が重要であるとされる。罪刑法定主義の思想的淵源を1215年のマグナ・カルタに求める通説的な理解に対して、近代法治主義の上に確立した罪刑法定主義の原則を、中世イギリスの封建制度のもとに結実したマグナ・カルタに求めることは困難であると批判し、それをフランス革命の成果として生まれた人権宣言に求めるべきであるとする理解もある。マグナ・カルタと罪刑法定主義の関係、マグナ・カルタを罪刑法定主義の「淵源」と捉えるのが適切か否かについて詳細に、大野真義『罪刑法定主義（新訂第2版）』1頁以下、111頁以下（世界思想社、2014年）。

[7] 判例法（common law）の国において罪刑法定主義が妥当するのか否かは1個の問題であろう。「法律なければ犯罪なし」の内容を、「実定法なければ犯罪なし」と理解するのであれば、判例法の国においても認められている原則といえよう。それに対して、「成文法なければ犯罪なし」（狭義の法律主義、Gesetzlichkeitprinzip）と理解するのであれば、かかる罪刑法定主義は判例法の国においては認められていない。これは判例法の国と成文法主義の国とにおける法源についての考え方の違いに基づくものと考えられ、「実定法なければ犯罪なく、刑罰もない」という意味において罪刑法定主義は実質的に世界的に広く認められているといえよう。木村亀二「英米刑法と罪刑法定主義」刑法雑誌2巻3号1頁以下（1951年）、小室輝久「イングランド法と罪刑法定主義の淵源」現代刑事法31号35頁以下（2001年）も参照。

則であり、制定当時、大日本帝国憲法23条も存在していたことから、現行刑法はそれに関する規定を設けなかったと説明する[8]。その後、1946年（昭和21年）に日本国憲法が制定され、「何人も、法律の定める手続によらなければ、その生命若しくは自由を奪われ、又はその他の刑罰を科せられない」と法定手続を保障する憲法31条、「何人も、実行の時に適法であつた行為……については、刑事上の責任を問はれない」と遡及処罰を禁止する憲法39条前段、そして、「政令には、特にその法律の委任がある場合を除いては、罰則を設けることができない」と政令へ委任する場合を定める憲法73条6号但書が、わが国における罪刑法定主義の根拠規定としてあげられる。また、国際人権規約B規約が、その批准により1979年9月から国内法的に法的拘束力もっている[9]。

（3）罪刑法定主義は、民主主義的要請および自由主義的要請に基づく。（ア）刑罰法規（犯罪と刑罰）の内容を決める権限は究極的には主権者である国民にあるところ、議会制民主主義（間接民主制）のもと、国民により選挙で選ばれ、立法権を与えられた代表者が、議会において、法律という形式でそれを決定すべきことになる。「国会は、国権の最高機関であつて、国の唯一の立法機関である」（憲法41条）。司法機関や行政機関には立法権限は与えられていない（三権分立）。このような手続を通じて犯罪の内容・刑罰の程度が主権者である国民の意思に基づいているといえることによって、国家刑罰権の行使が民主主義的に正当化されることになる。私人間の紛争において当事者のいずれかの主張に軍配を上げなければならないところの民事裁判と異なって、国家と個人の関係において国家刑罰権を実現する手続である刑事裁判においては、刑罰権行使には民主主義的正当性（手続的正当性）が存在しなければならないのである[10]。このような民主主義的な要請から、法律主義（法定原則）が基礎づけられる。

さらに、（イ）法律が制定されさえすればよいということにはならない。不意打ち的な処罰は正義に反する（公正でない）から、国民はどのような行為が処罰されるのかを「事前に」告知され（fair notice）、予測可能性、そのことにより行動の自由が保障されなければならない。刑罰権行使の公正さが強く求められる。自由保障にかかわる要請から、遡及処罰（事後法）の禁止が基礎づけられる。罪刑法定主義は刑法の自由保障機能（マグナ・カ

8　このような理解に疑問を呈し、現行刑法制定過程における新派刑法学の影響などもあり、罪刑法定主義を弱める方向の考え方が背景にあったのではないかという見方もある。

9　その15条1項は、「何人も、実行の時に国内法又は国際法により犯罪を構成しなかつた作為又は不作為を理由として有罪とされることはない」と遡及処罰の禁止を定めている。

10　民事裁判において、法の適用に関する通則法3条、民法92条は慣習を法源とすることを認める。民事・刑事の「相違は民事裁判が私人間の紛争を解決する制度であることによる。社会の秩序維持のために、国家は、私人が話合いによるのでなく自力・実力で紛争を解決することを禁じている。この自力救済の禁止の代わりに国家は民事事件につき民事裁判で強制的に解決することを約束しているのである（これを『司法拒絶の禁止』という（憲法32条〔裁判請求権〕参照）。それゆえ、裁判所は、民事紛争の解決にあたり解決の基準となる法律がないからといって裁判を拒絶することは許されないのである。そこに、民事裁判においては、慣習や条理をも法源とすることが許される根拠が存するのである。これに対して、刑事事件は、国家が国民に対して国家刑罰権を実現する手続である。そこでは、国家が正当な刑罰権を有することが前提となっているのであり、この点で、罪刑法定主義は成文法による刑罰法規が行為よりも以前に存在していたことを要求するのである」（西田・総論3版45頁以下）。また、参照、中野次雄『判例とその読み方〔3訂版〕』28頁（有斐閣、2009年）。

ルタ機能）を担う重要な基本原則なのである[11]。

Ⅱ　罪刑法定主義の伝統的な内容

（1）法律主義

　罪刑法定主義の第 1 原則は法律主義である。刑罰法規は、狭義の法律によって定められていなければならない。狭義の法律とは、国会の議決を経て成立する法形式をいい（憲法 59 条参照）、その効力は、憲法および条約に次ぎ、政令・条例より上位にある。法律主義は刑法の（形式的）法源の問題、そして、刑罰権行使のための手続的正当性の問題にかかわる。法源とは、法を適用するにあたって「法」として援用することのできる法形式、とくに判決理由で援用して裁判の理由とすることのできる法形式を意味する[12]。法律主義は慣習刑法の排斥ともいわれる。憲法 31 条の「法律の定める手続」でいう「法律」は、この狭義の法律のことをいい、手続法だけでなく、刑事手続において適用されるべき実体法も含めて考えられている。したがって、憲法 31 条は、犯罪と刑罰が「狭義の法律」で定められていなければならないことも求めているのである。ただし、「法律」主義には憲法自体が認める例外がある。

　第 1 の例外を憲法 73 条 6 号但書が定めている。それは、「政令には、特にその法律の委任がある場合を除いては、罰則を設けることができない」と規定し、政令で罰則を設けることを認めている。政令とは、行政府である内閣が制定する命令のことであり、狭義の法律よりも下位の法形式であり、この限りでは、「法律」主義に抵触する。しかし、憲法 73 条 6 号但書は、刑罰法規が法律によって定められることを前提としたうえで、例外的に、法律の委任を条件に、しかも、具体的な処罰範囲を特定して委任した場合に限って、政令に罰則を定めることを認めているのであり、法律主義を前提とした規定であるといえる。これは、事柄の性質によっては、国会が起こりうる多種多様な事態を想定し、事前に細部まで定めておくということが――望ましいとはいえ――難しい場合もあり、また機動力を有する行政府の方が（とくに時間的な点で）適切に対応しうる場合もあるからである。憲法は、特定委任を要求することによって、刑罰権行使のための手続的正当性を保つことができると考えたものといえよう[13]。

---

[11]　「刑法は、処罰を基礎づけるとともに、その限界を明確にすることによって、恣意的刑罰から国民――犯人じしんをも含めて――をまもるのである。その意味で、刑法は『犯人のマグナ・カルタ』（リスト）といわれる」。「刑罰権は国家権力のもっとも強力かつ露骨な発現であるから、これに対して個人の人権を保障するために、このようなマグナ・カルタ的機能は、刑法のもっとも重要な機能だというべきである」（団藤・総論 3 版 14 頁）。

[12]　広くは、「法」が流れ出る「源」泉と考えられるものをいう。

[13]　特定委任といえるかどうかが争われた事件として猿払事件がある。これは、北海道宗谷郡猿払村の郵便局員が、勤務時間外に、衆議院議員選挙の候補者の選挙ポスターを公営掲示場に掲示した行為につき、国家公務員法 102 条 1 項・110 条 1 項 19 号違反で起訴された事件である。具体的な禁止行為の内容が包括的に委任されており、憲法違反ではないかということが争われたが、最高裁は、憲法の許容する委任の限度を超えるものではないとして合憲であるとした（最大判昭和 49 年 11 月 6 日刑集 28 巻 9 号 393 頁）。しかし、この結論に疑問を呈する見解も少なくない。

例外の第2は、地方自治法に基づく罰則制定権である。条例とは、地方公共団体が制定する法形式である。地方自治法14条3項は、「普通地方公共団体は、法令に特別の定めがあるものを除くほか、その条例中に、条例に違反した者に対し、2年以下の拘禁刑〔懲役〕若しくは禁錮、100万円以下の罰金、拘留、科料若しくは没収の刑……を科する旨の規定を設けることができる」と規定する。条例は命令よりも下位の法形式であるから、先ほどの憲法73条6号但書の趣旨からすれば、少なくとも「特定委任」が必要であるとも考えられるところ、地方自治法の認める罰則制定権の範囲は、刑の上限を制約するだけで、内容面では逆に広いものとなっている。しかし、条例は、憲法の保障する地方自治（憲法92条以下）を実施するために、住民の選挙により選ばれた議員をもって構成される地方議会の議決を経て制定されるものであり、刑罰権行使のための手続的（民主的）正当性は問題がないといえよう。憲法94条は地方公共団体に条例制定権を認めており、それを担保するために必要な範囲での罰則制定権も含むものと考えるのが合理的である。したがって、この場合も、憲法の認める法律主義の例外といえる[14]。判例も次のように判示し、地方自治法14条3項の合憲性を認めている[15]。すなわち、「憲法31条はかならずしも刑罰がすべて法律そのもので定められなければならないとするものではなく、法律の授権によってそれ以下の法令によって定めることもできると解すべきで、このことは憲法73条6号但書によっても明らかである。ただ、法律の授権が不特定な一般的の白紙委任的なものであってはならないことは、いうまでもない。……条例は、法律以下の法令といっても、……公選の議員をもって組織する地方公共団体の議会の議決を経て制定される自治立法であって、行政府の制定する命令等とは性質を異にし、むしろ国民の公選した議員をもって組織する国会の議決を経て制定される法律に類するものであるから、条例によって刑罰を定める場合には、法律の授権が相当な程度に具体的であり、限定されておればたりると解するのが正当である」とその合憲性を判断している。

（2）遡及処罰（事後法）の禁止

犯罪と刑罰は「あらかじめ」法律で定められていなければならない。憲法39条前段は「何人も、実行の時に適法であつた行為……については、刑事上の責任を問はれない」と規定している[16]。なにが処罰されるのかわからないとなれば、処罰の対象にならないかもしれないが、もしかしたら処罰される可能性の残る行動は差し控え

---

[14] 条例には、たとえば、青少年保護育成条例とか、動物愛護条例といったものがあるが、地方自治体ごとに内容・罰則の程度が異なること、地域差が生ずることが当然にありうる。しかし、これも憲法94条が地方公共団体に条例制定権を認めた当然の帰結であって、憲法14条に違反するとはいえないであろう（もちろん、地域差の程度によっては問題になりえよう）。

[15] 最大判昭和37年5月30日刑集16巻5号577頁。なお、平野・総論 I 66頁以下は、地方自治法14条3項「疑いもなく一般的委任である。条例は……政令より下位の法であるから、政令に対してさえ一般的委任が許されないならば、条例には、より以上に許されないのではないかという疑問もある。しかし、条例はその自治体の構成員がみずから選んだ議会によって制定されるものであるから、これに罰則を設けても、政令の場合と違って、民主主義の要請には反しない。したがって、どの程度まで条例に罰則制定権を認めるかは、国家と地方自治体との間の権限分配の問題であって、罪刑法定主義の問題ではない」とする。

[16] このことは「刑法の時間的適用範囲」という観点からみれば、刑法はその施行後の行為に対して適用される、施行前に行われた行為に対して遡って適用されてはならない、ということを意味する。

るのが賢明だと判断する者は決して少なくないと思われる。慎重な者であればある程、万が一のことを考え、本来ならば処罰されない行動も含めて行動を差し控え、その結果、自由な行動の領域が狭まっていくことになる。どのような行為が処罰され、どの程度の刑で処罰されるのかが事前に明示されることによって、それならやめておこう（あるいは、それを承知で行おう）などと判断でき、国民は自己の行為のもたらす結果を予測することができ、その意味での行動の選択、行動の自由が保障されるのである。刑法の自由保障機能といわれる。実行の時に違法であったが罰則のなかった行為を、行為後に罰則をつくって処罰することや、実行時の罰則を行為後により重い罰則に変更し、それを適用して重く処罰することも認められない。行動の予測可能性にかかわる問題だからである。

　もっとも、遡及処罰の禁止は自由保障にかかわるものだから、被告人に有利な方向で遡及適用することは許される。6 条は「犯罪後の法律によって刑の変更があったときは、その軽いものによる」と規定する。これは、刑の事後的加重が認められないということを前提とし、裁判時法における刑が行為時法における刑よりも軽い場合には、裁判時法の遡及適用を認めるものである。「刑の変更」は主刑の変更[17]をいい、付加刑（没収）の変更を含まないというのが判例である。執行猶予の要件の変更も「刑の変更」に含まれない[18]が、学説では「刑の変更」に含めるべきだとの見解が有力である。刑の時効、公訴の時効[19]、親告罪の有無の変更も刑の変更に準ずべきであるとの見解もある。強制性交等罪などを非親告罪化した 2017 年（平成 29 年）の改正刑法の施行前に行われていた犯行に関して、公訴提起に告訴を不要とする同改正法の附則が遡及処罰の禁止に違反するのか否かが争われたが、判例は、同改正法は、「行為時点における当該行為の違法性の評価や責任の重さを遡って変更するものではな」く、「被疑者・被告人となり得るものにつき既に生じていた法律上の地位を著しく不安定にするようなものでもな」く、憲法 39 条に反しないとした[20]。

　この関係で、判例の不利益変更が議論されてきた。「判例」とは、広い意味では、過去に下された裁判例をいうが、狭い意味では、それら裁判例に含まれる原則のうち、法的に拘束力のあるものをいう。すべての判決が、後者の意味での「判例」ではない。なにがこの意味での「判例」であるのかは、まさに法律学での重要な検討課題である。従来の判例に従えば処罰されなかった行為が判例変更により処罰されるような場合は判例変更を将来に向かって宣言し、当該事案は従来の判例に従って判断すべきであるとの見解も有力である[21]が、成文法主義を

17　最判昭和 23 年 6 月 22 日刑集 2 巻 7 号 694 頁。選択刑として罰金刑が追加された窃盗罪の法定刑の変更（2006 年［平成 18 年］刑法一部改正）は「刑の変更」にあたる（最決平成 18 年 10 月 10 日刑集 60 巻 8 号 523 頁）。

18　刑の一部の執行猶予に関する規定の新設について、最決平成 28 年 7 月 27 日刑集 70 巻 6 号 571 頁は、この新設は「被告人の再犯防止と改善更生を図るため、宣告刑の一部についてのその執行を猶予するという新たな選択肢を裁判所に与える趣旨と解され、特定の犯罪に対して科される刑の種類又は量を変更するものではな」く、刑訴法 411 条 5 号にいう「刑の変更」にあたらないと判示した。

19　人を死亡させた罪であって法定刑に死刑があるものについて公訴時効を廃止するなどした 2010 年（平成 22 年）の刑訴法改正は、この改正法施行前に行われた行為についても新規定を適用することとしたが、これにつき最判平成 27 年 12 月 3 日刑集 69 巻 8 号 815 頁は、憲法 39 条・31 条に違反しないと判示した。

20　最判令和 2 年 3 月 10 日刑集 74 巻 3 号 303 頁。

21　このように考える見解には、判例の法源性を認め、または、法源に準ずる意味を認める見解があるほか、判例の法源性は認めない立場に立ったうえで、国民の予測可能性を根拠にこのことを導こうとする見解もある。

とるわが国の刑法においては、判例は法源とはならず、遡及処罰の禁止は少なくとも直接的には妥当しないと考えるのが多数説である。この立場は、行為当時の判例の示す法解釈に従えば無罪となるべき行為であったとしても、そのような行為を処罰することはそれ自体憲法に違反するものではないが、判例を信頼し、そのことから自己の行為が適法であると信じた場合に違法性の意識の問題[22]になり、その取扱いに応じて故意または責任の阻却・減少を考えることになる[23]。

---

[22] 行為者が自己の行為の違法なこと（法律上許されないこと）を意識している場合に違法性の意識があるといい、何かの理由から、このような意識をもたずに行為した場合をどのように扱われるべきなのか、ということは古くから議論されてきた。第20講V参照。

[23] 最判平成8年11月18日刑集50巻10号745頁は合憲であると判示したが、この判決における河合伸一裁判官の補足意見が注目される。すなわち、「判例、ことに最高裁判所が示した法解釈は、下級審裁判所に対し事実上の強い拘束力を及ぼしているのであり、国民も、それを前提として自己の行動を定めることが多いと思われる。この現実に照らすと、最高裁判所の判例を信頼し、適法であると信じて行為した者を、事情の如何を問わずすべて処罰するとすることには問題があるといわざるを得ない。しかし、そこで問題にすべきは、……行為後の判例の『遡及的適用』の許否ではなく、行為時の判例に対する国民の信頼の保護如何である。私は、判例を信頼し、それゆえに自己の行為が適法であると信じたことに相当な理由のある者については、犯罪を行う意思、すなわち、故意を欠くと解する余地があると考える。もっとも、違法性の錯誤は故意を阻却しないというのが当審の判例であるが……、私は、少なくとも右に述べた範囲ではこれを再検討すべきであり、そうすることによって、個々の事案に応じた適切な処理も可能となると考えるのである」と補足意見は判示している。

第7講 罪刑法定主義2

Ⅱ 罪刑法定主義の伝統的な内容（続き）

（3）類推解釈の禁止

（ⅰ）法律の規定（文言）は解釈を必要とする。法文の解釈、すなわち、条文の文言の具体的な意味を明確にする場合、まず、言葉の文理的な意味内容がその出発点になる（文理解釈）。しかし、言葉、とりわけ日常用語は、多かれ少なかれ、とくに言葉の周辺部分については明確でない部分がどうしても生ずる。法規を作る場合、一般的・抽象的な表現が用いられることになるから、典型的なケースにあてはめる場合はともかく、限界的なケースでは、その条文にあたるのか否かの判断がわかれうる場合も出てくる。立法趣旨やその規定の目的など、さまざまな観点を考えて、その文言（条文）はこのように理解すべきだ、そう理解するとこの場合に問題が生ずるから、こう解するのが妥当である、等々の議論が交わされることになるわけである[1]。

罪刑法定主義の関係で問題となるのは、「類推解釈」（類推適用）といわれる解釈の方法である。類推解釈とは、ある事案に直接適用できる規定がない場合に、それと類似した事案について定めている規定を間接的に適用することをいう。たとえば、橋のたもとに「馬を連れてこの橋を渡った者は、10万円以下の罰金に処する」という立て札が立っていたとしよう。この橋を「牛」を連れて渡った者がいた場合、この者に10万円以下の罰金を支払わせることはできるだろうか。この場合、なぜ「馬を連れてこの橋を渡ってはならない」という決まりがつくられたのかを考える人が多いだろう。たとえば、その橋が木造で築年数が古くかなり傷んできており、重量のあるものがその橋を渡れば、橋がさらに傷み、落下する危険がある、この地域では馬の飼育が盛んだから、馬を連れて橋を渡ろうとする者がいるかもしれない、そこで、それを念頭に決まりが作られたのだろう、などである。この決まりの趣旨・目的がこのようなものであるとすれば、馬を連れて渡っていけないのならば、当然、重量が同じように重い牛を連れて渡ることも同様に禁じられるということになりそうである。このような解釈が類推解釈である。「馬」のなかに「牛」が入らないことを前提とし[2]、それでも、「馬」と「牛」が、姿かたち、重さ、人に

1　体系的解釈（当該条文と他の条文との関係、当該法令の中でその条文の位置など、当該条文の体系的関連を考慮して行われる解釈）、歴史的解釈（当該条文の成立過程、立案者・政府委員の説明、議事録などの立法資料を手がかりに条文の意味内容を明らかにしようとする解釈）、目的論的解釈（当該条文の趣旨・目的、基本思想などを考慮し、それに適合するように条文の意味内容を明確にしようとする解釈）などにより、法律（文言）の意味を明確にする作業（解釈）が行われる。これらの解釈手法を用いた結果として、法文の意味内容が日常用語よりも広く解釈され（拡張解釈）、あるいは、反対に狭く解釈され（縮小解釈）されたりする。これまでの講義においては、たとえば、死刑が憲法36条の「残虐な刑罰」にあたるのか否かに関する議論（第4講（4））を参照。

2　もし「馬」の中に「牛」が入ると考えるならば、それは「馬」という言葉を可能な範囲で広げて「牛」もそれに含める「拡張解釈」ということになる。馬と牛をかけあわせた動物が存在し、それを連れて橋を渡ったのであれば、このような解釈も可能かもしれない。なお、規定の趣旨・目的を考慮して、重量の軽い仔馬はこの規定の「馬」に含まれないと解釈するのが、目的論的解釈、その結果としての縮小解釈である。

飼育されていることなど「類似している」ということを理由にして、馬に関する禁止規定を牛に関しても適用して処罰するというやり方である。このような理解はある意味常識的なものともいえ、刑法以外の法律の解釈において、このように解釈し、法を適用することはとくに問題はない。しかし、国家が人を処罰し、その処罰の手続的正当性が問われる刑法においては、このような類推解釈は禁じられるのである。

　罪刑法定主義は、民主主義的要請と自由主義的要請に基づいている（第6講参照）。類推解釈は、「その事案に直接適用できる規定がない」（「馬」のなかに「牛」が入らない。「牛」に関する規定がない）ということを前提として、事案が類似していることを根拠に、ある規定（「馬」に関する規定）を適用するものである。したがって、そのことは、その行為を禁ずる法規はないけれど処罰してよい、ということに帰着し、犯罪と刑罰をあらかじめ法律で定めておくべしという法律主義の要求に正面から抵触する[3]。類推は、厳密には「解釈」ではなく、その論理形式上、「裁判官による立法」（judge-made-law）といえ、三権分立との関係でも問題をはらむ。さらに、行為時に処罰されていない行為を事後的（裁判時）に処罰対象とすることにもなり、遡及処罰（事後法）の禁止、自由主義的要請にも抵触する。国家がある者に刑罰を科すためには、すでに論じたように、その手続的（民主主義的）正当性が必要なのである。

　134条の秘密漏示罪を例に考えてみよう。134条は、「医師、薬剤師、医療品販売業者、助産師、弁護士、弁護人、公証人又はこれらの職にあった者が、正当な理由がないのに、その業務上取り扱ったことについて知り得た人の秘密を漏らしたときは、6月以下の拘禁刑〔懲役〕又は10万円以下の罰金に処する」と規定する。この134条の主体となりうる者に「看護師」はあげられていない。看護師も、134条で列挙されている医療関係者と同様に、患者のプライバシーにかかわる情報に接する機会は多く、「その業務上取り扱ったことについて知りえた人の秘密を漏らしたとき」、医師や薬剤師がそれを行うのと実質的には同じであるといえる。しかし、看護師が、「医師」や「薬剤師」に含まれないにもかかわらず、医療関係者であり、漏示したことは同様であり、被害も変わらないということから、看護師の秘密漏示行為に134条を適用して処罰するとすれば、それはまさに許されない類推解釈ということになる[4]。

　（ⅱ）類推解釈の禁止に関しては、2点確認しておく必要がある。第1に、「被告人に有利な」類推解釈は許される。被告人に有利な方向での解釈は、被告人を処罰する方向（国家刑罰権の行使）ではなく、自由主義的要請の点でも問題を生じないからである[5]。第2に、拡張解釈は、それが被告人に有利か不利かを問わず許される。拡張解釈は、言葉の可能な意味の範囲内でその意味を広げて解釈するものであり、その規定の文理的な意味の範囲内で行われるという建前のものだからである。類推解釈は、適用する条文がない場合に、類似する条文をもっ

3　これに対して、民事裁判においては、「あなた方の言い争いを裁く規定がないので裁くことができません」と国家（裁判所）がいわば職務放棄をすることはできず、似ているルールを見つけてきてでも、どちらの言い分がもっともなものかを判断することが国家（裁判所）に求められる。第6講注10参照。

4　なお、134条は看護師の秘密漏示行為を処罰していないが、保健師助産師看護師法42条の2、44条の4が、保健師・看護師・准看護師の秘密漏示行為を処罰している。

5　通説である。これに対して、高橋・総論5版42頁以下は、被告人に有利な場合でも拡張解釈の範囲でのみ解釈が許容されるとする。なお、佐伯・総論の考え方25頁以下。

てきて処罰するのに対して、拡張解釈は、あくまで問題の条文の解釈（意味のとり方）としてそのような解釈が可能であると考えて、その条文を適用する点において、論理的にまったく異なるである。

（iii）もっとも、具体的な事例において類推解釈か拡張解釈かが問題となったケースは少なくなく、その限界は微妙であることがしばしば指摘されてきた。有名なものをみてみよう。旧刑法下の事件であるが、明治時代に電気が普及し始めたころ、勝手に電線を引いて電気を盗用したという事件が起こった。旧刑法366条は「人の所有物を窃取した者」を窃盗罪として処罰していた。大審院は、「可動性及ひ管理可能性の有無を以て窃盗罪の目的たることを得へき物と否らさる物とを区別するの唯一の標準となすへきもの」であるとし、「電流は有体物にあらさるも五官の作用に依りて其存在を認識することを得へきものにして之を容器に収容して独立の存在を有せしむることを得るは勿論容器に蓄積して之を所持し一の場所より他の場所に移転する等人力を以て任意に支配すること」ができ、したがって、可動性と管理可能性とを併有するから窃盗罪の客体たる「物」にあたり、窃盗罪が成立すると判示した[6]。これに対しては、「物」とは有体物をいう（民法85条参照）というべきではないかという批判があり、「物」とは管理可能なものであればよいか、有体物でなければならないのかという議論は、現行刑法235条・245条のもとでもなお続いている。

営業用のすき焼き鍋等に放尿するなどしてそれを使用できなくした行為について、大審院は、「条文に所謂毀棄若くは損壊とあるは単に物理的に器物其物の形体を変更又は滅尽せしむる場合のみならす事実上若くは感情上其物をして再ひ本来の目的の用に供すること能はさる状態に至らしめたる場合をも包含せしむるものと解釈するを相当とす」るとし、「被告に於て営業上来客の飲食用に供す可き鋤焼鍋及徳利に放尿せし以上被害者に於て再ひ該品を営業用に供すること」ができなくなるのであり、被告人には器物損壊罪が成立すると判断した[7]。この事案で被告人が民事上の損害賠償責任を負うことは間違いないだろう。また、この事案では立件されなかったが、業務妨害罪（233条後段・234条）に問うことは可能であろう。しかし、この事件では問題となったのは器物損壊罪（261条）の成否であった。「損壊」という言葉は、「たたいてこなごなにする」など、物理的に毀損する場合をいうのではないか、汚物をかけられたとしても、きれいに洗って消毒すれば使えるのだから、それを「損壊」というのは言葉の意味の範囲を超えているなどと争われたが、大審院は、物理的毀損がなくてもその物の効用を喪失する場合に「損壊」といってよいと判断したわけである[8]。他人の養魚池の鯉を川に逃がしてした行為を鯉の「傷害」（261条）にあたるとしたもの[9]も同様の解釈である。

また、汽車・電車と同様にレール上を走るが、ガソリンを動力とする車両（ガソリンカー）を過失により転覆

6　大判明治36年5月21日刑録9輯874頁。

7　大判明治42年4月16日刑録15輯452頁。

8　この判例は現在も維持されており、通説もこの判例を支持し、器物損壊罪（261条）の「損壊」（258条以下の「毀棄」も同様）について、物理的毀損に限らず、物の効用を害する一切の行為をいうと解している（効用侵害説）。これに対して、物理的に毀損した場合に限るべきだとするのは、曽根威彦『刑法各論（第5版）』199頁（弘文堂、2012年）。

9　大判明治44年2月27日刑録17輯197頁。「他人の物を損壊し、又は傷害した者」（261条）の「傷害した」の部分が動物傷害罪といわれる。近時では、捕獲され港に収容されていた「いるか」を、自然保護団体に所属する者が海に逃がした行為につき「傷害」（261条）にあたるとしたものがある（静岡地沼津支判昭和56年3月12日判時999号135頁）。

させ、乗客を死傷させた行為につき「過失により、汽車、電車……を転覆させ」たとして往来危険罪（129条）の成立を認めたものがある。すなわち、「汽車なる用語は蒸気機関車を以て列車を牽引したるものを指称するを通常とする」。しかし、「同条に定むる汽車とは……汽車代用の『ガソリンカー』をも包含する趣旨なりと解すると相当とす」。というのは、この規定が設けられた理由は、「交通機関に依る交通往来の安全を維持するか為め之か妨害と為るへき行為を禁し以て危害の発生を防止せんとするに在ること勿論なれは汽車のみを該犯罪の客体と為し汽車代用の『ガソリンカー』を除外する理由」はない。「右両者は単に其の動力の種類を異にする点に於て重なる差異あるに過きすして共に鉄道線路上を運転し多数の貨客を迅速安全且つ容易に運輸する陸上交通機関なる点に於て全然其の揆を一に」するからであると判示し、「汽車」の転覆にあたるとした[10]。

比較的近時のものとしては、旧鳥獣保護法違反の事件がある。狩猟鳥獣であるマガモまたはカルガモを狙いクロスボウ（洋弓銃）で矢を射かけたが、矢が外れ仕留められなかったという場合に、旧鳥獣保護法の禁ずる「捕獲」にあたるか否かが問題になったが、最判平成8年2月8日刑集50巻2号221頁は、「矢が外れたため鳥獣を自己の実力支配内に入れられず、かつ、殺傷するに至らなくても」、旧鳥獣保護法が禁止する「弓矢を使用する方法による『捕獲』に当たる」と判断した。これに対して、「捕獲」という言葉は、一般に「とらえること、いけどること」を意味し、捕らえようとしたが取り逃した場合、いわば捕獲未遂は「捕獲」に含まれないのではないかとの批判も有力である[11]。

（4）絶対的不定期刑の禁止[12]

罪刑法定主義は、犯罪の法定だけでなく、刑罰の法定も要求する。たとえば、「〜した者は、処罰する」というように刑を法定しない規定を設けることは許されない。この関係で、刑の法定の問題（法定原則）と刑の宣告の問題とは区別する必要がある。刑の宣告は、わが国では、たとえば、「被告人を1年の拘禁刑に処する」というように、裁判官（裁判員）が宣告刑の期間（内容）を確定して宣告する。これを確定宣告刑主義という。これに対して、少年法においては、たとえば、「5年以上10年以下の拘禁刑〔懲役〕に処する」というように、刑の長期と短期を定めて言い渡す不確定宣告刑主義がとられている（少年法52条）。このような宣告刑を相対的不定

10　大判昭和15年8月22日刑集19巻540頁。「ガソリンカー事件」といわれるために、道路を走るガソリン自動車のことを考える学生もいるが、この判決も、「鉄道線路上を運転し多数の貨客を……運輸する陸上交通機関」で、ただその動力がガソリンであるものを問題にしていることに注意しなければならない。この判例の立場に照らしても、道路を走るバスを転覆させた場合まで、大量輸送機関であることなど理由として「汽車」に含めるものではない。

11　鳥獣保護法において「捕獲」という文言を用いる条文は複数あり、それらには、現実に鳥獣をとらえたことを意味していると考えられる規定がある一方で、捕獲する行為それ自体を対象としていると考えられる規定もあり、この事件で問題になった条文の解釈につき下級審判決もわかれていた。なお、旧鳥獣保護法は、この後、2002年（平成14年）に改正され、捕獲「未遂」を処罰する規定が置かれることになった。このような「判例の後追い立法」がなされる場合、「類推の疑いが顕著になる」とするのは、浅田和茂・百選Ｉ7版5頁。ほかに、類推解釈かどうかが多く論じられてきたものとして、写真コピーの文書性が争われたもの（最判昭和51年4月30日刑集30巻3号453頁）、工場の排出した有機水銀により汚染された魚介類を摂取した母親の母胎内で水俣病に罹患し、出生後死亡した場合に業務上過失致死傷罪の成立を認めたもの（最決昭和63年2月29日刑集42巻2号314頁）などがある。

12　絶対的不確定刑の禁止ともいわれる。

期刑という。これは、処遇の効果を施設収容の期間に連動させることにより改善更生を促そうという刑事政策的考慮に基づいており[13]、絶対的不定期刑の禁止に反するものとは考えられていない。もちろん、判決宣告時において刑の期間（内容）をまったく確定せず、刑の執行時に行政機関が決定するやり方[14]は、実質的には、その者の予測可能性を奪い、不安定な状況に置くことになる点で許されないことになろう。

Ⅲ　罪刑法定主義の新しい内容 ── 刑罰法規適正の原則

（1）戦後、わが国の法律学はアメリカ法の影響を強く受けることになる。わが国の刑法学は、現在でもなおドイツ刑法学の影響が強いが、それでも、アメリカ法の影響もある。とりわけ憲法にも関係する領域はその影響が顕著にみられる。罪刑法定主義もその領域の1つである。罪刑法定主義は、憲法31条を通して、アメリカ法における実体的デュー・プロセス法理（substantive due process）の影響を受け、その内容を豊富なものにしてきている[15]。法律の規定があったとしても、その規定内容が明確さを欠き、処罰範囲があいまいであれば、国民の予測可能性を害し、行動の自由を保障するものとはいえない。前講の遡及処罰の禁止で述べたのと同様に、刑罰法規の内容が不明確な場合、慎重に行動する者であればあるほど、適法か違法かはっきりない領域の行為を差し控えなど萎縮効果（chilling effect）をもたらし、行動の自由の過度の、不必要な制約となり、さらに、刑罰権行使が恣意的で濫用されるおそれ（差別的法執行の可能性）も生じうる。極端な例であるが、「悪いことをした者は、死刑又は無期若しくは有期の拘禁刑に処する」というような規定が国会で制定された場合、国会による制定法の存在という意味において形式的に法律主義が充たされているとしても、実質的に、罪刑法定主義の趣旨に適っているとはとてもいえまい。

徳島市公安条例事件においてこのような点が争われた。Xは、徳島県内でのデモ行進に参加した際、先頭集団にいて自らも蛇行進したり、あるいは、集団行進者に蛇行進させるよう刺激を与えた。徳島公安条例は、「交通秩序を維持すること」を遵守事項とし、これに違反した集団行進・集団示威運動の扇動者に対して罰則を定めていた。Xはこの条例違反として起訴されたが、「交通秩序を維持すること」という規定が処罰される行為を明確に規定しているかどうかを争った。最大判昭和50年9月10日刑集29巻8号489頁は次のように判示した。すなわち、「およそ、刑罰法規の定める犯罪構成要件があいまい不明確のゆえに憲法31条に違反し無効であるとされるのは、その規定が通常の判断能力を有する一般人に対して、禁止される行為とそうでない行為とを識別するための基準を示すところがなく、そのため、その適用を受ける国民に対して刑罰の対象となる行為をあらかじ

---

13 行為を反省し、処遇に真摯に取り組むなど、今後の更生が見込まれるということになれば、宣告された範囲の刑期中の早い段階で施設収容を終えることになる。成人の場合、本文で述べたように、確定宣告刑主義をとるが、この場合にも仮釈放の制度（28条）があり、実質的には、相対的不定期刑と同様の機能をもちうる。

14 この場合を「絶対的不定期刑」という論者もあり、まぎらわしい。刑の法定段階の問題なのか、刑の宣告段階の問題なのか、その用語の使われ方に注意する必要がある。

15 参照、芝原邦爾『刑法の社会的機能』（有斐閣、1973年）。

め告知する機能を果たさず、また、その運用がこれを適用する国又は地方公共団体の機関の主観的判断にゆだねられて恣意に流れる等、重大な弊害を生ずるからである」。「ある刑罰法規があいまい不明確のゆえに憲法 31 条に違反するものと認めるべきかどうかは、通常の判断能力を有する一般人の理解において、具体的場合に当該行為がその適用を受けるものかどうかの判断を可能ならしめるような基準が読みとれるかどうかによってこれを決定すべきである」。「本条例 3 条 3 号の規定は、確かにその文言が抽象的であるとのそしりを免れないとはいえ、集団行進等における道路交通の秩序遵守についての基準を読みとることが可能であり、犯罪構成要件の内容をなすものとして明確性を欠き憲法 31 条に違反するものとはいえない」と判示した。最高裁は、このケースは結論的に憲法 31 条に反しないとしたが、明確性の原則が憲法 31 条の内容となることを認めたのである[16]。

　（2）その行為を処罰する法律が事前に制定されており、規定に用いられている言葉自体、明確性の原則に反しない場合でも、処罰範囲があまりに広すぎたり、罪刑の均衡を欠いたりする場合も、刑罰法規の内容的な適正さを欠くものとして憲法（31）条違反の問題が生じる（過度に広汎ゆえに無効の理論、罪刑の均衡の原則など）。判例も、処罰範囲の「過度に広汎な」刑罰法規が憲法違反になることも認めてきた。たとえば、「青少年に対し、淫行……をしてはならない」との規定の「淫行」が不明確ではないかが争われた事案に関して、最大判昭和 60 年 10 月 23 日刑集 39 巻 6 号 413 頁（福岡県青少年保護育成条例事件判決）は、「淫行」とは「青少年を誘惑し、威迫し、欺罔し又は困惑させる等その心身の未成熟に乗じた不当な手段により行う性交又は性交類似行為のほか、青少年を単に自己の性的欲望を満足させるための対象として扱っているとしか認められないような性交又は性交類似行為をいう」と解すべきであるとし、このように解釈するときは「処罰の範囲が不当に広過ぎるとも不明確であるともいえないから……憲法 31 条の規定に違反するものとはいえ」ないと判示した[17]。また、最判平成 24 年 12 月 7 日刑集 66 巻 12 号 1337 頁（堀越事件判決）も、管理職的地位にない公務員が勤務時間外に職務と無関係に政党の機関誌等を配布したという事案に関して、国家公務員法 102 条 1 項にいう「政治的行為」は「公務員の職務の遂行の政治的中立性を損なうおそれが実質的に認められる政治的行為に限られ」ると解されるべきであり、このような解釈の下における「本件罰則規定は、不明確なものとも、過度に広汎な規制であるともいえ」ず、本件罰則規定は憲法 21 条 1 項、31 条に違反しないと判示した。そして、罪刑の均衡に関して、最大判昭和 49 年 11 月 6 日刑集 28 巻 9 号 393 頁（猿払事件判決）[18]は、「刑罰規定が罪刑の均衡その他種々の観点からして著しく不合理なものであって、とうてい許容し難いものであるときは、違憲の判断を受けなければならない」と判示している。
　もちろん、「罪刑法定主義」の内容としてどのような考え方まで含まれるのか、罪刑法定主義と実体的デュー・

16　要求される明確性の程度は、表現の自由などにかかわりうる規制領域かそうでない領域かなどで異なりえ、検討を要しよう。
17　これに対して、この最高裁判決には、多数意見の解釈する「淫行」の明確性や、一般人が文言からその解釈を読み取れるかは疑問であるとの反対意見が付されており、学説においても文言の明確性・解釈の明確性について疑問視する見方も強い。
18　第 6 講注 13 も参照。

プロセスとの関係をどのように考えるのか、概念整理や憲法上の根拠条文などなお検討が必要であろう。

第8講　犯罪論の概観

―― 構成要件該当性・違法性・責任 ――

犯罪とは、構成要件に該当し、違法で、有責な行為である。

* 「犯罪」として処罰しうるためには、その行為が
    ① 構成要件に該当すること
    ② 違法であること
    ③ 有責に行われたこと
  の3つの要件を満たさなければならない。

（1）これまでの講義において、刑法の適用範囲（第3講）、わが国の刑罰制度（第4講・第5講）、刑法の基本原則である罪刑法定主義（第6講・第7講）を学修したが、今回の講義から、犯罪の一般的成立要件、「犯罪論」を検討していく。

　まず、犯罪の一般的成立要件の大枠を理解することが重要である。ドイツ刑法学の影響を強く受けて発展してきたわが国の刑法学は、犯罪論体系についても、ドイツ刑法学のそれに依拠してきた。すなわち、「犯罪とは、①構成要件に該当し、②違法で、③有責な（責任のある）行為である」というように、犯罪の一般的な成立要件を体系化し、その各要素を整序している[1]。最初は、これがどういうことを意味しているのか理解しづらいと思う人も少なくないだろうが、まずはこの文章を覚えてしまおう。

（2）では、その内容に入っていこう。刑法各則（刑法典の第2編 罪）において、さまざまな犯罪行為が規定されている。殺人罪（199条）、窃盗罪（235条）、強盗罪（236条）、詐欺罪（246条）、放火罪（108条以下）等々である。それら各犯罪は別の犯罪であり、それぞれの成立要件は異なっている（だからこそ別の犯罪だとも

1　他の国の刑法学がすべてこのような犯罪論体系をとっているわけではない。世界の法律のグループ（法系）には、大きく英米法と大陸法があり、大陸法は、さらに、ドイツ法系とフランス法系とがあるが、構成要件該当性・違法性・責任という犯罪論体系をとるのは、わが国も含めドイツ刑法学の影響を強く受けてきた国々である。フランスの刑法の教科書の体系的な説明や、アメリカやイギリスの刑法の教科書の説明は異なる。フランスでは、一般に、犯罪行為は法定要素（élément légal）、客観的要素（élément matériel）、主観的要素（élément moral）にわけて分析される。一方で、英米の刑法学では刑法総論（Criminal Law, general part）の議論はあるが、あまり重視されていない。プラグマティックな考え方が強いといえよう。

いえる）。Aさん、Bさん、Cさんという人の例で考えてみよう。Aさんらは、それぞれ顔だち・身長・体重が異なり、長所・短所、得意・不得意等、みな個性があり、体力測定をすれば、100 メートル走のタイム、砲丸投げの距離等、学力テストをすれば各科目の点数等、異なるであろう。Aさん、Bさん、Cさんが 1 人 1 人異なり、個性があるのと同じように、殺人罪、窃盗罪、放火罪も異なり、犯罪としての個性をもっている。「刑法各論」の授業において、それぞれの犯罪の特徴、どのような成立要件で、それに対してどのような刑罰が科されているのか等を、1 つ 1 つの犯罪を検討していくことになる。1 人 1 人体力測定をし、学力測定をし、性格診断をするのと同じである。

　それに対して、刑法総論という学問分野は、すべてにあてはまる「共通項」を考え、それを整理整頓（体系化）することを目指している。Aさん、Bさん、Cさんはそれぞれ異なるが、そうはいっても、「人」としてくくった場合、なにか共通項があるはずである。サルやチンパンジーと似ていても、われわれは、動物園でサル山をみているときに、その中で掃除している飼育係りの人を「大き目の、少し変わったサルがいるな」とは思わないだろう。もしサルと人とを間違うことなく「識別できる」とすれば、そこにはなにか「人」に共通する要素があって、その基準に照らして、サル山の中の飼育係りの人を「人」だと的確に判断していることになろう。もちろん、この講義は生物学や医学を講ずる時間ではないから、「人」の共通項を探ることは、ここでの課題ではない。この講義では、殺人、窃盗、放火等々、「犯罪」に共通する性質・要素が問題である。

　すべての犯罪に共通する要素を問題とし、先の「犯罪とは……」という定義は、問題の行為が、①構成要件に該当すること、②違法であること、②有責なものであること、という要素をくくりだしていることになる。すなわち、「犯罪とは、①構成要件に該当し、②違法で、③有責な（責任のある）行為である」という犯罪の定義は、まず、（ア）ある行為を「犯罪である」として処罰しうるためには、それが①構成要件該当性、②違法性、③責任という 3 つの要素を充たしていなければならないということを意味している。逆にいえば、（イ）①の要素であれ、②の要素であれ、③の要素であれ、いずれかの要素が 1 つでも充たさなければ「犯罪ではない」ということになる。さらに、犯罪についてのその定義は、（ウ）犯罪かどうかを検討する場合の「検討の順序」も決めている（3 要素の体系化）。つまり、③の要素を最初に検討したり、②の要素を最初に検討したりするのではなく、①の要素 → ②の要素 → ③の要素の順序で検討する、ということも含意しているのである。

　（3）では、次に、「犯罪とは、①構成要件に該当し、②違法で、③有責な行為である」というように 3 つの要素を抽出し、それを、その順番に並べている理由について考えよう。

　この犯罪の定義によれば、構成要件該当性が犯罪の第 1 要素である。ある行為が構成要件に該当しなければ「犯罪」ではないということを意味している。では、「構成要件」とはそもそもなにか。殺人罪（199 条）、傷害罪（204 条）、窃盗罪（235 条）の条文をみてみよう。

人を殺した者は、死刑又は無期若しくは 5 年以上の懲役に処する。(199 条)

  = 成立要件　　　　　　　　= 効果（刑罰）

  ≒ 構成要件

人の身体を傷害した者は、15 年以下の懲役又は 50 万円以下の罰金に処する。(204 条)

他人の財物を窃取した者は、……10 年以下の懲役又は 50 万円以下の拘禁刑に処する。(235 条)

　いずれも「～した者は、……に処する」という文章になっているのがわかるだろう。前半の「～した者」の部分がその犯罪の成立要件であり、後半の「……に処する」の部分が成立要件を充たした場合に生ずる効果、つまり、その場合に科されうる刑罰（の範囲）が書かれている。この前半の部分、成立要件の部分を、刑法においては「構成要件」というと考えておけばよい[2]。ナイフで刺し殺したなど、ある行為が「人を殺した」といえる場合、その行為が「殺人罪（199 条）の構成要件に該当する」と表現する。万引き、スリ、空き巣など、ある行為が「他人の財物を窃取した」といえる場合、その行為は「窃盗罪（235 条）の構成要件に該当する」という言い方をするのである。

　では、なぜ構成要件該当性が犯罪の第 1 要件になっているのだろうか。社会の中には、社会的・倫理的に非難を受ける行為、当罰的だと思われる行為は少なからずある。しかし、それらがすべて「犯罪」とされているわけではない。ある行為を犯罪とし、それに対して刑罰を科すためには、立法者がさまざまな観点（他の法律等による対応、処罰することのメリット・デメリット、処罰範囲の明確性、社会情勢や政策目的など）を考慮したうえで犯罪類型を定め[3]、それを「法律」において規定しなければならない（罪刑法定主義の要請）。したがって、たとえば、不倫行為・反自然的な性行為等、道徳的に忌み嫌われるような行為であったとしても、「法律」の形式で現在犯罪とされていなければ、「構成要件に該当しない」ものとして犯罪とされない。たとえば、わが国の刑法には、戦前、姦通罪の規定があった。それは、「有夫ノ婦姦通シタルトキハ二年以下ノ懲役ニ処ス」（旧 183 条）と規定していた。しかし、この規定は、戦後の日本国憲法のもとで「法の下の平等」（憲法 14 条など）に明らか

2　「構成要件（Tatbestand）」の意味・機能について、ドイツの刑法学者ベーリング（Ernst von Beling, 1866-1932）が 1906 年に『犯罪の理論』（Die Lehre vom Verbrechen）において構成要件論を提唱して以来、構成要件のもつ機能、構成要件と違法性の関係など、さまざまな議論がなされてきた。ベーリングの構成要件論を出発点として、その後、主観的要素、とくに故意・過失を構成要件要素・違法要素とすることを主張したヴェルツェル（Hans Welzel, 1904-1977）の目的的行為論の犯罪論体系、刑事政策的目的を達成するための合理的・機能的体系の構築を試みるロクシン（Claus Roxin, 1931-）の目的合理的な犯罪論体系などが展開されてきた。このような議論は学問的に重要なものではあるが、刑法の学修の最初の段階で、この議論の詳細に深入りするのは得策とはいえない。本文で示したように、各犯罪の成立要件の部分を、刑法では「構成要件」と呼んでいると考えておけば十分である。

3　謙抑主義、刑法の補充性について、第 1 講 II を参照。

に反するものであった。旧183条は妻がいわば「不倫行為」をした場合に犯罪とするのに対して、夫が「妾を囲う行為」は犯罪とはされていなかったからである。明らかに男女不平等であり、憲法に反する。そこで、戦後この規定をどうすべきか議論された。男女平等という観点からすれば、2つの方法があった。1つは、夫も妻も不倫行為を等しく処罰するというやり方で平等にする。もう1つは、夫も妻も不倫行為は等しく犯罪としないとして不平等を解消するというものである。いろいろ議論はあったようであるが、最終的に、後者の方法で男女平等を図ることになった。すなわち、旧183条は削除されたのである（1947年［＝昭和22年］の刑法の一部改正）。では、この法改正によって、「不倫はよい行為だ、みんなどんどん不倫しなさい。」などと非常識なことを国会が決めたと考えるべきだろうか。そうではあるまい。もちろん、不倫行為に対してそれぞれ個人的な考え方はあるかもしれない。しかし、姦通罪を削除することによって、国会は、決して不倫行為を推奨しようとしたのではない。あくまで「犯罪」ではないとしただけである。現に民法770条1項1号は「配偶者に不貞な行為があったとき」を「離婚の訴えを提起することができる」と離婚請求事由とし、慰謝料の算定などで考慮される。これは刑法と民法とで考え方を異にしているというのではなく、夫婦間の事柄は、それに国家が乗り出していって、犯罪として一方に刑罰を科すといった対応により解決を図るのではなく、お互いの問題としてよく話し合って決めればよいことと判断した。たとえば、もう一度やり直そうということであればそれはそれでよく、もはや一緒には暮らせないとして離婚という選択をするのも2人の間の決断といえよう。そもそも結婚すること自体2人が決めたことである（「婚姻は、両性の合意のみに基いて成立」する。憲法24条1項）。要は、2人の間の人間関係のトラブルの解決は当事者に委ねればよく、周りで余計なお節介を焼くべきではないと考えられたのである。つまり、「犯罪ではないこと」が、社会生活において、「犯罪にならなければ何でもやっていいんだ」ということを意味するわけではないのである。刑法はすべての問題を解決する（解決できる）ものではなく、また、そのようなことを予定してもいない。このことを取り違えてはならない。前述のように、さまざまな観点を考慮し、そのトラブル、人間関係の軋轢を解決するために「刑罰を用いることが適切なのか」ということを十分に考慮したうえで、犯罪の規定は作られているのである。

　いずれにせよ、その行為を処罰する規定がなければ「犯罪ではない」ということは罪刑法定主義の考え方から明らかである。その行為が良い行為なのか悪い行為なのか、道徳的に許されるのか否か等々、議論することは悪いことではないが、それを決めるのは刑事裁判での任務ではない。刑事裁判は「その行為が犯罪になるのかどうか」を決めるための制度である。あれこれ議論しても、結局、「処罰規定がないから犯罪になりません」ということになるのであれば、最初の段階で、そもそもその行為を処罰する規定があるのか、その処罰規定に触れる行為なのか、ということを確認し、もし処罰規定がないのであればその段階で「犯罪ではない」という結論を下し、処罰規定に触れる場合に、さらに検討を加えていくというのが、少なくとも思考経済上効率的である。構成要件該当性というのは——技術的な性格をもつものといえるが——このように犯罪かどうかの検討の第1段階のフィルターの役割を果たしているのであり、そして、罪刑法定主義という近代刑事法の基本原則を実際の犯罪の認

定においていわば担保する役割を担っているのである。これを構成要件の罪刑法定主義（保障）機能という[4]。このようなことから、ある行為が構成要件に該当すること（構成要件該当性）が、犯罪認定の第1要件とされているのである。

（4）犯罪は違法な行為でなければならない。適法な行為が犯罪であるとは、およそいえないからである。違法とは「法に違反する」ということである。ある行為が、たとえば、「人を殺してはならない」（199条）という禁止、または、「生存に必要な保護をしなさい」（218条）という命令に違反することである。この違法性をより実質的に考えた場合、とりわけ違法性が阻却される実質的な観点を考えた場合、生命・身体・財産など、社会生活を送る上で重要な利益、法益を侵害し、またはそれを危険にさらしたということを重視すべきだとか、社会的に不相当な行為であるなど、社会秩序（社会倫理）に反することが重要であるとか、法がゆるぎなく妥当していることの信頼の保護という観点も考慮すべきだなどと主張されてきた。

犯罪論体系という点では構成要件と違法性の関係が重要である。構成要件は違法な行為を類型化したものであるから、ある行為が構成要件に該当するということは、その行為は、原則的には、違法な行為であるといってよい。これを構成要件の違法推定機能という。しかし、たとえば、Aが道を歩いていたら、突然、理由もなくBにナイフで切りかかられ、身を守るために、足元にあった小石を拾い、Bに向けて投げつけて身を守ったが、その結果、石がBの頭部にあたりBに全治10日を要する傷害を負わせたという場合はどうであろうか。Aの行為は、Bの身体を傷害したといえるから、傷害罪（204条）の構成要件に該当する。しかし、Aがこのような行為を行ったのはBから突然の攻撃を受け、身を守ろうとしたためである。36条（正当防衛）は、その要件を充たせば「罰しない」と規定している。正当防衛と認められれば、その行為の違法性が阻却されることになる。違法性が阻却されるとは、違法性が打ち消されるというであり、違法と適法はコインの裏表のような関係にあるから、その行為は「適法な行為」と評価されることになる。このように、ある行為が構成要件に該当したとしても、例外的に違法でないと考えるべき場合がある。そこで、犯罪の2番目の要件として、その行為の違法性の検討が行われる。もちろん、構成要件の違法推定機能から、具体的な犯罪の検討においては、違法性阻却事由が存否が検討されることになる。刑法典の総則は、違法性阻却事由として、正当行為（35条）、正当防衛（36条）、緊急避難（37条）[5]を規定している。

---

[4] 構成要件のもつ機能について議論されてきた。重要な機能として、ある犯罪を他の犯罪から区別する犯罪個別化機能、構成要件に該当する行為は原則的に違法な行為と推定される違法推定機能、故意の及ぶべき対象（客観的事実）の範囲を示す故意規制機能がある。

[5] 緊急避難がすべての場合に違法性を阻却するのかどうかは議論されてきた。第17講参照。刑法典の各則には、名誉毀損罪の場合に摘示事実が、事実の公共性、目的の公益性、事実の真実性の要件を満たした場合、その違法性が阻却されるとの規定がある（230条の2。なお、この規定は処罰阻却事由であるとの理解もある）。さらに、特別法にも違法性阻却事由を定める規定がある。

（5）上記の①構成要件該当性、②違法性の要件を充たしても、その行為を犯罪として処罰するためにはまだ十分ではない。さらに、その行為が「有責に行われた」といえなければならない。この「責任」の要件が、犯罪の3番目の成立要件である。

「有責に行われた」または「責任がある」とは、行為者に対して、その違法な行為を行ったことを「非難できる」ということである。責任とは非難可能性であるといわれる。刑法典の総則は、責任阻却事由として、心神喪失（39条1項）[6]、刑事未成年（41条）を規定し、責任（能力）のない行為に刑事罰を科さないことを定めている[7]。責任能力とは、精神の障害により、事物の是非善悪（違法性）を弁別し、その弁別に従って行動する能力のことであり、この能力を欠く者に対して責任非難をすることができない。

刑法典に明文はないが、行為者が、客観的には違法な行為を行っているが、なんらかの事情から違法行為ではない（法が禁止していない）と思い違いをしてその行為をした場合、つまり、違法性の意識（の可能性）がなかった場合に責任を問えないのではないかということが議論されてきた。この違法性（禁止）の錯誤の取扱いについての理論構成は非常に争われている。責任能力がある者が、故意または過失により、かつ、違法性の意識を有して行為を行った場合も、特殊な事情があったため、行為者に適法行為に出ることが期待できない場合にも責任がないと考えられている。

（6）最後に、違法性と責任との関係であるが、違法とは「その行為を行ってはならないこと」、責任とは違法な行為を行ったことに対して「なぜ違法な行為を行ったんだ」と（違法な行為を選択したことを）非難できることをいい、したがって、その行為が「違法である」ことの確認が、責任非難よりも先になされることになる（違法判断の先行性）。責任非難は、「違法な行為」を行ったことに対する非難であり、「適法な行為」を行ったことに対する非難（?）は意味をなさないからである。違法と責任の区別は、違法性が犯罪の客観面（外面的な行為・結果）を判断し、責任が犯罪の主観面（心理状態）を判断する[8]というものではない。違法とは、「法に違反すること」であり、行為の客観面だけではなく、故意・過失などの主観面も含めて判断されるべきことになる。わざと人を殺した場合（殺人）の違法性と、うっかり人を死に至らしめてしまった場合（過失致死）の違法性とで「違法性の程度」は同じだとは考えられないからである。

---

[6] 心神耗弱（39条2項）は責任減少事由である（「その刑を減軽する」）。

[7] 旧40条は「瘖啞者ノ行為ハ之ヲ罰セス又ハ其刑ヲ減軽ス」と規定していた。瘖啞者、すなわち、生来的または幼少期に聴覚機能および言語（発生）機能を喪失した人は、言語・知識を獲得することが困難であり、一般に精神の発達が阻害されることが多いと考えられていたことから、刑法は上記の規定を設けていた。しかし、刑法制定当時の明治時代、それに続く大正時代はともかく、戦後の聴覚障害者教育の普及・充実により、障害のない人と同様の社会生活を送ることができる人が多くなり、また、視覚障害者、後天的な聴覚障害者その他の身体障害者のうち瘖啞者だけを特別に扱うことも疑問視され、一方で、このような規定を置くことにより差別を助長するおそれも考えられ、責任能力が欠如・減少している場合は39条を適用すれば足りることから、旧40条は、1995年（平成7年）の刑法改正の際に削除された。

[8] かつて「違法は客観的に、責任は主観的に」などとスローガン的にいわれることも少なくなかった。

第9講　因果関係1

〔構成要件該当性1〕

I　「構成要件該当性」に関して刑法総論において検討すること

　わが国の刑法学は、「犯罪とは、①構成要件に該当し、②違法で、③有責な行為である」と定義し、犯罪の一般的な成立要件を体系化している。ナイフで刺し殺したなど、ある行為が「人を殺した」といえる場合、その行為が「殺人罪（199条）の構成要件に該当する」といい、万引き、空き巣など、ある行為が「他人の財物を窃取した」といえる場合、その行為は「窃盗罪（235条）の構成要件に該当する」という。このことは前回の講義で学修した。今回の講義では、この「構成要件に該当する」ということを、最初に、少し考えてみる。

　「構成要件に該当する」とは、ある行為がある条文（199条や235条など）の成立要件を充たすことを意味するわけだから、それは、個別の条文の成立要件の解釈・適用の問題、つまり、刑法各論の時間に検討することといえる。逆にいえば、一般的な成立要件を問題にすべき刑法総論において「構成要件該当性」について特別検討することはなさそうである。確かに、そういえなくはない。しかし、「ある行為が構成要件に該当する」ということに関して、刑法総論の問題として、つまり、一般的な、または多くの犯罪に共通する成立要件として検討しておいてよいと思われることがある。具体的には、因果関係、実行行為、故意・過失の問題である。

　殺人罪を例に考えてみよう。この講義で何度か出てきているが、確認すると、199条は、「人を殺した者は、死刑又は無期若しくは5年以上の拘禁刑〔懲役〕に処する」と規定している。前半の「〜した者」の部分が成立要件（≒殺人罪の構成要件）であり、後半の「……に処する」の部分がその場合の刑罰（要件を充たした場合に生じる法効果）である。ここでは構成要件を問題にしているので、その前半部分、「人を殺した者」の部分が問題である。

　「人を殺した」ということをもう少し分析して考えると、まず、刃物で切り付ける、ひもで首を絞める、有毒なものを飲ませる等々、「人を殺そうとする行為」（その行為により人の死がもたらされると考えられる行為）が行われなければならない。この「人を殺そうとする行為」のことを「殺人罪の実行行為」という。しかし、人を殺そうとしただけではなお「人を殺した」とはいえない。たとえば、人を殺そうと刃物で切りかかっていったが、被害者が抵抗・反撃し、殺害の目的を遂げなかった場合、それは「人を殺した」という条文の要件を充たしておらず、199条で処罰することはできない。もちろん、この場合に199条のほかに43条（44条・203条）も適用して、殺人未遂罪として処罰することになる。つまり、「人を殺した」といえるためには、人を殺そうとする行為（殺人の実行行為）を行ったことに加えて、その結果として、被害者の死の結果をひき起こしたのでなければならない。

　殺人罪、傷害致死罪（205条）、過失致死罪（210条）など、結果（左記の犯罪の場合には死の結果）の発生を

成立要件としている犯罪類型を結果犯という[1]。殺人罪を代表的な犯罪類型とする結果犯の場合に関して、以上のことを一般化すれば、「○○罪の構成要件に該当する」といえるためには、実行行為があり、結果が発生し、その両者の間の結びつき、「因果関係」がある、といえなければならないと整理することができる。

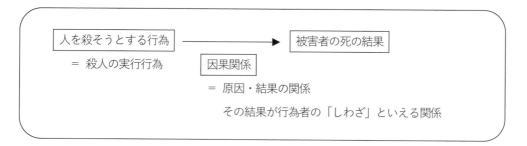

Ⅱ　因果関係（その1）—— 条件関係

（1）「因果関係とは、原因・結果の関係である。その結果が行為者の「しわざ」として行為者の行為に帰属（帰責）できる関係といってもよい。この因果関係の有無を考える「前」に注意すべきことがある。次の事例1、事例2で考えてみよう。

【事例1】　Xは、金持ちのおばAが死亡すればその莫大な資産を相続できる立場にあったので、飛行機が落ちて死ねばいいなと期待し、Aに繰り返し熱心に飛行機での海外旅行を勧め、ついにAもその気になった。Xは、ホテルや飛行機などすべて手配し、Aを旅行に送り出したところ、旅行中Aの搭乗する飛行機が墜落しAは死亡した。

【事例2】　Xはかつての恋人Aを日夜恨み続け、ついにAを呪い殺そうと考え、丑の刻に神社の裏山に行き、Aを模したわら人形に五寸釘を打ち付けAを呪ったところ、その1か月後に、Aは出張先で事故に遭い死亡してしまった。

いずれの場合もXが誰かに依頼してその事故を仕組んだわけではないということが前提である[2]。事例1も事例2も、XがAの死を強く望み、さらに、Aの死亡という事実がその後生じているとしても、「Xに殺人罪が成

---

[1] これに対して、行為者の一定の身体的動静によって犯罪が成立し、結果の発生をその成立要件としない犯罪を挙動犯（単純行為犯）といい、住居侵入罪（130条）、偽証罪（169条）などがこの例として挙げられる。たとえば、偽証罪は宣誓して虚偽の陳述をすれば成立し、なんらかの外界の変動（結果）の発生をその成立要件としていない。

[2] 共犯者にAの搭乗する飛行機に爆弾を設置させ、それが爆発して飛行機が墜落し、Aが死亡したとすれば、Xは殺人罪の共同正犯（もしくは教唆犯）になる。事例2でも、誰かに依頼してAを轢き殺させたとすれば同様である。

立する」とは考えないであろう。なぜだろうか。Xの行為が科学的にとても死の原因になったとは考えられず、Xの行為とAの死の結果との間の因果関係がないと考えるかもしれない。1つの考え方ではあるが、結果との「因果関係がない」ということだけであれば、なお殺人未遂罪が成立する可能性がある。人を殺そうとする行為を行った（たとえば、被害者に向けて拳銃を発砲した）が、殺し損なった（弾が被害者にあたらなかった）というのと同じ評価である。しかし、事例1、事例2において、Xは「Aを殺そうとした」が、殺し損なった（殺人未遂罪成立）といえるだろうか。

　「関係」が問われる場合──因果関係もその1つであるが──、論理的に、その「関係」が問われるべき「両極」が先に決定されなければならないだろう。たとえば、AさんとBさんが「仲がいい」「仲が悪い」という「関係」を問題とする場合、AさんとBさんが存在する場合に2人の間の関係が問題になりうる。Aさん1人だけならば「関係」は問題になりえない。事例1も事例2も、そもそも、因果「関係」を問題にすべき両極の1つである「実行行為」（人を殺そうとする行為）がなく、それゆえ、殺人未遂罪も成立しないと考えるべきであろう[3]。つまり、因果関係は、「実行行為」と結果との間の関係が問われるべきであり、「実行行為」がなければ、それと結果との関係、因果関係も問題になりえないのである。

　そうすると、「実行行為」とはなにか、ということが当然問題になる。「実行行為」についてはいろいろ議論があるが、比較的有力な考え方は、「実行行為」とは、「犯罪構成要件の実現にいたる現実的危険性を含む行為」[4]であると考える。飛行機が墜落することは確率的に低いとはいえ、まったくありえないとまではいえないが、それは、われわれが日常生活を送るうえで必然的に伴うもので、社会的に許容される生活上のリスクの範囲内であると評価されるものである。確率論の問題ではなく、この意味で、飛行機に乗せる行為を「人を殺す行為」、殺人罪の実行行為と評価することはできない。事例2は「迷信犯」といわれるものであり、不能犯の議論において出てくる例である[5]。気味の悪い行為であるが、相手を殺すことを強く願ったとしても、「呪い殺すなんて無理」「非科学的」といえるように、人を殺すには非現実的な手段として、殺人罪の実行行為ということはできない。事例1、事例2においては、そもそも「実行行為」（人を殺そうとする行為）がなく、そのため、犯罪にならないのである。因果関係を考える前に、問題の行為が「実行行為」といえるかどうかが問題にされなければならない。まず、このことを確認しよう。

　（2）因果関係の問題に入ろう。刑法上「因果関係がある」といえるために、まず、条件関係、すなわち、「問題の実行行為がなかったならば、問題の結果は生じなかったであろう」という関係（conditio sine qua non）が

---

[3] 犯罪の「実行に着手し」ていないならば、未遂罪の成立要件を充たさず（43条参照）、未遂罪も成立しえないことになる。

[4] 大塚・総論4版171頁。大谷・総論新版5版122頁も、「実行行為とは、形式的には構成要件に該当する行為、実質的には構成要件的結果発生の類型的・現実的危険を有する行為をいう」とする。「実行行為」の厳密な確定は、各則における各条文解釈において行われるべき課題である。

[5] 不能犯については、第12講参照。

なければならない。因果関係の判断についていろいろな考えかが主張されてきたが、条件関係の存在が必要不可欠であると考えるのが一般的である。

条件関係を判断する場合、「仮定的に」実行行為を取り除き、そして、取り除いた後それに後続する経過を考える、という思考方法がとられる。そこで「仮定的消去法」ともいわれる。タイムマシンは存在しないから、過去の事実を変更することはできない。頭の中での想像にとどまる。問題の行為が「もしなかったならば」と仮定的に考え、その行為がないのであれば後続するある出来事がなくなり、その出来事がなければ、さらにそれに続く出来事もなくなり、その結果、「問題の結果もなかったであろう」と（「前者なければ後者なし」といえる関係が）考えられれば、逆に、その行為があったからその結果が発生した、と合理的に考えることができるという訳である。単純な例であるが、Xが殺意をもってAに向けて発砲し、銃弾がAにあたり、Aが出血多量で死に至ったという場合を考えてみよう。このような場合にはなにも難しく考えなくても、「XがAを殺害した」といえようが、条件関係の公式を適用して説明すれば次のように考えることになる。まず、問題の実行行為、つまり、「Xの発砲行為がなかったならば」と考える。発砲しなければ、銃弾がAに向かって飛んでいくことはなく、そうであればAに銃弾があたることもなく、銃弾があたらなければAが出血することもない。その結果、問題の死の結果、つまり、「Aは出血多量で死ぬこともなかったであろう」といえる。このように「問題の実行行為がなかったならば、問題の結果は生じなかったであろう」といえる場合、「条件関係がある」ということになる。

なお、この場合の「問題の結果」は、「具体的な結果」が考えられなければならない[6]。たとえば、恨みを晴らす最後の機会と考え、病院のベッドに危篤状態で寝ている者の心臓にナイフを突き立てて即死させた場合を考えよう。ナイフで刺すことを取り除いたとしても、その者の数時間後の死が不可避的に発生したであろうと考え、「前者なくても後者あり」と考えてはならない。この場合、その時刻の、ナイフで刺されたことによりもたらされた「具体的な死」が問題にされなければならず、ナイフで刺すことを取り除けば、その者のその時刻の具体的な死は発生しなかったであろう（前者なければ後者なし。条件関係あり）と考えなければならない。

> 【事例3】　Xは、毒を盛ってAを殺害することを計画し、Aの家を訪問した際に、Aが飲もうとするコーヒーの中にひそかに致死量の毒を混入し、Aは知らずにそれを飲んだ。しかし、その毒は遅効性のものでその毒が効果をあらわさないうちに、偶然自然災害が発生し、Aは倒れてきた家財に押しつぶされて死亡した。Xはなんとか脱出して難を逃れた。

事例3について、条件関係の有無を考えてみよう。条件関係の公式を適用すれば、問題の実行行為（Xの投毒行為）を取り除いて考えたとしても、つまり、Aが毒入りコーヒーを飲まなかったとしても、その部屋にいたAは自然災害によって倒れてきた家財に押しつぶされて死亡したであろうと考えられる。「前者なくても後者あり」といえる場合であり、Xの行為はAの死の発生に寄与していない。Xのつくり出した因果系列（毒の投与）がま

6　もっとも、法的（構成要件的）に重要な事実といえる範囲での具体化である。

だ進行しはじめないうちに、それと関係のない因果系列（自然災害）が介在し、死の結果をもたらした場合であり、Xの行為とAの死亡結果の間の条件関係はない。「因果関係の断絶」といわれる場合である。もちろん、事例3のXは、事例1・事例2とは異なり、毒を盛るという「犯罪構成要件の実現にいたる現実的危険性を含む行為」、殺人の実行行為を行っているから、殺人未遂罪の責任を免れない。因果関係が否定されるだけであれば、未遂罪は成立するのである。ここに事例1・事例2と事例3の決定的な違いがある。

（3）次の事例4、事例5は現実的な例ではないが、条件関係の有無を考えるうえで重要な問題を投げかける例として古くから議論されてきた。事例4は「仮定的因果関係」が問題となり、事例5は「択一的競合」といわれるものである。

【事例4】　死刑執行の現場で、死刑執行係の刑務官が死刑囚Aに対する死刑執行ボタンを押そうとしたまさにそのとき、被害者の遺族Xがその刑務官を押しのけて、自らそのボタンを押し、Aの「死刑が執行」されてしまった。

【事例5】　XとYが、偶然にも、それぞれに独立にAのコップの中に致死量の毒を入れ、Aがそれを飲み、その作用でAは即死した。後でわかったことだが、XとYの投与した毒の種類はたまたま同質・同量であり、どちらの毒がどの程度作用したのかは明らかにならなかった。

事例4を考えてみよう。わが国では現在公開での死刑執行は行わないので、ありえない例であり、あくまで因果関係の問題を検討するための講壇事例（教室設例）である[7]。事例4に条件関係の公式を適用して説明すると、まず問題の実行行為を取り除くから、Xが死刑執行のボタンを押した行為が取り除かれる。Xがそのボタンを押さなければ、担当の刑務官がそのボタンを押すことになるだろう。そうであれば、予定通り死刑が執行されて、Aは命を落とすことになる。そうすると、Xの実行行為を取り除いたとしても、Aの死は発生したであろうといえ、「前者なくても後者あり」となり、死刑執行のボタンを押したXの行為と、Aの死の結果との間の条件関係はないということになる。しかし、それでよいだろうか。素直に事態をみれば、Xがボタンを押したことにより装置が作動し、Aの死がもたらされたと考えるべきではないだろうか。この場合にXの行為がAの死をもたらしたのではないと考えるのは、どうも腑に落ちない。この事例に取り組んできた刑法学者の多くもこのような疑問を抱いた。この場合に「条件関係なし」となってしまうのは、条件関係の公式を適用する際、Xの実行行為を取り除いて考えたときに、同時に、「刑務官がそのボタンを押したであろう」と現実には行われていない行為を「付

7　死刑は刑事施設内に設置されている刑場において行われるところ、刑訴法477条は（1項）「死刑は、検察官、検察事務官及び刑事施設の長又はその代理者の立会いの上、これを執行しなければならない」、（2項）「検察官又は刑事施設の長の許可を受けた者でなければ、刑場に入ることはできない」と規定している。なお、死刑制度に関しては、第4講（4）（ⅰ）参照。

け加えている」からである。そこで、通説は、条件関係の公式を適用する際のいわば「注意事項」として、「現実には行われていない、仮定的な事情を付け加えてはならない」、すなわち、「条件関係の公式を適用する際には、現実に存在した事実を前提とし、ただ『行為者の行為のみを取り除いて』（この部分の事実だけを仮定的に変更して）その後の経過を判断する」とすべきであると考えた（「付け加えの禁止」）。現実には行われていない「刑務官がボタンを押すこと」を付け加えずに、ただXがボタンを押した行為を取り除いて考えるのであれば、Aの死の結果は発生しなかったであろうといえることになる。つまり、事例4では条件関係ありとなる[8]。

事例5は択一的競合といわれる場合である。この場合にも条件関係の公式を適用してみよう。Xが毒を投与した行為を取り除いて考えてみると、それでもコップの中にはYの投与した致死量の毒があり、それを飲んでAは死亡したであろうといえ、「前者なくても後者あり」となり、Xの行為とAの死の結果の間に条件関係はない。Yの行為はどうだろうか。Yが毒を投与した行為を取り除いて考えてみると、それでもコップの中にはXの投与した致死量の毒があり、それを飲んでAは死亡したであろうといえ、「前者なくても後者あり」となり、やはりYの行為とAの死の結果の間に条件関係はない。XもYも致死量の毒を投与して、その意図したとおりに毒の作用によりAの死の結果が発生しているのに、XもYも殺人未遂罪しかならないことになってしまう。条件関係の公式を適用した場合に、一方の行為を択一的に取り除いても、他方の毒が残るためにこのような結論になってしまう。これが択一的競合の問題点であり、これをどのように考えるべきか議論されてきた。XもYも殺人未遂罪にとどまるというのは納得できない、殺人既遂罪を認めるべきだとして、次のようにも論じられる。すなわち、「①独立して人を殺害しうる行為をし、その結果人が死んでいるのに両者とも殺人未遂とするのは常識に反すること、②少なくとも半分は結果の発生に寄与していること[9]、③実行行為に予定されている結果が発生しているのにその点の責任を実行行為者に問えないのは不合理であること[10]、④……重畳的因果関係の場合と比べ、より危険な行為をしていながら未遂にとどまるのは不均衡である[11]ことから、実際上の処理として、この場合の条件関係を否定するのは妥当でない。理論的にみても、Aの行為とBの行為は現実に競合して行われているのであるから、AとBを別々に評価するのは妥当でなく、両者を一括して取り除く必要がある。そして、両者を共に取り

---

[8] これに対して、「付け加え禁止説も、不作為犯の条件関係が問題となるときは現実にはなされなかった作為義務の履行行為を付け加えることが許されるが、作為犯のときはその作為を消去するだけで何も付け加えてはならないとするのであり、そこには一貫しないものがある」と通説を批判し、事例4の場合に条件関係を否定する見解もある（町野・総論134頁）。この見解は、「第三者あるいは行為者自身の行為は、法が期待する性質のもの」であれば、その限りでそれを付け加えて条件関係を考える。不作為犯の場合の因果関係について、第11講Ⅲ参照。

[9] 結果発生に寄与していること、条件関係があることを前提としており、結論の先取である。択一的競合の場合に、「半分は結果の発生に寄与している」といってよいのかどうかが、まさに問われているというべきである。

[10] 結果を発生させうる実行行為（A）と、その予定する結果の発生（B）がある場合に、その両者の結びつき（関係）があるかどうかを検討するのが因果関係（C）の問題である。（A）と（B）があれば（C）を認めるべきだというのは理由にならない。

[11] この均衡論も十分な理由ではない。重畳的因果関係といわれるのは、単独では結果を発生しえない行為が2つ（以上）重なって結果を発生させた場合の因果関係をいう。たとえば、X・Yが、それぞれAを殺害する意図で、それぞれ独立に、Aのコップの中に致死量の半分の毒を入れたところ、X・Yの毒の量があわさって致死量に達し、それを飲んだAが死亡したという場合である。この場合、確かに、X・Yの行為は、それぞれAの死の結果に対して条件関係はある（「前者なければ後者なし」といえる）が、相当因果関係に立つのであれば、相当因果関係否定され、この場合もX・Yの罪責は殺人未遂罪にとどまることになり、重畳的因果関係と択一的競合の場合とで不均衡であるとの批判はあたらない。

除けば結果が発生しない場合であり、競合する行為と結果との間に事実的な結びつきがあるから、『存在論的基礎』としての条件関係を認めてよいのである」[12]と論じられる。このようにX・Yを「ひとまとめにして」扱い、「両者の行為を一括して取り除くべし」との考えを支持する見解も多い。しかし、この見解に対して、共犯関係にない場合になぜ「両者を一括して取り除く」ことができるのか、その理論的根拠が明らかではない。択一的競合の場合は同時犯[13]であり、理論的にはこの批判の通りであろう。個人責任の原則から、共犯関係にないX・Yの行為は、それぞれ結果との間の因果関係が証明されなければならない。条件関係の公式をそのまま適用すれば条件関係の認められない場合なのだから、いずれも殺人未遂罪とすべきだとの見解もある[14]。場合をわけて考えるのがよいように思われる。（ア）X・Y双方が毒を投与したため、一方だけの毒の場合よりも、Aの死が早まったと証明できる場合には、Xの行為・Yの行為のいずれもAの死の結果との間の条件関係は認められ、（イ）一方の毒だけが効いたと証明できた場合、効いた毒を投与した行為についてのみ条件関係が認められる。それに対して、（ウ）一方の毒だけのときとAの死の結果がまったく変わらなかった場合には条件関係は否定されざるをえない[15]。

　もっとも、択一的競合という場合は理論的な問題にとどまっているといえよう。通常の場合に、とくに不作為犯や過失犯の場合に、条件関係の公式を適用して条件関係の有無を判断できることが重要である。

Ⅲ　因果関係（その2）── 相当因果関係

【事例6】　Xは、殺害する目的で、日本刀でAに切りかかり傷害を負わせた。しかし、通りかかった第三者がこれを発見し、Aを助け、すぐにAを救急車で病院に搬送した。Aは足を怪我したものの、その傷の程度・部位からしてまったく命にかかわるものではなかった。ところが、数日後病院で火事が発生し、まだ動くのが不自由であったAは逃げ遅れ、多量の煙を吸ったため死亡した。

（1）条件関係があれば、刑法上因果関係があるといってよいのかどうかが問題になる。これを肯定するのが

12　大谷・総論新版5版210頁。

13　同時犯とは、2人（以上）の行為者が、意思の連絡なしに、同時に、同一の行為客体に対して、同一の犯罪を実行する場合をいう。行為の場所は必ずしも同一であることを要しない。たとえば、X・Yが、意思の連絡なしに、別の場所から、Aに脅迫状を送る場合である（脅迫罪）。同時というのも「ほぼ同時」であればよい。同時犯は過失の場合に起こることが多い（過失の競合）。同時犯は単独正犯の併存にすぎないから、それぞれの行為と結果の間の因果関係が証明されなければならない。結果との因果関係が証明されなければ、その行為を行ったことについてのみ責任を問われる。同時犯に関する以上のことは、特段異論はない。

14　町野・総論133頁。

15　ほかに、Aという行為とBという結果との間に時系列的な前後関係があり、かつ、AからBが生じることが自然法則または経験則によって説明可能なときには、AとBの間に事実的結合関係としての条件関係を認めてよいとする合法則的条件説という考え方もある。

条件説である。かつて判例はこの条件説に立っているといわれていた。しかし、多数の学説は、刑法上因果関係があるというために、条件関係があることは必要であるが、それだけでは十分ではないと考えてきた。事例6を考えてみよう。

条件関係を考える場合、まず問題の実行行為を取り除いて考えるから、Xが日本刀でAに切りかかった行為が取り除かれることになる。Xが切りつけなければ、当然、Aが傷害を負うことはなかったであろう。傷害を負わなければ救急車で搬送され、病院に入院することもなかったといえることは明らかである。病院に入院していなければ、数日後発生した火事の際に逃げ遅れて死亡することはなかったであろう、と考えられるから、問題の実行行為を取り除けば、Aの死亡結果はなかったであろう（前者なければ後者なし）といえる。裏返せば、その行為があったからその結果が発生したといってよい。したがって、Xの実行行為とAの死亡結果の間の条件関係はある。XにはAを殺害する故意があった。Aを殺す目的でAに日本刀で切りかかり、Aは死亡し、実行行為とその死亡結果の間の条件関係があるから、条件説によれば、XにはAに対する殺人既遂罪が成立することになる。それに対して、学説の多くは、「この場合、XがAを殺そうとしたが、それは失敗に終わっている（殺人未遂）。後の火災によるAの死亡はXの切りつけた行為とは因果関係がない」と考える。相当因果関係説はこのように考える。相当因果関係説は、昭和の終わり頃までは、通説と位置づけられ、条件説をとるとされた判例と対立してきた。

相当因果関係説は、条件関係があることを前提に、さらに、因果経過の経験則上の相当性を要求する見解である。われわれの経験則に照らして、実行行為から結果に至る因果のプロセス、その行為からその結果が発生することが一般的であり、相当であると考えられる場合に「相当」因果関係があるとして、刑法上の因果関係を認める。火災の発生（漏電、自然発火、放火等による火災発生）がまったくありえないとまでいえないとしても、事例6の場合、被害者は病院に搬送され、怪我を処置してもらい、命に別条がないと判断され、あとは傷が治るのを待つだけであった。その後の病院の火事にまきこまれて死亡したという因果のプロセスは、やはり「稀有なケース」だといえる。相当因果関係説は、条件関係の存在だけで刑法上の因果関係を認めるとすれば、結果に対して責任を問う範囲が広くなりすぎ、行為者に酷であると批判し、因果経過の経験則上の相当性という観点を用いて絞りをかけるべきだと主張してきた。偶然（が重なって）生じた結果を「行為者のせい（しわざ）」とすべきではないと考えるのである。

（2）相当因果関係説をとる場合、その「相当性」をどのように判断するのかが問題になる。

【事例7】　Xは口論からかっとなってAを殴り、Aに軽い傷を負わせたところ、Xは知らず、外見からもまったくわからなかったが、Aは特殊な体質であったために、その傷からの出血がとまらず、Aは死亡してしまった。

「相当だと思う」「不相当ではないか」という直感的な判断になってしまわないように、相当因果関係説は、

「相当性の判断の明確化」を目指し、判断の基礎におく事情をあらかじめ決めるなど、その「判断公式」を考えてきた。これが相当因果関係説の中での主観説、客観説、折衷説の対立である。判断基準の問題は、たとえば、次のような事例をめぐって争われてきた。

　相当因果関係説の折衷説は、行為の当時、一般人ならば認識しえたであろう事情、および、行為者がとくに認識していた事情を判断の基礎事情（判断基底）とし、その行為から結果が発生することが経験則上相当（一般的）といえるかどうかを考える。つまり、その判断の枠組みは、判断の基礎となる事情（判断基底）を一定の観点から限定したうえで、その基礎事情を前提とし因果経過の相当性を判断するというものである。事例7の場合、Xが被害者の体質を認識しておらず、一般人もそれを知りえなかったであろうということなので、その体質は判断の基礎事情から除かれて、「通常の健康状態の者」が想定され、そして、そのような「通常の健康状態の者」に対して、事例における程度の軽い傷害を負わせた場合に死に至ることが経験則上相当（一般的）かどうか、ということが判断されることになる。その結論は消極（相当性否定）となろう。その場合、Xは傷害罪となる（殺意があれば殺人未遂罪となる）。もちろん、Xが被害者の体質のことを知っていれば、それが判断の基礎事情に組み込まれるから、その場合には相当因果関係が認められることになろう（Xには、殺意があれば殺人罪、殺意がなければ傷害致死罪が成立する）。たとえば、Aの体質のことを知っているYが、そのことを知らないXにAを殴るようにそそのかし、その後、Xの行為により事例7と同様の経過をたどった場合、Yについては、行為者の認識していた事情が判断の基礎事情に含まれるから、Aの死の結果に対して因果関係が認められることになろう。それに対して、Aの病気（体質）のことを知らないXは、事例7の場合と同様となる[16]。

　それに対して、判例は、行為時に被害者の（隠された）特殊な体質があるケースでも因果関係を認めてきた。たとえば、AがBの顔面を蹴りつけ、瞳孔角膜に溢血を生じる傷害を負わせたところ、Bには脳梅毒により脳に病的変化があったため、顔面に激しい衝撃を受けたことにより脳の組織が崩壊し、死亡したという事案において、最高裁[17]は、「Aの行為がBの脳梅毒による脳の高度の病的変化という特殊の事情さえなかつたならば致死の結果を生じなかつたであろうと認められる場合でAが行為当時その特殊事情のあることを知らずまた予測もできなかつたとしてもその行為がその特殊事情と相まつて致死の結果を生ぜしめたときはその行為と結果との間に因果関係を認めることができる」と判示し、Aに傷害致死罪の成立を認めた。また、強盗に押し入ったCが、D女（当時63歳）の胸ぐらをつかんであおむけに倒し、頸部を絞めつけ、口部を押さえ、さらにその顔面を布団

---

[16] これに対して、相当因果関係説の客観説の論者は、折衷説に対して、「因果関係は、客観的なものでなければならない。因果関係が行為と結果との間の『帰責関係』であるとしても、それは客観的帰責であって主観的帰責ではないはずである。知らなかったから因果関係がないというのは、目をつぶれば世界はなくなるというのに似ている。……因果関係が人によってあったりなかったりするのは奇妙だといわなければならない」（平野・総論 I 141頁）と批判し、相当因果関係説の客観説は、裁判官の立場にたって、行為の当時存在したすべての事情、および、行為後に生じた事情のうち一般人にとって予見可能な事情を基礎事情とし、因果経過の相当性を判断すべきであると主張する。しかし、この立場は、行為時に存在したすべての事情を判断の基礎とするから、その結論において条件説とほぼ変わらなくなってしまい、また、行為時の事情と行為後の事情を区別できるのか、区別できるとしても両者の扱いを異にする理由があるのか、といった疑問が向けられてきた。相当因果関係説の主観説は、行為の当時、行為者が認識していた事情、および、認識しえた事情を基礎事情とする見解であるが、現在ではほぼ支持を失っている。

[17] 最判昭和25年3月31日刑集4巻3号469頁。

でおおうなどし、Dの反抗を抑圧し、その現金を強取したところ、この際の暴行によりD女を死に至らしめたという事案に関して、最高裁[18]は、「原判示[19]のように、Cの本件暴行が、D女の重篤な心臓疾患という特殊の事情さえなかつたならば致死の結果を生じなかつたであろうと認められ、しかも、Cが行為当時その特殊事情のあることを知らず、また、致死の結果を予見することもできなかつたものとしても、その暴行がその特殊事情とあいまつて致死の結果を生ぜしめたものと認められる以上、その暴行と致死の結果との間に因果関係を認める余地がある」。「したがつて、D女の死因がCの暴行によつて誘発された急性心臓死であることを是認しながら、両者の間に因果関係がない」とした原判決は、因果関係の解釈を誤ったものであると判示した。これらの判例からうかがわれるように、判例は相当因果関係説に立つものではなく、かつては、判例は条件関係に立っているとの見方もされてきた[20]。

---

18 最判昭和46年6月17日刑集25巻4号567頁。

19 第2審判決である東京高判昭和45年4月16日高刑集23巻1号239頁は、「Dの死因がCの暴行によつて誘発された急性心臓死であることは否定できないが、それだからといって、Cの暴行とDの死亡との間に直ちに刑事責任を負わしめるべき因果関係があると断ずることはできない。本件において因果関係の有無を考えるに当つては、Cの加害行為とDの死亡との間に、加害行為から死亡の結果の発生することが、経験上通常生ずるものと認められる関係にあることを要するものと解すべきである。その際この相当因果関係は、行為時および行為後の事情を通じて、行為の当時、平均的注意深さをもつ通常人が知り又は予見することができたであろう一般的事情および通常人には知り得なかつた事情でも、行為者が現に知り又は予見していた特別事情を基礎として、これを考えるべきもの（折衷説）と、当裁判所は思料する」と判示し、Cの暴行がそれほど強度でなかったこと、Dの心臓疾患はかかりつけの医者も知らなかったことなどを根拠にCの行為とDの死亡結果の間の因果関係を否定した。

20 同様の判示はほかにも、最決昭和36年11月21日刑集15巻10号1731頁（路上で突き飛ばしたところ、被害者の心臓に異常があり心筋梗塞により死亡してしまったという場合に傷害致死罪を肯定）、最決昭和49年7月5日刑集28巻5号194頁（被害者の結核性の隠れた病巣が悪化して死亡したという場合に傷害致死罪を肯定）など。もっとも、相当因果関係説に立ったとみられる判断もなかったわけではない。有名な事件としては濱口雄幸首相暗殺未遂事件の控訴審判決（東京控訴院判昭和8年2月28日新聞3545号5頁）がある。ほかに、最判昭和23年3月30日刑集2巻3号273頁、最決昭和42年10月24日刑集21巻8号116頁（米兵ひき逃げ事件。これについては、後述、第10講Ⅳ参照）など。

第10講　因果関係2

〔構成要件該当性2〕

Ⅳ　因果関係（その3）── 危険の現実化

　以上のように、刑法上の因果関係の判断について、条件説に立つと考えられていた判例と、相当因果関係説を支持する通説とで対立する状況が長い間続いてきたが、この状況は平成になって大きく変化する。大阪南港事件（最決平成2年11月20日刑集44巻8号837頁）が1つの大きなきっかけとなり、相当因果関係説に強い批判が向けられるようになるのである。大阪南港事件は次のような事件であった（一部変更してある）。

> 【事例8】　Xは、傷害を負わせる意思で洗面器や革バンドによりAの頭部等を殴打するなどしたところ、Aは脳出血を起こし意識を失ってその場に倒れた。Xは、犯跡を隠蔽するために、Aを数キロメートル離れた資材置場まで運びそこに放置して立ち去った。その後、Yが、傷害を負わせる意思で、気を失っているAの頭部を角材で強く殴ったところ、Aは脳の内出血が拡大し、わずかではあるがその死期が早められた。

　大阪南港事件は、三重県の飯場（工事現場にある宿泊所）で起こった事件であり、作業員Aが仕事をやめたいと訴えたことなどに上役のXが激怒してAに激しい暴行を加え、Aを意識消失状態に陥らせた。その後、Xが、犯跡を隠蔽するために、車で大阪南港の資材置き場に運びそこに放置したところ、そこで第三者Y[1]が故意にAを殴り、その死期を早めたという事件である。第三者の故意行為が行われるというのは普通想定できる行動ではないだろう。たとえば、血を流して倒れている者を発見した場合、人はどのような行動をとるだろうか。スマホなどを用いて、「どこどこで人が血を流して倒れてます」などと110番通報・119番通報をする人が多いことが考えられる。良心的な対応である。あるいは、見て見ぬふりをしてその場から離れる人もいるだろう。今の時代、他人のトラブルにかかわりたくないという気持ちもわからないではない。見て見ぬふりをするというのにとどまらず、瀕死の状態で倒れている者をまったく関係ない者がさらに殴りつけるというのは特異な行動だといわざる

1　実際の事件では、事例8のYにあたる者は誰であるかわかっていない。大阪南港の資材置き場で倒れていたAを誰かが角材で殴ったことまでは確かであったが、それが誰であるかは証明できなかった。それがXである疑いもあり、本件の当初の起訴事実は、X自身が資材置き場で暴行したというものであったが、それは証明できなかった。刑事事件においては、合理的な疑いを超える程度に事実を証明しなければならず、その証明ができなければ、「疑わしきは被告人の利益に」の原則に従って事実を認定しなければならない。この場合では、Xが資材置き場でAを殴った疑いがあったとしても、それを前記の程度に証明できなければ、被告人であるXに有利なように、「X以外の者が角材で殴った」という事実認定のもと、刑法の条文を適用しなければならない。

をえない。そうすると、行為者・被害者と関係のない者の故意行為が行為後に介在し、被害者の死を早めたというプロセスは、通常予想されるものではなく、経験則に照らして相当な因果のプロセスとはいえまい。致死結果に対する相当因果関係は認められず、Xは——殺意はなく、傷害の意思という事実認定なので——傷害罪にとどまるということになるはずである。しかし、大阪南港事件の最高裁は、「犯人の暴行により被害者の死因となった傷害が形成された場合には、仮にその後第三者により加えられた暴行によって死期が早められたとしても、犯人の暴行と被害者の死亡との間の因果関係を肯定することができ、本件において傷害致死罪の成立を認めた原判断は、正当である」と判断した。Xの行為とAの致死結果との間の因果関係を認めたのである。もちろん、本件で条件関係の認められることはとくに異論がなかろう[2]。しかし、この事件当時、相当因果関係説を支持していた論者の多くは、最高裁の結論を支持したのである[3]。このケースで傷害致死罪という結論が妥当であり、しかし、相当因果関係説に立った場合には傷害罪となり、その妥当な結論を導けないとすれば、「相当因果関係説は適切な考え方ではないのではないか」、「使い物にならなのではないか」ということが問題になり、「相当因果関係説の危機」ともいわれることになった。

① 行為時に（行為者の知らない）被害者の特殊事情が存在した場合（事例7）

② 行為後に特殊な事情が介在した場合
　（ア）　被害者の落ち度のある行為の介在
　（イ）　第三者の故意・過失行為の介在（事例8）
　（ウ）　行為者自身の行為の介在

　大阪南港事件など、平成になっての一連の因果関係に関する判例でとくに問題になったのは、「行為後に特殊な事情が介在した場合」の処理である。因果関係が問題となるケースは、①行為時に（行為者の知らない）被害者の特殊事情が存在した場合（事例7のケース）と、②行為後に特殊な事情が介在した場合（事例8のケース）にわけることができる。そして、②の場合に行為後に誰の行為が介在したのかにより、（ア）被害者の落ち度のある行為の介在、（イ）第三者の故意・過失行為の介在、（ウ）行為者自身の行為の介在の場合にわけられる。相当因果関係説は、この②の場合に、その行為後の介在事情をどのように扱うのかが問題になったのである。

　相当因果関係説（の折衷説）の判断公式をもう一度確認すると、「行為の当時、一般人ならば認識しえたであろう事情、および、行為者がとくに認識していた事情を基礎事情」として因果経過の相当性を判断するから、「予想できない行為後の介在事情」はこの公式の中で扱われる場所がないのである。因果関係説の代表的主張者の1

[2]　Xの行為を取り除けば、Aは大阪南港の資材置き場に放置されることはなく、そこで角材でさらに殴られることはなく、そこでの死亡もなかったであろうといえるので、条件関係が認められることは特段問題はない。

[3]　Xの行為とAの致死結果との間の因果関係を認めたことに批判的なのは、斎藤誠二「いわゆる『相当因果関係説の危機』についての管見」法学新報103巻2・3号761頁以下（1997年）など。なお、西田・総論3版114頁。

人は次のように主張する。行為の時点で一般人において予想できないような異常な介在事情は、相当性の判断の基礎から除かれる（判断の基礎事情に入らない）としたうえで、大阪南港事件の場合、被害者の傷害は重傷であったからその傷害から死亡の結果が生ずることは十分ありうるので、実行行為と結果の間に相当性を認めることができる、と[4]。これも1つの考え方とはいえようが、このように考えるのであれば、実行行為のもつ危険性（の大小）のみが決定的であり、その後どのような因果経過をたどったのかということ（当該事案の具体的な因果経過）はもはや問題とはなりえないことになるが、このような考え方は、従来の相当因果関係説が考えてきたこととも整合しないように思われる。因果関係に関する有名な事件に「米兵ひき逃げ事件」がある。この事件は、在日米軍兵Xが、自動車を運転中誤ってAの自転車に衝突し、Aを自車の屋根の上にはね上げ、そのまま走行中、同乗者のYが後ろをふり返ったところ、後方の窓ガラス越しに自動車の屋根の上で意識を失っているAの存在に気づき、Aを屋根から引きずり降ろし、道路上に転落させたというものであった。最高裁[5]は、「右のように同乗者が進行中の自動車の屋根の上から被害者をさかさまに引きずり降ろし、アスフアルト舗装道路上に転落させるというがごときことは、経験上、普通、予想しえられるところではなく、ことに、本件においては、被害者の死因となつた頭部の傷害が最初のXの自動車との衝突の際に生じたものか、同乗者が被害者を自動車の屋根から引きずり降ろし路上に転落させた際に生じたものか確定しがたいというのであつて、このような場合にXの前記過失行為から被害者の前記死の結果の発生することが、われわれの経験則上当然予想しえられるところであるとは到底いえない。したがつて、原判決が……Xの業務上過失致死の罪責を肯定したのは、刑法上の因果関係の判断をあやまつた……ものというべきである」と判示した。この最高裁決定当時、判例が相当因果関係説へとその立場を変えたのではないかともいわれ、相当因果関係説の論者から好意的に受け入れられた。しかし、前述のような相当性の判断をした場合、つまり、行為の時点では一般人において予想できないような異常な介在事情は、相当性の判断の基礎から除かれるとするのであれば、米兵ひき逃げ事件のYの行為も除外され、Xが自動車でAに衝突し、屋根の上にはね上げた行為からAの致死結果が発生するのが相当であるかどうかが判断されることにな

---

4 大谷・総論新版5版213頁。

5 最決昭和42年10月24日刑集21巻8号1116頁。Xは、道路交通法上の無免許運転罪、救護義務違反罪および業務上過失致死罪（211条）で起訴され、Y（起訴時少年）は、救護義務違反罪と保護責任者遺棄罪（218条）で起訴された。1審判決はYに両罪の成立（懲役8月執行猶予3年）を認め、Yは控訴せず1審で確定した。1審判決はXに前記3罪とも認め、懲役1年に処した。Xは控訴・上告し、Xの行為とAの死の間の因果関係を争った。その判断が本文の判断である。Aの死因であるが、「本件鑑定書によれば、被害者の死因は、頭部の打撲によるものである」。「この致命傷が、最初の衝突の際に生じたものか、屋根からひきずり落された時に生じたものか鑑定によっても確定することができない。むしろ最初の衝突は……自転車の右側後部と自動車の車体前部とが激突したのであり、被害者はこの衝撃ではね上げられ、自動車の屋根の上に乗ってしまったのであるから、最初の衝突の際の力は自転車の車体が相当程度吸収してしまっており、被害者の身体にはそれ程及ばなかったと考えられる。これに対し、2回目に路面に衝突した際には……Yは屋根の上から頭をのぞかせていた被害者の背中のあたりをつかんで引きずり落したのであるから……頭を下にして落ちた公算が強い。そうすると、致命傷である頭部（顔面も含む）の傷害は、第2現場で生じた蓋然性が強いであろう。少くとも立証責任からいって、最初の衝突の際、被害者に致命傷が生じたと認定することはできない」（海老原震一・最判解（昭和42年度）285頁）とされる。なお、海老原・前掲285頁は、Yの罪責について保護責任遺棄罪を認めたことを疑問とし、Yの行為は「殺人罪か、少くとも傷害致死罪にあたるのではなかろうか」とする。さらに、同286頁は、第2審が「本件においてXの自動車の衝突による叙上の如き衝撃が被害者の死を招来することあるべきは経験則上当然予想し得られるところであるから」として因果関係を認めたことに対して、「この論法によると、いやしくも自動車で通行人を激しくはね飛ばした以上、死因が何であろうと、致死の責任を負うというのと同じことになり、右論理は不当であると思う」とも指摘している。適切な指摘といえよう。

る。自動車で人をはねた行為から死の結果が発生することはありうることなので、この立場から相当因果関係が肯定されることになろう[6]。そうすると、米兵ひき逃げ事件の場合に因果関係を否定した最高裁決定の結論を支持してきた多くの相当因果関係説の理解とも相違することになる[7]。

　大阪南港事件判例以降、相当因果関係説の問題点として、行為後の介在事情がある場合の処理が明確でない、相当性の判断構造が明確でないということがクローズアップされた[8]。そして、そこから導かれる結論が妥当なのか、あるいは、それが当該事案の具体的な因果経過を判断するものになっていないのではないかということが批判され、平成以降、次第に相当因果関係説はその支持を失っていくことになった。

　平成になってからの判例、それをめぐる議論を経て、現在、判例は、実行行為のもつ危険性が結果の中に現実化（実現）したのか否かという観点（行為がどの程度結果発生に寄与したのか、その影響力）を重視する「危険の現実化（実現）」という考え方をとっていると分析され、学説においてもこれを支持する見解が多数説を形成しつつある。

　危険の現実化説は、結果に対する行為の寄与度（影響力）の大小を重視し、具体的な因果経過に照らして、行為により創出された危険が結果の中に実現したとみうるのか否かを考えていく。そして、危険の現実化の有無は、大きくわけて、行為者の創出した危険が、いわば直接的に実現したと評価できる類型と、介在行為を介して間接的に実現したとみうる類型とにおいて検討されている。直接的な実現類型は、行為者の行為が結果発生の決定的な原因を作り出し（死因の形成をする場合が典型的な場合である）、それが結果の中に現実化したと評価できるケースである。この類型では、ある事情の介在が異常な経過であったとしても、結果へのその寄与がわずかなものである場合には、その介在事情は行為者の行為と結果の間の因果関係の肯定を妨げるものではない。大阪南港事件がこの類型に属する。それに対して、間接的な実現類型は、結果を直接的に発生させたのは介在事情であるが、行為者の行為がその介在事情をひき起こす危険を内在しているケースである。伝統的な相当因果関係説が問題としていたように、そのような事情の介在が予想されうる場合である。行為者の行為のもつ危険性が介在事情を介して間接的に結果の中に実現しているとみうる場合であるといえる。したがって、この類型においては、介

---

[6] 実際に、論者は、Yの「行為は一般人にとって予測できない介在事情であるので判断の基底から除外し、当該の過失による運転行為自体について危険性を判断し、一般人の経験則上、死という結果を惹起することがありうるといえるので、因果関係を肯定してよい」とする（大谷・総論新版5版222頁）。

[7] たとえば、相当因果関係説の折衷説の代表的主張者の1人である大塚・総論4版238頁以下は、「実行行為と……結果との間に……他の事実が介入した場合……相当因果関係はどのように判断されるべきか」。「介入事実の生じうることを社会の一般人が予測しえたことが必要であろう。一般人の予測しえない全く稀有の現象であるときは、相当性の有無を論ずる構成要件論的意味を持たないからである」と論じている。もっとも、このような判断が、相当因果関係説の折衷説の公式を当てはめて、どのように判断されるのかは必ずしも明らかではない。

[8] 結果の帰属（帰責）は、経験に照らした予測可能性の大小（結果発生の確立）といった事実判断だけでは判断されえないということも問題になる。たとえば、強制性交等の被害者がそれを苦に自殺に至ることは、ケースによってはまったく予見できないというものではないともいえるが、そのような場合にも強制性交等致死罪（181条2項）が成立するとは一般に考えられてこなかった。たとえば、強制性交の試みは失敗に終わったが、被害者が翌朝はずかしめを受けたことを苦にして自殺した事実の認められる最決昭和38年4月18日刑集17巻3号248頁の事案において（当時の）強姦致死罪は起訴されていない。これに対して、「強姦に因り婦女が興奮又は精神異常に因り自殺するにいたつたときは、強姦致死罪が成立すると解すべきである」とするのは、江家義男『増補刑法各論』178頁（青林書院新社、1963年）。

在事情が予見可能であったこと、行為者の行為が介在事情を誘発・招来したり、支配するなどの影響を及ぼしたといった一定の結びつきが必要となる。この際の判断において、伝統的な相当因果関係説のような判断基底の設定は重要ではない[9]。

　危険の現実化という観点から比較的近時の判例をみてみよう。

```
┌─────────────────────────────────────────────────────────────────────────┐
│                                                                           │
│   ┌───────────┐  ❶ 行為者の行為 ──────→ ❷ 介在事象 ━━━━→ ❸ 結果発生        │
│   │ 間接実現類型 │                              直接的な寄与                  │
│   └───────────┘                                                          │
│                                                                           │
│   【被害者の落ち度のある行為の介在】                                        │
│     (a) 最決昭和 63 年 5 月 11 日刑集 42 巻 5 号 807 頁（柔道整復師事件）     │
│     (b) 最決平成 4 年 12 月 17 日刑集 46 巻 9 号 683 頁（夜間潜水事件）      │
│     (c) 最決平成 15 年 7 月 16 日刑集 57 巻 7 号 950 頁（高速道路侵入致死事件） │
│   【第三者の故意・過失行為の介在】                                          │
│     (d) 最決昭和 42 年 10 月 24 日刑集 21 巻 8 号 116 頁（米兵ひき逃げ事件）  │
│        ⇨ 介在事情を予想しえず、因果関係が否定されたケース。                  │
│     (e) 最決平成 16 年 10 月 19 日刑集 58 巻 7 号 645 頁（高速道路上停車致死事件） │
│     (f) 最決平成 18 年 3 月 27 日刑集 60 巻 3 号 382 頁（自動車トランク内致死事件） │
│   【行為者自身の行為の介在】                                               │
│     (g) 最決昭和 53 年 3 月 22 日刑集 32 巻 2 号 381 頁（熊撃ち事件）        │
│                                                                           │
└─────────────────────────────────────────────────────────────────────────┘
```

　間接実現型の類型は、行為者の行為によって介在事情が「誘発」（招来）されることにより、行為者の創出したリスクが最終的な結果の中に現実化したとみうるケースである。したがって、この場合、かかる介在事情が生ずる蓋然性（❶から❷への結びつき）が必要となる。

　②－ア）の被害者の落ち度が介在したケースとして次のものがある。医師の資格のない柔道整復師Xが、風邪の症状を訴えるAから治療を依頼されるや、熱を上げて雑菌を殺す効果があるなど誤った治療法をAに繰り返し指示し、Aがこれに忠実に従ったため、Aの症状が悪化し死亡したという事案に関して、最決昭和 63 年 5 月

9　危険の現実化説をとるのは、井田・総論 2 版 142 頁以下、斎藤・総論 6 版 130 頁以下、高橋・総論 5 版 141 頁以下、橋爪・総論 10 頁以下、山口・総論 3 版 60 頁以下。「相当因果関係説の再構成」として、介在事情の結果に対する寄与度が重要であるとする一方で、従来の相当因果関係説が問題としていた判断基底の確定作業は不要であるとし、介在事情の寄与度が小さい場合にはそれが異常な事情でも相当性は認められ、介在事情の寄与度が大きい場合には行為者の行為と介在事情の結びつきが重要であるとする佐伯・総論の考え方 68 頁以下は、実質的には、危険の現実化説と同様といえよう。また、塩見・道しるべ 15 頁以下。

11 日刑集 42 巻 5 号 807 頁（柔道整復師事件）は、「Xの行為は、それ自体が被害者の病状を悪化させ、ひいて
は死亡の結果をも引き起こしかねない危険性を有していたものであるから, 医師の診察治療を受けることなくX
だけに依存した被害者側にも落度があつたことは否定できないとしても、Xの行為と被害者の死亡との間には因
果関係がある」と判示した。また、最決平成 4 年 12 月 17 日刑集 46 巻 9 号 683 頁（夜間潜水事件）は、スキュ
ーバダイビングの夜間潜水の講習指導中における受講生の事故死に関して、潜水指導者である「Xが、夜間潜水
の講習指導中、受講生らの動向に注意することなく不用意に移動して受講生らのそばから離れ、同人らを見失う
に至った行為は、それ自体が、指導者らの適切な指示、誘導がなければ事態に適応した措置を講ずることができ
ないおそれがあった被害者をして、海中で空気を使い果たし、ひいては適切な措置を講ずることもできないまま
に、でき死させる結果を引き起こしかねない危険性を持つものであり」、「指導補助者及び被害者に適切を欠く行
動があったことは否定できないが、それはXの右行為から誘発されたものであって、Xの行為と被害者の死亡と
の間の因果関係を肯定するに妨げない」と判示した。さらに、Xらが、Aに対し、公園において、その後、マン
ション居室において長時間にわたり激しい暴行を加え、Aはこれから逃れるため、隙を見て逃走し、逃走のため
侵入した高速道路において自動車に轢かれ死亡したという事案に関して、最決平成 15 年 7 月 16 日刑集 57 巻 7
号 950 頁は、「Aが逃走しようとして高速道路に進入したことは、それ自体極めて危険な行為である」が、「A
は、Xらから長時間激しくかつ執ような暴行を受け、Xらに対し極度の恐怖感を抱き、必死に逃走を図る過程で、
とっさにそのような行動を選択したものと認められ、その行動が、Xらの暴行から逃れる方法として、著しく不
自然、不相当であったとはいえ」ず、「Aが高速道路に進入して死亡したのは、Xらの暴行に起因するものと評
価することができ」、Xらの暴行とAの死亡との間の因果関係は認められると判示した[10]。

②－イ）の第三者の故意・過失行為が介在したケースとして、前述の米兵ひき逃げ事件があるが、この事例で
は、被害者の死因である頭部の傷害が自動車の衝突の際に生じたのか、同乗者によるもたらされた路上転落の際
に生じたのかが確定できなかった[11]。したがって、被告人の行為が被害者の死に決定的に寄与したケース（直接
実現類型）ではなく、そこで、間接実現類型として因果関係が認められるためには、被告人の行為と介在事情と
の一定の結びつきが必要であるところ、同乗者の介在行為が予見可能なものではなく、行為者の創出した危険が
現実化したものと認められない場合である。これに対して、高速道路走行中Aの運転態度に立腹したXが、高速
道路の第 3 通行帯にA車を停車させ、Aに謝罪させるなどしていたところ、後方から走行してきたB車がA車に
衝突し、3 名が死亡し、1 名が重傷を負ったという事案に関して、最決平成 16 年 10 月 19 日刑集 58 巻 7 号 645
頁は、「Aに文句を言い謝罪させるため、夜明け前の暗い高速道路の第 3 通行帯上に自車及びA車を停止させた
というXの本件過失行為は、それ自体において後続車の追突等による人身事故につながる重大な危険性を有して

---

[10] 佐伯・総論の考え方 74 頁は、「この決定は、被害者の行為が著しく不自然、不相当であった場合には、結果を暴行に起因する
　ものと『評価することが』できないことを示唆したものとして、重要な意義を有し」、また、恐怖感からのとっさの選択であ
　ったことの指摘は、「判例が、被害者の行為が被告人らの暴行行為と直接結びついたものであったことを重視している」と指摘
　する。

[11] 注 5 照。

いた」。そして、本件事故は、その後のAの行動等が介在して発生したものであるが、それらはXの「過失行為及びこれと密接に関連してされた一連の暴行等に誘発されたもの」といえ、「Xの過失行為と被害者らの死傷との間には因果関係がある」と判示した。また、XがAを普通乗用自動車後部のトランク内に押し込めて（監禁し）発進したのち路上で停車していたところ、別の車が前方不注意によりXの車に後方から追突し、これによりAが死亡したという事案に関して、最決平成18年3月27日刑集60巻3号382頁は、「Aの死亡原因が直接的には追突事故を起こした第三者の甚だしい過失行為にあるとしても、道路上で停車中の普通乗用自動車後部のトランク内に被害者を監禁した本件監禁行為と被害者の死亡との間の因果関係を肯定することができる」と判示した。これらの場合も、行為者の危険な行為が第三者の過失行為を誘発し、結果発生に至るというようなかたちで、行為者の創出したリスクが結果に実現した場合といえよう。

　②－ウ　行為者自身の行為が介在したケースとして、最決昭和53年3月22日刑集32巻2号381頁（熊撃ち事件）がある。これは、Xが熊と間違えてAを誤射し、Aに瀕死の重傷を負わせた後で、誤射に気づき、苦悶するAを早く楽にさせようと殺意をもって再度Aに向けて発砲し、Aを殺害したというものである。これに関して、最高裁は、「本件業務上過失傷害罪と殺人罪とは責任条件を異にする関係上併合罪の関係にあるものと解すべきである、とした原審の罪数判断は」、「結論においては正当である」と判示した。この事案では第1行為（誤射）が致命傷を与えており、危険の現実化説によれば、大阪南港事件のような直接実現類型として第2行為（殺害行為）の介在が異常な事態であるとしても、第1行為と致死結果との因果関係が認められるのではないかということが問題になりうる。つまり、(a) 第1行為と致死結果との因果関係が認められると理解し、(a-1) 業務上過失「致死」罪と殺人既遂罪とが成立し、両罪を（混合的）包括一罪となるとすべきであったと考えるか、(a-2) 第1行為も第2行為も死の結果に対する因果関係が認められるが、二重評価を避けるために第1行為を業務上過失「致傷」罪にとどめたと考えるべきか、または、(b) 第2行為の介在により第1行為と致死結果の間の因果関係が否定されると理解し、(b-1) 本決定と大阪南港事件決定とは整合しないと評価するか、(b-2) 両決定は事案を異にすると評価するのか、本決定の理解は検討を要するところである。

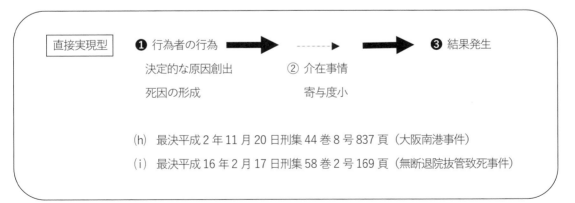

直接実現型のケースは、介在事情が予想できず、ないしは、それが介在することが相当な経過とはいいがたい

ものであり、従来の相当因果関係説の公式では相当因果関係を肯定しがたい場合である。しかし、行為者の行為が、被害者の死因を形成するなど、決定的な原因を創出した一方で、介在事情の結果に対する寄与度は小さい場合であり、その因果経過を実質的にみれば、行為の作り出したリスクが「ほぼ直接的に」といえる程に結果の中に実現したと評価してよい場合である。前述の大阪南港事件がこのケースがこれにあたる。さらに、最決平成16年2月17日刑集58巻2号169頁（無断退院抜管致死事件）もこの類型に属する[12]。この事案は、Xらは、Aに対して、ビール瓶で殴打したり、割れたビール瓶でAの後頸部等を突き刺すなどしAに重傷を負わせた。Aは、止血のための緊急手術を受け、術後いったんは容体が安定し、担当医は、加療期間について良好に経過すれば約3週間との見通しをもった。しかし、Aは無断退院しようとして、体から治療用の管を抜くなどして暴れ、それが原因で容体が悪化し、その後、上記の後頸部刺創に基づく頭部循環障害による脳機能障害により死亡した。最高裁平成16年決定は、「Xらの行為によりAの受けた前記の傷害は、それ自体死亡の結果をもたらし得る身体の損傷であって、仮にAの死亡の結果発生までの間に」、「Aが医師の指示に従わず安静に努めなかったために治療の効果が上がらなかったという事情が介在していたとしても、Xらの暴行による傷害とAの死亡との間には因果関係がある」と判示した。

　その後、最高裁は、日航ニアミス事件において、「本件ニアミスは、言い間違いによる本件管制指示の危険性が現実化したものであり、同指示と本件ニアミスとの間には因果関係がある」[13]と判示し、三菱自工トラック脱輪事件において、本件事故はDハブを装備した車両につきリコール等の改善措置の実施のために必要な措置を採らなかった被告人の「義務違反に基づく危険が現実化したものといえるから」「因果関係を認めることができる」[14]と判示するなど、「危険の現実化」という観点から因果関係を判断する立場に固まりつつあるといえよう。

---

[12] 介在事情の寄与度が大きく、たとえば、介在事情によって死因が変わったように、行為者の行為により創出され進行していた因果のプロセスが、別の因果系列の介在により遮断（凌駕）されたと評価される場合は、行為者の行為の危険の現実化は認められない。

[13] 最決平成22年10月26日刑集64巻7号1019頁。本決定につき、西野吾一・最判解（平成22年度）243頁は、「判例の立場は、行為の危険性を重視しており、『生じた結果が行為の危険が現実化したものと評価できるかどうか』を、法的因果関係の存否の判断の基本枠組としていると理解することができ」、本決定の「説示は、そのような理解に親和的なものとみることができる」と解説する。

[14] 最決平成24年2月8日刑集66巻4号200頁（三菱自工トラック脱輪事件）。本決定につき、矢野直邦・最判解（平成24年度）87頁は、「行為の危険性を重視しつつ、発生した結果との結び付きの強さを『行為の危険が現実化した』と評価できるかどうかという観点から実質的に検討する従前の判例の態度を踏まえた判断といえよう」と解説する。なお、柔道整復師事件決定に関して、永井敏雄・最判解（昭和63年度）274頁以下は、すでに、「被告人の誤った指示の危険性がいわば順調な展開を遂げて被害者の死亡という結果に現実化した場合であった」のであり、柔道整復師事件決定は「危険性の現実化に重点を置いた説示をしている」と解説している。

第11講　実行行為1（不作為犯）

〔構成要件該当性3〕

I　不作為犯

（1）殺人罪（199条）の「人を殺した」という構成要件に該当するためには、「人を殺そうとする行為」（殺人罪の実行行為）を行い、被害者の死の結果が発生し、両者の間の因果関係がなければならないということを確認した。本講と次講において実行行為の問題を検討する。

実行行為とはどのような行為か。出発点は、構成要件において犯罪行為を行う動作として示されている行動（構成要件該当行為）にあてはまるかどうかの判断である。つまり、199条（殺人罪）においては人を殺そうとする行為、204条（傷害罪）においては人に傷害を負わせようとする行為、235条（窃盗罪）においては他人の財物を窃取しようとする行為、108条（放火罪）においては建造物等に火を放とうとする行為である。そして、人を殺そうとする行為は、具体的には、刃物で切りつける、硬い物で頭部を強く殴る、ひもで首を縛りあげる、有毒なものを飲ませる等々であり、われわれが、人を殺そうとする行為、その行為によって人の死がひき起こされるであろう行為として考える行動である。多くの事件において、実行行為にあたる行為の判断はそう難しいことではない。実行行為を実質的な観点から考えた場合、有力な考え方によれば、実行行為とは「犯罪構成要件の実現に至る現実的危険性を含む行為」であると説明されることもすでに学修した[1]。

（2）上記のように考えられる実行行為は、積極的な行動がイメージされている。殺人罪の場合の刺す、殴る等の殺害行為である。では、生まれたばかりの赤ちゃんに親が栄養を与えないまま放置して、その赤ちゃんを栄養失調で死に至らせた場合はどうだろうか。そのような事件を見聞きした人の多くは、その親がその赤ちゃんを「殺した」と考えるだろう[2]。しかし、この場合、親はその赤ちゃんの命を奪うために積極的な行動を行ってはいない。むしろ、栄養を与えなかった、生存に必要な措置をとらなかったということが問題といえよう。このような行動が犯罪とされる場合を不作為犯という。それに対して、積極的な行動により犯罪を実現する場合、これが犯罪の圧倒的大部分を占めるが、これを作為犯という。

不作為犯の場合、条文の規定の仕方により2つの場合が区別されている。1つは、条文上、不作為の形式で、

---

[1] 第9講II（1）参照。

[2] （不真正）不作為犯の処罰に対して罪刑法定主義からの疑義が、かつて示された。しかし、199条の「人を殺した」の中には、作為によって殺す場合だけでなく、不作為によって殺す場合も含まれているといえよう。本文の親の例の場合、「殺した」という言葉の日常用語的な理解としても、それはとくに不自然な言葉遣いとはいえず、拡張解釈でもなかろう。

つまり、不作為を明示して規定している場合である。これを真正不作為犯といい、これに対して、一般には作為によって実現されることを予定しているとみられる構成要件を不作為によって実現する場合を不真正不作為犯という。前者の真正不作為犯の例として、130条後段、218条後段がある[3]。130条は「正当な理由がないのに、人の住居若しくは人の看守する邸宅、建造物若しくは艦船に侵入し、又は要求を受けたにもかかわらずこれらの場所から退去しなかった者は、3年以下の拘禁刑〔懲役〕又は10万円以下の罰金に処する」と規定する。人の住居等に勝手に立ちいってよいわけはなく、住居侵入罪として処罰される。この130条後段の部分、「要求を受けたにもかかわらずこれらの場所から退去しなかった者」の部分が、「退去しない」という不作為を処罰対象の行動として明示している。また、218条は「老年者、幼年者、身体障害者又は病者を保護する責任のある者がこれらの者を遺棄し、又はその生存に必要な保護をしなかったときは、3月以上5年以下の拘禁刑〔懲役〕に処する」と規定し、保護責任者遺棄罪を定めている。遺棄とは「捨てること、置き去りにすること」である。自分だけでは生存できない者を保護する責任のある者（親・子など）が、その責任を放棄する場合であるが、218条前段は、積極的にどこか別の場所に「遺棄する」場合であるのに対して、218条後段は、親が赤ちゃんに栄養を与えない例のように、「その生存に必要な保護をしなかったとき」に成立し[4]、「保護しない」という不作為が条文上明示されている。このような場合が「真正」不作為犯である。

> 【事例】　通行人Xは、川（川幅3メートル、水深30センチメートル程度）で足を滑らせて溺れかかっている幼児を見かけ、助けようとすれば容易に救助しうるのに、通報もせず、その場を立ち去った。数日後、Xは、その幼児が溺死したことを聞いた。

（3）上記の事例においてXがAを助けるために何もしなかったことはどのように評価されるべきだろう。もしかしたらXにはなにか用事があったのかもしれない。XとAはまったくの赤の他人である。それでも、スマホ等で110番・119番通報くらいはすべきだったのかもしれない。しかし、刑法で問題とすべきところの、その行為を「犯罪」として処罰すべきかどうかという問題は、道徳や倫理的問題とは同じではない。

親が赤ちゃんに栄養を与えなかった例に戻ってみよう。その赤ちゃんが数日尋常でなく泣き続け、隣のうちの人や近所の人も、「どうもいつもと違う感じだ」、「大丈夫かな」と思いつつも、近所とはいえ付き合いのない人であるし、などと考え、何も対応をとることなく数日が経過するうちに、その赤ちゃんが死亡してしまったとしよう。その親が、不作為による殺人罪に問われるとしても、なにも対応しなかった隣人、近所の人も、同じように不作為による殺人罪に問われるだろうか。「その赤ちゃんのために何もしなかった」ということだけに着目す

3　刑法典の犯罪では、ほかに107条の多衆不解散罪がある。
4　殺意がなかった場合である。殺意があれば殺人罪が成立する。

れば、近所の人だけではなく、その町内の人、さらに、市内の人、誰一人としてそのかわいそうな赤ちゃんに救いの手を差し伸べなかった。もちろん、犯罪が成立するためには、原則的に故意も必要であるから、そう単純ではないが、いずれにせよ「その赤ちゃんのために何もしなかった」ということだけが問題なのではない。そのような結果になることが頭の片隅をよぎりながら「その赤ちゃんのために何もしなかった」人の中でも、刑事責任を問われる人とそれを問われない人がいることになる。なにによって区別されるのだろうか。大学生が勉強を怠り、留年してしまったとすれば、「どうしてちゃんと勉強しなかったんだ」と怒られても仕方ない面もあろう[5]。一方で、老後に「生涯学習だ」、「財産管理のために必要だ」などと一念発起して独学での法律学の勉強を始めたが、昼寝をしたり、飼い猫をかまったり、庭いじりをしたりして、どうも勉強に身が入らないお年寄りに「なんでしっかり勉強しないんだ」非難するのも酷だろう。大学生の場合、「学生」と呼ばれるように、その本分たる勉強を怠っていたことが問われるのに対して、お年寄りの例の場合、勉強すべき「義務」がないからである。勉強の問題と犯罪の問題はまったく次元を異にするが、「何もしなかった」ことの問題へのアプローチとして、類比して考えることのできる部分もある。つまり、なにもしないことが（犯罪として）責任を問われるのは、外形的に「なにもしないこと」（だけ）が問題なのではなく、なにかを（積極的に）「すべきなのに」しなかったということが重要なのである。単なる不作為ではなく、法的に作為が期待されている（義務づけられている）にもかかわらず、それを怠ったこと、つまり、「作為義務違反」として非難されるのである。このことは、身体的な動静という外形的な動きが決定的なのではなく、「義務づけられたことを行わない」ということが問われること、たとえば、先の赤ちゃんの例では、親がその間なにか別の活動（仕事、家事等）をしていたとしても赤ちゃんの死亡との関係において「不作為」が問われるということを意味している。

　したがって、不作為犯の成立には、「すべきなのに」ということ、つまり、「作為義務が存在する」ということが必要であり、それゆえに、どのような場合に作為義務が発生するのかということが、不作為犯の議論の中心問題となる。事例のXに犯罪が成立するかどうかは、Xに作為（幼児の救助）すべきことが法的に義務づけられるかどうかにかかっている。このような場合の義務を緊急救助義務というが、わが国においてはこのような緊急救助義務を定める規定はなく、学説もこれを認めていない。自らの身を危険にさらして誰かを救助した場合、たとえば、警察署長から感謝状を贈られ、称賛されることはあっても、そのような状況で救助しなかったことをもって「犯罪」として扱うべきだとは社会的にも考えられていないだろう[6]。もちろん、それが犯罪になるかどうかとは別に、自から救助活動をしないまでも110番・119番通報くらいするのが望ましいとはいえよう。

5　もちろん、理由を問わず、個々の事情をまったく考慮せずに一般化するのは適切でない。

6　これに対して、ドイツにおいては、ドイツ刑法323条cが「事故又は公共の危険若しくは緊急の際に、救助が必要であり、当該状況によれば行為者に救助を期待でき、とくに自身への著しい危険も他の重要な義務に違反することもなく救助が可能であったにもかかわらず、救助を行わなかった者は、1年以下の自由刑又は罰金刑に処する」と規定し、緊急救助義務を認め、その義務違反を犯罪としている。フランスでも同様のようであり、アメリカでは州により異なるようである。その国の社会意識により異なるということであろう。

（4）では、どのような場合に作為義務が認められ、その違反が犯罪を構成することになるのだろうか。伝統的には、①法令、②契約・事務管理[7]、③条理に基づいて、作為義務が生ずると説明されてきた（「形式的三分説」といわれる）。法令に基づいて作為義務が生ずる例として、民法820条に基づき親権者は子を監護する義務があり、民法752条に基づき夫婦には一方が他方を扶助する義務があり、民法877条以下に基づき親族間での扶養義務がある。母親が子供に栄養を与えなかった例では、親の監護義務にもかかわらず、それを果たさず、子を死に至らしめたのであるから、不作為による殺人罪が成立する[8]。契約に基づいて作為義務が生ずる例として、幼稚園・保育園の保育士、ベビーシッターの場合などがある。この場合、契約により預かっている子供の安全に配慮する義務がある。作為義務の発生根拠を法令・契約に限定するならば、その範囲は明確になる一方で、その範囲が相当に限定されてしまうことから、伝統的な見解は、条理に基づいて作為義務が発生する場合も認めてきた。条理とは、物の道理・事柄の道筋のことであり、言葉を換えれば、常識的な判断といってもよかろう。条理の内容として、先行行為があった場合、監護者の場合、所有者・管理者の場合、売り主の地位に基づく場合などが問題にされてきた。これにより作為義務の認められるべき場合を適度に広げることができるが、そのことは同時に、その判断の不明確さをもたらすことにもなった。

そこで、近時の学説は、条理ということに頼らずに、より実質的な（そして、事実的な）観点、できれば1つの決定的な観点により作為義務の発生根拠を説明できないかということ（一元的な説明）を探究してきた。このような観点として考えられてきたのが、先行行為、事実上の引き受け、排他的支配などの観点である。

まず、不作為を作為と同等に扱ってよい根拠として先行行為に着眼する見解がある。すなわち、作為は因果経過を始動させるのに対して、不作為は進行している因果経過に関与しない（その進行を阻止しない）だけであるから、不作為を作為と同等（同価値）とみるためには、不作為者が、自己の先行行為によって因果経過を進行させたことが必要であると考えるのである。確かに、先行行為という観点は、作為義務の発生根拠の1つとして重要な観点である。たとえば、自動車の運転を誤って歩行者に大怪我をさせた者が「あとのことは知らない」といって、重傷の者を手当てせずその場に放置して立ち去ってよいということはないであろう。事故を起こした運転者は怪我人を救助し、必要があれば、救急車を呼ぶなど病院への搬送の手配をすべきであろう。しかし、先行行為により常に作為義務が発生するとすれば、過失犯を（不作為による）故意犯に容易に転化させることになり、

---

[7] 事務管理とは、「義務なく他人のために事務の管理を始めた」場合（民法697条）である。たとえば、頼まれていないのに隣人の留守中に集金にきた集金人に立替払いをした場合、燐家の窓から煙が出ているのをみて、急を要するため隣人に確認をとらずに燐家に立ち入って消火した場合などである。英米法では、「余計なお節介」として管理者に特別の法律上の保護を与えないとのことであるが、わが国の民法は、このような行為が本人の利益にもなるという理由から、本人と管理者の間に委任類似の債権関係が生じ（民法701条参照）、管理者は有益費の償還を請求できる一方で、遅滞なく本人に通知し、本人の管理が可能になるまで管理を継続する義務を負うなどの法律上の効果が生ずる。事務管理を根拠として不作為犯を認めたものとして、大判大正15年9月28日刑集5巻387頁がある。この判決は、義務なく病者を引き取り自宅に同居せしめたる者は、病者が保護を受ける必要がなくなり、またはその者を保護する者が出てくるまで法律上継続して保護すべき義務があり、このことは「民法上事務管理の法理に照し正当」であると判示し、病者の生存に必要な対処をせず、病状悪化により死亡するに至らしめた行為について保護責任者遺棄致死罪を認めた。なお、このような場合、事務管理を根拠としなくても、保護の引き受け、排他的支配という観点から作為義務を認めることができ、事務管理を持ち出す必要性は乏しい。

[8] 殺意が認められなければ、保護責任者不保護致死罪（219条）が成立する。

ひき逃げのケースの多くが、不作為による殺人罪になってしまいかねないなど、不作為犯の成立範囲を過度に広げることになってしまおう。

　事実上の引き受けという観点も指摘されてきた[9]。保護を事実上の引き受けたことにより、依存関係や排他的支配が生ずるというのである。確かに、脆弱な法益の維持・存続が行為者に依存し、そのことゆえに保護する義務が生ずるという関係は重要であるが、そのような依存性は保護が引き受けられた場合に限定されるわけではない。たとえば、仮死状態で生まれた自分の嬰児をなにもせずに放置する場合[10]、「引き受け」がなく作為義務が生じないことになってしまわないかと、その結論が批判されてきた[11]。

　また、排他的支配という観点も指摘される。ある者Ｘが被害者Ａの法益の維持・存続を排他的に支配している場合、誰も保護的に介入できないのだから、Ａの法益の維持・存続に必要な対応がＸに求められることになる。このような排他的に支配している状態が、作為義務を発生させると考えるのである。このような考え方も、確かに重要な点を指摘している。しかし、作為義務の発生に常に排他的支配がなければならないのか、という点が批判されてきた。たとえば、海水浴場で溺れかけている子を、その子の親のほか、複数の者がその状況を見ていた場合に、親もその他の者も「排他的支配」がないがゆえに、誰にも作為義務が発生しない（不作為犯が成立しない）とすれば、それは受け入れ難い結論となろう。また、判例・通説は不作為による共犯を認めるが、個々の共犯者に排他的支配がなければならないとするならば、不作為犯の共犯の成立を認めることも難しくなろう。排他的支配を有し、その者の生存等をいわば手の平の上に乗せている場合に作為義務が認められるというのは確かにそうであるが、排他的支配がなければ作為義務を認めえないとするのであれば、先行行為の観点とは反対に、不作為犯の成立範囲を過度に切り詰めることになってしまおう[12]。

　一元的な実質的観点を探ることは重要な課題であるが、現時点ではいずれの説明も大方の十分な納得が得られるものになっていないといわざるをえない。それゆえに、少なくとも現状においては、作為義務の発生根拠は多元的な説明で満足せざるをえず、具体的ケースに応じた説得的な観点を分析し、それに基づいて作為義務の発生を考えざるをえない。類型化すれば、作為義務は、①継続的な保護関係ある（または依存関係ある）ことから生じ、②建物等の管理者であることから生じ、③危険創出（先行行為）に基づいて生ずる。それぞれの発生根拠は相互排他的なものと考えるべきではなく、1つの観点もしくは複数の観点により作為義務の発生を考え、さらには、作為との同価値性（作為と同程度の悪質さ）の観点により限定すべきであろう。

9　堀内・総論2版60頁以下。

10　このような場合に不作為による殺人罪を認めたのは、東京高判昭和35年2月17日下刑集2巻2号133頁。

11　親が自分の子を危険から守るような法益保護義務と、動物の飼い主がその動物が他人に危害を加えないようにすべき危険源監督義務（危険を伴う事業を営む場合も同様である）の2つに分けて説明する見解もある。義務の違いの分析は有意義であるが、これは作為義務の発生根拠を説明するものではない。

12　西田・総論3版132頁は、作為義務発生のために排他的支配領域性が必要であるとし、この排他的支配領域性が認められる場合を、①意思に基づいて排他的支配を獲得する場合と、②排他的支配が意思に基づかない場合には、排他的支配に加え、親子などの社会継続的な保護関係が必要であるとする。②の場合を認める限りで、排他的支配が作為義務の唯一の発生根拠でないこと、そして、事実的な要因だけでなく規範的な要因も考慮せざるをえないことが示されているといえよう。

（5）作為義務違反が認められるためには、その作為が可能でなければならない。親であるからといって、泳げない者に、沖合で溺れている子どもを泳いで助けに行きなさい、と命ずることはできない。法は不可能を強いるものではないからである[13]。作為可能性がなければ、そもそも作為義務が発生しないと考えるか、作為義務は（抽象的には）あるが、それに加えて（具体的に）作為可能性がなければならないのかは、いわば用語（概念）の整理の問題であり、実質的に、不作為犯として処罰するためには作為可能性（さらには作為の容易性[14]）がなければならない、という点では異論はない。

　さらに、前述のように、当該不作為（なにもしないで見殺しにすること）が作為（積極的な行動により殺害すること）と同価値のものでなければならない、ということも多くの論者が認めている。ただ、これも作為と同価値の場合に作為義務が発生すると考えるのか、作為義務（作為の可能性）に加えて、同価値性の要件を考えるのかは一致していない。これも概念の整理の問題であるが、作為との同価値性という観点を強調する意味において、作為義務の発生根拠とは別枠で整理する意味はあろう。

　以上まとめると、不真正不作為犯が成立するために、①作為義務の発生根拠となる要素が1つまたは複数（たとえば、法令上の根拠、先行行為、排他的支配など）存在すること、②作為が可能・容易であるたこと、③その不作為が作為による実行と構成要件的に同価値であると評価しうることが必要である、ということになる。なお、作為義務は、具体的状況下で行為者にどのような作為が期待され、義務づけられるべきなのかということが問題とされるべきである。

```
【不真正不作為犯の成立要件】
  ①　作為義務
        ・　法令
        ・　契約・事務管理        作為義務の発生根拠の
        ・　条理               形式的三分説

        ⇓　（実質的には）

        ・　先行行為（危険要因の設定）
        ・　事実上の引き受け
        ・　排他的支配、など
  ②　作為の可能性（容易性）
  ③　作為との同価値性
```

---

[13] もちろん、泳いで助けること以外にできることがあれば、それを行わなければならない。たとえば、ライフセイバーや救急機関にすぐに連絡するなどである。

[14] 救助に伴うリスクが（不相応に）重大な場合、そのリスク（たとえば、自らの生命の危険）を覚悟すれば法益侵害を回避するための作為が可能であるとしても、その作為を期待することができない場合があろう。

Ⅱ　不作為犯に関する判例

　不作為犯の認められる犯罪類型は限られており、不作為犯に関する判例はそれほど多いわけではない。

　（ⅰ）不作為による放火罪の成否は古くから議論されてきており、放火罪に関する3判例が有名である。1つは、養父殺害事件判例である[15]。これは、Xが不和であった養父を殺害した後、争っているときに養父の投げた燃えさしの火が住宅の内庭のわらに燃え移ったのを認めながら、犯跡を隠すために好都合と思い、そのままにして立ち去ったところ、その住宅および隣家の物置を焼損したという事案である。第2に、神棚事件判例である[16]。これは、自宅の神棚に燈明を立てて礼拝していたが、ろうそくの1本が神符の方に傾いているのを認めながら、火災保険に入っており、火災になれば保険金を入手できると考え、外出したところ、その通りになり自宅を焼損したという事案である。第3は火鉢事件判例である[17]。これは、被告人が、会社で残業中、居眠りをしていたところ火鉢の火がまわりの物に燃え移ってしまったが、それに気づいた時点で宿直員の協力も求めれば容易に消火できたのに、火を見た驚きと自分の失敗の発覚に対する恐れから、放置すれば会社の建物が燃えてしまうであろうと予想しつつ、とっさに前後の見境なく逃げ出したため、その建物はほぼ全焼してしまったというものである。いずれも不作為による放火罪が認められた。

　（ⅱ）不作為による殺人罪も判例により古くから認められてきた。契約により幼児の養育の義務を負う者が食事を与えず死亡させた事案[18]、子供に食事を与えず死に至らしめた事案[19]、出産後嬰児を放置して死亡させた事案[20]、傷害を負わせた被害者に犯行の発覚を恐れて必要な治療を受けさせずに死亡させた事案[21]などにおいて不作為による殺人罪が認められてきた。ひき逃げの事案において不作為による殺人罪を認めたものもある[22]。

　近時のシャクティ治療殺人事件（最決平成17年7月4日刑集59巻6号403頁）、インスリン不投与事件（最決令和2年8月24日刑集74巻5号517頁）も不作為による殺人罪を認めており、重要である。シャクティ治療殺人事件は、手の平で患者の患部をたたいてエネルギーを患者に通すことにより自己治癒力を高めるという「シャクティ治療」を施す特別の能力をもつなどとして信奉者を集めていたXが、Yから、意識障害の状態で入院中のYの親Aの治療を頼まれ、「Aを退院させることはしばらく無理である」との主治医の警告を知りながら「Aを連れてくるように」とYに指示し、Aを自己の支配下に置き、治療効果などない「シャクティ治療」を行ったが、必要な医療措置を受けさせずにAを死亡させたという事案である。最高裁は、「Xは、自己の責めに帰すべき事由により患者の生命に具体的な危険を生じさせた上、患者が運び込まれたホテルにおいて、Xを信奉す

15　大判大正7年12月18日刑録24輯1558頁。

16　大判昭和13年3月11日刑集17巻237頁。

17　最判昭和33年9月9日刑集12巻13号2882頁。

18　大判大正4年2月10日刑録21輯90頁。

19　名古屋地岡崎支判昭和43年5月30日下刑集10巻5号580頁。

20　福岡地久留米支判昭和46年3月8日判タ264号403頁。

21　東京地八王子支判昭和57年12月22日判タ494号142頁。

22　東京地判昭和40年9月30日下刑集7巻9号1828頁。

る患者の親族から、重篤な患者に対する手当てを全面的にゆだねられた立場にあったものと認められる。その際、Xは、患者の重篤な状態を認識し、これを自らが救命できるとする根拠はなかったのであるから、直ちに患者の生命を維持するために必要な医療措置を受けさせる義務を負っていたものというべきである。それにもかかわらず、未必的な殺意をもって、上記医療措置を受けさせないまま放置して患者を死亡させた被告人には、不作為による殺人罪が成立」すると判示した[23]。「生命に具体的な危険を生じさせた」という先行行為（危険要因の設定）と「手当てを全面的にゆだねられた」排他的支配から作為義務を認めたものと考えられる。

インスリン不投与事件は、糖尿病の子供Aの両親から治療を依頼されたXが、インスリン投与が必要であるのに、Xを信頼して指示に従っている母親Yに対し、医学的根拠なしに、インスリンの不投与を執ようかつ強度の働きかけを行ってAへのインスリン投与をさせず、その結果、Aを死亡するに至らしめたというものであり、この事案に関して、最高裁は、Xは「Aを道具として利用」して「被害者の生命維持に必要なインスリンを投与せず、被害者を死亡させた」として、Xに不作為を利用した殺人罪の間接正犯を認めた[24]。

（iii）不作為による詐欺罪を認めたものとして、準禁治産者（現在の被保佐人）がそのことを秘して金銭を借り受けた場合[25]、誤振込みであることを秘して預金の払戻しを受けた場合[26]などがある。不作為による詐欺罪が認められた事例においては、取引の相手方が一定の事項を知らないために錯誤に陥り財産上の損害を受けることをさけるべく、信義則上その事項を相手方に告知すべき義務があり、その義務違反が問われることになる[27]。

III　不作為の因果関係

刑法上結果に対する因果関係が認められるためには、「前者なければ後者なし」という関係、条件関係が存在しなければならない[28]。不作為犯の場合にも、結果犯であれば因果関係がなければならない。しかし、「法的に期待される作為をしなかったこと」が非難の対象となる不作為の場合、作為の場合とは異なる考慮が必要となる。条件関係の判断の場合、作為犯では、「行った実行行為」を取り除き、それに後続する経過がどうなるのかを考える。それに対して、積極的な行動を行わない不作為の場合になにを取り除けばよいのだろうか。通説は、「不

---

[23] この最高裁決定は、不作為による殺人罪が成立するXと殺意のないYとの間で保護責任者遺棄致死罪の限度で共同正犯となると判示した点も重要である。部分的犯罪共同説といわれる立場である。第25講IV参照。

[24] 本件事案をXの作為（救助の阻止行為）による直接正犯として理解する見解もある。なお、本判決の間接正犯の点に関しては、第25講III（iii）参照。

[25] 大判大正7年7月17日刑録24輯939頁。

[26] 最決平成15年3月12日刑集57巻3号322頁。

[27] 通説は、釣り銭詐欺（釣銭が多いことに気づいたのになにもいわず受け取った）の場合、信義則上、釣り銭が多いことの告知義務があり、不作為による詐欺にあたるとする。もっとも、相手方の財産の保護義務を認めることになり妥当でないとして作為義務（不作為による欺罔）を認めるべきではないとする見解も有力である。積極的に欺く言動を弄する場合との同程度の悪質さがあるのか否かも考える必要がある。

[28] 不作為犯の場合に、相当因果関係（因果経過の経験則上の相当性）、または、創出された危険が結果のなかに実現したといえること（危険の現実化）をどのように考えるべきかについては、なお十分に議論が深まってはいない。

作為を取り除く」ということは「行うべきであった作為を付け加える」ことであると考える。すなわち、「期待された作為が行われたならば、結果は生じなかったであろう」という形式で条件関係が判断される。このことが、作為犯の場合に「付け加えの禁止」というルールを設けることと整合するのかと批判されることになる。不作為犯の場合の条件関係の判断と作為犯の場合の仮定的因果関係（付け加えの禁止）との関係は1個の問題ではある[29]が、「期待された作為が行われたならば」と考えて、不作為犯の場合の条件関係を判断することは大きな異論のないといえよう。問題とされる作為を行ったとしても（たとえば、その時点で救急車を呼んで病院に搬送したとしても）、問題の結果発生を回避しえなかった（救助できなかった）とすれば、結果に対する因果関係が否定される。判例も同様である。たとえば、最決平成元年12月15日刑集43巻13号879頁は、Xらが、若い女性Aをホテルに連れ込んで覚醒剤を打ったために、Aが錯乱状態に陥り、結局死亡してしまったという事件に関して、「原判決の認定によれば、被害者の女性がXらによって注射された覚せい剤により錯乱状態に陥った午前零時半ころの時点において、直ちに被告人が救急医療を要請していれば、同女が年若く（当時13年）、生命力が旺盛で、特段の疾病がなかったことなどから、十中八九同女の救命が可能であったというのである。そうすると、同女の救命は合理的な疑いを超える程度に確実であったと認められるから、被告人がこのような措置をとることなく漫然同女をホテル客室に放置した行為と午前2時15分ころから午前4時ころまでの間に同女が同室で覚せい剤による急性心不全のため死亡した結果との間には、刑法上の因果関係があると認めるのが相当である。したがって、原判決がこれと同旨の判断に立ち、保護者遺棄致死罪の成立を認めたのは、正当である」と判示している。

---

[29] 第9講Ⅱ（3）参照。「問題の実行行為」を取り除くことと、取り除いた後に生じたであろうと考えられることを「付け加えること」とは異なり、不作為犯の場合の「問題の実行行為（不作為）」を取り除くことが、すなわち、「期待された作為が行われたならば」と考えることであり、実行行為を取り除いた後の出来事を付け加えることとは（少なくとも形式的には）区別することができる。もちろん、議論のあるところである。

第12講　実行行為2（不能犯[1]）

〔構成要件該当性4〕

I　不能犯に関する学説

（1）因果関係に関する講義において丑の刻参りの例に言及した[2]。Xの行為がAの死の発生の原因力たりえないのだから、その行為とAの死の結果との間に因果関係がないとの見方はそれ自体間違いとはいえない。しかし、この場合、因果関係を問題にする前に、そもそもXの行為は「人を殺そうとする行為」、つまり、殺人罪の実行行為といえず、そのことから、殺人未遂罪も成立しないと考えるべきであることを論じた。

丑の刻参りの例のように、行為者自身は主観的にはある犯罪を実現しようとして行為するが、その行為が、行為の性質上、または、行為客体の不存在などから、問題となる犯罪との関係において、（客観的にまたは事後的にみれば）およそ既遂に至る可能性がない場合、またはその可能性が著しく低い場合（成功する見込みのない場合）を不能犯といい、処罰されないと考えられてきた[3]。現行法上、不能犯（不能未遂）を直接定める規定はない[4]が、条文上は、当該構成要件の予定する実行行為の実質を欠き、43条本文の「実行」の要件を充たさない、「犯罪の実行に着手し」たとはいえないと一般に考えられてきた。

不能犯かどうかが問題になる場合は、客体の点で既遂に至ることが不能な場合である客体の不能と、方法（手段）の点で既遂に至ることが不能な場合である方法の不能とに区別される[5]。客体の不能は、たとえば、死体を生きている人と考えて殺意をもってそれに向けて発砲した場合、スリが他人のポケットから財布をすり取ろうとしたが、ポケットの中になにも財物がなかった場合などである。これに対して、方法の不能は、人を殺そうとピストルの引き金を引いたが、そのピストルに弾丸が込められていなかった場合、殺害の目的で毒物を投与したが致死量に足りなかったため失敗に終ったような場合などである。判例については後でみるが、不能犯を認めた有名な判例に大判大正6年9月10日刑録23輯999頁がある。この事案は、Xが、Aを殺害しようと、硫黄粉末

---

1 不能犯に関して詳しくは、原口伸夫『未遂犯論の諸問題』329頁以下（成文堂、2018年）。

2 第9講II（1）の事例2。

3 たとえば、姦通行為（旧183条）が犯罪であると考えてそのような行為に及んだ場合のように、行為者が、客観的には（法律上）犯罪構成要件が存在しないのに、主観的にはそれが存在しそれにあたる（犯罪にあたらないのに「犯罪」である）と考えてその行為を行った場合を講学上「幻覚犯（Wahndelikte）」といい、不能犯とは区別される。丑の刻参りの場合には、その手段によって殺人を実現することはおよそ不可能である（非現実的な手段の使用）が、人を殺す罪（殺人罪）は存在する。それに対して、幻覚犯の場合には、行為者が「犯罪」と考えた行為はそもそも犯罪構成要件がない。

4 改正刑法草案（1974年5月法制審議会決定）25条は、「行為が、その性質上、結果を発生させることのおよそ不能なものであつたときは、未遂としてはこれを罰しない」との規定を提案していた。

5 犯罪を行う主体の点で既遂に至ることが不能な場合である主体の不能もある。たとえば、背任罪（247条）に関して、「他人のために事務を処理する者」（247条）でないのに、自分がその「事務処理者」であるとの認識のもと、247条所定の目的をもって「任務違背」行為をしようとしたような場合である。

を汁鍋に入れてAに飲ませたが、硫黄には人を死に至らせる力がなく、その結果、その目的を遂げなかったというものである[6]。大審院は、「其方法が絶対に殺害の結果を惹起するに足らす目的を達する能はさるに因り」、「殺人罪として不能に属する」と判示し、殺人未遂罪には問わず、傷害罪の成立にとどめた。このように、判例も、古くから、不能犯として処罰の対象とならない場合があることを認めてきた。

（2）問題は、どのような場合が処罰されない不能犯であり、どのような場合に未遂犯として処罰されるのかということである。

　行為者の犯罪意思またはその危険な（反社会的な）性格が外部に表明されたこと重視し、そこに犯罪性の実質を認める立場（主観説）によれば、丑の刻参りの例でも、人を殺そうと思っただけでなく、それを（非現実的な手段とはいえ）行動に移しており、今回はその選択した手段に問題があった結果失敗に終ったけれども、次回（以降）は殺害に至りうる効果的な手段をとりかねず、あるいは執拗に攻撃を繰り返しかねず、今回の行為の中にその危険な性格を顕著にみてとれるのであるから、殺人未遂罪として処罰すべきだということになる。しかし、このように過度に行為者の主観面（危険な性格）を重視する見解は、わが国では支持されてこなかった[7]。

> 【事例1】　Xは、Aを殺害しようと、Aの飲み物の中にひそかに「毒」を入れたが、Xが毒だと思っていたのは、実は砂糖であった。

　主観説から出発しつつも、一定の範囲で客観的な観点をその判断に組み込む立場として抽象的危険説がある。これは、行為者が行為の時に認識していた事情を判断の基礎事情として、その事情の下に行為がなされたならば一般的見地において結果発生（犯罪実現）の可能性があったか否かを判断し、その可能性があったと考えられる場合を未遂犯、それがなかったと考えられる場合を不能犯であるとする。客観的な事情でなく、行為者の考えていた事情を基礎として判断するのが特徴である。丑の刻参りの例では、行為者の認識していた藁人形に五寸釘を打ち付けるという方法で人を殺害する可能性があるのかどうかを問い、一般的見地においてその可能性があるとは考えられないから不能犯ということになる。それに対して、事例1の場合、Aの飲み物の中に毒を入れたという行為者の認識していた事情を基礎として判断し、一般的見地において毒の摂取により人を死に至らしめる危険性はあると考えられるから、この場合は殺人未遂罪が成立するということになる。

6　もっとも、この事件のXは、硫黄を用いた殺人の企ての失敗後、被害者の首を絞めて殺害した。そこで、この事件では、不能犯とされ、傷害罪の限度で罪に問われた硫黄粉末の投与とその後の殺人の罪数関係が問題となり、当時の連続犯規定（旧55条）の適用の可否が問題となった（連続犯について、第30講注17参照）。そして、この事件では、硫黄粉末での殺人の企てが不能犯（傷害罪）とされたことで、連続犯規定が適用されず、かえってXの刑を重くする方向に働いたという点には注意を要する。

7　これまで、主観説を主張する見解からも、丑の刻参りのような迷信犯は不可罰であるとされてきた。たとえば、宮本英脩『刑法學粹』388頁（弘文堂書房、1931年）、同『刑法大綱』192頁（弘文堂書房、1935年）参照。なお、古賀廉造『刑法新論總論之部〔改版第6版〕』126頁（和佛法律學校出版、1903年）。

しかし、わが国の学説においては、行為の客観面を重視する客観説が支配的であり、事例１の場合に殺人未遂罪を認めるべきだとの考える見解は多くはない。被害者の保護、法益の保護は重要であるが、一方で、行為者の主観面を重視することに伴う刑法の介入範囲の拡大、介入時期の早期化、刑事手続における主観面の立証の困難さ、それを立証しようとするがために生じうる問題のある取調べなどが懸念されてきたからである。理由のある懸念である。

　古くから主張され、判例も基本的に採っているとされてきたのが絶対的不能・相対的不能区別説である[8]。「およそ」（絶対的に）結果発生が不可能な場合が不能犯であり、「たまたま」（相対的に）結果発生が不可能な場合は未遂犯であるとする。死体を「殺す」ことは絶対に不可能であり、銃弾の込められていないピストルで射殺することは絶対に不可能である。それに対して、直前まで被害者が在室していた部屋に爆弾を投げ込んで爆破したような場合には「たまたま」結果が発生しなかったと考えるのである。このような区別は、かつて一定の支持を得てきた。しかし、絶対的不能（不能犯）と相対的不能（未遂犯）の区別が不明確であるという批判が繰り返しなされてきた。たとえば、被害者がその直前まで寝ていたベッドに向けて、被害者が寝ていると考えて殺意をもって発砲した場合、客体に関する相対的不能とする論者が多いが、「誰も寝ていないベッドへの発砲」というように一般化したならば、絶対的不能と考えることもできよう。つまり、相対的不能とされる場合にも、当該具体的事態に即して考える限り結果の発生は「絶対にありえない」といえることにもなる。空ピストル事例の場合、「弾の込められていないピストルでの発砲」を「ピストルでの発砲」へと一般化（抽象化）するならば、相対的不能といえることにもなろう。絶対的不能・相対的不能説の判断は、具体的事情から離れ、行為の一般的・類型的な結果発生を問うことに特徴があるが、この説が「事実を抽象化する程度」に関する（説得的な）基準を提示しえてこなかったことに、批判の向けられる根本的な原因がある。明治期にはかなり支持のあった学説であるが、大正・昭和と時代を経るなかで次第に支持を失っていく。

　その代わりに、この絶対的不能・相対的不能説の「再評価」として、有力な論者により「客観的危険」を問う「客観的危険説」が主張される。この「客観的危険説」といわれる見解は、その中身や、そこから導かれる結論において必ずしもはっきりしない部分があるが、結果発生の危険を、行為者の意思や計画と無関係に「客観的・外部的に」判断し、また、この危険を事前ではなく「事後的な立場から」判断しようとする。しかし、犯罪が未遂にとどまった原因はなにかあるのであって、「事後的に」判明した事情も含め「客観的に」判断するならば、未遂犯とされるべき場合もほぼすべて不能犯となってしまうのではないかという批判が向けられてきた。たとえば、殺害目的で毒物を投与したが、それが致死量に足りなかったためにその目的を遂げなかった場合、致死量に足りない毒物では人を死に至らせることができず、実際にそのために被害者は死を免れたのであれば、客観的危険説からは不能犯ということになろうが、毒を投与して人を殺そうとした場合に、その量が少なかったということから「人を殺そうとした」（殺人未遂）とはいえないということになるのだろうか。スリが電車の中で財物を

8　明治の初め、わが国がフランスから近代刑法学を学んだときに宮城浩蔵ら（第２講（2）参照）が不能犯に関して学んだ考え方であり、明治期においてはかなりの支持があり、とくに実務への影響力は大きかったといえる。参照、原口伸夫「不能犯論の系譜──明治期における不能犯論の展開」『刑事法学の系譜』519頁以下（信山社、2022年）。

すり取る目的で他人のポケットに手を入れたとき、被害者に手を取り押さえられたという場合、手を入れたポケットに何も財物がなかったとすれば、そのスリは窃盗未遂、つまり、「窃盗をしようとしたが、失敗した」とはいえない、ということになるだろうか。客観的危険説は、その主張を首尾一貫して適用したならば、そこから導かれる結論が受け入れがたいもの、あるいは未遂犯の処罰を認める現行法とは調和しないものとなろう。

（３）現在のわが国の学説の状況は、客観的危険説を修正した仮定的蓋然性説（修正された客観的危険説）と、具体的危険説とが対立している状況にある。

> 【事例２】　Xは、勤務中の警察官Aから右腰に着装している拳銃を奪い、殺害する意図でAに向け引き金を引いたが弾丸は発射されず、殺害の目的を遂げなかった。その原因は、Aがうっかりして拳銃に弾丸を装塡するのを忘れていたためであった。
>
> 【事例３】　Xは、病気の予防のためであるとだまして、容量20ccの注射器を用いてAの静脈内に空気を注射し、空気栓塞によりAを殺害しようと計画し、計画通りAに注射したが、死に至らしめることはできなかった。鑑定によれば、空気栓塞により死に至らせるためには、70cc以上の量の注入が必要であった。なお、Xは続けて２度目以降の注射をするつもりはなく、また、それはそのときの事情から不可能でもあった。
>
> 【事例４】　喫茶店でコーヒーを飲んでいた暴力団甲組組員Xは、外で銃声が聞こえたため、対立する暴力団乙組との抗争であると直感し、急いで外に飛び出した。Xは、乙組のAが路上で血を流して倒れているのを見つけ、Aが生きていた場合には復讐されることをおそれ、Aの止めを刺そうと思い、殺意をもって携帯していた短刀でAの腹部・胸部を複数回突き刺した。しかし、後の鑑定の結果によると、実はAは銃撃によって即死していたことがわかった。

　仮定的蓋然性説は、その事実が存在したならば結果を発生させたであろうような仮定的事実の存在（置き換え）可能性を問う。次のように主張される。「①まず、結果が発生しなかった原因を解明し、事実がどのようであったら、結果が発生しえたであろうかを科学的に明らかにする」。「②次に、このようにして結果をもたらしたはずの仮定的事実がありえたであろうかが判断されることになる（仮定的事実の存在可能性）。この判断を客観的に行うことはできないから、一般人が事後的にそれを『ありえたことだ』と考えるかを基準として判断されることになる（一般人の事後的な危険感）。客観的には結果は発生しえなかったのであるが、たまたまそうだっただけ

で、結果を発生させたことも十分ありえたと考えられる場合に、危険が肯定されることになる」[9]と主張する。

　事例2は福岡高判昭和28年11月10日高刑判特26号58頁、事例3は最判昭和37年3月23日刑集16巻3号305頁、事例4は広島高判昭和36年7月10日高刑集14巻5号310頁の事案を基礎としたものである（多少修正してある）が、これらを用いて具体的な帰結を考えてみよう。

　仮定的蓋然性説によれば、①まず結果不発生の原因を考える。事例2では、それは拳銃に弾丸が装填されていなかったことである。そうすると、②次に、結果をもたらしたであろう仮定的事実の存在可能性、つまり、拳銃に弾丸が装填されていた可能性を考える。事例2では普段は銃弾を装填している拳銃に、Aがうっかりしてその装填を忘れていたのであるから、弾丸が装填されていた仮定的事実の存在可能性が認められ、この場合には不能犯ではなく、未遂犯ということになる。事例3の①結果不発生の原因は注射した空気の量が少なかったことである[10]。②結果をもたらしただろう仮定的事実の存在可能性であるが、この場合、（ア）致死量の空気を注射する可能性（行為者側の事情）と、（イ）現実に注射した量でも被害者の健康状態の変化により死に至る可能性（被害者側の事情）が考えられうる。事例3においては、「続けて2度目以降の注射をするつもりはなく、また、それはそのときの事情から不可能でもあった」ということであるから、（ア）の可能性はなかったといえよう。それに対して、（イ）の可能性は、事例3の記述だけからは判明せず、実際の裁判で仮定的蓋然性説を用いるのであれば、この点の事実の解明が必要となってこよう。ありえた健康状態では、現に投与された量で死に至る可能性がなかったということになれば、不能犯ということになろう。そして、この場合に、仮定的事実の存在可能性を問う場合に事態をどこまで遡ってよいのか（事実の置き換えのために事態を遡りうる範囲）という問題が顕在化する。事態を遡れば遡るほど別の事態であった可能性が考えられることになろうが、その明確な基準は示されていない。事例4の場合、「死体に対する殺人の企て」の事例であり、絶対的不能に分類される典型例の1つであった。この場合、①結果不発生の原因は死体であったことである。仮定的蓋然性説では、②この死体が、短刀で突き刺したときにまだ生きていた可能性が問われる。このケースでは、銃撃がもう少し遅くなった可能性や、同様に銃撃されても、なお銃弾が当たった位置などによりに短刀で刺した時点でもまだ息があった可能性を問い、仮定的蓋然性説の一部の論者は、この可能性を肯定し、殺人未遂罪の成立を認める。一方で、このような客体の不能の場合に客体の存在可能性を問うべきではないとして、不能犯とする論者もおり、仮定的蓋然性説の論者の中で客体の不能の取扱い、すなわち、ありえた客体への置き換えを許容するのか否かは一致していない。客体の不能は、空ポケットからのスリの例のように発生件数の多い財産犯でも問題になり、このような重要な事例群で相反する結論が示されているのは実際にこの説を用いようとする場合の難点といえよう。仮定的事実の存在可能性の程度（どのくらいの高さの可能性が必要なのか）も十分に明らかにされていない。仮定的蓋然性説は近

9　山口・総論3版290頁。

10　「血管に空気が入ると、その空気が血流と共に運ばれて細い血管を塞ぐかたちとなり、そのため血流が遮断される結果となる。これを空気栓塞（医学上は空気栓塞症）といい、血流が遮断される結果、その細い血管に頼っていた栄養領域が死滅するため、死の転帰を招く場合がある。動物実験のためウサギを殺すのにウサギの耳静脈に空気を注射する方法を用いるが、これは右の現象を応用したものである。事故による外傷や手術、出産の際に空気栓塞を起こす場合があるといわれる」（清水勇男「判例批評」研修429号128頁［1984年］）。

時支持を集めつつあり、注目される見解であるが、なお疑問点が多いように思われる。

　（4）戦後、多数説を形づくってきたのは具体的危険説である。具体的危険説は、行為時において、一般人が認識しえた事情、および、行為者がとくに認識していた事情を基礎とし、一般人の立場から既遂に至る可能性の有無を判断し、その可能性があると判断される場合には具体的危険があるとして未遂犯を認め、それがないと判断される場合は不能犯であるとする。

　具体的危険説に対してもいくつかの批判が向けられてきた。まず、「一般人の認識可能な事情」と「行為者のとくに認識していた事情」との関係が不明確であるとの批判である。しかし、具体的危険説は次ように主張してきた。すなわち、具体的危険説が「行為者のとくに認識していた事情」を考慮するのは、客観的に存在するが、一般の人にとっては認識されえないであろうような事情（被害者の体質など）を行為者が「とくに」知っており、それを利用して犯罪を実現しようとした場合である。この場合に、行為者の「とくに」知っていた事情が判断基底の中に含められる（行為者の認識事実を優先）。それに対して、事例１のような場合に、一般の人がその状況に置かれたとすれば（客観的な事実に合致する）砂糖であると認識したであろう場合には、砂糖を用いて殺害する可能性が判断される（一般人に認識可能な事実を優先）。したがって、行為者の認識事実と一般人の認識可能な事実が食い違った場合の処理の仕方が不明確なわけではない。

　しかし、その場合に、そのように判断基底が設定されるのであれば、それは「行為時に客観的に存在した事情」を事後的に確認し、それとの一致・不一致を判断するということを行う「事後判断」であろう、との批判がなされる。具体的危険説において、そのような「事後判断」が行われることはその通りである。しかし、そのことが具体的危険説の決定的な問題点になるわけではない。具体的危険説による判断基底の設定、それを用いた可能性判断は、「行為のもつ結果発生の可能性」を判断するために行われる。具体的危険説は、たとえば、殺人罪であれば「人を殺そうとする行為」（殺人罪の実行行為）と評価できるのかどうかを一般人の視点を用いて判断するであり[11]、それを超える主張、たとえば、「行為の時点で判明する事情のみでかかる可能性判断をすべきである」とか、「行為の時点で行為の違法性を確定すべきだ」といった主張をするものではない。確かに、刑法が行為規範の面をもち、罪刑法定主義の観点から国民に事前の行動の準則を示す機能はきわめて重要である。しかし、「事前の行動準則の提示」の要請は、「行為時点での当該行為の違法性の確定」までをも要求するものではない。重要なのは、ルール（行為準則）の事前の提示であり、ルール違反の行為時点での確定ではない。不能犯の判断（具体的危険説）において、刑法規範によって禁じられるところの「既遂に至る可能性を有する行為」と評価される

---

[11] 具体的危険説ないしはそれに類似する見解から、「不能犯もまた構成要件該当性の問題であり、つまりは、当の行為が、たとえば、『殺す』行為……、『堕胎する』行為……などといえるかという個々の構成要件の解釈・適用の問題に帰着する。……たとい科学的にみて不能であっても、常識的に結果の発生が可能と考えられているような行為は、構成要件的定型性を否定することはできない。けだし、構成要件的定型性は、一般に、社会心理的基礎をもつものだからである」（団藤・総論３版171頁）、「構成要件的行為は、社会通念を基礎として犯罪行為を定型化したものであるから、それに該当する行為を判定するにも、社会における一般人の判断を標準とすべきである」（大塚・総論４版271頁）と論じられてきたところである。

べきか否かということの判断が決定的に重要である。

　さらに、具体的危険説に対しては、一般人（の危険感）を基準とした判断は不明確であり、また、不適当であるとの批判も向けられてきた。しかし、たとえば、殺人（未遂）罪の場合であれば、「人を殺そうとする行為」が禁止されているのであり、それにあたる行為（構成要件に該当する行為）を評価するにあたって行為者がそれを行う時点での一般人の視点から判断するのは、むしろ合理的である。具体的危険説の判断公式は、因果関係に関する（折衷的）相当因果関係説の判断公式をきわめて似ている。確かに、相当因果関係説に対しては、大阪南港事件（最決平成 2 年 11 月 20 日刑集 44 巻 8 号 837 頁）など、行為後の特殊な事情が介在したケースの取扱いを 1 つの契機として、平成になってから厳しい批判が向けられ、因果関係の分野では「危険の現実化」という考え方に取って代わられつつある。そのような動向をもたらした大きな理由は、相当因果関係説の「判断基準」が因果「経過」を適切に判断できるものになっていないという点にあった[12]。しかし、経験則上の相当性という観点を重視し結果の帰責範囲を限定しようとする相当因果関係説の「基本的な考え方」自体はなお否定されるべきものではない。相当因果関係説の「判断基準」が因果「経過」を判断するのに適切なものではなかったのであり、その基本的な考え方は維持できる部分がある。その基本的な考え方に照らして、因果「経過」を適切に判断する枠組みを提示しようとするのが「危険の現実化」説であると考えることができる。それに対して、（折衷的）相当因果関係説の判断公式が判断していたのは、実は、因果「経過」ではなく、その起点となる「実行行為（のもつ危険性）」、そのいわば結果惹起適性（許されない危険の創出）を判断するものであったと理解することができ[13]、その限りで、一般人の視点を用いた実行行為性の判断は不能犯の判断に関する具体的危険説の中に引き継がれてよい。行為者が殺意をもってその行為を行い、その状況に置かれた一般の人もその行為の殺人の結果発生の可能性を否定しない場合に、結果発生の有無をいわば「運に任せて」なした行動を「殺人行為」と評価し、それを「行うべきではない」と禁止することは決して不合理なこととは思われない。具体的危険説を支持することができる[14]。

---

[12] 相当因果関係説、その問題点、および、危険の現実化説について、第 10 講参照。

[13] Claus Roxin,Strafrecht,Allgemeiner Teil,Band 2,2003,§29 Rn.17,27f.は、行為者の目標および行為者の特別な知識を知っている分別のある平均的観察者が、事前に、構成要件に該当する結果の発生を真剣にありうるものと考えなければなかったであろう場合に「危険な」未遂であるとし、このような危険概念が客観的帰属論の危険概念と一致し、また、構成要件論の解釈学的基礎と整合的であるとする。

[14] 不能犯の議論は、どのような場合にまで刑法が介入すべきかという当罰性の考慮が強く影響を及ぼすと考えられる問題領域である。平野龍一「刑法の基礎⑳未遂犯」法学セミナー139 号 42 頁（1967 年）は、「未遂犯をあまりに狭く例外的なものとする極端な客観説は……古い結果責任主義という批判をまぬかれないであろうし、他方、未遂をあまりに主観化し心情化すると、刑法の神学化をもたらす。その国の文化の程度と社会の要求に応じてどこにバランスを求めるか、それが未遂論の課題だといえよう」と指摘する。

II　不能犯に関する判例

（1）最後に、不能犯に関する判例をみてみよう。現行刑法施行（1908 年）後、大審院時代、そして、昭和 20 年代の終り頃（1950 年代頃）までの最高裁の時代において、判例の主流は、絶対的不能・相対的不能説であったといえよう。不能犯を認めた前述の硫黄事件が有名であるが、判例で不能犯を認めたものは多くはない。不能犯であると認めた場合として、殺意をもって手榴弾を投擲したが、その手榴弾は長く地中に埋められていたため、点火雷管と導火線との結合が悪く、また導火線自体が湿気を吸収し質的変化を起こし、通常の方法では爆発しえなかった場合[15]、覚せい剤の主原料が真正の原料でなかったため、覚せい剤を製造することができなかった場合[16]などがある。多くは不能犯である旨の主張を退けた判断であるが、最判昭和 25 年 8 月 31 日刑集 4 巻 9 号 1593 頁は、「いわゆる不能犯とは犯罪行為の性質上結果発生の危険を絶対に不能ならしめるものを指す」と不能犯の定義を示し、被害者が猫イラズ混入の食べ物を一口食べるや毒物混入に気づいたため殺害目的を遂げなかったという事案に関して殺人未遂罪の成立を認めている。そのほか、方法の不能に関して、殺害目的で毒物を投与したが、致死量に足りなかった事案、毒を混入した食べ物の苦味・臭気・外観の異様さ等から被害者がそれを食べず、目的を遂げなかった事案、放火したが火力が弱く自然に鎮火した事案、用いられた欺罔手段では相手方が欺かれる可能性がなかった（または少なかった）事案などがある。戦後では、事例 3 の空気注射事件が、「所論は、人体に空気を注射し、いわゆる空気栓塞による殺人は絶対に不可能であるというが、原判決並びにその是認する第一審判決は、本件のように静脈内に注射された空気の量が致死量以下であつても被注射者の身体的条件その他の事情の如何によつては死の結果発生の危険が絶対にないとはいえないと判示しており」、「所論原判示は、相当である」と判示し、殺人未遂罪の成立を認めている。

しかし、戦後の下級審判例は、具体的危険説の影響を受け、またはその親和性のある判断が増えてくる。その代表例が、事例 2、事例 4 の判例である。空ピストルで射殺しようとした事例 2 の福岡高裁昭和 28 年 11 月 10 日判決は、「案ずるに、制服を着用した警察官が勤務中、右腰に着装している拳銃には、常時たまが装てんされているべきものであることは一般社会に認められていることであるから、勤務中の警察官から右拳銃を奪取し、苟しくも殺害の目的で、これを人に向けて発射するためその引鉄を引く行為は、その殺害の結果を発生する可能性を有するものであつて実害を生ずる危険があるので右行為の当時、たまたまその拳銃にたまが装てんされていなかつたとしても、殺人未遂罪の成立に影響なく、これを以て不能犯ということはできない」と判示し、事例 4 の広島高裁昭和 36 年 7 月 10 日判決は、「Aの生死については専門家の間においても見解が岐れる程医学的にも生死の限界が微妙な案件であるから、単に被告人Xが加害当時被害者の生存を信じていたという丈けでなく、一般人も亦当時その死亡を知り得なかつたであろうこと、従つて又被告人Xの前記のような加害行為によりAが死亡するであろうとの危険を感ずるであろうことはいづれも極めて当然というべく、かかる場合において被告人Xの加害行為の寸前にAが死亡していたとしても、それは意外の障害により予期の結果を生ぜしめ得なかつたに止

15　東京高判昭和 29 年 6 月 16 日東高刑時報 5 巻 6 号 236 頁。

16　東京高判昭和 37 年 4 月 24 日高刑集 15 巻 4 号 210 頁。

り、行為の性質上結果発生の危険がないとは云えないから、同被告人の所為は殺人の不能犯と解すべきでなく、その未遂罪を以て論ずるのが相当である」と判示した[17]。

　近時の特殊詐欺の事案でいわゆるだまされたふり作戦が実施された事例において[18]、一連の下級審判例が明示的に具体的危険説の立場に立った判断を示しているのは、注目すべき動向である。たとえば、福岡高判平成 28 年 12 月 20 日判時 2338 号 112 頁は、「問題となるのは……被告人が共謀に加わったのが、本件荷物の発送後で、その荷物内には現金が入っていなかったことから、本件受領行為が本件詐欺における実行行為性を欠いており、未遂犯としての責任も負わないのではないかという点である。そのような被告人の行為の危険性を判断し、未遂犯としての可罰性の有無を決するためには、いわゆる不能犯における判断手法により、当該行為の時点で、その場に置かれた一般通常人が認識し得た事情及び行為者が特に認識していた事情を基礎として、当該行為の危険性の有無を判断するのが相当である。これを本件についてみると、被告人において被害者が騙されたふりをしているとの事情を認識していなかったのはもちろんのこと、その場に置かれた一般通常人にとっても、そのような事情はおよそ認識し得なかったといえるから、被害者が騙されたふりをしているとの事情は、行為の危険性を判断する際の基礎事情からは排除・捨象して考えるのが相当である。そして、被害者が騙されたふりをしているとの事情を排除・捨象して被告人の行為を観察すれば、被告人は、被害者において騙されたが故に発送した本件荷物を受領したということになるから、被告人の本件受領行為に実行行為性を肯定することができ、未遂犯としての可罰性があることは明らかである」と判示した[19]。

　不能犯についての判例をどのように評価すべきかは議論があり、古い判例（の主流）は、接待的不能・相対的不能説をとっていたといえるが、（ⅰ）大審院・最高裁判例のなかには、とりわけ強・窃盗罪の客体の不能の類型に関して、「被害者……か懐中物を所持し居りたると否とは強盗未遂罪の構成に何等影響を及ほすものに非す」（大判大正 3 年 7 月 24 日刑録 20 輯 1546 頁）、「仮に現金か其のポケット内に存在せさりしとするも固より不能犯たるへきものに非す」（大判昭和 7 年 3 月 25 日新聞 3402 号 10 頁）、「目的物不発見と云ふことが目的物の不存在に原因すると、将又其の他如何なることに原因するとを問ふ必要はない」（大判昭和 21 年 11 月 27 日刑集 25 巻 2 号 55 頁）[20]との判断も示されてきた。（ⅱ）「絶対にないとはいえない」などと判示して不能犯である

17　また、最判昭和 51 年 3 月 16 日刑集 30 巻 2 号 146 頁（ピース缶爆弾事件）、大阪地判昭和 43 年 4 月 26 日判タ 225 号 237 頁、東京高判昭和 58 年 8 月 23 日刑月 15 巻 7・8 号 357 頁（懐炉灰放火装置事件）、岐阜地判昭和 62 年 10 月 15 日判タ 654 号 261 頁（都市ガス無理心中事件）も注目される。

18　いわゆる「だまされたふり作戦」とは、詐欺グループの者が被害者宅に電話をかけ、被害者がいったんはだまされたもののその後（または最初から）詐欺であることに気づき、警察に通報し、警察の指示のもと「だまされたふり」をして、現金代替物を犯人の指定先に送付し、それを受領する者（受け子）を検挙するという捜査方法をいう。このようなケースでの受け子が、被害者による詐欺看破後に、その事情を知らずに犯行に加担し、送付物の受領を行った場合、その受け子の刑事責任を問いうるのか否かが平成 28 年以降多くの下級審判決において争われた。

19　ほかの判例も含め、だまされたふり作戦と不能犯の問題について、原口伸夫「特殊詐欺の事案においてだまされたふり作戦が実施された場合と不能犯の法理――同時に、未遂の場合の承継的共犯に関する一考察――」駒澤法学 19 巻 4 号 1 頁以下（2020 年）参照。

20　下級審判決においても、東京高判昭和 24 年 10 月 14 日高刑判特 1 号 195 頁〔米を窃取しようとして米櫃の蓋を開いた以上其の米櫃内に米が現存すると否とを問はず未遂罪の成立には毫も支障な」い〕など。

との主張を退けててきた判例の結論は、客観的な事後判断をする客観的危険説[21]の結論はもとより、仮定的蓋然性説を主張する論者の示す結論とも隔たりがあり、むしろ、具体的危険説の結論に近いといえよう。(iii) 戦後の下級審判例は具体的危険説（またはそれに類似する立論）に立つと思われるものが増えてきており、とりわけ近時の特殊詐欺の事案での不能犯に関する一連の下級審判例は具体的危険説に明確に立った判示をしており、昭和30年代以降の判例は、実質的には具体的危険説の考え方に親和性のあるものといってよいと考えられる。

21　絶対的不能・相対不能説と客観的危険説（前述 I（2）参照）とはその理論構成において相当に異なる見解であり、（古い）判例のとっていた絶対的不能・相対不能説を「客観的危険説」と呼ぶのはミス・リーディングである。

第13講　故意1（故意の種類・具体的事実の錯誤）

〔構成要件該当性5〕

Ⅰ　故意犯処罰の原則　（38条1項）

　わが国の現行刑法は、行為者の主観面（心理状態）を故意・過失・無過失という3つに分け、それぞれ異なった扱いをしている。すなわち、刑法は、故意に（わざと）犯罪を行った場合を処罰するのを原則とし、過失により（うっかりと）人に危害を加えてしまった場合には原則的に処罰せず、例外的に過失犯処罰規定を設けた場合に限り処罰が可能となり、そして、なんの落ち度（過失）もない場合、不可抗力の場合には処罰されてはならないという立場をとっている。

　38条1項は「罪を犯す意思がない行為は、罰しない」と規定する。「罪を犯す意思」とは「故意」のことをいっているから、言い換えれば、38条1項は、「故意のない行為は、罰しない」と規定していることになる。38条1項は故意犯処罰の原則を規定しているのである。もちろん、原則には例外も伴う。わざとやったわけでないとしても、人の命を奪い、身体を傷つけた場合には、ことが重大であるから、例外的に処罰することができる。38条1項ただし書は、「ただし、法律に特別の規定がある場合は、この限りでない」と規定する。この法律の「特別の規定」というのは、過失犯を処罰する旨の明文の規定のことを意味し、各則の条文において過失犯処罰を明示すれば「この限りでない」、つまり、38条1項本文の定める故意犯処罰に限定されず、過失犯を処罰してもよいことになる[1]。しかし、無過失の行為を処罰することは、かりに特別の規定を設けたとしても、責任主義から許されない。罪刑法定主義と並ぶ近代刑事法の基本原則であるところの、「責任なければ刑罰なし」という責任主義からは、行為者に対する非難可能性（「どうしてそのようなことを行ったんだ」と非難できること）の程度を超えて処罰することはできず、故意、少なくとも過失という非難に値する心理状態のない場合には処罰すべきではないからである。

　過失犯処罰規定の具体例として、たとえば、「過失により人を死亡させた者は、50万円以下の罰金に処する」（210条。過失致死罪）、「過失により人を傷害した者は、30万円以下の罰金又は科料に処する」（209条。過失傷害罪）、「失火により」、現住建造物等を「焼損した者は、50万円以下の罰金に処する」（116条1項。失火罪）などがある。これらの「過失により」、「失火により」というような文言のある規定が過失犯を処罰する旨の法律の「特別の規定」であり、このように過失行為の処罰を明示すれば過失犯を処罰することができる。しかし、逆にいえば、そのような明文がなければ、故意犯しか処罰されないというのが38条1項の趣旨である。刑法典の

---

[1] 過失犯を処罰するために常に明文の規定がなければならないのか、過失犯処罰の趣旨が明らかであれば必ずしも明文の規定は必要ではないのかは議論がある。

大多数の規定がそうであるが、たとえば、「人を殺した者は……に処する」（199条）、「他人の財物を窃取した者は……に処する」（235条）と規定している場合、過失行為の処罰が明示されていないので、それぞれ、殺人の故意、窃盗の故意がなければ、その構成要件に該当しない。たとえば、雨の日、Aさんが授業終了後傘立てから傘をとって急いで帰ったところ、後でよく確認すると間違えて他人の傘を持ってきていたという場合、Aさんは客観的には他人の傘を「盗んだ」ともいえるが、主観的には自分の傘を持ち帰っていると考えていたので、窃盗の（他人の財物を窃取するという）故意がないから、その行為はいわば過失窃盗ということになる。しかし、235条には過失犯を処罰する明示的な文言がないので、処罰されるのは故意による窃盗行為だけであり、Aさんの行為は犯罪にならない。もちろん、この場合に民事的な損害賠償責任（民法709条）の有無は別問題である。Bさんが通学中の電車内で隣に立っていた人の足を踏んだという場合、わざと踏みつけたのであれば、悪質でもあり、暴行罪（208条）になりうるが、電車の急停車でバランスを崩して踏んでしまったのであれば、208条は過失暴行を処罰する明文の文言がないから、Bさんの行為は犯罪とならない。この場合、もし傷害を負わせてしまったとすれば過失傷害罪（209条）となりうるが、よろけたことにBさんに落ち度がなければ、不可抗力、無過失ということになる。なお、過失犯が処罰される場合、その処罰の例外性を反映して、その刑は非常に軽い（前述の、209条、210条などを参照）。

Ⅱ　故意とは

　（1）それでは、故意という心理状態とはどのようなものであろうか。故意とは、「わざと」行った場合、それを「知っていて」実現した場合であるが、刑法においては、故意とは、「構成要件に該当する事実を認識し、それを実現しようとする意思」と定義される。「構成要件に該当する事実」とは、「犯罪にあたる事実」のことであるから、犯罪事実をわかったうえで、あえてそれを実現しようとする心理状態である。その心理状態は、犯罪事実の認識という「知的（認識的）要素」と、それを実現しようとする意思という「意思的要素」からなり、認識の程度と意思の強弱は相関的に考えられるべきである。

　故意という心理状態は、意図、確知、そして、未必の故意にわけることができる。意図とは、行為者が犯罪実現（結果発生）を目的とし、意欲する（強く望む）場合である。たとえば、Xが恨み続けていたAを殺害しようと刃物でAの体を何度も強く刺して殺害したような場合である。意図がある場合、行為者が結果発生を確実なものと考えているのか、可能だと考えているだけなのかは重要ではない。確知とは、目的とした行為を遂行する場合、それに伴って望んでいない犯罪事実が必然的に（またはほぼ確実に）随伴することを認識している場合の、その随伴する犯罪事実に対する関係での心理状態である。たとえば、保険金を詐取する目的で船を爆破しようとするXは、その際、保険金の詐取のみが決定的に重要であり、船の乗組員の死を望んでおらず、避けられるものならば避けたかったが、船の爆破に伴って乗組員の死をほぼ確実なものとして予想していたといった場合である。この場合、主たる結果の実現（船の爆破）に関係づけられる付随的結果（殺害）がどれほど緊密に結びつい

ているかが重要である。

（2）以上の意図および確知は確定的故意といわれ、これに対して、不確定的故意として未必の故意が対置される。未必の故意とは、犯罪事実の実現（結果の発生）をありうるものと認識しているが、それを積極的に望んでおらず、また、目的とする行為の遂行に随伴して確実に生ずるとも考えていない心理状態において認められる故意である。たとえば、覚醒剤使用の常習者Xは、自動車を運転中、進路前方で警察官が交通検問をしているのに気づいた。その際、検問を受けると車の中に所持している覚醒剤が発見され、現行犯逮捕されると思い、とっさに検問を強行突破するしかないと考えた。その際、「もし車を停止させようと警察官が出てきた場合、警察官に怪我を負わせたり、ましてや死亡させたくはなく、うまくそこを通過できればよいが、警察官が強引に車を止めようとし、その結果、警察官を死傷させてしまったとすれば、それならそれでかまわない。この検問を突破するのが最優先だ。」などと心の中で思いながら、さらにスピードを上げてその検問を突破しようとしたところ、Xの車を停止させようと飛び出してきた警察官Aに車を接触させ、そのことによりAを死亡させてしまった[2]。

　故意犯処罰の原則をとる刑法では、故意の否定は、原則的には処罰されないということを意味し、過失犯が処罰される場合でも、その刑は格段に軽くなる。上記の例においてXに殺人の故意が認められるのかどうかは、Xの刑事責任（刑の重さ）を大きく左右することになるのである。そこで、故意の１場合である未必の故意が認められるのか、過失に位置づけられる認識ある過失[3]にとどまるのかが議論されてきたのである。

> 【事例１】　Xは、所持しているライフル銃の射程範囲内ぎりぎりのところにいるAに向けて、命中する可能性がかなり低いことを認識しつつも、Aを殺害する目的で発砲した。それは、近くに行けば行くほど発覚・逮捕のリスクが高まるからであり、Xは、命中すれば儲けものと考えて発砲した。

　未必の故意が認められるかどうかを判断する基準として、認容説と蓋然性説が対立してきた。認容説は、行為者が「結果が発生するなら、それもやむをえない」などと認容していた場合に未必の故意を認め、結果発生の可能性は認識しているが、自分の腕に自信があり、そうなることはあるまいと考えていた場合には「認識ある過失」であるとする。上記の検問突破の例でのXには結果発生の認容があり、未必の故意が認められることになる。それに対して、蓋然性説は、結果発生の蓋然性（高い可能性）を認識しつつあえて行為に出た場合には未必の故意

---

[2] 保護者Xが日常的に子供Aに対する暴行などを繰り返していたという児童虐待のケースにおいて、虐待の結果、Aを死に至らしめてしまった場合に、Xに殺人の故意が認められ、殺人罪が成立するのか、殺意が否定され、傷害致死罪（205条）の成立にとどまるのかも、ときに裁判で争われてきた。

[3] 過失については、第15講で検討するが、結果発生についてまったく認識していない場合を「認識なき過失」、結果は発生の可能性の認識はあるが、認容がなく、またはその可能性の程度が低いと考えた結果（未必の）故意が認められないため過失とされる場合が「認識ある過失」といわれる。したがって、未必の故意と認識ある過失は、結果発生の認識に関する限りで境を接しており、その区別が問われてきた。

があり、そのような蓋然性を認識せずに行為した場合が認識ある過失の場合であると考える。行為者が認識していた結果発生の可能性の高低を重視する考え方である。

　事例1の場合、Xが認識していた結果発生の可能性は低く、蓋然性説によれば故意が否定されるということになりそうである。しかし、この事例で弾が命中し被害者が死亡した場合にXの故意を否定し、殺人罪が成立しないというのであれば、その結論は疑問といわざるをえない。蓋然性説が行為者の認識（故意の認識的要素）のみによって故意の存否を判断するのであればそれも問題といえよう。しかし、意図のある場合は、未必の故意（と認識ある過失の区別）が問題となる場面ではないと考えるのであれば、事例1の場合には意図のある場合として故意が認められる。また、蓋然性説もその要求する程度の結果発生の認識をもって「あえて」行為に出たことを要しているのであれば、故意の意思的要素も考慮しており、この限りで蓋然性説と認容説の対立は相対化しよう。一方で、高い蓋然性の認識を有しながら行為に出たということは、一般的には、その結果発生の「認容がある」とも考えられるところ、認容説が「認容」という行為者の微妙な（情緒的な）心理状態を強調することにも疑問が残る。自分の腕（運転技術など）を過信して無謀な行為に出た場合に認容がないとして「過失」とする（場合がある）のであれば、それも疑問が残ろう。可能性の高さ（程度）を問題にする場合、すべてのケースにおいて一律に同じ高さが考えられるべきではなく、通常の法益尊重意思をもっているならば、行為を思いとどまるにちがいない程度（可能性の高さ）が問題とされるべきであろう。

　実際の刑事裁判においては、行為者の心理状態の認定も、行為者の自白だけに頼ることはできず、自白に頼りすぎることは妥当でもない[4]。客観的な間接事実に基づく事実の推論も重要である。蓋然性説と認容説の対立は、重要な問題点に関する争いであるが、極端な理解をするのでなければ、理論的な側面が大きいように思われる[5]。

　判例では、盗品関与罪[6]に関して、「その故意が成立する為めには必ずしも買受くべき物が贓物であることを確定的に知って居ることを必要としない或は贓物であるかも知れないと思ひながらしかも敢てこれを買受ける意思（いわゆる未必の故意）があれば足りるものと解すべきである」[7]としたものがある。認容説に立った判例で

4　憲法38条3項、刑訴法319条2項も参照。

5　「いずれの見解によるにせよ、未必の故意か認識ある過失かが問題になる場合には、行為者の認識の有無がよくわからないために、行為者の心理状態を状況証拠により判断せざるをえない。そのための具体的な基準として、犯行の動機、犯行の経緯、加害の態様（使用した凶器の種類、行為の方法、傷害の部位、程度など）、犯行後の行為者の行動などが考慮される。たとえば、殺人の未必の故意が認められるかは、殺傷能力の強い凶器を使用したか、胸など生命にとって危険な部位に攻撃を加えているか、攻撃の回数、犯行後逃走したか、あるいは証拠の隠滅を図ったかなどが、犯行に至る経緯と共に検討された上で判断される。また、交通事故の場合、未必の故意の有無の認定においては、違反行為の内容、停止の命令・要求に従ったか、被害者に向かって自動車を突進させて逃走しようとしたか、被害者を振り切ろうとして加速したかなど、被害者に対する行為の態様などが問題になる」（堀内・総論2版95頁以下）とされる。なお、結果発生の認識が動機となって結果実現の意思となった場合に故意を認めるという動機説も有力である。

6　盗品関与罪（256条）は、窃盗犯人が盗んできた盗品の処分に事後的に関与する犯罪である。盗品を買い取るなど、盗品の処分に便宜を図ることによって、換金するために窃盗を行う気を起こさせるというように、次の財産犯を誘発するという点に犯罪性の重要な部分があり、また、所有者の追求権の侵害という側面もある。

7　最判昭和23年3月16日刑集2巻3号227頁。最決平成19年11月14日刑集61巻8号757頁は、廃棄物を不法投棄した事案において、Xは、廃棄物の処理を依頼したAが「不法投棄することを確定的に認識していたわけではないものの、不法投棄に及ぶ可能性を強く認識しながら、それでもやむを得ないと考えてAに処理を委託した」として、Xに未必の故意（の共同正犯）を認めている。

あるとの評価もあるが、そのように読むべきかはなお検討の余地があろう。

故意 … 構成要件に該当する事実を認識し、それを実現しようとする意思（心理状態）

┌ 確定的故意 　　　意図

│ 　　　　　　　　　確知

└ 不確定的故意 　　未必の故意 　　　　／ 　概括的故意、択一的故意

　　　　　　　　　　　　⇕ 　　どのように区別すべきか。

　　　　　　　　　認識ある過失

　　　　　　　　　認識なき過失

（3）不確定的故意として、概括的故意および択一的故意があげられることが多い[8]。確かに、これらは認識面（客体の特定）に不確定な部分があるが、概念整理の問題としては検討の余地があろう。概括的故意とは、たとえば、多数の乗客のいる列車に爆弾を仕掛ける場合、群集の集まっているところに爆弾を投擲する場合など、一定の範囲の客体のどれかに結果が発生することは確実であると認識し、またそれを意図しているが、被害者の数や具体的な客体についての認識が不確定な場合をいう。択一的故意とは、次のような場合の心理状態である。Xは窃盗の現場で見つかり、逃走したところ、A、BがXを逮捕しようと追いかけてきた。Xは、逮捕されないためにA、Bに向けて殺意をもって1発発砲した。その際、Xは、A、Bのどちらかにはあたるだろうと考えていが、どちらにあたるかは確信しておらず、しかし、追跡をやめさせるためにどちらにあたってもよいと考えて1発発砲したというような場合である。択一的故意は、数個の客体のうちどれかに（択一的に）結果が発生することは確実であると認識し、またそれを意図しているが、いずれの客体に発生するかは確信していない場合である。概括的故意の場合も、択一的故意の場合も、客体に関して行為者の認識が確定（特定）していない（認識面の不確定性）が、人（そこにいる誰か、AかBか）の殺害に関して確定的な殺意（意思面の最終性）があり、発生した客体に対して故意（既遂犯）が認められる[9]。

---

[8] 条件付故意（行為意思）といわれる心理状態もある。これは、たとえば、自分の欲しい特定の物（たとえば、機密情報が書いてあるファイル）があったら窃取するつもりであり、それ以外の物はたとえ金銭的価値が高くとも窃取するつもりはないという心理状態において、ある場所に侵入し、目的物を探そうとする場合など、行為の遂行を一定の条件（の存在・不存在）にかからせている場合である。相手を問いただし、相手が一定の対応をした場合には殺害するつもりで相手との対面に臨む場合などもそうである。この場合、条件が充たされたならば行為を行うという意味での最終的な決断をして実行に着手したならば、故意は認められる。

[9] 殺害に至らなかった者に対して、どの範囲で殺人未遂罪の成立を認めるのかは問題になろう。Xが、Aの殺害を決意し、その家の長火鉢にかけてあった鉄瓶の沸湯の中に毒薬を投入しておいたところ、A・B・C・Dが昼食時にこの沸湯を飲んだが、味がおかしいので少量での飲むのをやめ、殺害に至らなかったという事案においては、大判大正6年11月9日刑録23輯1261頁は、Aら4人に対する殺人未遂罪の成立を肯定した。

Ⅲ　具体的事実の錯誤（同一構成要件内の錯誤）

（1）「人生には、錯誤と過失はつきものである」ともいわれる。確かに、錯誤＝思い違いをすること、うっかりしてミスをしてしまうということは、その程度はともかく、誰しも犯してしまうものなのかもしれない。犯罪行為もわれわれの社会生活の中の 1 場面における行動であるから、行為者が犯罪行為を行う際に犯罪事実に関する思い違いをするということもあるだろう。このような場合、すなわち、犯罪事実について、行為者の認識していた事実と実際に発生した事実の間にくい違いが生じた場合、どのように扱ったらよいのか、具体的には、故意（犯）が認められるのかどうかが古くから争われてきた。前述のように、故意が否定されれば、犯罪ではなくなる（少なくとも刑が著しく軽くなる）からである。このような犯罪事実に関する思い違い（事実認識の誤り）のことを、事実の錯誤（構成要件的錯誤）という。次の例で考えてみよう。

> 【事例2】　Xは、Aを殺害するつもりで、「A」の背後から包丁で刺し、死亡させた。Xが倒れたその者の顔をよく確認するとAではなく、Bであった。
>
> 【事例3】　Yは、Cを殺害するつもりで、Cにむかってピストルを撃ったところ、弾丸はCにあたらず、たまたま通りかかったDにあたって、Dを死亡させてしまった。
>
> 【事例4】　Zは、Eに対する恨みから、E宅のテレビを壊そうと考え、外からそのテレビに向かってこぶし大の石を投げつけたところ、テレビにあたらず、その隣に置いてあった 30 万円相当の高価な花瓶にあたり、それを壊してしまった。

事例2の錯誤は人を取り違えた場合であり、このような場合を「客体の錯誤」という。それに対して、事例3は意図したのとは異なる客体に結果を発生させてしまった場合であり、このようなやり損ないの場合を「方法の錯誤」という（事例4も同様にやり損ない、つまり、方法の錯誤の場合である）[10]。これらの場合、次のように考えるのが素直であるようにも思われる。すなわち、事例2では殺害を意図したAを殺害できなかったのであるから、Aに対する殺人未遂罪、ないしは、前に学修した不能犯[11]となり、Bについては、殺すつもりはなかったのに間違って殺害してしまったのだから、Bに対して過失致死罪になる。また、事例3についても、殺害を意図したCの殺害に失敗したのであるから、Cに対しては殺人未遂罪となり、Dについては、殺すつもりはなかったのに間違って殺害してしまったのだから、Dに対して過失致死罪となる、という罪責である。しかし、判例・多数説はそうは考えない。なぜだろうか。

10　事実の錯誤（構成要件的錯誤）には、客体の錯誤、方法の錯誤のほかに、因果関係の錯誤があるが、これについては後で論ずる。

11　第 12 講参照。

（2）学説は、具体的符合説と法定的符合説[12]が対立してきた。具体的符合説は、故意が認められるためには、行為者の認識したところと実際に発生したところとが「具体的に符合すること」を要するとする立場である。基本的には上で示したような「素直な考え方」であるようにも思われ、事例3の方法の錯誤の場合、殺害を意図したCに対しては殺人未遂罪、殺害するつもりのなかったDに対しては過失致死罪が成立するとする。有力な見解である。しかし、事例4のような場合に問題が生ずる。

事例4の場合、具体的符合説によれば、壊すことを意図したテレビについては、壊し損なったのであるから器物損壊罪の未遂、壊すことを意図していなかった花瓶については過失の器物損壊ということになる。しかし、現行刑法は、器物損壊罪の未遂も、過失の器物損壊も処罰していない[13]から、事例4のZは無罪ということになる。しかし、意図的に物を壊そうとして結果的に物を壊しているにもかかわらず、無罪でよいのかということが問題とされてきた。

また、先ほど具体的符合説について「素直な考え方」と表現したが、実は必ずしもそうではない。方法の錯誤の処理はそのようにいえるかもしれないが、事例2のような客体の錯誤の処理の場合には必ずしもそうともいえないのである。すなわち、客体の錯誤の場合、具体的符合説も、具体的に「A」であることの認識までは要求しない。事例2の場合でいえば、具体的符合説もBに対する故意既遂犯を認めるのである。このことを、具体的符合説は、「その人」を殺そうと思って、狙った「その人」を殺害しているのだから、「その人」に対する故意既遂犯が成立すると説明する。それに対して、方法の錯誤（事例4）の場合には、「その人」を狙ったところ、「その人」ではなく、「あの人」を殺害してしまったのだから、具体的な符合は認められず「あの人」に対する故意既遂犯は認められないとするのである。「具体的」符合説は、認識事実と実現事実とがどの程度「具体的に」符合していればよいのかという基準を必ずしも十分に示しえていないといえよう。

（3）これに対して、法定的符合説は、認識していた事実と発生した事実が構成要件（評価）において符合している限り故意を認める（故意を阻却しないと）考える見解であり、判例・多数説の立場である。この立場からは、「人」という範囲で、たとえば、「人を殺してはならない」と定める殺人罪の範囲内で、つまり、同一（の種類・罪質の）構成要件内で符合していればよく、「Aという人」を殺す認識までは必ずしも必要ないと考えるのである。法定的符合説からは、事例2の場合でいえば、Aという「人」を殺そうとし、Bという「人」を殺しているのであるから、実際に命を奪った「人」＝Bに対する殺人既遂罪が成立すると考える。単純化していえば、「人」を殺そうとして「人」を殺した以上、「人」を殺した罪（実現した事実についての故意既遂犯）が成立す

---

12 レポートや試験の答案で、ときに、具体的「符号」説、法定的「符号」説という誤記がみられる。ここでは、行為者の考えていたことと実際に生じたことの「重なり合い」＝符合を問題としており、どの程度の「重なり合い」があれば、故意を認めてよいのかどうかが問われている。「記号」の意味での「符号」ではこの意味を表さない。

13 すべての犯罪について、未遂犯、過失犯が処罰されるわけではない。故意犯処罰の原則については説明した。未遂犯も、器物損壊罪のような、犯罪の中では軽い部類のものの未遂は処罰されていないものが多い（第22講参照）。

るというのである。事例3の場合も同様の理屈で、Dに対する殺人既遂罪が成立する。事例4の場合、テレビという「物」を壊そうとし、花瓶という「物」を壊しており、器物損壊罪（261条）という同一（の種類の）構成要件内での錯誤であるから、実際に壊した花瓶に対する器物損壊罪（既遂）が成立することになる。

　具体的符合説の客体の錯誤の処理からもわかるように、「故意」という心理状態が認められるために、認識事実を実現事実とが細部まで完全に一致している必要はない。具体的に完全に一致することを求めるのは不合理な処理ですらある。被害者の右手を傷つけようとして切りつけたところ、切りつける直前に被害者が振り返ったため、右手ではなく左手を傷つけてしまった場合、右手に対する傷害未遂（現行法では傷害未遂罪はなく、暴行罪）、左手に対する過失傷害罪が成立すると考えるのだろうか。そうではあるまい。また、「その人」であれ、その限りで必ず客体の特定を要するとするのであれば、前述の概括的故意の場合に故意は認められないということにもなりかねない。「その人」理論では、未遂段階の故意につき問題が生ずる場合も考えられる。具体的符合説の場合、客体の錯誤であれば実現事実につき故意が認められ、方法の錯誤であれば故意が否定されるというように、いずれの錯誤かにより結論が異なってくるところ、離隔犯の場合や、共犯事例において客体の錯誤と考えるべきか方法の錯誤と考えるべきか、その区別が容易ではないことがこれまで指摘されてきており、また、具体的符合説の論者の間でもその区別につき必ずしも一致をみない。客体の錯誤か方法の錯誤かの相違が異なる法効果を基礎づけるだけの本質的な相違なのかも問われよう。錯誤の問題は、認識事実と実現事実の「ずれ」がどれぐらいであれば、あるいは、「ずれ」があるしてもどの程度の一致がみられれば、実現事実に対して「故意」という心理状態を認めてよいのか、その程度の線引きの問題といえる。ここでは刑法の問題であるのであるから、刑法の観点、つまり、犯罪構成要件という観点（「人を殺してはならない」という規範を心理的に乗り越えたのか否かという観点）[14]からその線引きをする、つまり、刑法は、殺人罪の場合であれば、「人を殺してはならない」というルール（禁止）を定め、その規範に直面したにもかかわらず、その行動を差し控えず、その規範を乗り越え、「人を殺そう」と決意し、あえてその行動に出ること、そして、実際にそれを実現したことを処罰しており、事実の錯誤という局面において、法定の構成要件において類型化された事実の認識、殺人罪の場合「人」を殺す認識・意思があれば、殺人罪の禁止する心理状態、故意を認めるというのは、基本的な出発点として支持しえよう。もっとも、故意は実現意思であるから、実現に向けた方向性、行為計画や行為事情に照らして犯罪事実の実現しうる範囲内（いわば予見可能な範囲内）にあることが、その実現意思＝故意を認めるために必要であるように思われる。このような意味で限定された法定的符合説が妥当であるように思われる。

14　刑法＝「法」律の「定」める範囲で符合していればよい、という意味で「法定的」符合説という。なお、具体的符合説について、近時では、具体的法定的符合説と呼び、法定的符合説のことを抽象的法定的符合説と呼ぶ論者も少なくない。

Ⅳ　併発事実が生じた場合の取り扱い

【事例5】　Xは、Aを殺害するつもりで、Aに向けてピストルを撃ったところ、弾丸はAにかすり傷を負わせた上、たまたま通りかかったBにもあたって、Bを死亡させた。

　事例5では、意図した客体に（意図した殺害結果ではないが）傷害結果が生じている。この限りでは、思い違い、錯誤はないといえよう。しかし、殺害を意図したAのほかに予想外のBも死亡させている。このように併発事実が生じた場合、どのように取り扱われるべきであろうか。この場合、具体的符合説からの解決は明確である。すなわち、殺害を意図したAに対しては殺人未遂罪[15]、意図していなかったBに対しては過失致死罪となる。これに対して、法定的符合説の中で、この場合の取り扱いに関して、いくつかの考えが示されてきた。その中の多数説である数故意犯説は、法定的符合説の立場からは、「人を」殺そうとして「人」を殺した以上、「人」を殺したといってよいと考えるので、殺害を意図したが失敗したAに対しては殺人未遂罪、殺害を意図していないBに対しても、「人（A）」を殺そうとして「人（B）」を殺しているのだから、殺人既遂罪が成立すると考える。これに対して、1人を殺す認識、意図しかないのに、2人について殺意（故意）を肯定するのは責任主義に反するとの批判が向けられてきた。

　この批判を受け入れて、法定的符合説に立ちつつ1人分の故意犯しか認めない見解（一故意犯説）が主張された[16]。しかし、これは法定的符合説の考えとは調和しないといえよう。法定的符合説の中の数故意犯説は次のように考える。すなわち、事例5において1発の発砲が2人にあたり、殺人（未遂・既遂）罪が2罪成立するが、これは、「1個の行為が2個以上の罪名に触れ」る場合として観念的競合となり、その刑は「その最も重い刑により処断」（54条1項前段）される。事例5のXの場合、Bに対する殺人既遂罪（199条）の刑が処断刑となり、その範囲で宣告刑が決められる。このような観念的競合として処理されることにより、量刑における責任主義に反しないと考える。このような併発事実の処理は、確かに問題がないとはいえない[17]が、先に検討したように、具体的符合説よりも法定的符合説の方が相対的には問題点が小さいといえよう。

　判例は法定的符合説に立ってきた。最判昭和53年7月28日刑集32巻5号1068頁は、次のような事案に関

---

[15]　Aに生じさせている傷害の点は、殺人未遂罪の中で評価される。傷害罪（204条）よりも、殺人未遂罪（199条、43条）の方が刑が重い。

[16]　結果的により重い結果の生じた客体（事例5のB）に対する故意を認め、事例5の場合には、Aに対する過失傷害罪とBに対する殺人既遂罪とする見解がある。しかし、当初故意が向けられていたAに過失犯、認識していなかったBに故意犯が成立するという解決はあまりに技巧的ないし便宜的であり、また、もし事後にAが死亡した場合には、その段階で重い結果となるAに対する殺人既遂罪、Bに対する過失致死罪に故意の対象が変化することになってしまう点も批判されてきた。当初意図していた客体（事例5のA）に対する故意のみを認め、Aに対する殺人未遂罪とBに対する過失致死罪とする見解も主張されたが、この場合に錯誤としての処理がなされない理由が示されていないなど、いずれも法定的符合説の立場から理論的に十分に基礎づけられているとはいいがたく、広い支持を得らなかった。

[17]　具体的符合説に立ったとしても、故意の個数の問題が生じうることについて、佐伯・総論の考え方264頁以下。客体の錯誤の場合にその殺害を意図したAに対する殺人予備罪の処理も問題になろう。

して、明確に、法定的符合説（数故意犯説）の立場に立った判断を示している。Xは、A巡査から拳銃を奪うことを計画し、Aを尾行し、Aの背後約1メートルのところから、殺意をもって、建設用びょう打銃を改造した手製装薬銃でそれに装填したびょうを発射した。すると、そのびょうは威力が強かったため、Aの胸部を貫通し、約30メートル先にいた通行人Bにも命中し、Bにも傷害を負わせたという事案である。このようの事案に関して、最高裁は、「犯罪の故意があるとするには、罪となるべき事実の認識を必要とするものであるが、犯人が認識した罪となるべき事実と現実に発生した事実とが必ずしも具体的に一致することを要するものではなく、両者が法定の範囲内において一致することをもつて足りるものと解すべきである……から、人を殺す意思のもとに殺害行為に出た以上、犯人の認識しなかつた人に対してその結果が発生した場合にも、右の結果について殺人の故意があるものというべきである」。「被告人が人を殺害する意思のもとに手製装薬銃を発射して殺害行為に出た結果、被告人の意図した巡査Aに右側胸部貫通銃創を負わせたが殺害するに至らなかつたのであるから、同巡査に対する殺人未遂罪が成立し、同時に、被告人の予期しなかつた通行人Bに対し腹部貫通銃創の結果が発生し、かつ、右殺害行為とBの傷害の結果との間に因果関係が認められるから、同人に対する殺人未遂罪もまた成立」すると判示した[18]。

---

[18] この事案では、Xは、Aを殺害してその拳銃を奪おうとしていたから、殺人未遂罪にとどまらず、より重い強盗殺人未遂罪（240条後段、243条）が成立する。客体の錯誤に関して、すでに大判大正11年2月4日刑集1巻32頁は、「凡そ殺人の罪は故意に人を殺害するに因りて成立するものにして其の被害者の何人たるやは毫も其の成立に影響を及ほすものに非す従て苟も殺意を以て人を殺傷したる以上は縦令被害者の何人たるやに付て誤認する所ありと雖殺人の犯意を阻却すへきものに非す而して原判決に於ては被告かAを殺害せんと決意し之か実行行為に著手しBをAなりと誤認し之を傷害したる事実を認め被告を殺人未遂罪に問擬したる旨趣自ら明かなれは特に其の理由を説明するの要なく論旨は理由なし」と判示している。

第14講 故意2（抽象的事実の錯誤）

〔構成要件該当性6〕

I 抽象的事実の錯誤（異なる構成要件にまたがる錯誤）

（1）前講で検討した事案は、行為者の錯誤が同一（の種類・罪質の）構成要件の範囲内で生じている場合であった。すなわち、人（A）を殺そうとして人（B）を殺してしまった場合、物（C）を壊そうとして物（D）を壊してしまった場合である。しかし、行為者の認識事実と実現事実とが異なる構成要件にまたがる場合もある。このような場合の錯誤を抽象的事実の錯誤という。この錯誤の場合にはどのように扱われるべきであろうか。

【事例1】 (a) むしゃくしゃしていたXは、深夜、路上で、物を壊そうとそれに向けて石を投げつけたところ、その石は物にはあたらず、予想外に、散歩中のAの頭部にあたり、Aを死に至らせた。

(b) Xは殺意をもってAに向けて発砲したが、狙いが外れ、近くにあった物にあたり、それを壊した。

【抽象的事実の錯誤】

〔認識事実〕 〔実現事実〕

(a) 軽い罪を犯す意思 ⟶ 重い罪の事実 ＝ 38条2項
（器物損壊） （殺人） ⇨ 重い罪によって処断することはできない

(b) 重い罪を犯す意思 ⟶ 軽い罪の事実
（殺人） （器物損壊）

事例1(a)の場合、Xは、物を壊そうとする意思で人の命を奪った。器物損壊の事実（261条）を犯すつもりで、客観的には殺人（199条）にあたる事実を生じさせている。認識していた事実と実現した事実との食い違いが、異なる構成要件（261条と199条）にまたがって生じている。抽象的事実の錯誤の場合である。

38条2項は、「重い罪に当たるべき行為をしたのに、行為の時にその重い罪に当たることとなる事実を知らなかった者は、その重い罪によって処断することはできない」と規定する。責任主義の要請から、行為者が軽い犯罪にあたる事実（事例1(a)では器物損壊）を認識・意図していたにすぎない場合、予想外に発生した重い犯罪にあたる事実（事例1(a)では殺人）で処罰してはならないということを定めている。責任主義の見地からすれば、行為者の認識した（軽い）犯罪にあたる事実を超える故意責任が認められるべきではなく、当然のことを定めた規定ということになる。それに対して、38条2項は、重い犯罪にあたる事実を意図していたが、軽い犯罪にあ

たる事実を生じさせた場合の処理の仕方について定めるものではない。

　かつて、犯罪の成否に関して、行為者の主観面（犯意、悪い性格）を重視する主観主義刑法学の立場から、罪を犯す意思があり、犯罪事実の発生がある場合には（38 条 2 項の制限のもと）既遂としての責任を認めるべきであるとの主張がなされ、事例 1(a)の場合、行為者の表象した軽い器物損壊罪の「既遂」と致死結果につき過失致死罪を認め（観念的競合）、事例 1(b)の場合、殺人未遂罪と器物損壊罪の「既遂」を認め、これらを合一して処断するという抽象的符合説が主張された[1]。しかし、これに対しては、器物を損壊していないのに器物損壊罪の「既遂」を認めることは、構成要件（犯罪）の類型性を無視するものであり、故意を「およそ犯罪を犯す意思」にまで抽象化するものだと批判された。通説は、法定的符合説の見地から、同一（の種類・罪質の）構成要件の範囲内であれば（AかBかの違いはあっても、「人」の範囲で符合を認め）実現事実について故意が認められるが、その錯誤が種類・罪質を異にする構成要件に及び、ある構成要件の範囲を超えてしまう場合にはそのような符合を認めることはできず、意図した罪については失敗しているから未遂犯、予想外に実現した罪については過失犯となる。事例 1(a)の場合、器物損壊の未遂（現行法上不可罰）、Aに対する（重）過失致死罪、事例 1(b)の場合、Aに対する殺人未遂罪、過失の器物損壊（現行法上不可罰）となる。

　（2）では、次のような場合はどのように処理されるべきだろうか。

> 【事例2】　Xは、ある物を遺失物であると思って持ち去ったが、それはAの占有する物であった。
>
> 【事例3】　YはBが殺害に同意していると思ってBを殺害したが、実はBは本意ではなく殺害への「同意」を口にしただけであった。
>
> 【事例4】　Zが、麻薬を所持しているつもりであったが、所持していたのは実は覚醒剤であった。

1　牧野英一『刑法総論下巻（全訂版）』574 頁以下（有斐閣、1959 年）。事例 1(a)の場合、軽い罪の限度において「犯意の成立があるのであり、そうして、それよりも重い犯罪事実が成立したというのであるから、その軽い犯意の限度においては既遂の責任を論」ずべきであるとする（牧野・前掲 574 頁）。第 5 講注 11 も参照。また、植松正『再訂刑法概論 I 総論』295 頁（勁草書房、1974 年）。抽象的符合説にもいくつかのバリエーションがあり、宮本英脩は、「結果は理論上犯人処罰の要件ではな」く、「故意の表動即ち行為だけで既に処罰の要件は具はつてゐる」とする主観主義的な立場から、「抽象的（類型的）に符合せずとも、可罰的に符合さへすれば」「故意犯の成立を認めて差支ない」とし（『刑法大綱』143 頁以下、162 頁以下［弘文堂書房、1935 年］）、事例 1(a)の場合、まず、①予見した結果が生じなかった事実につき故意犯の未遂、つまり、器物損壊罪の未遂（不可罰）と、②誤って結果を発生させた事実につき過失犯、つまり、過失致死罪（①と②は観念的競合）を考えたうえで、これとは別に、③可罰的な意思と発生させた可罰的な結果とを結合し、故意既遂犯、事例 1(a)では殺人既遂罪を想定し、①②と③とは択一関係になる（重い方による）とする。したがって、事例 1(a)では殺人既遂罪が成立し、ただし 38 条 2 項の制限により、刑は器物損壊罪の法定刑の範囲内とする。草野豹一郎は、現行法上器物損壊罪（261 条）には未遂処罰規定はないが、「刑法第 44 条は全然無害なる未遂を処罰するには明文を要すと云ふだけの意味と解すべきである」とし、事例 1(a)の場合、器物損壊罪の未遂（3 年以下の懲役）と過失致死罪が成立し、観念的競合になるとする（『刑法要論』94 頁［有斐閣、1956 年］）。

抽象的事実の錯誤の場合、行為者の認識していた構成要件を超えて故意責任を認めることはできない。しかし、行為者の認識事実と実現事実が「構成要件的に重なり合う」限度においては、軽い故意既遂犯を認めてよい。すなわち、軽いA罪の故意で重いB罪を実現した場合、A罪については当初から故意があり、実現されたB罪にあたる事実がそのA罪と構成要件的に重なり合っているならば、その範囲でA罪の（客観的）構成要件も実現されていると考えることができる。つまり、故意を有し、その事実が実現されているA罪が成立する、といえることになる。重いC罪の故意で軽いD罪を実現した場合、C罪の未遂を認めればよい。ただ、C罪の未遂が処罰されていない場合や不能犯となる場合など[2]、軽いD罪の客観的構成要件は実現されており、重いC罪の故意が軽いD罪の故意を包摂する関係にあれば、その限りで、D罪の故意を認めることができ、D罪が成立する、といってよいことになる[3]。したがって、問題は、このような「構成要件的な重なり合い」がどのように判断され、どのような場合に認められるのかということになる。

　事例2の場合、Xは、主観的には、遺失物を横領したつもりであったが、客観的には、遺失物ではなく、Aの占有の及んでいる物を奪い去っており、窃盗にあたる事実を実現している。つまり、主観的により軽い遺失物横領罪（254条）の意思で、客観的により重い窃盗罪（235条）の事実を実現しており、認識事実と実現事実が異なる構成要件にまたがって生じている（抽象的事実の錯誤）。この場合、38条2項により、Xが考えていなかった重い窃盗罪で処断することはできない。では、遺失物横領罪はどうか。原則論からすれば、Xは遺失物横領罪を犯すつもりで、それを実現していない（より重い窃盗罪を実現した）のだから、遺失物横領罪の未遂ということになるはずである。しかし、遺失物横領罪と窃盗罪とは他人の財物を領得し、所有者の所有権（に基づく使用・収益・処分という事実的な可能性）を侵害することになる点において実質的な重なり合いを認めることができる[4]。したがって、遺失物横領罪の故意で、窃盗にあたる事実の中に含まれる他人の物の領得という事実を実現しているとみて、遺失物横領罪の成立を認めることができる[5]。

　事例3の場合、Yは、主観的には同意殺人（202条）を犯すつもりで、客観的には殺人（199条）にあたる事実を実現している。抽象的事実の錯誤の場合であり、38条2項により、重い殺人罪で処断することはできない。同意殺人罪については、それを犯すつもりで、結果的にはそれを実現してはいない（より重い殺人罪を実現した）のだから、同意殺人未遂罪となるはずである。しかし、この場合も、殺人罪と同意殺人罪は基本構成要件と減軽

---

[2]　参照、大判大正6年9月10日刑録23輯999頁。なお、たとえば、Xが、被害者Aが殺害に同意していることを知らないまま、殺意をもってAを殺害した場合なども。

[3]　E罪の故意で法定刑の同じF罪を実現した場合もこれと同様にF罪の成立を考えることができる。もっとも、この場合、E罪の故意は当初からあり、E罪とF罪が構成要件的に重なり合う限度で、E罪の構成要件が実現されているとみて、E罪が成立すると考えることもできよう。

[4]　遺失物横領罪は他人の占有を離れた物を領得する罪であるのに対して、窃盗罪は他人の占有する物を領得する罪であり、両罪は「占有の有無」により区別され、形式的には両罪の構成要件は同時に（重なって）充足されることはない。したがって、ここで問題とされているのは「実質的な」重なり合いである。これに対して、判例の結論は妥当であるが、それを構成要件の（実質的な）符合により導こうとするならば、構成要件概念の弛緩化をもたらすと批判し、構成要件の故意規制機能を否定し、不法・責任内容の符合を問題にすべきとするのは、町野朔「法定的符合について（下）」警察研究54巻5号8頁以下（1983年）、同・総論193頁以下。「みせかけの構成要件要素」（書かれた非構成要件要素）と説明するのは、松宮・総論5版補訂194頁以下。

[5]　大判大正9年3月29日刑録26輯211頁など。

構成要件の関係にあり、同意の有無を除けば被害者の生命を奪うという点で共通していることから、実質的な重なり合いを認めることができる[6]。したがって、同意殺人罪の故意で、殺人の事実の中に含まれる他人の生命侵害を実現しており、軽い同意殺人罪が認められる[7]。両罪の構成要件の重なり合いは、当該犯罪類型を特徴づけるところの、保護法益および行為態様を中心に実質的に判断する必要があろう。

判例において、傷害致死罪と殺人罪[8]、窃盗罪と強盗罪[9]、恐喝罪と強盗罪[10]、虚偽公文書作成罪と公文書偽造罪[11]などの間で、このような実質的な重なり合いが認められている。

（3）事例4は薬物事案であり、実務的にも重要な問題であるが、前述（2）の場合よりも難しい問題をはらんでいる。まず、前提となる法規制、適用される条文を確認する必要がある。薬物関係の法規制は特別法によってなされている。具体的には、覚醒剤取締法、麻薬及び向精神薬取締法、大麻取締法、あへん法のいわゆる薬物4法により規制されている。覚醒剤所持罪は、覚醒剤取締法14条1項、41条の2第1項により10年以下の拘禁刑〔懲役〕とされているのに対して、麻薬所持罪は、麻薬及び向精神薬取締法12条1項、66条1項により7年以下の拘禁刑〔懲役〕とされている[12]。つまり、事例4のZは、主観的にはより軽い麻薬所持罪の故意で、客観的にはより重い覚醒剤所持罪にあたる事実を実現している（抽象的事実の錯誤）。この場合、38条2項により重い覚醒剤所持罪の成立を認めることはできない。麻薬所持罪の意思で行為したが、それを実現しなかった（より重い覚醒剤所持罪を実現した）のだから、麻薬所持罪の未遂ということになるはずである[13]。しかし、麻薬所持罪と覚醒剤所持罪との間の構成要件の実質的な重なり合いの有無が問題になった。

事例4と同様の場合に関して、最決昭和61年6月9日刑集40巻4号269頁は、麻薬所持罪と覚醒剤所持罪の両構成要件の実質的重なり合いを認め、被告人に麻薬所持罪の既遂を認めた。すなわち、「麻薬取締法66条1項、28条1項の麻薬所持罪を犯す意思で、覚せい剤取締法41条の2第1項1号、14条1項の覚せい剤所持罪に当たる事実を実現したことになるが、両罪は、その目的物が麻薬か覚せい剤かの差異があり、後者につき前者

---

6 殺人罪と同意殺人罪は、殺害への同意の有無により区別され、形式的には両罪の成立が重なり合うことはない。

7 大判明治43年4月28日刑録16輯760頁。東京高判昭和33年1月23日高刑裁特5巻1号21頁の事案は、被害者Aが脳出血のため左半身不随となり病院に入院し看護を受け、回復の兆しのないまま闘病生活が長引いていたところ、Xは、Aが時々「死にたい」「死にたい」と口にし、薬局から毒薬を買ってきて飲ませてくれといったのを聞き、その意にそおうと、毒薬を飲ませて被害者を死に至らしめたというものであった。しかし、裁判では、前記発言はAの真意に出た殺人の嘱託でなかったものと認定され、XはAから殺人の嘱託を受けたと誤信してAを殺したものと認定された。

8 最決昭和54年4月13日刑集33巻3号179頁。

9 最判昭和25年7月11日刑集4巻7号1261頁。

10 最判昭和25年4月11日裁判集17号87頁。

11 最判昭和23年10月23日刑集2巻11号1386頁。

12 厳密には、麻薬に関して、ジアセチルモルヒネ等の所持とジアセチルモルヒネ等以外の麻薬の所持とで規制条文・法定刑が異なっている。前者のジアセチルモルヒネ等の所持は、麻薬及び向精神薬取締法64条の2第1項により10年以下の拘禁刑〔懲役〕とされているのに対して、後者のジアセチルモルヒネ等以外の麻薬の所持が本文記載の法定刑（7年以下の拘禁刑〔懲役〕）であり、この後者の場合が、この裁判で問題になった。

13 麻薬所持罪の未遂は、麻薬及び向精神薬取締法66条3項で処罰されている。

に比し重い刑が定められているだけで、その余の犯罪構成要件要素は同一であるところ、麻薬と覚せい剤との類似性にかんがみると、この場合、両罪の構成要件は、軽い前者の罪の限度において、実質的に重なり合つているものと解するのが相当である。被告人には、所持にかかる薬物が覚せい剤であるという重い罪となるべき事実の認識がないから、覚せい剤所持罪の故意を欠くものとして同罪の成立は認められないが、両罪の構成要件が実質的に重なり合う限度で軽い麻薬所持罪の故意が成立し同罪が成立するものと解すべきである」[14]と判示した。

　また、被告人が、主観的に覚醒剤密輸入罪を行うつもりで、客観的には麻薬密輸入罪にあたる事実を実現したという事案も問題になった。この場合の両罪の法定刑は同じ10年以下の拘禁刑〔懲役〕であり、犯罪の軽重を問題にする38条2項の問題ではないが、最決昭和54年3月27日刑集33巻2号140頁は次のように判示した。すなわち、「麻薬と覚せい剤とは、ともにその濫用による保健衛生上の危害を防止する必要上、麻薬取締法及び覚せい剤取締法による取締の対象とされているものであるところ、これらの取締は、実定法上は前記2つの取締法によつて各別に行われているのであるが、両法は、その取締の目的において同一であり、かつ、取締の方式が極めて近似していて、輸入、輸出、製造、譲渡、譲受、所持等同じ態様の行為を犯罪としているうえ、それらが取締の対象とする麻薬と覚せい剤とは、ともに、その濫用によつてこれに対する精神的ないし身体的依存（いわゆる慢性中毒）の状態を形成し、個人及び社会に対し重大な害悪をもたらすおそれのある薬物であつて、外観上も類似したものが多いことなどにかんがみると、麻薬と覚せい剤との間には、実質的には同一の法律による規制に服しているとみうるような類似性があるというべきである。本件において、被告人は、営利の目的で、麻薬であるジアセチルモルヒネの塩類である粉末を覚せい剤と誤認して輸入したというのであるから、覚せい剤取締法41条2項、1項1号、13条の覚せい剤輸入罪を犯す意思で、麻薬取締法64条2項、1項、12条1項の麻薬輸入罪にあたる事実を実現したことになるが、両罪は、その目的物が覚せい剤か麻薬かの差異があるだけで、その余の犯罪構成要件要素は同一であり、その法定刑も全く同一であるところ、前記のような麻薬と覚せい剤との類似性にかんがみると、この場合、両罪の構成要件は実質的に全く重なり合つているものとみるのが相当であるから、麻薬を覚せい剤と誤認した錯誤は、生じた結果である麻薬輸入の罪についての故意を阻却するものではないと解すべきである。してみると、……麻薬取締法64条2項、1項、12条1項の麻薬輸入罪が成立し、これに対する刑も当然に同罪のそれによるものというべきである」と判示した。

　麻薬と覚醒剤とは別の物質であり、その意味で重なり合いはない。しかし、判例は「実質的には同一の法律による規制に服しているとみうるような類似性」を理由に両構成要件の重なり合いを認めた。条文の立て方、構成要件の規定の仕方は多分に技術的な面に影響もされることから、判例のいうような、同一の法規制に服しうるような類似性による構成要件の重なり合いを判断する考え方は支持できよう。

14　なお、本判決は、客観的には覚醒剤所持罪にあたること、没収の保安処分的性格から、覚醒剤取締法により覚醒剤を必要的に没収できるとしたが、この点については批判があり、この場合に覚醒剤所持罪は成立していないのだから、覚醒剤取締法による没収ではなく、19条1項2号（犯罪供用物件）による任意的没収とすべきであるとの見解もある。

Ⅱ　因果関係の錯誤

> 【事例5】　Xは、Aを殺害しようとして熟睡中のAの首を絞めた（第1行為）ところ、Aの様子からすでに死亡したものと思い、その「死体」を遺棄するためAを砂浜に運んで放置した（第2行為）。ところが、砂浜放置の時点ではAは気絶していただけであり、その後の砂末吸引が原因で死亡するに至った。

（1）故意とは構成要件該当事実の認識（・その実現意思）であり、因果関係も構成要件要素であるから、因果関係も故意の認識対象に含まれる。そこで、行為者の考えていた因果経過と実際にたどった因果経過が異なる場合をどのように処理すべきかも議論されてきた。この場合も認識していた因果経過と実際の因果経過とが厳密に一致している必要はない。たとえば、海に突き落として溺死させようと崖の上から突き落としたところ、被害者が海に落ちる途中で出っ張った岩に頭を打ちつけて死亡した場合、行為者の考えていた因果経過（結果をひき起こす原因）と実際の因果経過は異なっているが、その錯誤は重要ではないと考えられ、行為者に殺人既遂罪を認めるのが一般である。行為者の考えていた因果経過と実際の因果経過のずれが、相当因果関係の範囲内にある、現在の判例の立場（表現）では、行為の危険が現実化したと評価できる範囲内にとどまっていれば、その錯誤は重要ではなく、故意既遂犯を認めてよいと考えられている。そうすると、因果関係は確かに故意の認識対象ではあるが、実際の判断においては、相当因果関係の有無、ないしは危険の現実化の有無の判断が重要であるということになる。

（2）事例5は、ウェーバーの概括的故意（遅すぎた構成要件の実現）といわれる場合であり、一般的にいえば、行為者は第1行為で結果を発生させたと思い、第2行為をしたところ、その第2行為によって結果を発生させたという場合である。1つの見解は、首を絞める行為（第1行為）の後に放置行為（第2行為）という行為者の「新たな故意行為」がなされているという点を重要視し、第1行為と第2行為とは別個のものとして別々に考察すべきであり、第1行為は、人を殺そうとして殺し損なったのであるから殺人未遂罪、第2行為は、殺す意思はなくうっかり死に至らしめてしまったのだから、過失致死罪である（両罪は併合罪）とする。別の見解は、第1行為と結果との間の因果関係の問題として理解する。すなわち、第1行為と第2行為とは別個の行為であるというのはその指摘の通りであるが、このケースは、行為後に自己の故意行為が介在した場合の因果関係の問題としてとらえることができると考える。因果関係の有無が問題となるケースとして、①行為時に特殊な事情が存在したケースと、②行為後に特殊な事情が介在したケースに分けられ、②の場合は、さらに、その特殊な介在事情として、（②−ア）第三者の故意行為が介在する場合、（②−イ）被害者の落ち度のある行為が介在する場合、

（②－ウ）行為者自身の故意行為が介在する場合がある[15]。事例5の場合を、この（②－ウ）の場合の問題としてとらえ、故意のある第1行為（殺人行為）をした者が、その犯行の発覚を防ぐために第2行為（死体遺棄行為）に出ることは「通常ありうること」であり、また、その第2行為から致死結果が発生することも「ありえないことではない」から、第1行為とAの致死結果の間の相当因果関係が認められ、または、第1行為により創出された危険が実現した（第1行為が第2行為を行う状況を創出した）ものと解することができる。そして、このような相当因果関係または危険の現実化の範囲内にとどまっている錯誤は重要ではなく、殺人既遂罪が成立すると考えることができる。現在では、このような理解が多数説といえる[16]。判例は、事例5のケースにおいて、結論的に殺人既遂罪を認めている。古く、大判大正12年4月30日刑集2巻378頁は「XはAを殺害する決意を為し細麻縄約8、9尺のものを以て熟睡中なるAの頸部を絞扼しAは身動せざるに至りしよりXはAは既に死亡したるものと思惟し其の犯行の発覚を防く目的を以て頸部の麻縄をも解かすしてAを背負ひ十数町を距てらる海岸砂上に運ひ之を放置し帰宅したる為Aは砂末を吸引し遂にAをして頸部絞扼と砂末吸引とに因り死亡するに至らしめ殺害の目的を遂げた」という事例において、「本来前示の如き殺人の目的を以て為したる行為なきに於ては犯行発覚を防く目的を以てする砂上の放置行為も亦発生せさりしことは勿論にして之を社会生活上の普通観念に照し被告の殺害の目的を以て為したる行為とAの死との間に原因結果の関係あることを認むるを正当とすへくXの誤認に因り死体遺棄の目的に出てたる行為は毫も前記の因果関係を遮断するものに非さるを以てXの行為は刑法第199条の殺人罪を構成するものと謂ふへく此の場合には殺人未遂罪と過失致死罪の併存を認むへきものに非す」と判示している。近時では、Xが殺意をもってAを切りつけた（第1行為）後、Aが身動きしなくなったことからAが死亡したと思い、「その死体がXであり、Xが死亡した」と誤解されることを期待し、その「死体」とともに建物に放火した（第2行為）が、放火時にAはまだ死亡しておらず、Aの死因は焼死であったという事案に関して、奈良地判令和3年2月26日裁判所webは、「死亡の結果は、第1行為により生じた生命への危険が現実化したものと評価することができ」、「第1行為とAの死亡との間には因果関係が認められ」、Xに殺人既遂罪が成立すると判示した[17]。

（3）ウェーバーの概括的故意の場合とは反対に、行為者が考えていたよりも早く構成要件が実現されてしまった場合がある（早すぎた構成要件の実現）。たとえば、夫婦の一方のAが、他方のBを殺害する目的でウイスキーの中に毒を混入し、晩酌の際にそれをBに出そうと思い食器棚にしまっておいたところ、帰ってきたBがそのウイスキーを自ら用意して飲み、死亡してしまったといった場合である。実行行為に基づいて結果が発生し、

---

[15] 第10講IV参照。

[16] 類似する見解として第1行為と第2行為とを一体としてとらえ、その間の因果経過が相当因果関係の範囲内にあり故意の既遂犯を認める見解（大塚・総論4版194頁）もある。

[17] 本判決につき、参照、関根徹・刑事法ジャーナル70号140頁以下（2021年）（控訴されたが、控訴審の大阪高判令和3年10月4日 LEX/DB は事実誤認はなく、量刑不当ではないと判示し、控訴を棄却した）。

その間の因果関係が認められる場合に（結果犯の）故意既遂犯が認められ、それに対して、予備段階から予定外に結果が発生してしまった場合には予備罪と過失致死罪となる。たとえば、XがAを殺害する目的で銃の掃除をしていたところ、銃が暴発し、たまたま近くにいたAに暴発した弾があたりその命を奪った場合、Xに殺人既遂罪は成立せず、殺人予備罪（201条）と（重）過失致死罪（210条・211条）が成立するのみである。それに対して、実行の着手後の行為から結果が発生したならば、行為者が計画によれば結果発生のためにそれに続く行為を予定していたとしても、故意既遂犯が認められる。判例ではクロロホルム事件判決がある[18]。これは、Xらが、Aにクロロホルムを吸引させて失神させ（第1行為）、その状態のまま岸壁まで運び、事故死を装って自動車ごと海に転落させて殺害する（第2行為）ことを計画し、これを実行したところ、第1行為により、被害者が死亡していた可能性があったという事案であった。最高裁は、実行の着手を肯定したうえで、Xらは「クロロホルムを吸引させてAを失神させた上自動車ごと海中に転落させるという一連の殺人行為に着手して、その目的を遂げたのであるから」、たとえXらの認識と異なり、「第2行為の前の時点でAが第1行為により死亡していたとしても、殺人の故意に欠けるところはなく」、Xらに殺人既遂が成立すると判示した[19]。

　人間の認識能力・事象のコントロール能力には限界があることから、なんらかの錯誤があれば故意阻却という法効果が生ずると考えるべきではなく、故意を阻却する程の重要な思い違いの有無が問われるべきである。故意が認められれば実行の着手が肯定されうる程に犯罪事象を進捗させた段階で、その実行の着手にあたると評価される行為を行っていることの認識があり、それに密接にひき続く行為により構成要件を実現することの予見があれば、故意の認識面（実行行為性・結果の認識）は充たされており、実行の着手段階以降の自分の行為の効果についての錯誤は、因果関係の錯誤が一般に重要でないものと考えられているのと同様に重要な錯誤ではない。故意の意思的側面に関しては、予備段階での結果発生のように、構成要件実現について実質上の最終決断の下されていない段階ではなお未遂犯成立に必要な実現意思が認められず、未遂犯も、（実行行為性が否定される結果）故意既遂犯も成立しえない。しかし、実行の着手がある（未遂犯成立）という判断には構成要件実現に向けた実質上の最終決断が下されたという判断も含まれている。したがって、実質上の最終決断も含む実現意思が実行の着手により示され、それに基づく構成要件実現が行為者の犯罪計画の実現であると評価できる場合、故意既遂犯が認められてよい。早すぎた構成要件の実現の解決を実行の着手の有無で区別して処理すると考えられる多数説・判例の立場が妥当である。

18　最決平成16年3月22日刑集58巻3号187頁。この決定の実行の着手の判断につき、第22講Ⅱ（2）（エ）参照。また、横浜地判昭和58年7月20日判時1108号138頁など。

19　これに対して、故意既遂犯を認めるためには、結果を最終的に実現する行為をする意思が必要であるとし、クロロホルム事件のような場合に実行の着手が認められる限りで、殺人未遂罪と過失致死罪が成立するとの見解もある。

第15講　過失

〔構成要件該当性7〕

I　過失 —— 予見可能性および回避義務違反

（1）故意犯は「わざと」犯罪を行った場合であるのに対して、過失犯は「うっかりと」結果を発生させてしまった場合である。過失とは、不注意な態度、注意義務に違反する態度である。

第13講において説明したように、刑法は故意犯の処罰を原則とする（38条1項）。しかし、今日の社会生活においては、人の生命・身体に対する危険を含むさまざまな事業活動が展開され、自動車などの高速度交通機関も発展し、ときに過失行為により多数の者に死傷結果が生ずる事故も生じてきた。たとえば、2005年4月25日に起ったJR福知山線脱線事故では乗客・運転士合わせて107名が死亡、493名が負傷する大惨事であった[1]。そこで、38条1項ただし書は「法律に特別の規定」を設ければ、過失犯を処罰することができることとした。過失傷害罪（209条）、過失致死罪（210条）、失火罪（116条）が過失犯の代表例である。

（2）過失とは注意義務違反[2]、結果回避義務違反である。その内容をもう少し詳しく考えると、過失とは、きちんと注意を払っていれば結果（たとえば、人の死傷）の発生を予見することができ（＝予見可能性あり）、その予見に基づき結果を回避する措置をとるべきであった（＝回避義務の存在）にもかかわらず、漫然と行為してそれを怠り（＝回避義務違反）、結果を発生させた、ということである。

結果の予見可能性	→	結果回避措置
ある程度具体的な予見可能性		しかし、漫然と行為してこれを怠り、結果発生　＝　結果回避義務違反

たとえば、Xが自動車を運転していたとき、子供Aが突然道路に飛び出してきて、これを避けることができず

---

[1] これはJR西日本福知山線の快速電車が制限速度を大幅に超過してカーブ区間に侵入したため脱線し、先頭の2両が線路脇のマンションに衝突するなどし、多数の死傷者を出した列車脱線事故である。運転士は事故により死亡し、JR西日本代表取締役社長が、線路の当該曲線部分に自動列車停止装置（ATS）を整備する注意義務を怠ったとして業務上過失致死傷罪で起訴されたが、無罪となり（神戸地判平成24年1月11裁判所web）、また、当初不起訴処分となったJR西日本の歴代社長3名が、検察審査会の「起訴相当」との議決を経て、業務上過失致死傷罪で強制起訴されたが、最決平成29年6月12日刑集71巻5号315頁は、上記注意義務違反を否定し、歴代社長に無罪を言い渡した。なお、事故の負傷者数は、起訴された公訴事実ないしは判決で認定された事実に基づいている。本講において以下でも同様である。

[2] 211条は「業務上必要な注意を怠り、よって人を死傷させた者」と規定する。

Aをはねてしまったという事故を考えてみよう。Xが走行していた道はセンターラインのない幅員の狭い道路であり、その道沿い前方に幼稚園があり、そのことを示す標識もあった。Xが注意していれば道沿いの幼稚園の園庭（またはその近辺）から子供がかけだしてくる場合もありうることを予想することができ（予見可能性あり）、その予見に基づきそのような場合すぐに停車できるスピードで走行するなど事故を回避すべき措置をとるべきであった（回避義務の存在）。それにもかかわらず、Xが漫然とスピードを出して走行していたため（回避義務違反）、子供の飛び出しに対してすぐに停止できずにAをはねてしまった。この場合、XはAの死傷結果に対して過失があり、Xには過失致死（致傷）罪[3]が成立する。また、ある神社は正月に毎年初詣客でたいへん賑わうが、参道の状況や想定された混雑状況から転倒、それによる負傷者の出ることを予想でき（予見可能性あり）、したがって、警備員を配置したり、安全な誘導方法を考えておくべきであった（回避義務の存在）にもかかわらず、なんの措置もとらなかった（回避義務違反）ことから、実際に参拝客の雑踏での転倒が生じ、多数の死傷者を出したという場合、その場所の管理責任者はその死傷結果に対して過失責任を問われることになる[4]。

　このように結果の予見可能性、それに基づいて課される結果回避義務の違反により「過失」の有無を考えていくことは、次の2つのことを意味する。すなわち、第1に、結果の発生を予見することができなければ、結果を回避する措置をとる契機（他の行為をとる可能性）が存在せず、行為者に対して「過失」を非難する（「どうしてよく注意しなかったんだ」）ことはできない（結果の予見可能性なし＝過失なし）。第2に、結果発生を予見できた場合にも、結果回避措置をとることができず、または、とりうる措置をとったとしても結果を回避することができなかったとすれば、やはり、行為者に対して「過失」を非難することはできない（結果回避義務違反なし＝過失なし）。したがって、過失事件の刑事裁判においては、この予見可能性、回避義務違反の存否が争われることになる。

　判例において予見可能性が否定されたものをみてみると、たとえば、調理師Xが十分に水洗いしたふぐ（少量の肝を含む）の水炊き鍋を客に出し、これを食べた客5名のうち1名が翌日中毒死したという事案に関して、大阪高判昭和45年6月16日刑月2巻6号643頁は、「業務上過失致死罪が成立するためには、当該業務に従事する一般通常人が行為者のおかれたと同じ具体的事情のもとで結果の発生を予見することが可能であったこと（客観的予見可能性の存在）を必要とする」とし、当時の当該地方での具体的な諸事情を検討し[5]、「本件致死の

3　この場合、厳密にいえば、自動車運転死傷行為処罰法5条の過失運転致死傷罪が成立する。

4　新潟県の弥彦神社において、1955年（昭和30年）の正月、餅まき行事が行われた際、多数の参拝者が折り重なって倒れ、124名が死亡したという事故があった（参照、最決昭和42年5月25日刑集21巻4号584頁・弥彦神社事件）。近時の雑踏事故として明石花火大会歩道橋事件がある。2001年7月21日、明石市民夏祭りが開催された際、花火大会が実施された海岸公園と最寄りの駅を結ぶ歩道橋（全長約103メートル、歩行者有効幅員約6メートル。この歩道橋は花火の絶好の観覧場所となっていた）において多数の参集者が集中し過密な滞留状態となり、押し合いにより強度の群集圧力が生じ（せりもち状態）、折り重なって転倒するいわゆる群衆なだれが発生し、その結果、11名が死亡し、183名が重軽傷を負うという事故が起こった。最決平成22年5月31日刑集64巻4号447頁は、夏祭りの雑踏警備に関し現場で警察官を指揮する立場にあった明石警察署地域官A、警備を委託され現場で警備員を統括する立場にあった警備会社支社長B、夏祭りの実質的主催者であった明石市の職員3名の計5名に対して業務上過失致死傷罪の成立を認めた。当初不起訴処分となった明石警察副署長Cが、その後検察審査会の議決に基づき強制起訴されたが、最決平成28年7月12日刑集70巻6号411頁は、BとCは具体的注意義務を異にし、両者は共同正犯とならないから、Cには時効が成立しているとの判断を示した（第26講注26も参照）。

5　この事件は昭和41年2月に起こった事件であり、ふぐの毒性・解毒方法についての知見の程度、ふぐ料理の規制等の状況が

107

結果は、被告人にとってはもちろんのこと、神戸地方でふぐ料理を提供する一般業者、これを指導監督している保健所にとっても、とうてい予見し得ない結果であったといわざるを得ない」と判示し、Xの過失を否定した。

また、雨のなか大型バスを運転し、高速道路を走行していたYが、ハイドロプレーニング現象により車体を横転させ、乗客に死傷結果を生じさせたという事案に関して、大阪高判昭和51年5月25日刑月8巻4・5号253頁は、「極度にすべり易い状態のあり得ること」が、「一般的に自動車運転者ことに高速バス運転者が、本件当時に、認識し、あるいは認識し得たものでなければならない」。「総合して検討するとき、本件当時、被告人のような立場におかれた自動車運転者、ことに高速バス運転者一般に」、「極度にすべり易い事態までの予見可能性はなかったといわざるを得ない」と判示し、Yの過失を否定したものがある[6]。

（3）以上のように、過失とは、予見可能性があり、それに基づいて回避措置がとられるべきであったにもかかわらず、それを怠って（死傷）結果を発生させたということである。したがって、具体的ケースにおいて、結果発生の予見可能性がない場合、結果の回避可能性がない場合には、過失責任を問うことができない。そして、これらの可能性を考える場合、誰を基準として予見可能であったのか、回避可能であったのかを考えるべきなのか、という過失の標準が問題となり、議論されてきた。

通説は、構成要件段階で問題とされる過失（構成要件的過失）と、責任段階で問題とされる過失（責任過失）を区別したうえで[7]、構成要件的過失は一般人の注意能力を基準として判断し[8]、責任過失は行為者の注意能力を基準として判断すべきだとする。たとえば、代表的な論者は次のように主張する。「構成要件的過失の要素としての注意義務違反の存否の判断は、一般人の注意能力を規準として客観的に行われなければならない。……すなわち、一般人の注意能力によって犯罪的結果の発生が予見され、その回避に動機づけを与えることができたとみられる場合には、客観的な不注意が存在するものとして、行為者の行為についての構成要件的過失を認めてよい

現在と異なっていたことには留意を要する。現在同じ判断になるわけではない。その後、ふぐの肝料理による中毒死に関して料理提供者に業務上過失致死罪を認めたものとして、昭和50年1月に起こった歌舞伎俳優の坂東三津五郎のふぐ中毒死事件（最決昭和55年4月18日刑集34巻3号149頁）がある。

[6] この場合も、ハイドロプレーニング現象等に関する当時の知見を前提とした判断であることに留意する必要がある。現在同じ判断になるわけではない。

[7] かつては、故意と過失をもっぱら責任要素と考え、両者をパラレルに把握し、故意は犯罪事実を予見（認識）して行う場合、過失は予見可能であった場合と考えられていた。旧過失論といわれる立場であり、現在でもこれを支持する見解もある。これに対して、予見に基づいて結果を回避する義務が課され、その義務に違反することを過失の重要な要素と考える新過失論が主張された。新過失論は、結果回避のために社会生活上必要な注意義務を果たしていれば（義務違反がなく、違法性段階での）過失行為はないと考える。この点に新過失論の重要な意義がある。新過失論が妥当である。このように考える場合に、構成要件段階に位置づけられる過失を「構成要件的過失」と呼び、責任段階に位置づけられる過失を「責任過失」と呼ぶ。なお、新・新過失論（危惧感説）は、過失の構造に関して新過失論と同じ立場をとるが、予見可能性の程度をいわば薄め、危惧感（不安感）があれば、回避措置が義務づけられるべきとする考え方である。これに対して、旧過失論も新過失論も、予見可能性の程度は具体的なものでなければならない。

[8] この場合の「一般人」は、「当該活動分野の一般人」の注意能力が基準となる。たとえば、自動車事故の場合、行為者と同様に「運転免許・運転技能を有する一般人」が基準となり、医療過誤の場合、「行為者と同等の資格・経験のある一般的な医師」が基準となるべきである。

と解する」[9]。これに対して、「責任過失は、……行為者自身における具体的な注意義務の違反が認められること
が必要である。すなわち、行為者が、その能力に照らして、当該注意義務を遵守しえたのにこれを遵守しなかっ
たとみられるのでなければならない。そして、その際、とくに、行為者の能力が、一般人に比して低くなかった
かどうかが問題とされるべきである。たとえば、行為者が……たまたま、行為の際に非常に疲労していたなどの
理由で、一般人の有する程度の注意能力を備えておらず、したがって、現実に注意義務の遵守を望みえなかった
場合には、主観的な不注意は認められないのであって、行為者に責任過失があるとすることはできない。ただ、
責任能力者である行為者が一般人の能力を具備しない事態はまれであるから、構成要件的過失の存在する場合に
責任過失の否定されることは、頻繁には起こらないであろう」[10]。

　なお、行為者を基準にする場合にも、時間的により前の段階での過失が認められうる。たとえば、視力のきわ
めて悪い者が、眼鏡をかけず（またはコンタクトをせずに）夜間雨の中自動車を運転し、その視力の弱さのため、
前方の人の存在が見えず、その人をはねてしまったという場合、行為者の能力（視力）を前提とすれば（主観説）、
予見可能性・回避可能性がなく過失責任が問えなくなりそうである。行為者が、疲労、酩酊、身体能力の低下、
技術の未熟などに基づいて事故を起こした場合にも同様に本人のその能力を基準とすればその事故を回避でき
なかったということが問題になりうる。しかし、このような場合、視力が悪いことをわかっていながら、
自動車を運転したという点に過失が求められることになる。つまり、事故直前の段階の行為について「どうして
前をよく見て運転しなかったんだ」と非難されるのではなく、「よく見えないのに、なんで車を運転したんだ」
ということが非難されるのである。これを引受け過失という。

　（4）予見可能性は、漠然とした不安感といったものではなく、ある程度具体的なものでなければならず、ま
た、結果発生に至る因果のプロセスも予見可能でなければならないという理解が多い。前者の点は賛同できるが、
後者については疑問である。公害のケースなどを考えてみると、原因物質、発病に至る病理学的メカニズム等が
十分に解明されていないものの、重大な結果が懸念される場合に「因果のプロセス」が予想できないということ
を理由に過失を否定するのは妥当ではない。予見可能性の対象は、あくまで（死傷などの）結果であり、因果プ
ロセスではないからである。重大な死傷結果が予見可能であれば、それを回避するための措置を義務づけること
は可能であり、また合理的であろう。

9　大塚・総論4版211頁以下。

10　大塚・総論4版473頁。可能性のないところに義務は生じず、客観説では一般人より能力が劣ることを理由に処罰されるこ
　とになるからである。また、団藤・総論3版338頁以下、343頁など。行為者を標準にした場合、行為者が現実に予見しなか
　った以上は、行為者にとって予見不可能であったとして注意義務を否定せざるをえないのではないかということを問題とし、
　客観説は一般人を基準とする。参照、堀内・総論2版129頁、前田・総論7版207頁、222頁以下。さらに、知識、経験、身
　体的・生理的状況のように行為者ごとに異なりうる能力については行為者を基準とし、法益を尊重するよう配慮し関心をもつ
　ということに関しては一般人を基準とすべきであるとする能力区別説もある。西田・総論3版284頁以下、松宮・総論5版補
　訂219頁、223頁など。なお、井田・総論2版234頁以下。

（5）注意義務（結果回避義務）を定める際に考慮すべき観点の1つとして信頼の原則がある。これは、1930年代以降ドイツの判例において形成、発達してきたものであるが、わが国でも、戦後、とくに自動車事故をめぐる判例において適用され、広く認められてきている[11]。信頼の原則とは、とくに道路交通の分野において、交通に関与する者は、交通規則に従って行動するときは、他の交通関与者も交通規則に従って行動することを——特別の事情がない限りは原則として——信頼して行動してよく、そのような場合、たとえ他の交通関与者が規則に従わない行動（たとえば、信号無視など）をとった結果として事故が生じたとしても、規則に従っていた交通関与者はその事故に対して責任を負わない、とする考え方である。しかし、信頼すべきでない特別の事情がない場合、たとえば、他の交通関与者が、子ども、高齢者、酩酊者などの場合や、不適切な行動の徴候がある場合など不適切な行動をとることが容易に予測可能である場合には、適切な行動を信頼することは許されない（信頼の原則は妥当しない）。

　信頼の原則は、道路交通（自動車事故）の分野での適用例が多いが、医療の分野でのチーム医療[12]、工場内での作業[13]などでも適用されている。

（6）過失の有無が争われた場合として、大規模火災に関する管理・管監督過失の場合がある。監督過失とは、結果を直接ひき起こした行為者Aを監督する立場にあった者Bに関して、Aによる結果発生を防止すべく監督する注意義務を怠ったことを理由にBに過失責任を問う場合の過失をいう。物的設備（スプリンクラー・防火扉、避難設備など）、人的な配備（防火責任者・防火組織の整備や職員の避難訓練等）などの組織・建物を管理する責任が問われる場合の過失を管理過失という。この類型の過失の有無は、予見可能性や回避義務違反の要件を考えるうえで非常に有益であるので、以下、少し立ち入って検討しよう。

　大規模火災に関して、ホテル・デパートの経営者等の管理・監督過失の刑事責任を追及する実務の傾向は昭和40年代に始まり、それに関する判例が現れはじめた昭和50年代から活発な議論が展開され、平成の時代に入り、川治プリンスホテル火災事件[14]、千日デパートビル火災事件[15]、大洋デパート火災事件[16]、ホテル・ニュー

11　最判昭和41年6月14日刑集20巻5号449頁は、深夜、到着した電車から降りた酔客が線路に転落し、電車にひかれて死亡したという事案において、はじめて信頼の原則を適用して、鉄道職員の過失を否定した。また、最判昭和41年12月20日刑集20巻10号1212頁は、交通事故に関してはじめて信頼の原則を適用して過失を否定した。「信頼の原則は、一般人にとって予見可能性のある場合についても注意義務を制限し、その分、行為者の自由な活動の領域を広げることによって行動の能率を高めようとする意図に出るもの」であり、この原則の適用には、「それに適した社会的基盤の存在が前提とされなければならない」（大塚・総論4版207頁）とされる。

12　札幌高判昭和51年3月18日高刑集29巻1号78頁（北大電気メス誤接続事件）は、外科医Xが、手術の際、看護師Yが電気メス器のケーブルを誤接続させていたことに気づかずに、その電気メス器を使用して患者の火傷を負わせたという事案に関して、「手術開始直前に、ベテランの看護婦であるYを信頼し接続の正否を点検しなかったことが当時の具体的状況のもとで無理からぬものであった」などと判示し、Xの注意義務違反を否定した。

13　大阪高判昭和50年8月29日高刑集28巻3号329頁。

14　最決平成2年11月16日刑集44巻8号744頁（死者45名、負傷者22名）。

15　最決平成2年11月29日刑集44巻8号871頁（死者118名、負傷者42名）。

16　最判平成3年11月14日刑集45巻8号221頁（死者104名、負傷者67名）。

ジャパン火災事件[17]という一連の大規模火災事件についての最高裁の判例が次々とだされ、このような施設の実質的な管理監督者に対して、その過失責任を問う判例の立場が確立された。

　これらの事案において最も争われたのは、死傷に至る因果経過の発端である「具体的な出火」の予見可能性が低くても「死傷結果」の予見可能性が認められるのか否かということであった。この類型の事案において予見可能性を認めることに対して批判的な見解は次のように主張する。すなわち、「火災がおこることが予見可能性の範囲にない以上、人の死傷結果の予見可能性も否定されざるをえない。多数の入場者の中には放火する人がいてもおかしくない、宿泊客には寝煙草をする人がいるかもしれない、漏電から出火するかもしれない、そうでなくても何かが原因で火が出ることはありうる、などという程度で火災の予見可能性、従って人の死傷のそれを肯定してよいとは思われない。防火防災対策が不備であることの認識で、人の死傷結果の予見可能性を肯定することは困難である」[18]と主張する。

　これに対して、判例は、次のように判示して、この場合の予見可能性、したがって、被告人の過失を認めた。すなわち、「昼夜を問わず不特定多数の人に宿泊等の利便を提供するホテルにおいては火災発生の危険を常にはらんでいる上」、被告人は同ホテルの防火防災対策が人的にも物的にも「不備であることを認識していたのであるから、自ら又は〔部下の〕Ａを指揮してこれらの防火管理体制の不備を解消しない限り、いったん火災が起これば、発見の遅れや従業員らによる初期消火の失敗等により本格的な火災に発展し、従業員らにおいて適切な通報や避難誘導を行うことができないまま、建物の構造、避難経路等に不案内の宿泊客らに死傷の危険の及ぶおそれがあることを容易に予見できたことが明らかである」[19]と判示し、ホテル等が、①火災発生の危険を常にはらんでいるということ、②被告人が、防火管理体制の不備を認識していたことを指摘して、予見可能性を認めた。

　このような判例の立場は支持されてよいと考える。すなわち、第１に、防火管理体制に重大な不備がある場合には出火から生ずる被害が深刻重大のものとなるおそれのあることから、出火発生の可能性は相対的にみて小さいものであってもよい。つまり、要求される予見可能性の程度は、「予想されうる結果の質的重大性（死・重傷）・量的重大性（被害者の多さ）と全く無関係ではなく、重大かつ多数の被害が予想される場合には、そうでない場合と対比すれば、多少は低めの予見可能性で足る、と解するのが合理的」で[20]あろう。第２に、安全体制確立義務においては、その義務自体が、その可能性を無視してもよい程度まで少なくすることのできない火災発生を前提として、それが拡大して人の死傷に至ることのないようにする義務なのだから、出火それ自体については、ホテル等の営業が常に出火の危険をはらんでいるという程度でよいと考えられる。「失火や事故そのものを回避ないし防止する義務」違反が問われる場合と、「その拡大による死傷を回避ないし防止する義務」違反が問われる場合とでは、その発端となる火災の予見の程度は当然に異なってよい。第３に、判例のように、この場合に予見可能性を肯定し、刑法上結果回避措置を義務づけたとしても、不当に酷であるとはいえない。つまり、危険が未

17　最決平成5年11月25日刑集47巻9号242頁（死者33名、負傷者24名）。

18　町野朔「『管理・監督過失論』の確立？」法学教室139号130頁（1992年）。

19　最決平成5年11月25日（前掲注17）。

20　斎藤・総論6版153頁。

知であるにもかかわらず、なんとなく不安を感じるという場合に結果防止措置を義務づけるとすれば、あらゆる危険に備えた防止義務を行為者に課すか、そのような行為にでること自体を禁止することになり、行動の自由の制約が著しく大きくなるのに対し、火災事故のように結果発生の可能性は（それ自体は）低いが、結果発生の危険とその防止措置は明確であるという場合には一定の結果防止措置をとりさえすればよく、行動の自由の制約は比較的少ない。第4に、判例に批判的な見解をとったとすれば、たとえば、重大な手抜き工事によりあるデパートビルが通常予想される範囲内の、しかし、かなりの規模の地震により倒壊し、買い物客等が死亡したという場合、手抜き工事を知っていてもそれに対する対応をしなかった建設会社の工事責任者について、予見可能性を否定することにならざるをえまい。飛行機事故あるいは海難事故の可能性はわずかであるとしても、非常扉や避難装置、救命具の整備を怠り、事故に際しそれが原因で死傷者が生じたという場合も同様であろう。しかし、このような場合に過失を否定するという結論は疑問である。したがって、一連の大規模火災事故に関して、経営者等の死傷結果の予見可能性、過失犯の成立を認めた判例の立場を支持することができる。

（7）過失の認定は、個々のケースの具体的事情に大きく依存する（一般化したかたちで過失の有無を論ずることには限界がある）。実際の刑事事件においては相当詳細な立証・事実認定がなされる。興味のある過失事件があれば、是非一度実際の判決を読んでみるとよいだろう。

Ⅱ　過失の種類

（1）過失の種類として次のような区別がある。

（ⅰ）「認識なき過失」と「認識ある過失」　　　これは実定法上の区別ではなく、法効果に違いがあるわけではない。未必の故意との関係で出てくる過失の分類である[21]。たとえば、未必の故意に関する認容説は、犯罪結果の発生の可能性を認識し（それがありうるかもしれないと考え）、それを認容する（それならそれでかまわないと考える）場合に未必の故意があるとする。この立場からは、結果発生がありうるかもしれないとその可能性を認識しているが、それを認容しない場合には「過失」に分類されることになる。この場合が、結果発生の可能性（犯罪事実）を認識している過失、「認識ある過失」である。未必の故意と認識ある過失は、この限りで境を接している心理状態ということになる。ただし、認識なき過失を「過失」として刑事責任を問うために、結果発生について認識がないというだけでなく、予見可能性および結果回避義務違反がなければならず、故意が否定される結果としてそれに接する「過失」があるという関係にはない。「認識なき過失」は、不注意によって、または軽率に、そのような可能性すら思い至らない場合、たとえば、わき見運転をしていて、前方の人に気づかずは

21　第13講注3参照。

ねてしまった場合であり、「過失」の中ではこちらの方がむしろ一般的であるといえる。

　（ⅱ）（単純）過失、重大な過失、業務上過失　　これは現行刑法典が用いている過失の種類である。210 条（過失致死罪）は「過失により人を死亡させた者は、50 万円以下の罰金に処する」と規定する。通常の過失、単純過失である[22]。これに対して、211 条は、「業務上必要な注意を怠り、よって人を死傷させた者は、5 年以下の拘禁刑〔懲役若しくは禁錮〕又は 100 万円以下の罰金に処する。重大な過失により人を死傷させた者も、同様とする」と規定する。前段が業務上過失、後段が重過失である[23]。刑法における「業務」は、社会生活上の地位に基づいて反復・継続して行うものであるとされ、「職業であること」とか、「対価を得て」ということは必ずしも必要ではない。それぞれの犯罪の性質のよって広狭、内容に違いがある[24]。業務上の過失の場合に重く処罰される根拠については争いがあり、業務者は危険な業務に従事することが少なくないことから、業務者にはとくに高度な注意義務が課され、その違反が重く罰せられると考える見解、業務者は反復・継続して危険な行為を行うことにより、その知識・経験から一般の人より容易に結果を予見し、回避しうるところ、それにもかかわらず、結果を発生させた場合、より強く非難されるからであると考える見解、さらに、反復・継続して危険な業務に従事する者に警告を発するという意味での一般予防的（さらに特別予防的）に働きかける必要性を指摘する見解などがある。

　重大な過失（重過失）とは、注意義務に違反する程度が著しい場合をいう。つまり、行為者がわずかな注意を払えば結果発生を容易に予見することができ、その結果を回避することができたであろう場合である。重過失が認められたものとして、闘犬を放し飼いにしたところ、その闘犬が幼児 2 名を襲い、死傷させたという事案[25]、X が妻 A と口論となった際、ふすまを閉められたことに激高し、日本刀でふすまを刺したところ、ふすまの反対側にいた息子 B を刺殺したという事案[26]がある。

　（ⅲ）結果的加重犯　　傷害致死罪（205 条）のように、ある基本的な犯罪（傷害罪など）を実行したところ、行為者の意図していなかったより重い結果（死の結果）を発生させた場合、基本的犯罪より重い刑で処罰する犯罪を結果的加重犯という。傷害致死罪（205 条）のほか、保護責任者遺棄致死傷罪（219 条）、逮捕等致死傷罪（221 条）、強盗致死傷罪（240 条）などがある。結果的加重犯の加重結果に対して過失が必要であるというのが通説であるが、判例は、傷害致死罪の成立には「暴行と死亡との間に因果関係の存在を必要とするが、致死の結果についての予見を必要としないこと当裁判所の判例とするところである」との立場を一貫してとってきてお

22　116 条の失火罪、117 条 2 項の過失激発物破裂罪、122 条の過失建造物等浸害罪、129 条 1 項の過失往来危険罪も、（単純）過失の場合である。

23　117 条の 2 が業務上失火罪・重過失失火罪を規定している。

24　業務上過失致死傷罪（211 条）における「業務」とは、人が社会生活上の地位に基づき反復継続して行う行為であり、かつ、その行為が他人の生命身体等に危害を加えるおそれのあるもの、または、人の生命・身体の危険を防止することを義務内容とするものであり、業務上失火罪（117 条の 2）における「業務」は、職務として火気の安全に配慮すべき社会生活上の地位をいう。

25　那覇地沖縄支判平成 7 年 10 月 31 日判時 1571 号 153 頁。

26　神戸地判平成 11 年 2 月 1 日判時 1671 号 161 頁。

り[27]、責任主義の観点から批判されてきている。

（2）特別法には、行為者とともに、法人も処罰する両罰規定がある。たとえば、独占禁止法95条は、「法人の代表者又は法人若しくは人の代理人、使用人その他の従業者が、その法人又は人の業務又は財産に関して、次の各号に掲げる規定の違反行為[28]をしたときは、行為者を罰するほか、その法人又は人に対しても、当該各号に定める罰金刑を科する」と規定する。このような両罰規定において、法人等の過失が推定されていると解するのが判例・通説である。判例は、「事業主が人である場合の両罰規定については、その代理人、使用人その他の従業者の違反行為に対し、事業主に右行為者らの選任、監督その他違反行為を防止するために必要な注意を尽さなかつた過失の存在を推定したものであつて、事業主において右に関する注意を尽したことの証明がなされない限り、事業主もまた刑責を免れ得ないとする法意と解するを相当とすることは、すでに当裁判所屡次の判例……の説示するところであり、右法意は、本件のように事業主が法人（株式会社）で、行為者が、その代表者でない、従業者である場合にも、当然推及されるべきである」と判示されている[29]。法人等の事業主は、従業者の選任・監督上の過失を推定され、無過失を立証した場合に免責されることになる[30]。これは法人の機関等の意思・行為を法人の意思・行為を同一視し、機関等の行為責任を法人の行為責任ととらえるものである。

27　最判昭和32年2月26日刑集11巻2号906頁など。

28　私的独占、不当な取引制限、事業者団体による競争の実質的制限などである。

29　最判昭和40年3月26日刑集19巻2号83頁。

30　かつては無過失責任説もあり、一方で、現在では、純過失説もある。

第16講　正当防衛

〔違法性阻却事由 1〕

I　違法性 ―― 違法性阻却事由

　犯罪は違法な行為でなければならない。適法な行為を「犯罪」であるということはできないからである。そのことから、行為が違法であることが犯罪の一般的な成立要件の1つとなる。もっとも、構成要件は違法な行為を類型化したものであるから、ある行為が構成要件に該当するということは（たとえば、「人を殺した」という199条の構成要件に該当する場合）、原則として、その行為が違法な行為であることを意味する（構成要件の違法推定機能）。たとえば、XがAを殴り、Aに怪我を負わせた場合、Xの行為は、「人の身体を傷害した」という204条の構成要件に該当する。YとZがBの両脇をかかえ無理やり車に乗せ、ある場所へ連れて行き、その場所でBを拘束した。YとZの行為は「人を逮捕し、又は監禁した」という220条の構成要件に該当する。しかし、それぞれの事情をよく調べてみると、Xは、Aから刃物で切りかかられたことから、身を守るためにAを殴ったということであった。また、YとZは警察官であり、逮捕令状の執行としてBの身柄を拘束したのであった。Xが緊急状態下で身を守るためにやむを得ずに行った行為であったということによって、Xの行為が傷害罪の構成要件に該当する（Aの身体を傷害した）という構成要件的評価が変更されるわけではないし、YとZが職務の執行としてBを逮捕したことによって、YとZの行為が逮捕監禁罪の構成要件に該当する（Bを逮捕し、または監禁した）という構成要件的評価が変更されるわけではない。しかし、構成要件該当性の判断に続く違法性の判断において、正当防衛（36条）、または、正当行為（35条）と評価されることによって、その行為の違法性が阻却され（打ち消され）、Xの行為は適法な行為となる。つまり、犯罪ではないということになる。

　そこで、犯罪の成否の検討の第2段階として、違法性、とくに違法性阻却事由の存否が検討されるべきことになる。刑法典の総則は、違法性阻却事由として、正当行為（35条）、正当防衛（36条）、緊急避難（37条）の3か条を規定している。本講では、まず正当防衛を勉強し、次講で緊急避難を考え、最後に、正当行為を検討することにする。

II　正当防衛 (Notwehr、self-defence)

　（1）「正当防衛」という言葉は、刑法を勉強したことがなくても、知っている、あるいは聞いたことがあるという人が多い言葉だろう。正当防衛は、「書かれた法ではなく、生まれた法である」（キケロ）とか、「正当防衛は歴史をもたない」（ガイプ）といった言葉で示されてきたように、時代・地域を超えて、いわば普遍的に認

められてきたといえるかもしれない。しかし、「正当防衛」それ自体の承認が「普遍的」であるとしても、その「正当防衛」として許容される具体的な行為の範囲は、その国の（法）文化、社会状況、人々の意識にも大きく依存し、国により、時代により異なっていることも事実である。たとえば、アメリカにおける自衛の意識の（一般的な）強さや、銃の適法な所持の（広い）許容からもうかがえるように、アメリカにおいて「正当防衛」として許容される行為の範囲は、わが国のそれよりも広いことがこれまでも指摘されてきた[1]。

　法領域により正当防衛として許容される範囲が違うことを意識させた事件の1つとして、1992年のアメリカのルイジアナ州で起こった日本人留学生射殺事件がある。これは16歳の日本人留学生が、ハロウィン・パーティーに際して訪問する家を間違え、住人Xの「止まれ（Freeze!）」との警告に従わず近づいたため射殺されたという事件である。Xは故殺罪で起訴されたが、陪審の評議の末、無罪との評決が下された。この事件は当時日本でも大きく報道され、いろいろな意見があったようであるが、たとえば、山室惠裁判官（当時）は、対談において、「日本の社会状況や文化の枠組みの中で、ピストルを持ち出して発砲した事態を想定してみると、正当防衛で無罪という結論は出てこないでしょう。しかし、……アメリカの社会状況や文化の枠組の中では、ものが違って見えるのです」。「アメリカの文化を前提にすると、X氏がやったことは当然のことであって犯罪ではないという考えが比較的素直に導き出されるからです。その意味で、今回の無罪評決は、……予想どおりの結果であったようにも思われます」[2]と述べている。

　ドイツにおいて、正は不正に譲歩する（屈する）必要はない（Das Recht braucht dem Unrecht nicht zu weichen.）という言葉に代表されるところの、19世紀の自由主義的、個人主義的思想を基礎にして強い反撃を許容した正当防衛権は、社会的な観点から徐々に修正されてきており、ドイツにおける正当防衛権の現代の展開は、社会倫理的な観点からの制限の歴史であるといわれている[3]。ドイツにおいては、「個人主義的に理解されてきた正当防衛権の行き過ぎを社会倫理という超個人主義的観点からチェックしていこうとする立場が強く主張され、圧倒的な支持をえた」のに対して、わが国では「ようやく判例が正当防衛権を拡大するようになってきたところであ」り、「ドイツにおける『制限論』をストレートに導入することには、きわめて慎重でなければならない」[4]との指摘もある。

　わが国において、フランス刑法を模範とした旧刑法は、正当防衛を、刑法典の各則において、生命・身体・財

---

[1] 「コモン・ローを継受した後のアメリカでは、正当防衛の範囲が拡張され、特に開拓時代の西部では、著しく広かったといわれる」（佐伯仁志「アメリカの正当防衛法」ジュリスト1033号57頁［1993年］）。「誤想防衛の場合を、アメリカの正当防衛法は、一定の範囲で正当防衛として扱っている。これがアメリカの正当防衛法の大きな特色である。コモン・ロー及び大多数の州制定法は、誤想防衛の場合にも、行為者が正当防衛状況の存在を『合理的に信じて』いた場合には正当防衛の成立を認める」（佐伯・前掲54頁以下）。また、佐伯・総論の考え方114頁以下も参照。団藤・総論3版233頁は、正当防衛の普遍性は「生命の防衛にはあてはまるが」、「生命・身体以外の法益について正当防衛がみとめられるようになったのは、あたらしいことである」と指摘する。

[2] 井上正仁ほか「〔鼎談〕アメリカの刑事司法（II）——キング事件・服部君事件をめぐって」ジュリスト1035号77頁〔山室惠発言〕（1993年）。

[3] 参照、齊藤誠二『正当防衛権の根拠と展開』3頁以下（多賀出版、1991年）、山中敬一『正当防衛の限界』1頁以下、17頁、293頁（成文堂、1985年）など。

[4] 川端博『正当防衛権の再生』14頁（成文堂、1998年）。

産等を防衛するため侵害者（暴行人）を殺傷した場合についてだけ規定しており（旧刑法 314 条・315 条）、現行刑法になってようやく、正当防衛の総則規定が設けられ、広く「権利」一般について正当防衛が可能になった。現行刑法の解釈においても、たとえば、債務不履行という（民事上）違法な行為に対して正当防衛は認められないと考えられており[5]、そのことは、正当防衛（自力救済）の範囲は（民事手続その他による）当該社会の救済制度の整備の程度とも関連しているということも意味しよう。

　　（2）わが国の現行刑法 36 条の正当防衛の要件[6]は、①正当防衛を行うことのできる状況（「急迫不正の侵害」に直面した状況）と、②その状況での防衛行為（権利を防衛するためのやむを得ずにした行為）に大きくわけることができる。

　正当防衛は、急迫不正の侵害に襲われたという緊急状況下で公的機関による法的保護を求めることが期待できないときに、侵害を排除するための私人による対抗行為として例外的に許容するものである[7]。かかる緊急行為という性格をもつために、緊急状態下の行為であること、したがって、「急迫」不正の侵害に対するものであることが、正当防衛の本質的な要件になる。過去・現在・未来という時間軸の中で、「急迫」とは、法益の侵害が現在しているか、または間近に差し迫っていることをいう[8]。過去の侵害に対する対抗措置は復讐として許されず、将来予想される侵害に対する先制攻撃は正当防衛と認められない。

　侵害を予期していた場合に急迫性の要件が充たされるのか否か（「侵害の予期と急迫性」の問題）が裁判でしばしば争われてきた。あらかじめわかっていたことであれば、その侵害は「急に迫ってきた」とはいえない、といえなくもないからである。たとえば、帰宅途中の道で最近ときどき不審者が出ることを聞いていたAが、護身用の道具を携帯していたころ、ある日帰宅途中不審者が現れ、襲われそうになった。Aはびっくりしたが、気持ちを落ち着かせ、携帯していた道具で不審者を撃退し、ことなきを得た。しかし、その際、不審者に傷害を負わせた。このような場合、事前の警告により不審者による侵害をあらかじめ予想していた（だからこそ護身用の道具も携帯していた）という理由で、「急迫性」が否定され、正当防衛にならないのだろうか。この場合に正当防衛が認められえないとすれば納得のいかない人が多いだろう。日頃虐待を加えられていた者が、ある時、虐待行為に対して反撃をした場合にも同じようなことがいえよう。判例も、侵害があらかじめ予期されていたものであるとしても、そのことから直ちに急迫性を失うものではないと判示してきた[9]。また、判例は、侵害の急迫性が要件とされているのは、予期された侵害を避けるべき義務を課す趣旨ではないから、当然またはほとんど確実に

5　後述、Ⅱ（3）参照。
6　盗犯等ノ防止及処分ニ関スル法律 1 条は刑法 36 条の正当防衛の特則を設けている。
7　最決平成 29 年 4 月 26 日刑集 71 巻 4 号 275 頁。団藤・総論 3 版 232 頁など。
8　最判昭和 46 年 11 月 16 日刑集 25 巻 8 号 996 頁。
9　最判昭和 46 年 11 月 16 日（前掲注 8）。

侵害が予期されたとしても、それだけで侵害の急迫性が失われるわけではないとする[10]。学説もこのような理解を支持している。判例は、さらに、積極的加害意思がある場合に「急迫性」が否定されるとの考え方を展開してきた（積極的加害意思論）。これについては後述のⅢで検討する。

（3）「不正」とは、違法であることをいう。正当（適法）な侵害に対して正当防衛で対抗することはできない。具体的には、正当防衛行為に対して正当防衛で対抗することはできず、令状逮捕など警察官の適法な職務行為に対して逮捕されないように抵抗する行為は正当防衛として認められない[11]。むしろ、その抵抗は公務執行妨害（95条1項）となりえよう。自然災害・動物の攻撃は「違法」と評価をすることができないから、その危難を回避するため緊急避難を行いうるにすぎない[12]。しかし、侵害者の行為が違法であればよく、有責であることを要しないから、責任無能力者の侵害行為に対して正当防衛を行うことができる。注意すべきなのは、すべての利益侵害が36条1項の意味での不正な「侵害」になるわけではないということである。債務不履行は不正な利益侵害であるが、公的（民事的）な救済制度が整備されており、かつ、後に被害を（比較的容易に）回復することが可能（もしくは被害が軽微）である場合には、制度上、私人による直接的な実力行使である正当防衛は認められない[13]。侵害行為は通常は作為であるが不作為でもありうる。

（4）防衛行為は、自己または他人の権利を防衛するため、やむを得ずにしたものであることを要する。「他人の」ための正当防衛も認められる。この場合を緊急救助（Nothilfe）ともいう。「他人」は、赤の他人でもよく、さらに、自然人だけでなく、法人その他団体も含み、国家的法益・社会的法益に対する正当防衛も認められる[14]。

10　最決昭和52年7月21日刑集31巻4号747頁。
11　誤認逮捕のケースは争われており、真犯人以外の逮捕は違法であり、これに対して正当防衛は可能であるとの見解もある。
12　いわゆる対物防衛の場合である。動物が無主物の場合、その殺傷は構成要件に該当しないから、違法性阻却の問題も生じない。動物の攻撃が所有者・管理者の故意または過失に基づくときは、その所有者・管理者の侵害と評価することができ、その攻撃に対して正当防衛を認めることができる。それ以外の動物による侵害に対して正当防衛を行うことができるかどうかが議論されてきた。1つの見解は、落雷や土砂崩れなどの自然災害によっても人の生命は奪われるが、これらの現象は刑法による禁止・命令に違反して行われた結果ではなく、「法に違反する」と評価することはできず、同様に、動物も法律の禁止・命令の対象ではないとする。『侵害』とは侵害行為をいい、「侵害行為でない単なる侵害の事実に対しては、正当防衛は許されない」のである（団藤・総論3版235頁）。これに対して、「被侵害者の法益を侵害し、これに対して正当防衛が許されるかどうかという見地から問題とされるべき一般的観点における違法性を意味するにすぎ」ず、「それは、必ずしも人間の行為によるものに限らず、動物による侵害などについても考えることができる」とする見解（大塚・総論4版383頁）、正当防衛のほかの要件を充たす限りで正当防衛に準じた扱いをすべきとする見解（大谷・総論新版5版276頁）などもある。大判昭和12年11月6日大審院判決全集4輯1151頁は、Xがその所有する猟犬（価格600円相当）がA所有の番犬（価格150円相当）に咬み伏せられたことから、Aに番犬の制止を求めたが応じてもらえなかったため、銃でその番犬を撃ち銃創を負わせたという事案において、正当防衛ではなく、緊急避難を認めXを無罪とした。
13　「不正の侵害」を否定する見解のほか、「急迫性」を否定する見解もある。高知地判昭和51年3月31日判時813号106頁も参照。
14　最判昭和24年8月18日刑集3巻9号1465頁。

もちろん、この場合「やむを得ずにした」の要件が否定されるケースが多いであろう。「権利」とあるが、「○○権」と呼ばれるものである必要はなく、法的に保護に値する利益であればよい。

　防衛の意思が必要であるか否かは争われてきたが、判例は、一貫して、防衛の意思が必要であると解してきており、通説も必要説をとる。条文に「防衛するため」と規定されており、また、相手が自分を攻撃しようとしていたのを知らずにその者を攻撃したところ、結果的・客観的にみれば、たまたま自分の身を守ることになっていたという場合（いわゆる偶然防衛）に正当防衛と認めるべきではない[15]から、判例・通説を支持しえよう。もっとも、不正な侵害を受けて憤激するのはある意味当然（自然）な反応ともいえ、憤激・逆上、憎悪、攻撃的意思の併存は防衛の意思を認めることの妨げにならない[16]。防衛行為は緊急状態に直面していわば反射的または本能的に行われるような場合も考えられ、明確な防衛の動機・意図を要求するならば、正当防衛の成立範囲が不合理に制限されることになろう。したがって、防衛の意思が必要であるといっても、その内容は、急迫不正の侵害を認識しつつ、それに対応する心理状態といったものにならざるをえない。しかし、その程度のものであれ、侵害に対応する認識・意思は必要である[17]。

　（5）「やむを得ずにした行為」とは、防衛のために必要で、かつ相当な行為のことをいう。正当防衛は不正な侵害に対する正当な反撃であり、法確証の利益も認められるから、緊急避難の場合のように、その防衛行為が侵害を回避する唯一の方法であることを要しない。正当防衛の場合、逃げられるからといって逃げなければならないわけではない、といわれてきた。厳格な法益の権衡は必要ではない[18]が、相当性において、侵害行為に対する反撃行為の一定程度のバランスも問題となる。判例は、「やむを得ずにした行為」とは、「急迫不正の侵害に対する反撃行為が、自己または他人の権利を防衛する手段として必要最小限度のものであること、すなわち反撃行為が侵害に対する防衛手段として相当性を有するものであることを意味するのであつて、反撃行為が右の限度を

15　偶然防衛の場合に、防衛の意思不要説に立ち正当防衛を認める見解や、防衛の意思必要説から未遂罪の成立を認める見解もある。

16　最判昭和46年11月16日（前掲注8）（「刑法36条の防衛行為は、防衛の意思をもつてなされることが必要であるが、相手の加害行為に対し憤激または逆上して反撃を加えたからといつて、ただちに防衛の意思を欠くものと解すべきではない」）、最判昭和50年11月28日刑集29巻10号983頁（「防衛に名を借りて侵害者に対し積極的に攻撃を加える行為は、防衛の意思を欠く結果、正当防衛のための行為と認めることはできないが、防衛の意思と攻撃の意思とが併存している場合の行為は、防衛の意思を欠くものではない」）。

17　防衛の意思を急迫不正の侵害の認識に純化できるのか否かはなお検討を要する。「判例の立場は、防衛の意図（動機・目的）と攻撃の意図（動機・目的）との優劣を比較し、後者が優勢であるときにのみ、防衛意思を否定するというのではなく、後者が前者を排除し尽し、前者がゼロとみられる場合……に限って、防衛意思を否定するものである」と解説するのは、安廣文夫・最判解（昭和60年度）144頁。いずれにせよ、「実務的には、防衛意思を否定できるのは極めて例外的な場合に限られ」る（安廣文夫「正当防衛・過剰防衛」法学教室387号16頁［2012年］）。

18　財産的権利を防衛するために身体を侵害することも許される場合がある。AらがX方建物に立入禁止等と書いた看板をとりつけようとし、その建物に対するXの共有持分権、賃借権、名誉等に対する急迫不正の侵害に及んだのに対して、XがAらの胸部等を手でつく暴行をしたという事案において、最判平成21年7月16日刑集63巻6号711頁は、Xの行為は防衛手段として相当性の範囲を超えるものではないとして正当防衛を認めた。この事件ではAらが同様の行為を継続的に繰り返していたという事実関係も重要である。

超えず、したがつて侵害に対する防衛手段として相当性を有する以上、その反撃行為により生じた結果がたまたま侵害されようとした法益より大であつても、その反撃行為が正当防衛行為でなくなるものではない」[19]としている。

「やむを得ずにした行為」は、行為者の身体能力を考慮に入れたうえで、通常の法意識をもった人が当該状況に置かれた場合を想定し、侵害を回避するために、防衛するためにどのような行為をとりえたのかを考え、そのうえで、正当防衛は反撃することを許容しているのだから、とりえた反撃行為のうち、選択され行われた反撃を、「そのような状況においてその程度の反撃をするのももっともだ」と考えることができるか、あるいは「それは、ちょっとやり過ぎだ」と考えられるようなものなのかにより、防衛行為の相当性は判断されるべきであろう。いわば行為時点での一般的な法意識に基づいて評価される、行為の許容性・相当性判断である。その際、緊急状態下でのとっさの反撃であり、落ち着いた心理状態で慎重に判断する余裕のない状況下での手段を選択しなければならないということにも十分に留意しなければならない。裁判員裁判においては、評議において、裁判員・裁判官が、当該具体的ケースの事情を前提として意見を出し合い、その判断をまとめていくプロセスも重要であろう。

III　対抗行為に先行する事情と正当防衛 ── 積極的加害意思、自招の侵害

（1）客観的には切迫し、または現在する侵害に対して対抗行為を行った場合でも、対抗行為に先行する事情、行為全般の状況に照らして、正当防衛が制限される場合がある。「急迫性」のところで言及したように、正当防衛が問題になる状況においては事前に侵害が予期されていた場合も少なくなく、その場合の「急迫性」が問題になってきた。判例（最決昭和52年7月21日［前掲注10］）は、「単に予期された侵害を避けなかつたというにとどまらず、その機会を利用し積極的に相手に対して加害行為をする意思で侵害に臨んだときは、もはや侵害の急迫性の要件を充たさない」とし、積極的加害意思論を展開してきた。しかし、この考え方に対しては、「急迫性」は客観的に判断されるべきであり、加害意思といった主観面を問題にすることに対して批判が向けられてきた[20]。

侵害の予期とは別に、対抗行為に至る前の事情として、相手をかっとさせる言動など、故意または過失により侵害のきっかけをつくり、その意味において侵害を自ら招き、それに対して反撃行為をするという状況も問題になってきた。侵害を受けた者がその侵害を自ら招いた（その原因を作った）場合を自招の侵害という。これに関

---

[19] 最判昭和44年12月4日刑集23巻12号1573頁。また、最判平成元年11月13日刑集43巻10号823頁。駅のホームで、女性Aが酔っ払いBに絡まれ、言い合いなどをするうちに、AがBの手を払いのけるように押したところ、Bがバランスを崩してホームに転落し、電車にはねられて死亡したという西船橋駅ホーム転落死事件に関して、Aに正当防衛を認めた千葉地判昭和62年9月17日判時1256号3頁も重要である。

[20] 判例を批判する立場は、積極的加害意思のような主観面は「防衛の意思」において問題にすべきだともするが、前述のように、防衛の意思必要説に立ったとしても防衛の意思の内容は薄められてきており、それを侵害に対応する心理状態のように理解する場合には、「積極的加害意思」のある場合もかかる防衛の意思は否定できないのではないかという問題もある。

して、意図的な挑発（正当防衛に名を藉りて相手方を侵害する意図で挑発する場合）、故意的挑発（相手方の侵害がありうるものと認識しながら挑発する場合）、過失的挑発（挑発に基づく相手方の侵害が予見可能であった場合、軽率なふるまいをした場合）にわけて検討されることが多かった。この分類は絶対的なものではないが、議論を整理するうえでは有益といえる。判例が展開する積極的加害意思論が問題になる状況は、意図的挑発のケースと重なる場合も多い[21]。逆にいえば、判例は意図的挑発に相応するような状況を積極的加害意思論で処理してきたともいえる。

❖ 積極的かがいいし論（採決昭和 52 年 7 月 21 日計週 31 巻 4 号 747 頁など）

（単なる・確実な）侵害の予期　　　　　　　　　　⇒　急迫性あり

侵害の予期 ＋ 積極的加害意思 をもって侵害に臨んだ場合 ⇒ 急迫性を否定

＝　侵害に臨む前の心理状態

⇕

防衛の意思　＝　防衛行為時の心理状態

（2）自招の侵害の問題について、以前は判例の立場は必ずしも明らかでなかったが、平成になって最高裁は重要な判断を示した[22]。ゴミ捨てのトラブルからXがAに暴行を加え（自招行為）、そのまま立ち去ったところ、AがXを追いかけ、仕返しにXに暴行を加え（侵害行為）、これに対しXが反撃した（反撃行為）という事案に関して、最決平成 20 年 5 月 20 日刑集 62 巻 6 号 1786 頁は、「Xは、Aから攻撃されるに先立ち、Aに対して暴行を加えているのであって、Aの攻撃は、Xの暴行に触発された、その直後における近接した場所での一連、一体の事態ということができ、Xは不正の行為により自ら侵害を招いたものといえるから、Aの攻撃がXの前記暴行の程度を大きく超えるものでないなどの本件の事実関係の下においては、Xの本件傷害行為は、Xにおいて何らかの反撃行為に出ることが正当とされる状況における行為とはいえないというべきである」と判示した。

このような判断枠組みによる判断によって自招侵害の多くの場合おおむね妥当な結論に至ると思われるが、①不正な自招行為が存在し、②自招行為と侵害行為とが時間的・場所的に一連・一体といえ、③自招行為と侵害行為がある程度均衡が認められる場合に「つねに」「反撃行為に出ることが正当とされる状況における行為」を否定するとすれば、それは妥当でないといえよう。というのは、①②③が充たされる場合でも、Aの侵害行為に対してXが防御的に対応することはなお許容されてよいと思われるからである。しかし、①②を充たしている場合

---

[21]　意図的挑発の場合、急迫性を欠く、防衛の意思を欠く、やむを得ずにした行為とはいえないなど 36 条のいずれかの要件を欠くとする見解のほか、36 条の各要件を充たしているが、権利の濫用である、社会的相当性を欠くなど、自招の侵害の扱いにつき学説は多岐にわかれているが、正当防衛を認めないという限りではほぼ一致がみられるといえよう。

[22]　下級審判例として、福岡高判昭和 60 年 7 月 8 日刑月 17 巻 7・8 号 635 頁など。

に、③自招行為と侵害行為の比較によって「反撃行為に出ることが正当とされる状況における行為」を否定するその論理は、反撃行為の態様・程度を考慮に入れる判断枠組みとなっていないのである[23]。ここに、この決定の判示内容の大きな問題点がある。また、36 条の個々の要件に関係づけずに 36 条の適用を否定する解釈、つまり、36 条の要件はすべて充たしているとしつつ 36 条の効果（「罰せず」）は認めないという解釈も問題であろう。侵害を自招した場合のうち意図的な挑発の場合、暴力的な解決を志向する態度で侵害に臨み、想定したような侵害を招来した場合には「急迫性」を否定し（後述（3））、そうでない場合には、自ら侵害を招いたことを考慮して「やむを得ずにした行為」を（厳格に）判断することにより解決すべきであるように思われる。

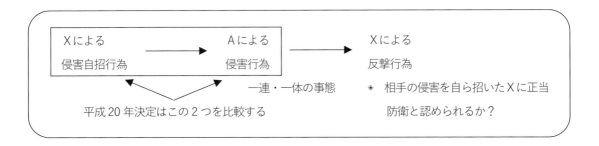

（3）平成 20 年決定が積極的加害意思を問題にせず事案を解決したことから、とくに積極的加害意思論に批判的な立場から、判例が積極的加害意思論と距離を置き、あるいはこの考え方を放棄したのではないかといった見方も示された。しかし、判例はさらなる展開をみせる。電話で A と口論をした後呼び出された X が、A の攻撃を想定して包丁をもって出向き、A がハンマーで攻撃してきたのに対し、包丁でその左胸部を突き刺し、A を殺害したという事案に関して、最決平成 29 年 4 月 26 日（前掲注 7）は、「行為者が侵害を予期した上で対抗行為に及んだ場合」、「①行為者と相手方との従前の関係、②予期された侵害の内容、③侵害の予期の程度、④侵害回避の容易性、⑤侵害場所に出向く必要性、⑥侵害場所にとどまる相当性、⑦対抗行為の準備の状況（特に、凶器の準備の有無や準備した凶器の性状等）、⑧実際の侵害行為の内容と予期された侵害との異同、⑨行為者が侵害に臨んだ状況及び⑩その際の意思内容等を考慮し、行為者がその機会を利用し積極的に相手方に対して加害行為をする意思で侵害に臨んだとき」など、「36 条の趣旨に照らし許容されるものとはいえない場合には、侵害の急迫性の要件を充たさない」（○数字は原口が付した）と判示した。この決定は、侵害を予期したうえで対抗行為に及んだ場合の事案の処理として、積極的加害意思という観点を放棄していないこと、また、「急迫性」の要件

23　近時、侵害回避義務を問題とする見解が有力に主張されている。たとえば、橋爪・総論 90 頁は、被侵害者が正当な利益を犠牲にすることなく、予期された侵害を容易に回避できた場合には、回避すべき危険が現実化しているにすぎないとして、侵害の急迫性を否定すべきであると主張する（侵害回避義務論）。注目すべき議論であるが、同様の問題をかかえよう。なぜなら、利益衝突状況の合理的解消をはかるため実行行為に先行する事情から事前に侵害回避義務を課すとするその理論構造からは、防衛（対抗）行為の態様・（相当性逸脱の）程度を考慮に入れることはできず、いったん（事前に）侵害回避義務が課された場合、その後侵害を回避せずに正当防衛状況を現実化すれば一律に「急迫性」（ないしは正当防衛の成立）が否定されることになり、かりに相手方の攻撃に対して防御的な対応をしたとしても、急迫性が否定され、正当防衛・過剰防衛の余地がなくなってしまうように思われるからである。

での解決を維持していることを示した。もちろん、判例が、積極的加害意思が認定されない事案でも、「対抗行為に先行する事情を含めた行為全般の状況に照らして」急迫性が否定される場合があることを明らかにした点において重要である（行為全般の状況の総合的判断、「積極的加害意思」の比重の相対的な低減）。平成29年決定のあげる行為全般の要素の総合的判断の仕方、類型化（出向き型、待ち受け型など）による結論の明確化など、なお検討すべきことはあるが、刃物・銃器などを準備し、暴力的な解決を志向する態度で侵害に臨み、想定したような侵害を招来した場合、いわば侵害の臨む段階からすでに闘争（攻撃）に至る行動が始まっているとみることができ、実際にそれを実現した場合、緊急行為としての正当防衛の性格に照らして正当防衛は否定されるべきである[24]。判例がこのような場合を「急迫性」を否定して解決しようとすることは、その結論において支持できよう。

　（4）平成20年決定と平成29年決定の関係など、先行する事情と正当防衛にかかわる判例はどのように整理したらよいであろうか。まず、喧嘩闘争に関して闘争の全般から判断すべきとした最大判昭和23年7月7日刑集2巻8号793頁がこの関係の判例の出発点と位置づけられる。すなわち、「互に暴行し合ういわゆる喧嘩は、闘争者双方が攻撃及び防御を繰り返す一団の連続的闘争行為であるから、闘争の或る瞬間においては、闘争者の一方がもっぱら防御に終始し、正当防衛を行う観を呈することがあっても、闘争の全般からみては、刑法第36条の正当防衛の観念を容れる余地がない場合がある」と判示した[25]。この判例は現在でも判例変更されていない。これが具体化されていき、その1つが最高裁昭和52年決定の積極的加害意思論となり、これがさらに最高裁平成29年決定へと発展した。そして、もう1つが侵害を自招した場合に関する最高裁平成20年決定である。これら2つの判例は併存し、前者は侵害の予期がある類型の事案に関して、後者は侵害を自招した類型の事案に関して適用されることになろう

24　参照、斎藤・総論6版177頁以下。
25　さらに、これを踏まえ、最判昭和32年1月22日刑集11巻1号31頁。なお、「喧嘩両成敗」の法理について、参照、塩見淳「喧嘩と正当防衛」『日中刑法総論・各論の先端課題』121頁以下（成文堂、2018年）。

最大判昭和 23 年 7 月 7 日刑集 2 巻 8 号 793 頁〔闘争の全般から判断〕

（→ 最判昭和 32 年 1 月 22 日刑集 11 巻 1 号 31 頁）

【侵害の予期がある場合】

最決昭和 52 年 7 月 21 日刑集 31 巻 4 号 747 頁〔予期＋積極的加害意思＝急迫性否定〕

【侵害を自招した場合】

最決平成 20 年 5 月 20 日刑集 62 巻 6 号 1786 頁〔自招侵害。「反撃行為に出ることが正当とされる状況における行為」を否定〕

最決平成 29 年 4 月 26 日刑集 71 巻 4 号 275 頁〔侵害を予期して対抗行為＝行為全般の状況に照らして検討。急迫性否定〕

第17講　正当防衛の周辺

〔違法性阻却事由 2〕

Ⅰ　過剰防衛

　反撃行為が防衛の程度を超えた場合、過剰防衛となる。「それはやり過ぎだ」という場合であり、「過剰」であることから、過剰防衛は違法な行為と評価される。しかし、正当防衛状況に直面して行われる行為であり、恐怖・驚愕・動揺等によってやり過ぎてしまうということも考えられることであるから、36条2項は、「防衛の程度を超えた行為は、情状により、その刑を減軽し、又は免除することができる」と過剰防衛を規定している。

　過剰防衛には、素手で防衛可能であるのに凶器を用いて反撃した場合のように、選択した手段、強度の点で過剰であった場合（質的過剰）と、反撃による侵害の「終了」後さらに追撃した場合（量的過剰）とがある。

【事例1】　　Aから突然殴りかかられてきたBは、①攻撃をやめさせようとAに向けて携行していた果物ナイフを示し威嚇した。しかし、②それにひるまないAが、鉄パイプで何度も激しくBに殴りかかったので、Bは、Aに対してナイフを振り回して反撃し（＝反撃行為）、Aの手など数か所を切りつけたところ、Aは痛みで鉄パイプを手放し、その場にしゃがみこんだ。③それでも、Aの攻撃に驚愕し、動揺していたBは攻撃を続け（＝追撃行為）、もはや抵抗する意思のなかったAにさらに切りつけ、Aに傷害を負わせた。

　事例1のBは、Aから突然の侵害を受けており、これに対する反撃行為は「急迫不正の侵害」に対する防衛行為として許される。①ナイフでの威嚇は、それが防御的な行動にとどまる限り、脅迫罪（222条）の構成要件に該当するとしても、正当防衛として違法性が阻却されよう。さらに、②の行為も傷害罪（204条）の構成要件に該当するが、鉄パイプで本気で殴られたとすれば、とりわけ頭部・顔への攻撃の場合など、相当な傷害を負うことも考えられるから、ナイフでのBの防衛行為は「やむを得ずにした行為」といってよかろう。したがって、この時点までのBの行為を評価すれば正当防衛として違法性が阻却されるともいえる。それに対して、③の局面の行為を切り取って考えたとすると、その時点でAにはもはや攻撃の意思がなく、正当防衛の要件である「急迫不正の侵害」は消失しており、Bの行為はもはや急迫不正の侵害に対する防衛とはいえない。そこで、傷害罪成立ということになりそうである[1]。しかし、③の行為を、それ以前の①ないし②の行為（ないし事象）と切り離し

---

[1]　なお、侵害の継続を誤想していれば誤想防衛にはなりうる。誤想防衛については、後述、Ⅱ参照。

て、「単なる犯罪行為」と考えることは適切な評価といえようか。Bがそのような行為に及んだのは、そもそもAから理由のない侵害を受けたからである。正当防衛として対応したものの、動揺・興奮等のためにやり過ぎてしまったという評価、つまり、過剰防衛と評価すべき事態というべきであろう。これが量的過剰防衛の場合である。当初の急迫不正の侵害が終了した後も余勢に駆られ、反撃行為と一体的に評価される追撃行為の場合、反撃行為から追撃行為までの（いわば徐々にエスカレートしていった）一連の行為を過剰防衛とみて、36条2項が適用される。Bは、「②の反撃行為まで正当防衛となり、③の追撃行為につき傷害罪が成立する」[2]というのではなく、「③の追撃行為も含めて傷害罪の過剰防衛となり、情状により刑が減免されうる」ということになる。

　量的過剰防衛は、「侵害終了後」の追撃行為が問題になる場合であるから、量的過剰を考える前提として、侵害がいつ終了したのかも問題である。防衛者の反撃行為の奏功等により侵害者の侵害的態勢が崩れ去り、攻撃がやんだような場合、たとえば、侵害者からの凶器奪取後その凶器で反撃した場合、侵害者の転倒・防衛者による押さえ込みなど、反撃による攻撃の著しい減弱・制圧後も反撃を継続した場合、反撃にひるんで逃げ出すなどした侵害者を追いかけて追撃した場合などにおいて、侵害がすでに「終了した」ものと評価すべき場合なのか、侵害のさしあたりの消失にすぎず、なお当初の侵害が継続していると評価すべき場合なのかどうか、侵害の終了の有無、終了の時点判断はときに困難な場合もあろう。判例は、侵害の「終了」の有無を、具体的な状況に照らして、①侵害者の加害の意欲が継続しているのか、②攻撃再開の蓋然性がどの程度あるのかにより判断してきた[3]。

【事例2】　Cに殴りかかられたDは、身を守るために殴り返した。殴られたCは後方に倒れ、後頭部を強く打ちつけ動かなくなった（第1暴行）。しかし、憤激したDは、Cがもはや抵抗できないことを認識しながら、倒れているCに対して激しい暴行を何度も加えた（第2暴行）。その後、Cは病院に搬送され、手当てを受けたが、数時間後、第1暴行に起因するところの頭蓋骨骨折に伴うくも膜下出血により死亡した。Dは第2暴行によってCを骨折させたが、その骨折はCの死因とはまったく関係のないものであった。

　判例は、侵害終了後の追撃行為、量的過剰防衛の場合にも36条2項の適用を認めてきた[4]。しかし、事例2の

---

[2]　36条2項は、36条1項の正当防衛状況が存在する場合に適用され、侵害が終了した時点ではもはや36条2項は適用できないとする見解もある。しかし、反撃行為と一体的に評価される追撃行為は、その追撃行為の直前まで存在していた急迫不正の侵害に対する反撃行為という構造を保持しているというべきであり、一連の一体的行為として36条2項が適用されるべきである。沿革的にみても、そのような解釈が支持されるべきである。すなわち、旧刑法316条は「身体財産ヲ防衛スルニ出ルト雖モ已ムコトヲ得サルニ非スシテ害ヲ暴行人ニ加ヘ又ハ危害已ニ去リタル後ニ於テ勢ニ乗シ仍ホ害ヲ暴行人ニ加ヘタル者ハ不論罪ノ限ニ在ラス但情状ニ因リ第三百十三條ノ例ニ照シ其罪ヲ宥恕スルコトヲ得」と規定していたところ、現行刑法の立案当局者は、現行36条2項に関して旧刑法「第三百十六條ト同一ノ趣旨ニ出タル規定」であると説明しているからである（刑法沿革綜覧2142頁）。参照、原口伸夫「量的過剰防衛」『立石二六先生古稀祝賀論文集』271頁以下（成文堂、2010年）。

[3]　最判平成9年6月16日刑集51巻5号435頁。侵害の有無、その時点についての判断は、具体的な事態の推移に依存し、その判断が必ずしも容易でない場合もあり、そのような実際の事態を直視した場合、侵害が継続しているのか、終了したのかにより36条2項の適用を截然とわけ、両者をまったく別異に扱おうとする解釈が、その法効果の相違に見合うだけの区別ではないことを示しているように思われる。

[4]　最判昭和34年2月5日刑集13巻1号1頁など。

ような事案に関して、最決平成 20 年 6 月 25 日刑集 62 巻 6 号 1895 頁は、第 1 暴行と第 2 暴行を切り離して、第 1 暴行は正当防衛、第 2 暴行は、過剰防衛を認めず、単純な犯罪（傷害罪）と評価した。すなわち、Dの第 1 暴行と第 2 暴行は、「時間的、場所的には連続しているものの、Cによる侵害の継続性及びDの防衛の意思の有無という点で、明らかに性質を異にし、Dが……抵抗不能の状態にあるCに対して相当に激しい態様の第 2 暴行に及んでいることにもかんがみると、その間には断絶があるというべきであって、急迫不正の侵害に対して反撃を継続するうちに、その反撃が量的に過剰になったものとは認められない。そうすると、両暴行を全体的に考察して、1 個の過剰防衛の成立を認めるのは相当でなく、正当防衛に当たる第 1 暴行については、罪に問うことはできないが、第 2 暴行については、正当防衛はもとより過剰防衛を論ずる余地もないのであって、これによりCに負わせた傷害につき、Dは傷害罪の責任を負う」との判断を示した。

最高裁平成 20 年 6 月決定は、量的過剰の場合に 36 条 2 項の適用を認めない立場をとったのであろうか。そうではない。最高裁平成 20 年 6 月決定も、「その間には断絶」がなく、「急迫不正の侵害に対して反撃を継続するうちに、その反撃が量的に過剰になった」場合には、反撃行為と追撃行為を一体として過剰防衛とするそれまでの判例の立場を維持している[5]。そのことを前提としたうえで、反撃行為と追撃行為に断絶があり、一体的評価をすべきでない場合、追撃行為に 36 条 2 項の適用を認めるべきでない場合（一体的評価の限界）を示したものであるといえよう。ここに、この最高裁決定の意義がある[6]。

そうすると、どのような場合に一体的に評価すべきなのか、「その間に断絶がなく、急迫不正の侵害に対して反撃を継続するうちに、量的に過剰になった」場合がどのような場合なのかが問題になる。過剰防衛の刑の減免の可否が問われているのだから、過剰防衛の刑の減免根拠に照らし、主として責任減少（精神的動揺の一体性・継続性）、従的には違法減少（事象経過の一体性〔時間的・場所的近接性、行為態様の同質性〕）の観点から反撃行為と追撃行為の継続性・一体性が認められるのかどうかが判断されるべきことになろう[7]。

---

[5] 最高裁平成 20 年 6 月決定の後、最決平成 21 年 2 月 24 日刑集 63 巻 2 号 1 頁は、「被告人が被害者に対して加えた暴行は、急迫不正の侵害に対する一連一体のものであり、同一の防衛の意思に基づく 1 個の行為と認めることができるから、全体的に考察して 1 個の過剰防衛としての傷害罪の成立を認めるのが相当であ」ると判示している。

[6] さらに、最高裁平成 20 年 6 月決定は、「防衛の意思の有無」を問題にし、防衛の意思が必要であるとの立場を維持していることを前提とし、また、被害者の死亡結果をひき起こすことになった第 1 暴行（反撃行為）について、「侵害に対する防衛手段として相当性を有する以上、その反撃行為により生じた結果がたまたま侵害されようとした法益より大であっても、その反撃行為が正当防衛行為でなくなるものではない」（最判昭和 44 年 12 月 4 日刑集 23 巻 12 号 1573 頁。第 16 講Ⅱ（5）参照）との立場に立って、「やむを得ずにした行為」と評価できることを判断しているといえ、これらの点も注目すべきである。

[7] 最高裁平成 20 年 6 月決定の事案を一体的評価をすべき事案に変更した場合、一体的評価をすると「傷害致死罪の過剰防衛」ということになるはずであるが、そうであるとすると「正当防衛たるべき」第 1 暴行が一体的評価に取り込まれ、「違法な行為」となってしまい、妥当でないということが指摘された。このような指摘、また、提案された解決にはなるほどと思わせる部分もあるが、個々の解決を見た場合いずれも現在のところ多くの支持を得るに至っておらず、疑問が残る部分もある（参照、原口伸夫「正当防衛にみる『正』と『不正』——量的過剰の観点から」『法の基層と展開』87 頁以下〔信山社、2014 年〕）。この問題を考えるうえで、次の 2 点に留意する必要がある。第 1 に、変更された事例の反撃行為（第 1 暴行）について「正当防衛が成立する」といえるのか否かがまさに問題である。そもそも過剰防衛は、時間を追って細分化していけば、（理論的には少なからぬ場合）急迫不正の侵害に対する防衛行為に相応する「正当防衛」的な部分と、相当性を逸脱する「過剰な」部分に分けて考えることができ、過剰防衛行為（ないし事象）の中にいわば「正当防衛」的な部分が存在（先行）するのは、過剰防衛という法形態にとってはある意味必然的・不可避的であると考えざるをえない。つまり、過剰防衛とは「正当防衛」的な部分＋過剰な部分から構成される法形態なのである。第 2 に、罪名のもつ意義である。たしかに、成立罪名のもつ意義は大きい。しかし、行為の評価に関しては成立罪名だけでなく違法性（責任）阻却（減少）事由の有無も含めて考える必要があろう。つ

Ⅱ　誤想防衛

　誤想防衛とは、実際には、急迫不正の侵害がないのに、行為者が急迫不正の侵害にさらされていると誤って考えて、これに「反撃」行為をし、行為者の誤想した侵害が実際に存在したと仮定したならば、相当な反撃行為であると考えられる場合である。誤想防衛の場合、故意犯の成否がとくに問題となってきた[8]。

> 【事例3】　公園で散歩していたＸは、仲の悪いＹがすごい形相でバットをもって自分の方に走ってきたことから身の危険を感じ、身を守ろうととっさに足元にあった石を拾い、Ｙに向けてその石を投げつけた。石はＹに命中し、Ｙは加療1週間程度の怪我を負った。Ｙは、「野球の試合をするのに人数が足りないから来てくれ」と仲間から呼び出されて、急いでグランドに向かうところであった。

　ＹはＸを攻撃しようとしたのではく、ただ仲間から呼び出されてバットをもってグランドに向かって走っているところであった。しかし、Ｘは、Ｙのこのような動きを自分に対する攻撃と勘違いして、身を守ろうとしてＹに対して石を投げつけ、Ｙに怪我を負わせた。Ｘの行為は、Ｙの身体を傷害しているので、傷害罪（204条）の構成要件に該当する。そして、Ｘの行為は「急迫不正の侵害」に対するものではないので正当防衛（36条）として違法性は阻却されず、違法な行為ということになる。しかし、通説は次のように考えて、Ｘの傷害罪の故意を否定する。すなわち、行為者は、確かに、構成要件に該当する事実の認識（・認容）をもって、すなわち、構成要件的故意をもって、事例3の場合であれば、石を命中させて人（被害者）の身体を傷つける（傷つけるかもしれない）という認識（・認容）をもって行為している。しかし、誤ってであれ、正当防衛にあたる事実、つまり、急迫不正の侵害に対して相当な反撃をするという事実認識をもって行為しているのであるから、Ｘの主観面においては、「罪を犯す意思」（＝故意。38条1項）をもって行為したとはいえない。この場合、行為者は、自己の行為の法的評価（あてはめ）を誤った（法律の錯誤）のではなく、その法的評価の前提となる事実、違法性阻却事由に関する事実的前提（急迫不正の侵害の存在）に関して錯誤しているのである。したがって、「事実の錯誤」（事実認識の誤り）として故意[9]が阻却されることになる。ただ、故意とは別の問題として、その誤った事実認識をしたことにつき過失があるときは、（過失犯処罰規定があることを前提に）過失犯が成立する。事例3の場合、Ｘには過失傷害罪（209条）が成立する。通説はこのように考える。

　これに対して、少数説である厳格責任説は、故意の対象を客観的構成要件要素に限定し、違法性阻却事由（に

まり、単なる（一方的な）犯罪行為、たとえば、理由もなく人を傷つけた「傷害罪」ではなく、急迫不正の侵害に対する防衛行為として行われたが、精神的動揺のためやりすぎてしまった（先に不正な侵害があり、行き過ぎはあったものの、斟酌されえ、刑に減免に値しうる）「過剰防衛」だとの評価も軽くみることはできず、併せ考えられるべきである。過剰防衛の行為者はもともとは不正の侵害を受けた被害者であり、過剰防衛という概念は、急迫不正の侵害に直面した状況において自己（または他人）の正当な利益を守った（少なくとも守ろうとした）過程での行為であるということも含意しているのである。

8　誤想防衛について詳しくは、斎藤信治・争点60頁、中村邦義「正当化事情の錯誤について」刑法雑誌58巻2号87頁以下（2019年）。

9　構成要件的故意に対して、責任段階での故意という意味で「責任故意」といわれる。第20講Ｖ（2）も参照。

あたる事実）は故意の対象とはならないと考え、誤想防衛のように違法性阻却事由に関する前提事実についての錯誤は「法律（禁止）の錯誤」と位置づけ、そのような理解に基づいて、故意の阻却（そして、過失犯の成否）は問題になりえず、その錯誤が回避不可能な場合に「責任」が阻却されると主張する。しかし、誤想防衛の場合、誤ってであれ、行為者は「急迫不正の侵害の存在」という事実認識を誤り、その結果、正当防衛にあたる行為であると考えて、それを行ったのであるから、「事実の錯誤」に分類することができ、また、「罪を犯す意思」、犯罪的な事実を「わざと」実現したという故意犯としての強い非難に値する心理状態をもって行為したとはいいがたい。通説の立場が妥当である[10]。

（2）判例の主流は、通説と同様に事実の錯誤として故意を阻却するとの立場に立っている。たとえば、「急迫不正の侵害があるものと誤認して防衛行為を行つた場合に、右防衛行為が相当であつたときは、いわゆる誤想防衛として事実の錯誤により故意が阻却され、犯罪は成立しないものと解するのが相当である」[11]と判示している。

事例3のような、これまで論じてきた場合（存在しない急迫不正の侵害を誤想するタイプの場合）が誤想防衛の典型的な場合であるが、誤想防衛には、さらに、次の場合も含まれる。すなわち、①急迫不正の侵害が実際に存在し、これに対して、主観的には相当な防衛行為をしたつもりであったが、客観的には防衛の程度を超える行為を行った場合（侵害が現在するが、反撃行為の相当性を誤信するタイプの誤想防衛）、そして、その両者があわさったタイプであるところの、②急迫不正の侵害がないのに、行為者がこれをあると誤信し、主観的には相当な防衛行為をしたつもりであったが、客観的には防衛の程度を超える行為を行った場合である。これを誤想過剰防衛という。次に、この誤想過剰防衛について検討しよう。

---

[10] 通説に対して、厳格責任説は、故意が否定された場合に改めて過失犯の成立を認めることを「ブーメラン現象」と呼び、批判してきた。しかし、この批判は適切だとは思われない。確かに、あることを認識しているという心理状態は、必然的に、同時的にはそのことを認識していないという心理状態を排除する（両立しない）。しかし、誤想防衛において故意が問題とされる心理状態と、過失として問われる態度は、そのような「同時的で排他的な心理状態」に限定されない。事例3の場合、傷害を負わせる（かも知れない）と考えて相手に向けて石を投げる時点と、急迫不正の侵害を誤想し、相手が本当に攻撃しているのか確認すれば容易にできたのに軽率に行動したことが問題とされる時点は同じではなく、両者に時間的にずれがある。このような場合、故意として問題とされる心理状態と、過失（不注意・注意義務違反）が問われるべき態度とは、一連の事象の中で併存しうる。故意行為として切り取られる行為と、過失行為として焦点をあてられうる行為が併存しえ、ただ、故意行為が成立する場合には過失行為は（罪数を問題にするのであれば）包括一罪ないし法条競合として故意犯だけが成立し、故意犯が否定された場合に過失犯の成否が問題になるのである。なお、佐伯・総論の考え方41頁も参照。

[11] 最決昭和62年3月26日刑集41巻2号182頁の原審である東京高判昭和59年11月22日高刑集37巻3号414頁の判示。傍論であるが、大判昭和8年6月29日刑集12巻1001頁。また、盛岡地一関支判昭和36年3月15日下刑集3巻3・4号252頁。なお、大阪高判平成14年9月4日判タ1114号293頁、東京地判平成14年11月21日判時1823号156頁。下級審判決の一部には、故意阻却を問題とする点において判例と立場を同じくするものの、錯誤が相当な場合にのみ故意の阻却を認めるかのように判示するものもあるが、故意阻却に関して錯誤の相当性を問題とするのは判例の主流とはいえない。参照、東京高判昭和32年7月18日高刑裁特4巻14・15号357頁、広島高判昭和35年6月9日高刑集13巻5号399頁など。

Ⅲ　誤想過剰防衛

【事例4】　空手3段の腕前をもつイギリス人Ⅹは、帰宅途中、Ａ女がＢら数人の男性に囲まれて、なにか大声で叫んでいるのが聞こえた。近づいていくと、Ａが、Ⅹに対して「ヘルプミー」と言ったので、ⅩはＡとＢの間に割って入った。すると、ＢがⅩに対してファイティングポーズのような姿勢をとったため、Ⅹは、Ａおよび自己の身を守るために、Ｂに対して回し蹴りをした。その蹴りはＢの顔面付近に命中しＢは転倒し、路上に頭部を強く打ちつけた。その後、Ｂは病院に搬送されたが、頭がい骨骨折に基づく脳硬膜外出血および脳挫傷によって死亡した。なお、Ｂらは、Ａの仲間であり、一緒に飲んでひどく酩酊したＡをなだめて家に帰そうとしていたところであった。

　事例4は「勘違い騎士道事件」といわれる事件を元にした事例である。英国紳士のⅩは、女性が暴漢に襲われていると考えて、知り合いでない女性ではあったが、弱者を助けるべく間に割って入った。ＢらはＡの仲間であり、なんらＡに危害を加えようとしていたのではなく、逆に、酩酊したＡを介抱しようとしていた。Ⅹが、Ａが襲われている、急迫不正の侵害にさらされていると考えたのはまったくの誤解であった。この事件では、Ａが酔っぱらっていて、おそらくふざけてであろうが、「ヘルプミー」と言ったのもよくなかった。また、Ｂがファイティングポーズのような姿勢をとったのもⅩの誤解に輪をかけることになった。これらのことが不幸にも相まって、Ⅹをして、Ｂに対する回し蹴りという「反撃行為（防衛行為）」をとらせることになった。Ⅹの行った「反撃行為」は、Ⅹの誤想したＢの侵害（普通の人が素手で殴ること）があったと仮定したとしても、空手3段の者が顔面付近に向けた回し蹴りをすることは反撃としては「やり過ぎ」だといわれている。仮に回し蹴りをするとしても、顔面付近を狙うのではなく、足などのその他の部位を狙うという反撃を行いえたであろう。つまり、事例4の場合、Ⅹは、Ｂからの急迫不正の侵害がないのに、これをあると誤信し、Ⅹの誤想した攻撃を仮定したとしても、それに対して防衛の程度を超える「反撃」行為を行った場合であるといえる。

　このような、いわゆる誤想過剰防衛の場合、先に論じた誤想防衛に関する通説・判例の立場からは、①故意犯の成否と、②36条2項（過剰防衛）の準用による刑の減免の可否が問題になる。①に関して、通説・判例は、過剰性を基礎づける事実（過剰事実）について認識のない場合には故意を阻却し、過剰事実について認識のある場合には故意を阻却しないと考える。そして、②の点に関して、36条2項（過剰防衛）の任意的減免の実質は責任減少にあると理解から、つまり、急迫不正に侵害にさらされたという緊急状態下で恐怖・驚愕・興奮・狼狽し、そういった精神的な動揺に起因して「やりすぎてしまった」としても強く非難できないとの理解に立ち、急迫不正の侵害の存在しない誤想過剰防衛の場合でも、同様の精神的動揺に基づく行為であれば、36条2項を準用してよいと考える。

　最決昭和62年3月26日刑集41巻2号182頁は、「本件回し蹴り行為は、Ⅹが誤信したＢによる急迫不正の侵害に対する防衛手段として相当性を逸脱していることが明らかであるとし、Ⅹの所為について傷害致死罪が成

立し、いわゆる誤想過剰防衛に当たるとして刑法36条2項により刑を減軽した原判断は、正当である」と判示した。つまり、①故意犯の成否に関して、自分の回し蹴りを相手の顔面付近にあてるという過剰な事実の認識があると考えて、傷害の故意を認めて（殺意は否定し）傷害致死罪という故意犯の成立を認め、そのうえで、②36条2項による刑の減軽を認めたものと考えられる。

第18講　緊急避難

〔違法性阻却事由 3〕

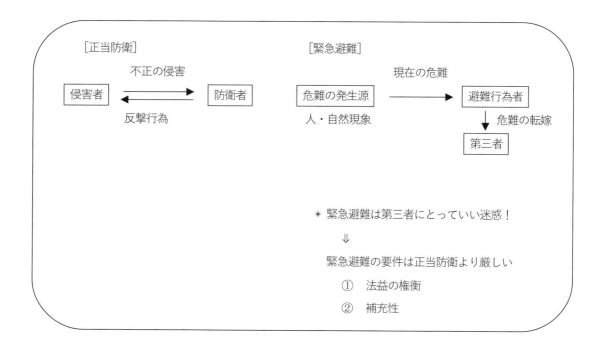

I　緊急避難

（1）不正の侵害に襲われ、その侵害者に対して反撃することによって身を守る場合が正当防衛であった。それに対して、振りかかってきた危難をその危難の発生源に対する反撃によって身を守るのではなく、その危難を別の者に転嫁することにすることによって身を守る場合が緊急避難の典型的な場合である[1]。不正対正と特徴づけられる正当防衛の場合、不正な侵害者に対して反撃をするのであるから、その反撃は少々強い程度であってもよい、「正は不正に譲歩する必要はない」とか、正当防衛は法確証の利益があるといわれてきた。それに対して、

---

[1] 危難の発生源に向けて避難行為が行われるパターンの緊急避難もある。正当な侵害に対する対抗行為や対物防衛など、その対抗行為が正当防衛にならず、かつ緊急避難が認められる限りでこのケースが生じる。この場合を防御的緊急避難とよび、本文で示した緊急避難の「典型的な」場合を（第三者を攻撃するという意味で）攻撃的緊急避難とよぶ見解もある。緊急避難の分類を超えて、この区別に意味を認めようとする見解は、防御的緊急避難の場合に正当防衛に準じた要件で、すなわち、攻撃的緊急避難（37条の場合）よりも緩やかな要件で違法阻却を認めようとする。この分類が意味をもちうる場合として、ある立場をとった場合の対物防衛（第16講注12参照）の処理がある。防御的緊急避難について、参照、吉田宣之『違法性の本質と行為無価値』102頁以下（成文堂、1992年）。

緊急避難の場合には、その危難の発生に責任のない第三者の利益を犠牲することによって、危難に見舞われた者が身を守ることになる、つまり、緊急避難においては正（避難者）対正（責任のない第三者）の利益が衝突している状況であり、もし第三者の犠牲を伴わずにその危難が回避できるのであれば、その方がより好ましいことになる。「緊急避難はやたらめったら行われるべきでものではない」ということが、緊急避難の問題を考える場合の基本的出発点となるのである。

【事例1】　道を歩いていたXは、バイクがものすごいスピードで自分の方に向ってきたので、身の危険を感じるとともに、バイクの突進を回避するために他に方法がなかったため、道沿いのA宅の生垣を壊して庭に逃げ込み難を逃れた。しかし、その際、その家の生垣とともに、庭の高価な盆栽も壊してしまった。

　事例1を考えてみよう。バイクがすごいスピードでXに向かってきており、Xはもしバイクと衝突すれば大怪我をし、さらには命すら落としかねない危険な状況に陥っている。この状況で不正な侵害者であるバイク（の運転手）に反撃行為をしたとすれば、それは正当防衛のかたちになるが、走っているバイクに素手で対抗するのは至難の業といえよう。身をかわしてその難を逃れられればよかったが、もはやそのような余裕もなかった。Xはやむをえず道沿いの家の生垣の方へ身を投げ出し、庭に逃げ込んで難を逃れた。これはXが身を守るために仕方がなかったといえるが、その庭の所有者からしてみれば、自分には何の責任もないのに、生垣および盆栽を壊されてしまったわけである。盆栽の値段にもよるが、数十万円の損害であったかもしれない[2]。Xは自らの身を守るために、危難の発生とは関係のない者の財産を犠牲にしている。正当防衛と緊急避難は緊急状態下で自己（または第三者）の利益を守る行為という点では共通するが、利益の守り方において、正当防衛は不正な侵害行為に対する反撃であるのに対して、緊急避難は第三者の正当な利益を犠牲にして難を逃れる点で決定的に異なっているのである。そして、このような相違から、緊急避難の認められる要件は、正当防衛の認められる要件よりも厳格に考えられている。すなわち、第1に、緊急避難行為によって守ろうとした利益（保全法益）とそれによって侵害された利益（侵害法益）とを比較して、前者の方が後者より大きな利益であるか、少なくとも両者が同等でなければならない。これを法益の権衡の要件という。2つの利益が両立しえない場合、社会的にはより大きな利益の存続が望ましいとの考えに基づいている。第2に、緊急避難を行ってよいのは、危難を回避するために「他に方法がなかった」場合でなければならない。第三者の正当な利益を犠牲にせずにその危難を回避できるのであるのであれば、その方法をとるべきだ、ということが要求されるわけである。これを補充性の要件という。この2つの要件において、緊急避難は、正当防衛よりもその要件が厳格になっている。

2　民事上の損害賠償に関しては、民法720条参照。

（2）正当防衛と緊急避難の上記のような侵害回避態様の相違も踏まえ、37条1項は、「自己又は他人の生命、身体、自由又は財産に対する現在の危難を避けるため、やむを得ずにした行為は、これによって生じた害が避けようとした害の程度を超えなかった場合に限り、罰しない」と規定している。

（ⅰ）「現在の」危難は、正当防衛の「急迫」と基本的に同じである[3]。保全すべき利益の侵害が現に存在するか、間近に切迫していることである。「危難」は、人の行為に基づいて生じた場合だけでなく、火災などの災害、自然現象から生じる場合もある。豪雨により稲苗が水没し枯死するおそれがあったため排水を妨げていた川の板堰を損壊したという場合に緊急避難を認めたものがある[4]。

（ⅱ）「これ（＝緊急避難行為）によって生じた害が避けようとした害の程度を超えなかった場合に限り」とは、保全法益が侵害法益の程度を超えないことである（法益の権衡の要件）。「その程度を超えた行為」は、過剰避難として、その情状により、その刑を減軽し、または免除することができる（37条1項ただし書）。事例1のように、身体もしくは生命を守るために財産を犠牲にする場合、法益の権衡の要件を充たしている。また、保全法益・侵害法益ともに金銭的価値を算定できる場合、その判断は比較的容易である[5]。しかし、利益の大小の比較が困難な場合も少なくない。たとえば、監禁されていたXが部屋に放火し監禁を脱したような場合[6]、個人的法益である自由（もしくは身体の安全性）と公共危険罪の法益との比較は容易ではない。熱の高い子供を病院に連れて行くために速度を相当に超過して運転したことにつき、速度超過運転行為によって害される法益が、これによって保全される身体の利益に対する危難の程度より重いということはできないとしたものがある[7]。利益衡量（法益の権衡）の場合、衡量されるべき利益の重さをどのように考えるべきなのかは大きな問題である。秤の上にその利益を乗せて何グラムという計量ができるものではないのである。利益の衡量という方法論が、これまでも指摘されてきたように、見かけほどクリアに解決できない難しい問題をもっていることを認識する必要がある。そのうえで、37条でそれを要件としている以上、その内容をできるだけ明確にしていく必要がある。

（ⅲ）避難行為は「やむを得ずにした行為」でなければならない。この文言は、36条の正当防衛と同様の表現であるが、述べてきたような正当防衛と緊急避難の侵害回避態様の相違から、緊急避難の場合にはより厳格に、危難を避けるためにほかに方法がない、というように解されている（補充性の要件）[8]。37条ただし書は、過剰避

---

[3] なお、たとえば、人里離れたところにある旅館の経営者が、客が強盗（または殺人）を行う相談をしているのをたまたま聞き及び、これを防ぐために客の飲み物に睡眠薬を入れて眠らせたといった場合、正当防衛における急迫不正の侵害を認めないが、現在の危難を認め、緊急避難を肯定する見解もある。

[4] 大判昭和8年11月30日刑集12巻2160頁。

[5] 第16講注12において言及されたところの、価格600円相当の猟犬を守るために価格150円相当の番犬に銃創を負わせた場合（大判昭和12年11月6日大審院判決全集4輯1151頁）など。

[6] 大阪高判平成10年6月24日高刑集51巻2号116頁。ただし、この事案では、補充性の要件を逸脱しているとの理由で、過剰避難も認められなかった。

[7] 境簡判昭和61年8月27日判タ618号181頁。この事案は、「危難を避くるため、やむことを得ざるに出でたる行為としての程度を超えたもの」として、過剰避難としている。また、東京高判昭和57年11月29日刑月14巻11・12号804頁。東京高判平成24年12月18日判時2212号123頁は、覚醒剤密売人から行動を怪しまれ、けん銃を頭部に突き付けられて覚醒剤の使用を強要された者が、断れば殺されると思い覚醒剤を自己の体に注射した行為について緊急避難を認めた。

[8] 補充性の要件のほかに相当性の要件を付け加える見解も有力である。たとえば、「人は、自分が雨に濡れるからといって、他人の住居権をみだりに侵害することはできないし、また、自分が良い着物を着ているからとって、粗末な服を着ている貧乏人

難の場合について、37 条本文の法益の権衡の要件（「……の程度を超えなかった場合に限り」）を受けて、「その程度を超えた行為」は刑を減免できると規定しているように読め、そうすると、過剰避難は、①法益の権衡を失した場合だけといえそうである[9]が、過剰避難の認められる根拠の重点が緊急状態下での責任の減少にあるとすれば、②「やむをえずにした行為」の要件を充たさない場合において、危難回避のためにとりうる方法が明白であり、それを行うことが格別困難とはいえないような場合は別として、精神的動揺などのために冷静な判断ができず、補充性の要件を逸脱する避難行為を行った場合も過剰避難に含まれるべきである[10]。

　（ⅳ）正当防衛における防衛の意思と同様に、避難の意思が必要である。

　（ⅴ）37 条 2 項は、「前項の規定は、業務上特別の義務がある者には、適用しない」と規定する。「業務上特別の義務がある者」とは、警察官、消防官、自衛官など、その職業上救助などのため危難に身をさらし、それに対処する義務のある者であり、その義務の範囲内で緊急避難の規定の適用が排除される[11]。

　（ⅵ）危難を自ら招いた場合にその危難を避けるための行為が緊急避難になりうるのかということも議論されてきた（自招の危難）。危難を利用して他人の法益を侵害する目的で意図的に危難を招き、予定したように他人の法益を侵害したという場合であるならば、緊急避難の成立は否定されるべきである。しかし、故意または過失により危難を招いた場合には一律に緊急避難を否定するのではなく、自招の侵害の場合に 36 条の「やむを得ずにした行為」の（厳格な）解釈がなされるべきであるのに相応して、「自招の危難」も、法益権衡の要件と、37

の傘を奪ってはならないのである」（佐伯千仭『四訂刑法講義総論』208 頁〔有斐閣、1981 年〕）と論じられる。手術中の患者 A がすぐに輸血しなければ助からない状態となり、しかし、輸血するための血液が不足した。そこで、医師 B は、一刻を争うことからやむをえず、別の者のお見舞いに病院に来ていた C からその意思に反して採血したという場合、緊急避難を認めない見解が多いと思われるが、相当性を肯定する見解もある。参照、佐伯・総論の考え方 193 頁（「容易に再生する血液を人格の本質的要素という必要はない」）。

[9]　このように解しているように思われるのは、最判昭和 35 年 2 月 4 日刑集 14 巻 1 号 61 頁〔堰根橋事件〕。この事案は次のようなものであった。村所有の吊橋が腐敗して通行するのに危険な状態にあった。その地域の道路委員長 X らは村当局に再三架け替えを要請したが、架け替えがいっこうに実現しなかったので、雪害を装って災害補償金の交付を受け、それにより橋を架け替えようと考え、ダイナマイトを用いて橋を爆破した。X らは爆発物取締罰則違反および往来危険罪に問われた。最高裁は「仮に本件吊橋が原審認定のように切迫した危険な状態にあったとしても、その危険を防止するためには、通行制限の強化その他適当な手段、方法を講ずる余地のないことはなく」、「ダイナマイトを使用してこれを爆破しなければ右危険を防止しえないものであつたとは到底認められない」。したがって、「緊急避難を認める余地なく、従つてまた過剰避難も成立しえない」と判示した。堰根橋事件はこの最高裁判決も含めて次のような経過をたどった。第 1 審判決は緊急避難を認めず、X を懲役 3 年 6 月に処した。控訴審判決も現在の危険、やむを得ずにした行為の要件を否定し、緊急避難を認めなかったが、38 条 3 項ただし書による減軽および酌量減軽をし、X に懲役 2 年執行猶予 3 年を言い渡した。これが上告され、最判昭和 32 年 10 月 18 日刑集 11 巻 10 号 2663 頁）が違法性の意識に関する判断を示した。これが第 1 次上告審である。最高裁は破棄・差戻しをし、差戻控訴審判決は、現在の危険を認め、補充性の要件も充たしているが、法益の権衡を失し、過剰避難であるとした。これが上告され、上記昭和 35 年 2 月 4 日の最高裁の判決が下された。第 2 次上告審判決である。最高裁は再び破棄・差戻しをし、最終的に、第 3 次上告審である最判昭和 37 年 9 月 18 日判時 320 号 30 頁により本件は結審した（X は懲役 3 年 6 月）。
　また、大阪高判平成 10 年 6 月 24 日（前掲注 6）〔監禁されていた A が部屋に放火して監禁を脱したという事案において、「『その程度を超えた行為』……とは、『やむを得ずにした行為』としての要件を備えながらも、その行為により生じた害が避けようとした害を超えた場合をいう」。「当該避難行為が『やむを得ずにした行為』に該当することが過剰避難の規定の適用の前提である」〕。

[10]　通説である。補充性の要件を逸脱した場合にも過剰避難を認めるのは、最判昭和 28 年 12 月 25 日刑集 7 巻 13 号 2671 頁、境簡判昭和 61 年 8 月 27 日（前掲注 7）。

[11]　もっとも、他人の法益のための避難行為は許され、また、自己の法益のための避難行為でも、たとえば、消火作業中に自己の生命の危難を避けるため他人の財産を犠牲にするなどは許され、37 条 2 項の適用排除は絶対的なものではないといえよう。

条の「やむを得ずにした行為」の解釈により解決されるべきであろう。

　大判大正 13 年 12 月 12 日刑集 3 巻 867 頁は、自動車を運転していた X が、対向して進んできた荷車の右側を通ってすれ違おうとし、その際、荷車の背後を見通すことができなかったにもかかわらず、スピードを落とさずに進行したところ、荷車の背後から A が現れ道路を横切ろうとしたので、これを避けようとハンドルを右に切ったため、その側にいた B に自動車を衝突させ、B を死亡させたという事案において、緊急避難を認めず、業務上過失致死罪の成立を認めた。

Ⅱ　緊急避難の法的性格

37 条（緊急避難）の要件を充たした場合、「罰しない」という効果が生ずる。この「罰しない」ということがどのような法効果を意味するのか、争われてきた。具体的には、違法性を阻却する（違法性阻却事由説）のか、責任を阻却する（責任阻却事由説）のか、または、両方の場合がある（二分説）のかということが争われてきた。正当防衛は急迫「不正の」侵害に対してしか行うことができないから、その緊急避難行為の違法性が阻却されるとすると、その緊急避難行為に対して正当防衛で対抗することはできない。それに対して、責任阻却事由であると解する場合、その緊急避難行為は違法な行為であるから、それに対して正当防衛で対抗することができることになる。

【事例2】　1884 年 5 月、ミニョネット号（Mignonette 号。30 トンほどの比較的小型の帆船）はイギリスのサザンプトンを出航した。船は大西洋を南下し喜望峰を回り、オーストラリアのシドニーに向かう計画であった。船には船長ダッドレイ（Tom Dudley 当時 31 歳）、スティーブンス（Edwin Stephens 当時 37 歳）、ブルックス（Edmund Brooks 当時 38 歳）、パーカー（Richard Parker 当時 17 歳）が乗船していた。7 月 5 日、喜望峰から約 1600 マイルの洋上で激しい暴風雨に襲われ、船は難破した。4 人はボートに逃れ、最初のうちは少量の食べ物と雨水で何とかしのいだが、その後、食べ物も飲み水もなく過ごすうち、くじ引きにより犠牲者を決めて、その肉を食べて生き延びようといい出す者があったが、そのときは話はまとまらなかった。その後、体調を崩し衰弱していた少年水夫パーカーに手をかけることが決められた。ことが決行され、3 名はそれにより命をつなぎ、漂流 24 日後、運よく、近くを航行した船に救助され、本国イギリスに戻ることができた。その後、ダッドレイとスティーブンスは刑事裁判にかけられることになり、彼らはことの次第を正直に話した。

　通説・判例は、37 条の緊急避難を違法性阻却事由と解している。つまり、この場合の「罰しない」とは「違法性が阻却される」ということを意味している。通説は次のように解する。37 条 1 項本文は、個人的・心理的窮迫状況（たとえば、恐怖、驚愕、興奮、狼狽）をとくに問題としていない。もし緊急避難を責任阻却事由と解す

るのであれば、責任（「別の行為を行うべきであった」という非難可能性）にかかわるようなかかる個人的・心理的な事情を要件とするのが筋である。しかし、37条はかえって法益の権衡を要件としている。この要件により、法益の衝突を避けることができない状況において、より低次の法益を犠牲にしてより高次の法益を維持するという、その行為の社会的評価（つまり、違法か適法か）が問題にされていると考えざるをえない。さらに、37条は、自己・親族のみならず他人一般（まったく無関係の第三者でよい）の法益を守るための緊急避難（いわゆる緊急救助）を認めている。もし、緊急避難を責任阻却事由と解するのであれば、自己の法益または親族など近しい関係にある者の法益の保全に限定されるはずである。このような論拠は、37条の解釈として説得的といえよう。

　しかし、緊急避難が、原則的に違法性阻却事由であるとしても、すべての場合にそう解してしまうことには躊躇を覚えざるをえない。事例2はミニョネット号事件といわれるもので、イギリスの裁判所で裁かれた事件である[12]。法律学の関係では世界的に有名な事件であり、法律学の勉強にあたり考えてほしい事例の1つである。

　事例1のような、生命（身体）を守るために財産を犠牲にする場合には違法性阻却と考えてよかろう[13]。しかし、事例2のケースにおいて、ダッドレイらの緊急避難行為の違法性が阻却されるとすると、正当な侵害に対する正当防衛はできないから、被害者のパーカー（または彼のために対抗行為をしようとする第三者）はその生命侵害行為に対して正当防衛により対抗できないということになってしまう[14]。また、極限的な状況においてとはいえ、そもそも事例2のような行為を「正当な行為」といってしまってよいのだろうか（被害者は「適法に」殺されたと評価してよいのだろうか）という疑問がどうしても残り、古くから議論されてきたのである[15]。わが国の刑法学に明治期以降大きな影響を与えてきたドイツ刑法は、長い議論の末、戦後の改正において、条文上、違法性を阻却する緊急避難と責任を阻却する緊急避難の2つの条項を設けるに至った（ドイツ刑法33条・35条）。しかし、わが国では37条が1か条あるだけであり、37条の解釈としては、前述のように、違法性阻却事由と解するのが説得的である。つまり、37条の要件を充たしている場合には違法性が阻却されると解すべきである。しかし、事例2のような生命の危難を避けるために生命を犠牲にするような場合（生命対生命、およびそれに準ずる場合）、法益を比較することができない場合と考え、それゆえに、この場合37条本文の法益の権衡の要件を充たしていないと解し、違法性阻却されず、ただ、その緊急状況下において適法な行為を期待することができな

---

[12] Regina v.Dudley and Stephens,14 Q.B.D.273(1884). 緊急避難に関するわが国の古典的研究である森下忠『緊急避難の比較法的考察』169頁以下（有信堂、1962年）参照。比較的参照しやすい文献として、中村治朗「二つの人肉食殺人裁判（上）」判例時報1210号3頁以下（1986年）がある。マイケル・サンデル（Michael J.Sandel）『これからの「正義」の話をしよう』56頁以下（早川書房、2011年）でも取り上げられている。ダッドレイらには謀殺罪として死刑（絞首刑）の判決が下されたが、その後、イギリス女王の恩赦により6か月の禁錮刑に減刑された。

[13] このような場合も含めて、正当な利益を犠牲にされる者からみれば、その避難行為は違法であり、ただ期待可能性の観点から責任が阻却されるだけだとする見解もあるが、少数説である。本文で示したように、現行37条の解釈として全面的に責任阻却と考えることは難しい。

[14] 緊急避難行為に対して緊急避難で対応することは可能である。

[15] 「カルネアデスの板」の例も有名である。船が難破して海に投げ出され、Aが板切れにつかまったが、Bもその板切れのところに泳いできた。しかし、その板切れは1人を支えるだけの浮力しかなかったことから、BはAを海に突き落とし、その板切れにつかまって助かったが、Aはそのことにより命を落とすことになったという例である。古代ギリシャの哲学者カルネアデスが提起した例としてこのようにいわれる。

い、もしくは困難であった場合として責任阻却・減少の有無を考えるべきであるように思われる。もちろん、このような解決に対しては、事例2の場合、3名の生命を救助するために1名の生命を犠牲にしているのだから――ある者の生命と別の者の生命の価値を比較する場合とは異なり――法益の権衡の要件を充たしているとの考えもありえよう。しかし、そのように考えるのであれば事例2の場合に違法性が阻却されると考えざるをえない。そのような結論が是認できないと考える場合、条文解釈として上記のように解するのは可能であるように思われる。なお、法益の比較ができない場合にも、事情により37条ただし書の過剰避難になりうる[16]。もちろん、通説が違法性阻却（一元）説に立っていることの確認は必要がある。

　この種の事例は滅多に起こるものではない（起こらない方がよい）が、オウム真理教信者殺害事件がこの種の事例にあたりうる。この事案は、教団の元信者Aが、同じく教団の元信者Bから、教団施設内で病気治療中のAの母親Cを同施設から連れだすことを持ちかけられ、これを承諾した。某日夜、A、B、そして、Aの父親Dの3名は教団施設内に侵入し、Cを施設外に連れだそうとしたが、教団信者らに見つかり、A・Bは取り押さえられた。その後、Aは教団施設内の一室に連行され、両手に手錠を掛けられ、教団幹部に取り囲まれるなか、教団代表者Xから、「お前は家に帰してやる。ただ、それには条件がある。お前がBを殺すことだ。それができなければ、お前もここで殺す。」などとB殺害を命じられた。AはやむなくB殺害を決意し、Bの頸部をロープで絞めて殺害したというものである。このような事案に関して、東京地判平成8年6月26日判時1578号39頁は、「AのB殺害行為は、Aの身体の自由に対する現在の危難を避けるために、已むこと得ざるに出でたる行為とは認められるが、他方、Aは、自己の身体の自由に対する危難から逃れるために、Bを殺害したのであって、法益の均衡を失していることも明らかであるから、結局、Aの行為には、過剰避難が成立する」と判示した。Aに生命に対する危難がなかったという評価が適切であったかは検討の余地があるように思われる[17]が、自分の生命に対する危難を回避するために他人の生命を犠牲にしたとしても、前述のように、37条による違法性阻却は認められないと考えるべきであるから、過剰避難とした結論は、実質的には、前述の2分説の立場と整合的ともいえよう。

---

[16]　37条ただし書の「その程度を超えた」場合には、法益の比較ができないがゆえに法益の権衡の要件を充たさない場合も含まれると解する。過剰避難の適用される場合に関する前述I（2）（iii）も参照。なお、木村亀二（阿部純二増補）『刑法総論（増募版）』270頁（有斐閣、1978年）が、「量的・形式的には生命又は身体も赤相互に比較し得ないではないが、生命又は身体は人格の根本的要素であって、その本質においてはいかなる尺度によっても相互に比較し得ないものであると同時に、社会生活はそのような人格者の結合において成立し、人格の尊重・保護は法秩序の基本的要請であり、且つ、人格はいかなる意味においても手段とすることを許さず常に自己目的とせねばならぬというのが法の本質的立場である。従って、社会生活の基柱としての人格を、たとえ緊急状態においてであれ、侵害することは法の見地から許されないと解さねばならないから、生命・身体に関する緊急避難は違法である。」「適法行為の決意に出ることが期待し得ない場合は期待可能性を欠くものとして責任が阻却される」とし、山口・総論3版148頁が、「人の生命及び生命に準じる身体の重要部分は、それ自体自己目的として扱われなくてはならず、本人の意思と無関係に他人の犠牲に供されてはなら」ず、「緊急避難として違法性が阻却されることはないと解すべき」である。「この場合は、刑法37条の適用範囲から除外され、具体的事情によって、超規範的に責任が阻却される」とする。
[17]　判決では、「危難の現在性は認められないとはいえ、Aがあくまでもこれを拒否すれば拒否すればA自身の生命に対しても侵害が及びかねない状況も他方では認められる」ともしている。

Ⅲ　自救行為

　自救行為とは、権利を侵害された者が、法定の手続によらずに自力によって権利を救済・実現する行為をいう。民事法では自力救済といわれる。たとえば、盗まれた物の所有者が数日経た後で窃盗犯人からそれを取り戻す場合や、物の借主が返却期限後もそれを返してくれないので、貸主が、借主の家に侵入してそれをもってきてしまう場合などである。前者の場合、侵害行為が終了していると解され、「急迫性」の要件を欠き[18]、後者の場合、「不正な侵害」の要件を欠き[19]、それぞれの場合に正当防衛の要件を充たさないと一般に考えられている。しかし、この場合に権利者がその侵害を甘受しなければならない理由はない。そこで、一定の場合には「自救行為」として自力での権利の救済・実現が可能であると考えられてきた。ただし、現行法秩序のもとでは、債務不履行の場合に権利を実現するには民事手続を用いるのが大原則であり（自力救済の禁止）、自救行為を広く認めることは、いわば「腕力に訴える解決」を公認し、民事手続などの法制度を無視ないし軽視することにもつながりかねず、暴力団のような実力行使を躊躇しない者が幅を利かす社会をもたらすおそれもある。自救行為の認められる場合は、例外的な、限られた場合であると考えざるをえない。

　現行刑法は、自救行為に関する規定を設けていないが、事後強盗（238 条）の規定が自救行為の手がかりを与えているとの指摘もある。238 条は「窃盗が、財物を得てこれを取り返されることを防ぎ、逮捕を免れ、又は罪跡を隠滅するために、暴行又は脅迫をしたときは、強盗として論ずる」と規定し、たとえば、万引き犯人が店員に見つかりつかまりそうになったので、その店員を殴り逃走しようとしたといった場合、事後強盗罪となる。このように規定されていることの反面として、238 条の所定の状況のもとで窃盗犯人から盗まれた財物を取り戻す行為は暴行罪にあたらず、さらに、その取戻し行為を許容する規定だと解するのである。事後強盗罪の規定が、その問題とする状況において危険にさらされる可能性のある被害者の身体（さらには生命）の保護に重点があると考えるならば、この規定が権利者による盗品等の取返しの積極的な許容までも認めたものと解すべきかどうかはなお慎重な検討を要しよう。

　判例は、当初自救行為にきわめて消極的な態度をとっていたが、最高裁になって、「自救行為は、正当防衛、正当業務行為などとともに、犯罪の違法性を阻却する事由である」[20]と判示するに至っている。厳格な要件のもとではあれ、自救行為は認められるべきであろう。その要件として、①自救行為に訴えなければならない緊急性の程度、②手段の相当性・補充性、③法益の権衡等が考慮されるべきであり、具体的には、①法律の（正規の）手続によっていたのでは権利の救済・実現が不可能もしくは著しく困難になってしまうこと、②ほかによい方法なく、相当な手段が用いられたこと、③その行為によってもたらせる害と、権利が救済・実現されないままであった場合の害とを比較し、後者の方が大きいことが充たされる場合に、自救行為と認められてよいであろう。

18　ただ、窃盗犯人を現場から追跡して盗品を取り戻す場合に正当防衛が認められるとする見解もあり、正当防衛の可能な「急迫不正の侵害」の継続の有無の判断は議論があり、その限界は微妙でもある。

19　第 16 講Ⅱ（3）参照。

20　最決昭和 46 年 7 月 30 日刑集 25 巻 5 号 756 頁。もっとも、この事案では結論的に自救行為と認められておらず、また、実際に自救行為と認めた最高裁判例はない。なお、最判昭和 30 年 11 月 11 日刑集 9 巻 12 号 2438 頁。

自救行為そのものではないが、期限徒過後もなかなか借金を返済しない借主に対して、正当な債権を有する者が恐喝的手段を用いて弁済させる場合に恐喝罪が成立するのか否かという「権利行使と恐喝」の問題に関して、判例は、権利の実行が「その権利の範囲内であり且つその方法が社会通念上一般に忍容すべきものと認められる程度を超えない限り、何等違法の問題を生じないけれども、右の範囲程度を逸脱するときは違法となり、恐喝罪の成立することがある」[21]との立場をとっている。これは、「社会通念上一般に忍容すべきものと認められる程度を超えない」方法での自らの権利の実現行為を認めるものといえる。

---

[21] 最判昭和30年10月14日刑集9巻11号2173頁。また、窃盗罪に関する最決平成元年7月7日刑集43巻7号607頁。

第19講　正当行為（被害者の承諾、安楽死・尊厳死）

〔違法性阻却事由3〕

I　正当行為（35条）

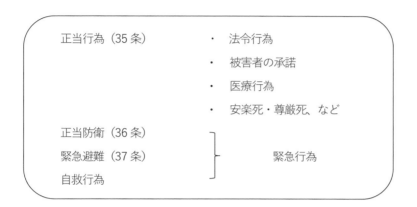

正当行為（35条）
- 法令行為
- 被害者の承諾
- 医療行為
- 安楽死・尊厳死、など

正当防衛（36条）
緊急避難（37条）　｝緊急行為
自救行為

　35条は、「法令又は正当な業務による行為は、罰しない」と規定している。警察官による被疑者の逮捕行為は、法令（刑訴法199条以下）に基づく行為であり、35条によりその違法性が阻却される。しかし、35条を適用するために、その行為が法令に基づくこと、または、業務であることは必ずしも必要ではないと解されている。たとえば、プロ野球の試合でピッチャーがバッターにデッドボールをあて、指を骨折させてしまった場合、または、大相撲の取組で一方が他方を土俵下まで投げ飛ばし、投げ飛ばされた力士がその際足をくじいてしまった場合、いずれも、競技を行うなかで当該スポーツのルールに則って行われた行為によって生じたのであれば、刑事責任（傷害罪）に問われることはない。刑法上の評価としては、いずれの行為も傷害罪の構成要件に該当するが、35条によりその違法性が阻却される。では、大学野球の試合、または、大学対抗の相撲大会での取組において同様の行為が行われた場合はどうであろうか。それは「業務」とはいえない。それぞれの試合が法令に基づくものでもないだろう。しかし、プロスポーツであれば違法性が阻却されるが、それと同様の行為がアマチュアスポーツであるという理由で刑法上の扱いを異にするとすれば、それは説得力のある区別とはいえまい。これらの競技中の傷害が刑事責任に問われない実質的な理由は、社会的に承認されているスポーツにおいて、そのルールに則って行われた行為により生じているということにある。35条は、法令に基づいて行われる場合、正当な業務により行われる場合だけを規定するのでなく、より広く、「正当な行為」についての違法性阻却を包括的に規定する一般条項であると解されている。

　法令行為とは、直接法律の規定に基づいて行われる行為であり、前記のように、警察官による被疑者の逮捕行為、被疑者宅の捜索行為（刑訴法218条）などが代表的である。競馬における勝馬投票券の販売（競馬法6条）

や宝くじの販売（当せん金付証票法 4 条）は富くじ発売罪（187 条）の構成要件に該当する行為である[1]が、それぞれの法律により違法性が阻却される。正当業務行為として、医師による医療行為、記者の取材活動、弁護人の弁護活動、労働争議行為などが論じられるが、これらも「業務」ということよりも、「正当な」という点、実質的な観点からその正当とされる根拠が重要だというべきである。

Ⅱ　被害者の承諾

　正当行為として違法性阻却が考えられてきたものとして、前述の法令行為、正当業務行為と並んで、被害者の承諾（同意）が重要である。「欲する者に侵害はない」（Volenti non fit injuria）[2]というローマ法の格言があるように、法益の帰属主体たる者が、当該利益の侵害に承諾（同意）している場合、古くから、（少なくとも原則的には）犯罪にはならないと考えられてきた。本人がその利益をいわば「いらない」という以上、刑法によって保護すべき（侵害）利益はないともいえるからである（要保護性の欠如）[3]。しかし、どのような場合に違法性阻却の効果をもちうるのかは、少し検討を要する。

　（ア）被害者の承諾によって違法性が阻却されるのは、その者が処分することのできる法益が関係している場合でなければならない。したがって、被害者の承諾による違法性阻却は基本的に個人的法益に対する罪の場合に問題になる[4]。

　（イ）承諾する者が、承諾できる能力を有していなければならない。承諾能力のない者が、仮に「○○を処分してもいいよ」といったとしても、その表面上なされた「承諾」は有効ではない。たとえば、死の意味を理解する能力のない子供が、かりに自らの生命を放棄する趣旨の言葉を口にしたとしても、それは無効なものであり、

---

[1]　187 条は、「富くじを発売した者は、2 年以下の拘禁刑〔懲役〕又は 150 万円以下の罰金に処する」と規定する。「富くじ」とは、宝くじのように、あらかじめ番号札を発売して金銭その他の財物を集め、その後抽選その他の偶然的方法によって購買者の間に不平等な利益の分配をするものである。

[2]　「承諾者には不法はなされない」とも訳される。

[3]　被害者の承諾によって違法性がなくなる理由として、被害者が法益を自ら放棄する場合、要保護性が欠けるとする見解のほか、被害者の承諾があり、社会的に相当な行為と認められる場合に違法性が阻却されるとする見解などもある。判例は後者のような考え方に立っていると思われる（後述参照）。

[4]　社会的法益に対する罪でも、ある構成要件において複数の法益が関係している犯罪の場合、1 つの法益に関する被害者の承諾が犯罪の成否等に影響を及ぼす場合がある。具体的には放火罪（108 条以下）の場合である。放火罪は公共危険罪として社会的法益に対する罪に位置づけられているが、放火の客体が他人の所有物の場合──これが普通の場合であるが──と自己所有物の場合──自分の物を燃やして処分するような場合であり、公共の危険を発生させた場合に処罰される──とで刑の重さを区別している。109 条 1 項は他人所有の非現住建造物（物置など人が住居に使用していない建造物）に放火した場合に 2 年以上 20 年以下の拘禁刑〔懲役〕に処するとし、109 条 2 項は自己所有の非現住建造物に放火した場合に 6 月以上 7 年以下の拘禁刑〔懲役〕に処するとする。所有者でない者が、所有者 A の承諾を得て A 所有物件に放火した場合、所有者の承諾を考慮して、自己所有物の放火（109 条 2 項）と同様に論じられる。なお、被害者の推定的承諾によって違法性が阻却される場合はありうる。被害者が現実には承諾していないが、もし被害者が事態を正しく認識していたならば承諾を与えたであろうと考えられる場合に、その意思を推定して行われる行為は違法性が阻却されうる。たとえば、意識不明で病院に搬送されてきた者の手術を医師がする場合（この場合、後述の医療行為の観点での違法性阻却が重要である）、不在者の家から出火していることをみた隣家の者が、その家の中に入り、火元の消火をする場合などがこれにあたる。

その「承諾」に基づいてその子供の命を奪った場合、同意殺人罪（202条）ではなく、その者の意思に反する生命の断絶として殺人罪（199条）が成立する[5]。承諾能力がないことを類型的に規定しているのが、13歳未満の者に対する強制わいせつ罪（176条後段）・強制性交等罪（177条後段）である。かりに13歳未満の者がそれらの行為を「承諾」したとしても、それは無効な承諾であり、強制わいせつ罪・強制性交罪が成立する[6]。

　（ウ）処分可能な法益について、承諾能力のある者がその処分を承諾する場合でも、その承諾のもたらす効果は必ずしも同じではない。

　窃盗罪（235条）の「窃取」とは、他人の占有する財物を「その占有者の意思に反して」自己または第三者に移転させることをいうから、占有者がその財物の占有移転を承諾（占有を放棄）している場合、窃盗罪の「窃取した」という要件を欠き、そもそも窃盗罪の構成要件に該当しないことになる。住居侵入罪（130条）の「侵入」も、「居住者（管理者）の意思に反する」立入りをいうから、居住者がその立入りを許可（承諾）している場合には、「侵入」という要件を欠き、そもそも住居侵入罪の構成要件に該当しないことになる。これらの場合、違法性阻却よりも前の段階で、構成要件不該当となる場合である。

　これに対して、有効な承諾がある場合、成立する犯罪が変わり、刑を軽くする効果をもつ（にとどまる）場合がある。Aが「有効に」自らの生命を放棄する意思を示し、BがAの意を承けてその意思をかなえた場合、Aは自殺として処罰の対象とならないが、Bには同意殺人罪という犯罪が成立する。202条が「人を教唆し若しくは幇助して自殺させ、又は人をその嘱託を受け若しくはその承諾を得て殺した者は、6月以上7年以下の拘禁刑〔懲役〕に処する」と規定しているからである。ただ、その行為はAの意思に基づいたものであるから、その者の意思に反する生命の断絶である殺人罪（重ければ死刑、軽くても5年の拘禁刑〔懲役〕）は成立しない。承諾によりその刑が軽くなる場合である[7]。

　そして、被害者の承諾が違法性を阻却するか否かが議論されてきたのが、傷害罪（204条）である。同意傷害の議論の出発点は、自らの体を傷つける自損行為は処罰されないということである。自損行為の最たるものといえる自殺でさえ犯罪ではないのだから、傷害にとどまる自損行為はなおのこと犯罪ではない。この点は異論がない。問題なのは、Aの自損行為にBが関与した場合、Aは自損行為として処罰されないが、自損行為に関与したBが傷害罪として処罰されるのか、ということである。第1の見解は、身体は個人の処分しうる法益であるから、自ら承知したうえでそれを処分するのであればその違法性が阻却され、そして、自殺に関与する場合の202条のような同意傷害を処罰する明文の規定はないのだから、自損行為へのBの関与は不可罰である。もしBが傷害罪として処罰されるとすれば、自殺への関与でさえ最高7年の拘禁刑〔懲役〕である（202条）のに、傷害罪として最高15年の拘禁刑〔懲役〕が科されうる（204条）という不均衡な結果を招くことになる。したがって、

---

[5] 無理心中といわれる場合にはこのような場合が少なからずあろう。5歳11か月の子供は「自殺の何たるか理解するの能力を有せず」とするのは、大判昭和9年8月27日刑集13巻1086頁。

[6] 18歳未満の者に対する監護者わいせつ・性交等罪（179条）、未成年者略取誘拐罪（224条）の場合も同様である。ただ、未成年者とはいえ成人に近い年齢の場合には議論がある。

[7] 前述、注4の放火罪の場合もその1例といえる。

現行刑法は同意傷害は不可罰であると解釈せざるをえないと主張する。これに対して、第2の見解は、耳にピアスの穴をあけるような社会的に相当な行為の場合、その違法性が阻却されるが、やくざの指詰めのような行為を、それを頼まれた者が実施する場合、社会的に相当な行為といえないから、手伝った者には傷害罪が成立するとする。第3の見解は、202条の規定があることに鑑みて、それに準ずるような、生命に危険を与える程度の重大な傷害については同意は無効であり、それに関与する場合には傷害罪が成立するが、そうでない場合にはその違法性は阻却されると考える。

判例において次のような事案が問題になった。X・Yらは、自動車事故を装って保険金を詐取しようと企て、X運転の車にわざとY運転の車を衝突させ、Xに（軽い程度の）傷害を負わせたうえ、その傷害に関する保険金を詐取した。この場合に、Xが傷害罪に問われないということに異論はない。それは不可罰な自損行為であるからである。Xの自損行為にかかわったYの行為が傷害罪になるのかどうかが裁判において争われた[8]。最決昭和55年11月13日刑集34巻6号396頁は、「被害者が身体傷害を承諾したばあいに傷害罪が成立するか否かは、単に承諾が存在するという事実だけでなく、右承諾を得た動機、目的、身体傷害の手段、方法、損傷の部位、程度など諸般の事情を照らし合わせて決すべきものであるが、本件のように、過失による自動車衝突事故であるかのように装い保険金を騙取する目的をもって、被害者の承諾を得てその者に故意に自己の運転する自動車を衝突させて傷害を負わせたばあいには、右承諾は、保険金を騙取するという違法な目的に利用するために得られた違法なものであって、これによって当該傷害行為の違法性を阻却するものはないと解するのが相当である。したがって、本件は……傷害罪が成立することになる」と判示した。判例は、社会的に相当な範囲の行為かどうかを問題とし、複数の要素を総合的に考慮して判断するという立場に立つものといえよう[9]。

（エ）承諾は真意に基づくものでなければならない。その承諾が欺罔によって得られた場合にはその承諾は有効ではない[10]。

（オ）承諾は実行行為のときになければならない。承諾が外部に表明され、行為者がそれを認識していることが必要かどうかは、承諾が構成要件不該当を導くのか、違法性阻却にかかわるのかで異なった考慮を必要としよう。窃盗の場合など承諾が構成要件不該当を導く場合には、承諾は外部に表明されていなくても客観的に存在すれば、したがって、行為者がそれを認識していなくても、構成要件不該当を導くことになろう。それに対して、違法性阻却にかかわる場合、同意傷害の場合であるが、承諾は外部に表明され、行為者がそれを認識している必要があるように思われる。

---

8 この事例で、X・Yらに詐欺罪が成立することについても、とくに異論はない。

9 また、仙台地石巻支判昭和62年2月18日判時1249号145頁は、Aが不義理に対するケジメをつけるように親分から言われ、指を詰めて責任をとることを決意し、その実施をBに依頼し、Bが包丁でAの左小指の末節を切断したという事案において、「Aの承諾があったとしても、Bの行為は、公序良俗に反するとしかいいようのない指つめにかかわるものであり、その方法も医学的な知識に裏付けされた消毒等適切な措置を講じたうえで行われたものではなく、全くの野蛮で無残な方法であり、このような態様の行為が社会的に相当な行為として違法性が失われると解することはできない」と判示し、Bに傷害罪の成立を認めた。

10 欺罔によって得られた承諾の有効性について、いわゆる偽装心中の場合や、監禁罪や住居侵入罪において問題になる。

Ⅲ　治療行為

　被害者の承諾がその違法性阻却に大きく影響する場合として、治療行為、安楽死・尊厳死などの医療分野における行為がある。治療行為とは、治療の目的で行われる、医学的に一般的に承認された医療措置（手術など）である。治療に際してのメスによる腹部の切開など、治療行為は傷害罪の構成要件に該当するが、35 条により違法性が阻却される。医療行為が正当化される根拠として、治療内容の十分な説明に基づく患者の同意（インフォームド・コンセント informed consent）の存在が重要である。患者の自己決定権に基づく正当化である。医学水準に照らして医学的に一般的に承認された治療方法であることも必要である。このような同意を欠く専断的治療行為の場合、たとえ治療目的を達したとしても、原則としてその違法性は阻却されない。

Ⅳ　安楽死 (Euthanasie, mercy killing)・尊厳死 (death with dignity)

　（1）「安楽死」は、古くから、刑法という狭い範囲の議論にとどまらず、広く論じられてきており[11]、その定義（範囲）自体議論のあるところであるが、刑法においては、死期の切迫している患者の耐えがたい苦痛を除去して自然の死期に先立ち安らかな死を迎えさせる行為がその議論において考えられてきた。刑法は、自殺を犯罪としていない（「自殺罪」はない）が、周りの者が自殺にかかわった場合にはその周りの者を処罰している（自殺関与行為の処罰）[12]。この刑法の扱いを理解することが、この問題を考える出発点ともなる。このことから、（安楽）死を望む者の願いを聞き入れて、その家族や医者など周りの者が「安楽死」を施した場合、その行為は、

11　明治の文豪・森鷗外の小説「高瀬舟」は有名である。「高瀬舟は京都の高瀬川を上下する小舟である。徳川時代に京都の罪人が遠島を申し渡されると、本人の親類が牢屋敷へ呼び出されて、そこで暇乞いをすることを許された。それから罪人は高瀬舟に載せられて、大阪へ廻されることであった。それを護送するのは、京都町奉行の配下にいる同心で、この同心は罪人の親類の中で、主立った一人を大阪まで同船させることを許す慣例であった……」。小説「高瀬舟」はこのように始まり、罪人喜助が同心羽田庄兵衛にことの次第を語りはじめ、物語は進んでいく。鷗外自身、「高瀬舟縁起」で次のように書いている。「人を死なせてやれば、すなわち殺すということになる。どんな場合にも人を殺してはならない」。「しかし、これはそう容易に杓子定規で決してしまわれる問題ではない。ここに病人があって死に瀬して苦しんでいる。それを救う手段は全くない。傍からその苦しむのを見ている人はどう思うであろうか」。「死に瀬して苦しむものがあったら、楽に死なせて、その苦を救ってやるがいい」という論がある。「これをユウタナジイという。楽に死なせるという意味である。高瀬舟の罪人は、ちょうどそれと同じ場合にいたようにも思われる」。鷗外は、小説「高瀬舟」の中で次のように書く。「喜助は［弟の］苦を見ているに忍びなかった。苦から救ってやろうと思って命を絶った。それが罪であろうか。殺したのは罪に相違ない。しかしそれが苦から救うためであったと思うと、それに疑いが生じて、どうしても解けぬのである」。小説「高瀬舟」は、「次第に更けてゆく朧夜に、沈黙の人二人を載せた高瀬舟は、黒い水の面をすべっていった。」と終わる。短編小説なのでそう時間はかからない。一度読んでみてもよいだろう。佐伯仁志「積極的臨死介助」只木誠ほか編『終末期医療、安楽死・尊厳死に関する総合的研究』81 頁以下（中央大学出版部、2021 年）も参照。さらに、古く、トマス・モア（Thomas More）は『ユートピア』（1516 年）の中で次のように安楽死の考え方を示している。「不治の病に悩んでいる者があれば、その人の枕許に坐っていろいろな話をしてやるなど、あらゆる親切を尽くしてその心を慰めてやる。しかしもしその病気が永久に不治であるばかりでなく、絶えまのない猛烈な苦しみを伴うものであれば、司祭と役人とは相談の上、この病人に向かって、……思い切ってこの苦しい病気と縁を切ったらどうかとするめる」。「充分納得した病人は、自らすすんで絶食して死んでゆくか、死の苦しみを味わうことなく眠っている間に死んでゆく。勿論死ぬのを嫌がるのを無理に死なせることはないし、またそういう人をおろそかに取扱うということもない」（平井正穂訳『ユートピア』160 頁以下［岩波文庫、1957 年］）。

12　自殺関与罪（202 条）について前述Ⅱ（ウ）参照。

刑法上、嘱託殺人罪（202条）の構成要件に該当することになる。しかし、ことがそこに至る事情から、その行為の違法性が阻却される場合がないのかどうかが、刑事裁判においても問題になってきた。

　わが国の刑事裁判において安楽死の先例として重要なのは、名古屋高判昭和37年12月22日高刑集15巻9号674頁である[13]。この事案は、Xの父Aが脳溢血で倒れて全身不随となり、家族が家で看病していた。闘病生活が長引くなかでXは次第に衰弱していき、上下肢の激痛やしゃっくりの発作に苦しみ、「早く死にたい」、「殺してくれ」などと叫ぶようになり、往診に来ていた医師ももはや7日か10日の命脈であると家族に旨告げるに至った。Xは父を病苦から免れさせることこそ最後の孝養だと考え、牛乳の中に有機リン殺虫剤を混入し、これを飲んだ父親が死亡したという事案であった。名古屋高裁は次のような判断を示した。

　「行為の違法性を阻却すべき場合の1として、いわゆる安楽死を認めるべきか否かについては、論議の存するところであるが、それはなんといっても、人為的に至尊なるべき人命を絶つのであるから、つぎのような厳しい要件のもとにのみ、これを是認しうるにとどまるであろう。①病者が現代医学の知識と技術からみて不治の病に冒され、しかもその死が目前に迫っていること、②病者の苦痛が甚だしく、何人も真にこれを見るに忍びない程度のものなること、③もっぱら病者の死苦の緩和の目的でなされたこと、④病者の意識がなお明瞭であって意思を表明できる場合には、本人の真摯な嘱託又は承諾のあること、⑤医師の手によることを本則とし、これにより得ない場合には医師によりえないと首肯するに足る特別な事情があること、⑥その方法が倫理的にも妥当なものとして認容しうるものなること」であると判示して、安楽死の許容される6要件を示し[14]、しかし、Xの場合、①〜④の要件は充たしているが、⑤⑥の要件が充たされておらず、その違法性は阻却されず、Xに嘱託殺人罪が成立するとした（懲役1年執行猶予3年）。本判決は安楽死の違法性が阻却される要件を示した点できわめて注目され、その後の議論にも大きな影響を与えた。

　時代が下り、平成になり、東海大学附属病院で起こった安楽死事件に関する判決が注目される判断を示した。この事案は、多発性骨髄腫（末期がん）で入院していた患者B（50歳代の男性）が余命数日の末期状態であったところ、医師Yは、苦しそうな呼吸をしているように感じたBの家族から、「楽にしてやってください。早く家

---

[13] 本文で言及する裁判例以外で積極的安楽死が問題になった刑事裁判例として、東京地判昭和25年4月14日裁判所時報58号4頁（嘱託殺人罪、懲役1年執行猶予2年）、鹿児島地判昭和50年10月1日判時808号112頁（嘱託殺人罪、懲役1年執行猶予2年）、神戸地判昭和50年10月29日判時808号113頁（殺人罪、懲役3年執行猶予4年）、大阪地判昭和52年11月30日判時879号158頁（嘱託殺人罪、懲役1年執行猶予2年）、高知地判平成2年9月17日判時1363号160頁（嘱託殺人罪、懲役3年執行猶予1年）がある。
　上記の東京地裁昭和25年判決が、わが国における最初の安楽死に関する判決であり、これを切っ掛けに、小野清一郎が、「安楽死の問題」（『刑罰の本質について・その他』197頁以下〔有斐閣、1955年〕に所収）において、「人間的苦悩に対する同情」、「慈悲又は惻隠の心」、「人道主義」を根拠にその正当性を論じた。これが本文引用の名古屋高裁昭和37年判決の内容に大きな影響を及ぼすことになる。この論文において、小野が、死期の切迫に関して、「死がすでに数時間の後に迫ってゐるといふやうな、いはゆる危篤状態に陥つた場合においてのみ、人道的な意味の安楽死が容認されるであろう」（同216頁）と論じているのは注目される。

[14] この⑥の要件に関して、「倫理的に容認しうる『殺し方』というものがあるか疑わしい」（平野・総論II253頁）との見方もあり、この名古屋高裁判決は、違法性阻却の認められる要件を展開しているが、実際にはその要件を充たすケースはほとんどありえず、「リップサービス」ではないかともいわれた。一方で、④の要件が「病者の意識がなお明瞭であって意思を表明できる場合には」としていることから、意思を表明できない場合にもなお違法性を阻却する可能性を考えているのではないか、しかし、そうだとすれば自己決定権という観点からすれば問題ではあるという指摘もなされてきた。

に連れて帰りたい」などと懇願され、当初はその要求を拒否していたが、繰り返し強く要請され、結局その願いを聞き入れ、心停止の作用を認識しながら、ワソラン、塩化カリウム製剤（KCL）をBに注射し、Bを死亡させたというものであった。それまで安楽死が問題となった刑事裁判における事案は、家族による「安楽死」行為が問われたのに対して、この事案では医師の手による「安楽死」行為が問題になった点でも注目された。横浜地判平成7年3月28日判時1530号28頁は、「本件で起訴の対象となっているような医師による末期患者に対する致死行為が、積極的安楽死として許容されるための要件をまとめてみると、①患者が耐えがたい肉体的苦痛に苦しんでいること、②患者は死が避けられず、その死期が迫っていること、③患者の肉体的苦痛を除去・緩和するために方法を尽くし他に代替手段がないこと、④生命の短縮を承諾する患者の明示の意思表示があること、ということになる」と判示した。しかし、この事案では、Bの意識レベルは低下し、呼びかけにも、疼痛刺激にもまったく反応せず、対光反射もなく、舌根沈下がみられたという状態であった。このような状態のBは除去・緩和されるべき肉体的苦痛を感じておらず、もとより本人からの生命放棄の意思表示もなかった。したがって、横浜地裁は、その示した①③④の要件を充たしていないとし、Yには殺人罪が成立すると判示したのである（懲役2年執行猶予2年）。本決定が、安楽死の認められる根拠を緊急避難の法理と自己決定権の理論に求めている点も注目される。

　安楽死肯定に消極的な見解の根底には、かつて、ナチス・ドイツが「安楽死」の名のもとで「生きるに値しない生命（Lebensunwertes Leben）の毀滅」を行ったという苦い経験・反省からの警戒感もある。ドイツにおいてはかかる経験から「安楽死」という表現さえ忌避され、「臨死介助（Sterbehilfe）」という言い方がなされる。「危険な坂道」に例えられる場合もある。最初の一歩それ自体はとくに問題のあるものではないが、そこに踏み出してしまうと止まりたくても止まることができず、下に滑り落ちていってしまう。安楽死の「対象の拡大」への懸念・危惧である。なお、医療の発展により安楽死の状況（苦痛か死かという究極の二者択一状況）が減少してきていることに留意する必要もあろう。現在の医療において苦痛緩和医療・鎮痛医療（ペイン・クリニック）が発展しているからである[15]。横浜地裁が安楽死肯定の論拠の1つとしてあげている自己決定権という観点は、現在、医療行為の正当化の根拠としてきわめて重要である。しかし、安楽死のような場合に、自己決定権の行使の基盤（生命）の放棄を自己決定権により基礎づけるとすれば、それは背理ではなかろうか。だからこそ、横浜地裁判決は緊急避難の法理も援用しているものと思われる。しかし、生命にかかわる問題（生命の放棄）を利益衡量原理（功利主義的考慮）により正当化しようとする試みにも疑問が残る。違法性阻却を認めず、期待可能性や義務の衝突などの観点から責任阻却を考えるべきだとの見解もある。その正当化が認められるとすれば、生か死の自己決定権（いわば死ぬ権利）に基づかせるのではなく、死が不可避的に切迫している状況に限定し、「死の迎え方」の選択権から考えていくべきであるように思われる[16]。

15　肉体的苦痛を除去・緩和するために方法を尽くし他に代替手段がないという要件を課す横浜地裁の判示に対して、苦痛緩和医療・鎮痛医療の現状に照らして、「末期医療における安楽死を事実上封殺したもの」だ（町野朔『『東海大学安楽死判決』覚書」ジュリスト1072号113頁［1995年］）との指摘もある。

16　イメージ的にいえば、病院のベッドの上で死を迎えるか、自宅の畳の上で死を迎えるかの選択であり、死そのものは不可避

（2）生命維持治療の発展により病状によっては終末期状態にある患者の相当程度の延命が可能になり、また、前述の苦痛緩和医療の進展もあり、終末期医療における重要な問題は治療行為の中止の許容性に移っていく。「安楽死から尊厳死へ」というようにも表現された[17]。尊厳死とは、植物状態の患者などに対する生命維持（延命）治療を中止して尊厳（品位）のある（または自然な）死を迎えさせる場合が考えられてきた。近時の刑事裁判において治療行為の中止の問題が問われたものがある。川崎協同病院事件判決（最決平成21年12月7日刑集63巻11号1899頁）である[18]。この事案は、気管支ぜんそくの重積発作を起こしたCが、心肺停止状態で病院に搬送され、救命措置により心肺の蘇生はしたが、心肺停止時の低酸素血症により脳機能が損傷し、昏睡状態となっていた。治療に当たった医師Zは、Cの意識の回復は難しく、植物状態となる可能性が高いことなどをCの家族に説明した。Cの病院搬送から2週間後、Cの家族からの要請に基づき、Zは、Cの死亡を認識しながら、気道確保のために鼻から挿入されていたチューブを抜き取り、さらに、筋弛緩剤を注射してCを窒息死させたというものである。最高裁は、「本件抜管行為までに、同人の余命等を判断するために必要とされる脳波等の検査は実施されておらず」、「その回復可能性や余命について的確な判断を下せる状況にはなかったものと認められる」。また、「抜管行為が被害者の推定的意思に基づくということもできない。以上によれば、上記抜管行為は、法律上許容される治療中止には当たらない」と判示し、Zに殺人罪の成立を認めた（懲役1年6月執行猶予3年）。本決定は、「法律上許容される治療中止」の具体的な要件を示すものではないが、「回復可能性や余命」、「推定的意思」に言及していることは注目され、いずれにせよ「法律上許容される治療中止」の可能性を前提とした判断であるということができる。自己決定権を基軸として正当化を展開すべきか、患者の最善の利益という観点を基礎に置くべき[19]か、治療義務の限界をどのように考えるべきか、また、（患者の意思が明確に確認できない場合など）家族の意向をどの程度考慮すべきかなどが検討されるべきことになろう。裁判所は具体的な被告人の行為が犯罪にあたるのか否かを判断しなければならないが、安楽死・尊厳死のような、多くの者にかかわりうる、死に際しての重要問題（に関する一般的なルールの定立）を、裁判所の判断、ないしは、判例による法形成に委ねてよいのか、立法（もしくは権限のある機関）により解決されるべき問題ではないかということ、このような問題の立法・行政・司法の役割分担、それぞれの関与の在り方も考える必要があろう。川崎共同病院事件の控訴審判決（東京高判平成19年2月28日判タ1237号153頁）の次のような指摘に留意が必要であろう。すなわち、患者の自己決定権からのアプローチも治療義務の限界からのアプローチも、いずれも「解釈上の限界があり、尊厳死の問題を抜本的に解決するには、尊厳死法の制定ないしこれに代わり得るガイドラインの策定が必要であろ

的に切迫しており、選択の対象となるのではない。そして、このように考えることから、その前提となる「死期の切迫」を厳格に解すべきことになる。

17 参照、宮野彬『安楽死から尊厳死へ』（弘文堂、1984年）

18 前述の東海大学安楽死事件に関する横浜地裁判決も、傍論とはいえ、治療行為の中止の許容性について言及している。海外では、アメリカにおけるカレン事件が有名である。これは、植物状態になったカレン（Karen Ann Quinlan）の父が生命維持装置の取り去ることを求めた裁判である（In re Quinlan, 70 N.J.10, 355 A.2d 647[1976]）。裁判に基づいて生命維持装置が取り外されがカレンはその後9年余り生き続けた。カレン事件について、唄孝一「解題・カレン事件」ジュリスト616号58頁以下（1976年）、同「続・解題 カレン事件」ジュリスト622号60頁以下（1976年）が詳しい。

19 パターナリズム的な観点、医師の後見的な医療的配慮から正当化される可能性が出てくる。

う。すなわち、尊厳死の問題は、より広い視野の下で、国民的な合意の形成を図るべき事柄であり、その成果を法律ないしこれに代わり得るガイドラインに結実させるべきなのである。そのためには、幅広い国民の意識や意見の聴取はもとより、終末期医療に関わる医師、看護師等の医療関係者の意見等の聴取もすこぶる重要である。世論形成に責任のあるマスコミの役割も大きい。これに対して、裁判所は、当該刑事事件の限られた記録の中でのみ検討を行わざるを得ない」。「しかも、尊厳死を適法とする場合でも、単なる実体的な要件のみが必要なのではなく、必然的にその手続的な要件も欠かせない。例えば、家族の同意が1要件になるとしても、同意書の要否やその様式等も当然に視野に入れなければならない。医師側の判断手続やその主体をどうするかも重要であろう。このように手続全般を構築しなければ、適切な尊厳死の実現は困難である。そういう意味でも法律ないしこれに代わり得るガイドラインの策定が肝要なのであり、この問題は、国を挙げて議論・検討すべきものであって、司法が抜本的な解決を図るような問題ではないのである」という指摘である[20]。安楽死や尊厳死など末期医療の問題が、刑法という狭い枠内にとどまらない問題であることはもとより異論のないところであろう。医療現場の状況を十分に踏まえたうえでの幅広い議論に基づく合意形成が望まれる[21]。

---

[20] この判決に対しては、司法消極主義に過ぎるとか、あまりに法実証主義的思考であるなどと批判されている。参照、田中成明「尊厳死問題への法的対応の在り方について」法曹時報60巻7号18頁以下（2008年）、町野朔「患者の自己決定権と医師の治療義務」刑事法ジャーナル8号50頁以下（2007年）。

[21] 安楽死・尊厳死にかかわる文献は多いが、重要な文献として、甲斐克則『安楽死と刑法』（成文堂、2003年）、『尊厳死と刑法』（成文堂、2004年）、『終末期医療と刑法』（成文堂、2017年）などの一連の著作がある。資料として、町野朔ほか編著『安楽死・尊厳死・末期医療』（信山社、1997年）が詳しい。

第20講　責任1

（責任能力、期待可能性、違法性の意識）

犯罪　＝　①構成要件該当性　＋　②違法性　＋　③責任（有責性）

責任 … 行為者に対して、その違法な行為を行ったことを非難できること

☞　なんで違法な行為を選択したんだ！

（ⅰ）責任能力

（ⅱ）刑事責任年齢

（ⅲ）期待可能性の存在

（ⅳ）違法性の意識（ないしはその可能性）

　刑法において、犯罪とは、①構成要件に該当し、②違法で、③有責な行為と定義される。①②③の要件をすべて充たした場合が「犯罪」である。この講義において、これまで、構成要件該当性、違法性（とくに違法性阻却事由）を検討してきた。本講は、犯罪の3番目の、そして、最後の一般的成立要件である「責任」[1]の要件を検討する。

　上記の犯罪論体系においては、その行為が「違法な行為」であることが決定され、そのあと、行為者に対して、その違法な行為を行ったことを非難できるのかどうかが検討される。かつては、責任能力、故意・過失という心理的事実が存在することにより「責任がある」が考えられていた（心理的責任論）が、後述の期待可能性の理論の発展とともに、責任の本質を非難可能性という規範的なものに求める規範的責任説が通説化した。「なぜ適法な行為をしたんだ」（なぜよいことをしたんだ）という「非難（？）」が法的に意味をなさないように、「非難」の前提として、その非難の対象となる「違法な行為」を行ったことが先に決定される（違法判断の先行性）。そ

---

1 「責任」という言葉の意味は多義的な面がある。わが国の刑法学は明治以降欧米の刑法学を積極的にとり入れてきたが、たとえば、「日本語で『責任』と訳される言葉には、Verantwortung（独）、responsibility（英）、responsibilité（仏）……がある。これは、最も一般的な意味で用いられる言葉であり、現在、過去、未来と、そして善い意味にも悪い意味にも使われているのである（日本の刑法学者はこの意味の責任を表現するために、『答責性』という新語を造ったが、これは普通の人には知られていない……）」。「同じく、日本語で『責任』と訳されている言葉に、Schuld（独）、Guiltiness（英）、culpabilité（仏）……がある。これらの意味は、右と違って、過去について、そして悪いことをしたときだけに用いられる」。「最後に、やはり日本で同じく『責任』と訳される言葉として、Haftung（独）、liability（英）、があるが、これは、必ずしも道徳的に悪いことをしたとか、犯罪を犯したという意味ではなく、ただ、第三者に対して損害賠償等を支払う義務があるというようなときに用いられる」（ホセ・ヨンパルト『刑法の七不思議』92頁［成文堂、1987年］）。

れに続いて、責任判断において、違法な行為を「選択したこと」（または選択できた可能性）が問われることになる。その行為を行ったことに対して行為者を非難できない事情がある場合には、峻厳な制裁である刑罰を科すことはできないというべきである。責任とは非難可能性である

I　責任主義

　「責任なければ刑罰なし」という責任主義（Schuldprinzip）は、罪刑法定主義と並ぶ近代刑法学の基本原理である。ともすればひき起こされた結果の重大性に目を奪われ、かつては結果責任（客観的責任）が問われることがあった。しかし、この結果責任を克服し、それに対する意味において、行為者に責任能力、および、故意または過失があり、行為者を非難できる場合にその責任を問いうるという主観的責任が認められるようになった。また、威嚇効果・抑止効果を狙って、一定のグループの構成員であることを理由として責任を問う団体責任（連座・縁座なども）が問われることもあった。しかし、あるグループに属していることの一事をもって自己の行っていないことについての責任を負わせるのは不合理であるとして、その者自身の行った行為およびそれによりひき起こされた結果を理由としてのみ責任を問われるという個人責任が認められるようになった。結果責任および団体責任を克服しようとしてきたのが近代刑法学の歩みであったともいえる。

　責任主義との関係において、これまで問題性を指摘されてきたことのある判例実務として、（ア）結果的加重犯の基本犯と加重結果の間に条件関係があればよく、過失は要しないとすること[2]、（イ）違法性の意識の可能性のない場合でも責任を認めること[3]、（ウ）両罰規定における事業主処罰につき無過失責任説・過失擬制説をとっていたこと[4]などである。現在の判例がこのような立場をとっているかどうか、現在の判例の立場を責任主義との関係においてどのように評価すべきかなど、個々の問題点ごとのより詳細な検討が必要である。

II　責任能力

　責任能力は、次のようにイメージするとよいように思われる。ある者が一本道を歩いていたところ、道が二股に分かれるところにきた。右側が適法な道、左側が違法な道だとしよう。右側の道へ進むべきである。たとえば、落とし物の財布を拾ったとき、周りを見渡すと誰も見ている人はいない。自分の物にしてしまおう[5]という気持ちと、交番（あるいは大学の学生部など）に届けようという気持ちの間で揺れ動く。「誰も見ていないし、月末

2　第15講II（1）（iii）参照。

3　後述、V（3）（4）参照。

4　第15講II（2）参照。

5　遺失物横領罪（254条）が問題になる。

でお金がないんだから、ふところに入れちゃえ。」という悪魔のささやき。「落とした人はきっと困っているだろうし、面倒でも交番に届けるべきだ。」という天使のつぶやき。しばし気持ちはその間を行ったり来たりしていたが、「えいっ、構うものか。」と財布の中の現金を抜き取りポケットに入れ、財布はそこに投げ捨て、その場を去った。彼は、この行為を「悪いこと」だとわかっていながら（だからこそ気持ちが揺れ動いていた）それを行った、つまり、「悪いこと」を「悪い」とわかっていながら、右側の道が適法な道で、左側の道が違法な道だとわかっていながら、あえて左側の道を「選択した」のである。このような場合に、行為者は、「悪いこととわかっていながら、なぜそれを選択したんだ」と非難されることになる[6]。これが、刑法上、行為者にその行為を行ったことの「責任がある」ということの意味である。

　刑法上の責任をこのように考える場合、そもそも右側の道が適法な道で、左側の道が違法な道だと「わからない」「判断できない」とすれば、たまたま選択した道が左側の道であったとしても、「悪いこととわかっていながら、なぜ左側の道を選択したんだ」と非難することはできない。また、右側の道が適法な道だとわかっていても、その判断に従って自分の体の動きをコントロールできず、左側の道に行こうと思っていなかったのに、体は左側の道に進んでしまったとすれば、この場合も、「悪いこととわかっていながら、なぜ左側の道を選択したんだ」と非難することはできない。このような、右側の適法な道を選択できる能力、法によって動機づけられうる能力を「責任能力」という。

　39条は〔1項〕「心神喪失者の行為は、罰しない」、〔2項〕「心神耗弱者の行為は、その刑を減軽する」と規定し、責任能力を定めている。刑法は「心神喪失」、「心神耗弱」の中身についてなにも定めていないが、判例・通説は、古くから、責任能力とは、精神の障害により、事物の是非善悪（違法性）を弁別（弁識）し、または、その弁別に従って行動する能力であると考えてきた[7]。責任能力は、①精神の障害に基づくこと（生物学的要素）と、②‐ア）ことの善し悪し（適法か違法か）を識別できる是非弁別（弁識）能力、②‐イ）その判断に従って行動をコントロールする行動制御能力（心理学的要素）からなっており[8]、このア）イ）の能力のいずれかが欠ける場合が責任無能力（心神喪失）であり、著しく減退している場合[9]が限定責任能力（心神耗弱）である[10]。

6　過失犯の場合には「きちんと注意すれば、そうなることがわかり、そうならないような措置をとることができたはずなのに、どうしてきちんと注意してそのような措置をとらなかったんだ」ということが行為者に非難される。第15講参照。なお、脳科学の知見と刑法上の責任（また意思の自由）の関係を考察するものとして、松村格『刑事責任問題の核心――意思の自由と脳科学――』（八千代出版、2023年）。

7　大判昭和6年12月3日刑集10巻682頁など。

8　責任能力を生物学的要素と心理学的要素から構成する考え方を混合的方法という。

9　限定責任能力の程度までではないが、この能力が一定程度減退していることはありうる。その場合、39条2項による刑の減軽はなされない。しかし、非難可能性の程度は弱まり、刑の量定を行う際に考慮されるべきことになる。

10　「心神喪失」という概念は、刑事法の他の条文でもいくつか出てくるが、異なる内容であることに注意を要する。刑訴法314条1項本文「被告人が心神喪失の状態に在るときは……、決定で、その状態の続いている間公判手続を停止しなければならない」と規定する。ここでは訴訟能力を欠く状態を問題にしている。また、刑訴法479条1項は「死刑の言渡を受けた者が心神喪失の状態に在るときは、法務大臣の命令によって執行を停止する」と規定する（刑訴法480条も）。これは刑の執行に適する能力（受刑能力）を問題にしている。「心神耗弱」に関して、刑法248条（準詐欺罪）は「人の心神耗弱に乗じて、その財物を交付させ」た場合に、10年以下の拘禁刑〔懲役〕に処すると規定している。ここでの「心神耗弱」とは、精神の健全を欠き、物事を判断するための普通人の知能を備えていない状態をいい、やはり39条2項の「心神耗弱」とは同じではない。

心神喪失者（責任無能力者）の行為は不可罰であり（39条1項）、心神耗弱者（限定責任能力者）の行為については、その刑が必要的に減軽される（39条2項）[11]。

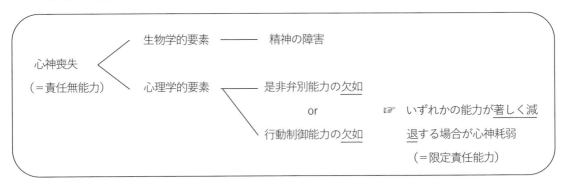

責任能力の判断について、次の判例が参考になろう。「被告人の精神状態が刑法39条にいう心神喪失又は心神耗弱に該当するかどうかは法律判断であって専ら裁判所にゆだねられるべき問題であることはもとより、その前提となる生物学的、心理学的要素についても、上記法律判断との関係で究極的には裁判所の評価にゆだねられるべき問題である（最高裁昭和58年……9月13日……裁判集刑事232号95頁）。しかしながら、生物学的要素である精神障害の有無及び程度並びにこれが心理学的要素に与えた影響の有無及び程度については、その診断が臨床精神医学の本分であることにかんがみれば、専門家たる精神医学者の意見が鑑定等として証拠となっている場合には、鑑定人の公正さや能力に疑いが生じたり、鑑定の前提条件に問題があったりするなど、これを採用し得ない合理的な事情が認められるのでない限り、その意見を十分に尊重して認定すべきものというべきである」[12]。

Ⅲ　刑事未成年

41条は、「14歳に満たない者の行為は、罰しない」として、14歳未満の者の刑事責任を一律に否定している。是非弁別能力、行動制御能力の点を実質的に判断すれば、14歳未満の者であっても、とくに14歳に近ければ近いほど、十分にその能力を備えている場合は考えられるが、社会的経験に乏しく、精神的に未成熟（発育途上）

---

[11]　39条2項のような法律上の「刑の減軽」が「処断刑の形成」にかかわる問題であることについて、第5講Ⅱ参照。なお、心神喪失等の状態で重大な他害行為を行った者の医療及び観察等に関する法律（心神喪失医療観察法）は、心神喪失等の状態で重大な他害行為（他人に害を及ぼす行為）を行った者に対し、その適切な処遇を決定するための手続等を定めることにより、継続的かつ適切な医療並びにその確保のために必要な観察および指導を行うことによって、その病状の改善およびこれに伴う同様の行為の再発の防止を図り、もってその社会復帰を促進することを目的としている（同法1条1項）。対象となる行為は、放火の罪、強制性交等の罪、殺人の罪、傷害罪、強盗の罪である（同法2条1項）。これらの行為につき、不起訴処分または確定判決において、心神喪失または心神耗弱にあたると認められた者がその対象となる（同法2条2項）。検察官の申立てにより、裁判所が、指定医療機関に入院または通院させる決定をするという措置が定められている。

[12]　最判平成20年4月25日刑集62巻5号1559頁。また、最決昭和59年7月3日刑集38巻8号2783頁、最決平成21年12月8日刑集63巻11号2829頁。

である一方で、可塑性に富むという少年の特性を考慮して、つまり、未成熟であるがゆえに周りの（悪い）影響等によって非行・犯罪に手を染めやすい面がある一方で、早い段階でうまく対応すれば立ち直り、その後犯罪者としての道を進まないようにできるといった経験則（たとえば、自分のことを理解してくれる人や良い指導者と出会い、その交流・対応により、その後、人が変わったようにしっかりした人生を歩んでいくなど）に照らして、「政策的な考慮」から画一的に「14歳未満」の場合、刑事責任を問わないこととしたのである[13]。

Ⅳ　期待可能性

責任能力があり、故意・過失があったとしても、行為者の置かれた特殊な状況を考えると、適法行為を行うことを期待できないような場合がある。先ほどの「2股の道」の例（イメージ）を用いて説明すれば、Xは、右側の道が適法な道で、左側の道が違法な道だと理解でき、さらに、その右側の道に進むように行動も制御できる（責任能力あり）。しかし、進むべき右側の道には、バリケードがあり、あるいは、どう猛な動物がそこにいるなど、克服しがたい障害があるとすれば、その障害を突破してまで右側の道に進むべきこと（適法な行為を選択すること）は期待しがたい。このような場合、行為者に対して、違法な道に進んだことを非難することはできないといえよう。適法な行為を行うことが期待できないような事情がある場合、つまり、適法行為の期待可能性がない場合、その行為者に責任を認めることはできないのである。

　ドイツのライネンフェンガー事件が有名である。ライネンフェンガー（Leinenfänger）とは「手綱をからませるもの」という意味であり、ここでは暴れ馬のことをいっている。その暴れ馬を馬車馬として使用していた辻馬車の御者が、誤って通行人を負傷させた（過失傷害）という事故が起こった。この事故が起こる前に、御者は、この馬の癖を知り、かねてより雇主に他の馬に交換するように頼んでいたが、雇主はこれに応ぜず、御者は失職をおそれてやむなくこの馬を使用していたという事情があった。ドイツの裁判所[14]は、職を失ってまで雇主の命令に逆らうことは御者に期待しがたいとして、御者を無罪にした[15]。

---

[13]　したがって、「14歳」という年齢での線引きの当否は、当然、議論の余地がありうる。なお、この刑事未成年とは別に、少年法による成人とは異なる少年の取扱いがある。少年法は、20歳未満の者を少年とし（少年法2条1項。ここで用いられる「少年」とは、一般の用語でいえば少年・少女である）、少年の刑事事件についてはこれを家庭裁判所に送致し（少年法41条・42条）、家庭裁判所は少年に対して原則的に保護処分とする。保護処分とは、刑罰を避け、非行少年に対して健全育成を期しその非行進度に応じて性格の矯正および環境の調整をするための処分であり、保護観察、児童自立支援施設・児童養護施設送致、少年院送致がある（少年法24条）。これに対して、故意の犯罪行為により被害者を死亡させた事件（たとえば、殺人罪や傷害致死罪など）で、その罪を犯すときに16歳以上である場合、保護処分相当と認めるとき以外は、検察官に送致し、刑事処分に付することになる（少年法20条2項）。刑事処分に付された場合でも少年の場合の特例として、罪を犯すとき18歳未満の者に対しては、死刑をもって処断すべき時は無期刑を科し（少年法51条1項）、有期拘禁刑〔懲役・禁錮〕を言い渡す場合に、長期と短期を定めて言い渡す不定期刑が採用されている（たとえば、「5年以上10年以下の拘禁刑〔懲役〕に処する」というように言い渡される）。推知報道の禁止も定められている（少年法61条）。2021年（令和3年）の改正において、18歳及び19歳の者を「特定少年」としてその特例が定められた（少年法62条以下）。

[14]　Entscheidungen des Reichsgerichts in Strafsachen(=RGSt) 30,25.

[15]　現在では、当時よりも労働法制が整備されてきているので、同じような事情の場合でも期待可能性がないといえるかは疑問

わが国の判例において、適法行為の期待可能性がないことを理由に無罪判決を下したものはないが、第5柏島丸事件が期待可能性を考慮したものだとされている。これは、連絡船第5柏島丸が、定員の5倍余りの乗客を乗せて瀬戸内海を航行中に沈没し、多数の死傷者を出した事件である。大審院[16]は、（ア）乗船時に通勤の乗客が殺到したのに、取締りの警察官は出航時刻の励行のみを促し、定員超過については見逃していたこと、（イ）船長であった被告人の再三の注意にもかかわらず、船主が採算上の理由から多数の乗客を乗せることを命じていたことなどを考慮し、原審の言い渡した禁錮6月という判決を破棄し、被告人に罰金300円を言い渡した。この判決は、適法行為の期待不可能性を理由に被告人を無罪にしたものではないが、罰金刑という軽い刑を言い渡した点において、期待可能性の少なさを考慮したものだと考えられている。

　刑法の規定にも期待可能性を考慮して条文が作られているものがある。たとえば、証拠隠滅罪（104条）は、「他人の刑事事件に関する証拠を隠滅」等した場合、3年以下の拘禁刑〔懲役〕等に処すると規定している。この規定によれば、犯人が「自分の刑事事件に関する証拠」を隠滅しても、証拠隠滅罪に問われないことになる。刑法は、犯人が犯罪の証拠を隠滅することを「いいことだ」とか、「どんどん隠滅しなさい」といっているのではない。犯人による自分の刑事事件に関する証拠の隠滅行為も、「違法な行為」（行うべきではない行為）であるが、凶器を捨てたり、隠したりするなど証拠を隠滅しないで、きちんと犯罪の証拠として保管しておきなさい、などと期待することは難しいと考えているのである[17]。また、犯人隠避罪（103条）・証拠隠滅罪（104条）を犯した犯人の親族が、その犯人をかくまい、その証拠を隠滅した場合に、「その刑を免除することができる」（105条）と規定する[18]。これも、犯人の親や家族（親族）は犯人をどんどんかくまいなさいと推奨するものではなく、逃亡する身内をかくまわずに適法な行為（警察に通報するなど）を期待するのは難しいと考えているのである[19]。

　学説において、責任の判断において適法行為の期待可能性を考慮すべきであるということに異論はない。ただ、何（誰）を標準にして、「期待できる」「期待できない」と考えるべきかは争われている。責任の本質、また、行為者に対する非難可能性を問題とすべきことからすれば、行為者を基準としてその具体的事情における適法行為の期待可能性の有無・程度を考えるのが筋だといえるが、「すべてを理解することはすべてを許すことになる」との批判が行為者標準説に向けられており、平均人標準説、国家標準説も主張されている。

　であるが、期待可能性の発展に大きく寄与した有名な事件である。

[16]　大判昭和8年11月21日刑集12巻2072頁。

[17]　もちろん、犯人を証拠隠滅罪に問わないとしても、その犯した罪（殺人とか強盗とか）の責任を免れないことは当然であり、その責任を問うことで十分であると考えられているともいえよう。

[18]　1947年（昭和22年）までは105条は「之ヲ罰セス」（刑の必要的免除）と規定していたが、1947年の改正により刑の任意的免除に改められた。旧規定は、『父は子のためにかくし、子は父のためにかくす。直きことその中にあり』（論語、子路篇）という儒教思想に基づくものであったといわれている。

[19]　過剰防衛（36条2項）、過剰避難（37条1項ただし書）が刑の任意的減免を認めているのも、緊急状態に直面して冷静さを失い過剰な行為に及んでしまったという精神状態等を考慮して責任（期待可能性）の減少を（も）認めたものである。

V　違法性の意識

（1）行為者が、客観的には違法な行為を行っているが、なんらかの事情からそれを「違法な行為ではない」、「許されている」、「適法である」と思い違いをして行為した場合、つまり、違法性の意識（の可能性）をもたずに行為した場合、客観的には違法な行為であるとしても、本人が「違法な行為である」と意識していない以上、それを思いとどまる契機は存在せず、行為者によるその行為の選択を非難することができない（責任を問いえない）のではないかということが議論されてきた。一方で、ローマ法以来の法諺に「法の不知は許さず（Ignorantia legis neminem excusat, Ignorantia juris non excusat）」[20]がある。違法性の意識の位置づけ、違法性の錯誤[21]の取扱いについての理論構成は非常に争われてきた。

（2）この問題を考えるうえで理論的に重要な点の1つに、「違法性の意識（ないしはその可能性）」を「故意」の要素と考えるかのどうかという点がある。故意とは構成要件に該当する事実を認識（・認容）し、それをあえて実現しようとする意思である、ということは前で学修した[22]。このような心理状態・事実認識を、構成要件段階での（構成要件要素としての）故意という意味で「構成要件的故意」という。この構成要件的故意に加えて、違法性の意識（ないしその可能性）も故意の要素になるとする見解を「故意説（Vorsatztheorie）」という。これに対して、故意という心理状態は構成要件的故意だけを問題とし、違法性の意識の可能性は故意とは別の「責任」の要素であると考える見解を「責任説（Schuldtheorie）」という。このことだけであれば、故意説と責任説の対立は、違法性の意識（ないしその可能性）の体系的位置づけ（体系的な整理）の問題にすぎないように思われる。しかし、このことは違法性の錯誤の取扱いの結論に影響してくることになる。

```
┌  故意説    故意 ＝ 構成要件的故意 ＋ 違法性の意識　or　その可能性
│                         ⇨ 厳格故意説　　⇨ 制限故意説
└  責任説    故意 ＝ 構成要件的故意
                  ⇨ 違法性の意識の可能性は「責任」の要素。
```

（3）違法性の錯誤の取扱いに関して、第1の見解として、違法性の意識不要説がある。これは、犯罪事実の認識があれば故意があるといってよく、違法性の意識（ないしはその可能性）は故意（または責任）の要件では

---

[20]　「法の不知は許さず」という法諺について、穂積陳重『続法窓夜話』218頁以下（岩波文庫、1980年）も参照。
[21]　違法性の錯誤は、法律の錯誤、禁止の錯誤ともいわれる。
[22]　参照、第13講Ⅱ。

ないとする見解である。この見解に対しては、違法性の意識を欠いたことに理由のある場合、責任を問うのが酷だと考えられる場合もあり、国民は法律で禁止されている事実はすべて知っておくべきであるというような権威主義的な考え方に立つものであり、責任主義にも反すると批判されてきた。

　判例はこの立場に立っているのではないかといわれてきた。確かに、「違法性の意識の位置づけ」ということからするとそのように評価できなくもないが、判例は、故意責任を問うべきではないと考える場合に違法性の意識の扱いが問題になる「法律の錯誤」ではなく、故意を阻却する「事実の錯誤」として扱うことによって[23]、おおむね妥当な結論を導いているとも分析されてきた。ここにこの議論の複雑なところがある。

　違法性の意識不要説と対極にある第2の見解として、違法性の意識は故意の要素であるとする厳格故意説がある。厳格故意説は、自己の行為が法律上許されないことを知りながら、あえてその行為を行おうとする直接的な反規範的意思活動（態度）に「故意」責任の本質があると考える。この見解によれば、「自分の行為が違法でない」と（誤ってであれ）考えていた場合、「故意」という心理状態は認められないことになる。厳格故意説は学説において有力な見解であるが、この見解に対しては、次のような批判が向けられてきた。すなわち、（ア）規範意識が鈍磨している常習犯人は違法性の意識がないか、それがあったとしてもその程度は低いと考えられる。そうすると、違法性の意識の有無・程度に非難の大小の決定を依存させるならば、常習犯人の行為は不可罰か、軽い責任にとどまることになる。しかし、それは妥当ではない。（イ）確信犯の場合は「悪いことをする」という意識を認めることが困難であり、その可罰性を説明できなくなってしまいかねない。（ウ）激情にかられ前後の見境なく犯行を行う激情犯の場合には、違法性を意識しながらあえて行為を決意したというような心理状態を認めがたく、そうすると故意責任を問えなくなる。（エ）過失処罰規定のない行政犯の場合、違法性の意識を欠く場合には故意なしとして不可罰とせざるをえず、取締りの実効性を達成できない、等々の批判である。

　上記の2つの見解の中間にあるのが、違法性の意識の「可能性」で足りるとする見解である。これには2つの見解がある。1つは、違法性の意識の可能性を故意の要件とし、違法性の意識を欠いたことにつき相当な理由があるときは故意が阻却されるとする制限故意説である。可能性であれそれを「故意」の要件とすることから、故意説の1バージョンということになる。この見解に対して、「故意に」とは「知っていながら」といった認識・意識の問題であるから、「可能性があれば故意（その意識）がある」ということを理論的に基礎づけるのは難しいと批判されてきた。もっとも、戦後の下級審判例の主流は、制限故意説に立っているといわれている。もう1つの見解は、違法性の意識の可能性は故意とは別の「責任の要素」であると理論構成をする責任説である[24]。故意は事実認識に尽きるとし、「評価」の問題にかかわる違法性の意識の可能性は故意・過失に共通する責任の要素であると考えるのが最大の特徴である。この立場からは、違法性の錯誤が回避可能であれば（違法性を意識する可能性があったのであれば）責任が認められ、回避可能性の程度が少なくなるにつれ責任非難の程度が減少し、錯誤が回避不可能であれば責任が阻却されると考えられることになる。

23　事実の錯誤と法律の錯誤の区別について、次講において検討する。

24　責任説の中で、誤想防衛など、違法性阻却事由の事実的前提に関する錯誤の取扱いに関して、故意を阻却すると考える制限責任説と、この場合も責任非難の問題であると解する厳格責任説とにわかれる。誤想防衛については、第17講Ⅱを参照。

違法性の錯誤の回避可能性を問題とする立場に立った場合、法規を知らなかった場合（法の不知）、その違法性の錯誤は基本的に回避可能であると考えられる。行政刑罰法規の場合に法規の不知が実際に起りうるが、当該法規制に関係する業務にたずさわる者は、その関係法規を知り、行為の適法性を検討する義務があるというべきだからである。なお、古い判例には、関東大震災による交通機関が途絶したために勅令（暴利取締令）の発布を知りえなかったという事案に関して有罪としたものがある[25]が、この場合には、違法性の意識の可能性がなく、その錯誤は回避不可能であったというべきであろう。確立した判例を信頼して行動した場合には、その錯誤は回避不可能であると考えるべきであり、また、公的機関の見解を信頼して行動した場合、その錯誤は回避不可能であるといってよい。それにし対して、弁護士・法律学者などであっても、私人の意見を信頼して行為した場合、その錯誤は回避可能である[26]。

（4）最高裁判例は、違法性の意識不要説に立つとされてきた[27]。しかし、下級審判例においては、故意責任を認めるためには少なくとも違法性の意識の可能性を必要とすると判示するものも少なくなく、制限故意説が主流であるといえる。 たとえば、映倫管理委員会の審査に付し、審査員の勧告に応じ、一部修正・削除してその審査を通過した映画を上映する場合は、当該「映画の上映もまた刑法上の猥褻性を有するものではなく、法律上許容されたものと信ずるにつき相当の理由があったものというべきであ」るとし[28]、公安委員会の許可を受けていないデモ行進が慣行的に許されていると誤信したことについて相当な理由があり、犯罪の成立が阻却されるとし[29]、石油カルテル事件において、「被告人は、石油業法の下で、あるいは通産省の直接指導により、あるいは通産省の指導、要請に基づく石油連盟の協力措置として実施されてきた生産調整の歴史の流れの中で、需給委員長に選任され、生産調整を正当な職務と信じ、何ら違法感をもたずに、誠実にその職務を遂行してきたものと認められるのであつて、その違法性を意識しなかつたことには右のとおり相当の理由がある……。したがつて、同被告人にはこの点において故意即ち『罪ヲ犯ス意』がなかつたと認められる」[30]と判示されている。その後、最決昭和62年7月16日刑集41巻5号237頁は、百円札模造事件[31]において、被告人が「違法性の意識を欠いていた

25　大判大正13年8月5日刑集3巻611頁。

26　後述の百円札模造事件の控訴審判決は、「特別の事情が存在し、その行為者においてその行為が許されたものであると信じ、かつそのように信ずるについて全く無理もないと考えられるような場合には、刑法の責任主義の原則に従い、もはや法的非難の可能性はないとして、例外的に犯罪の成立が否定されると解すべきである」とし、そのような場合として、「刑罰法規に関し確立していると考えられる判例や所管官庁の公式の見解又は刑罰法規の解釈運用の職責のある公務員の公の言明などに従って行動した場合ないしこれに準ずる場合などに限られると解するのが相当である」と判示している。

27　最判昭和25年11月28日刑集4巻12号2463頁（「所謂自然犯たると行政犯たるとを問わず、犯意の成立に違法の認識を必要としないことは当裁判所の判例とするところである」）など。なお、前述（3）も参照。

28　東京高判昭和44年9月17日高刑集22巻4号595頁（黒い雪事件）。

29　東京高判昭和51年6月1日高刑集29巻2号301頁（羽田空港デモ事件）。

30　東京高判昭和55年9月26日高刑集33巻5号359頁。また、東京高判昭和27年12月26日高刑集5巻13号2645頁（「窃盗の現行犯人と信じて逮捕し、直ちにその旨を警察署に通報して警官の来場を待ち、自分の行為を法律上許されたものと信じていたことについては、相当の理由がある」）。

31　Xは、自己の経営する飲食店の宣伝のため、写真製版所に依頼し、まず、表面は写真製版の方法により日本銀行発行の百円

としても、それにつきいずれも相当の理由がある場合には当たらないとした原判決の判断は、これを是認することができるから、この際、行為の違法性の意識を欠くにつき相当の理由があれば犯罪は成立しないとの見解の採否についての立ち入った検討をまつまでもなく、本件各行為を有罪とした原判決の結論に誤りはない」と判示した。これを制限故意説に好意的と評価できる判示であるとみて、いずれこの方向に判例変更するのではないかとの見方もある。この領域における今後の判例の動向は注目されるところである。

紙幣と同寸大、同図案かつほぼ同色のデザインとしたうえ、上下2か所に小さく「サービス券」と赤い文字で記載し、裏面は広告を記載したサービス券を印刷させた。Xは、右サービス券の作成前に、製版所側から片面が百円紙幣の表面とほぼ同一のサービス券を作成することはまずいのではないかなどと言われたため、知合いの巡査Aを訪ね、Aらに相談したところ、Aらから通貨及び証券模造取締法の条文を示されたうえ、紙幣と紛らわしいものを作ることは同法に違反することを告げられ、サービス券の寸法を真券より大きくしたり、「見本」、「サービス券」などの文字を入れたりして誰が見ても紛らわしくないようにすればよいのではないかなどと助言された。しかし、Xとしては、その際の警察官らの態度が好意的であり、右助言も必ずそうしなければいけないというような断言的なものとは受け取れなかったことや、取引銀行の支店長代理にサービス券の頒布計画を打ち明け、サービス券に銀行の帯封を巻いてほしい旨を依頼したのに対し、支店長代理が簡単にこれを承諾したということもあって、右助言を重大視せず、当時百円紙幣が市中に流通することは全くないし、表面の印刷が百円紙幣と紛らわしいものであるとしても、裏面には広告文言を印刷するのであるから、表裏を全体として見るならば問題にならないのではないかと考え、なお、写真原版の製作後、製版所側からの忠告により、表面に「サービス券」の文字を入れたこともあり、サービス券を作成しても処罰されるようなことはあるまいと楽観し、Aらの助言に従わずにサービス券の作成に及んだ。その後、Xは通貨及び証券模造取締法1条違反の罪で逮捕され、起訴された。

第21講　責任2

（事実の錯誤と法律の錯誤）

I　事実の錯誤と法律の錯誤

　前講において、「違法性の錯誤」の問題、その取扱いに関する各見解を検討した。この違法性の錯誤の取扱いを論ずる前提として、その錯誤がそもそも「事実の錯誤なのか、法律の錯誤なのか」を検討する必要がある。というのは、学説により法律の錯誤（違法性の錯誤、禁止の錯誤）の処理が異なるからである。

　刑法において議論される錯誤（思い違い）は、大きく、事実の錯誤と法律の錯誤にわけられ、古くから、「事実の錯誤は故意を阻却し、法律の錯誤は故意を阻却しない」といわれてきた。犯罪事実（構成要件に該当する事実）の認識がなければ、故意がなく、過失犯のみが問題となりうるのに対して、犯罪事実については認識しているものの、その行為が違法でない（法律に反しない、許されている、適法である）と誤って考えて行為した場合には（少なくとも原則的には）免責（故意阻却）に値しないと考えられてきた[1]。38条3項は、「法律を知らなかったとしても、そのことによって、罪を犯す意思がなかったとすることはできない」と規定している。

　しかし、上記の「事実の錯誤は故意を阻却し、法律の錯誤は故意を阻却しない」、とりわけ、後半の「法律の錯誤は故意を阻却しない」といえるのかどうかは、違法性の錯誤の取扱いに関してどの見解をとるのかによって異なる。すなわち、違法性の意識不要説および責任説に立てば、「法律の錯誤は故意を阻却しない」ということになる[2]が、厳格故意説によれば、法律の錯誤であっても故意が阻却されることになる。制限故意説の立場からは、違法性の意識の可能性（錯誤の回避可能性）がなければ故意が否定されるから、法律の錯誤の場合、故意阻却の場合とそうでない場合場合がある。とはいえ、事実認識について誤りのある事実の錯誤と、事実認識に誤りはないが、法的評価（あてはめ）を誤っている法律の錯誤とでは、錯誤の性質が異なり、2つの錯誤を区別することは意味があり、また必要なことでもある。

II　事実の錯誤の場合なのか、法律の錯誤の場合なのか

　（1）事実の錯誤は事実認識の誤りであるのに対して、法律の錯誤は法的評価の誤り[3]である。このような意

---

[1] 第20講V（1）で言及したローマ法の法諺「法の不知は許さず」など。

[2] ただ、責任説の場合は、錯誤の回避可能性の程度により「責任」の程度が異なり、「責任」が阻却される場合も認める。なお、38条ただし書は、38条本文に続いて、「ただし、情状により、その刑を減軽することができる」と規定する。

[3] 法的な評価を誤る原因として、法の不知の場合とあてはめを間違える場合がある。前者はその行為を禁止する法律をそもそも知らない場合であり、後者は法律を知っているが、その解釈・適用を誤った場合である。

味において両錯誤は明確に区別される。しかし、具体的な場合を考えていくと、どちらの錯誤に分類されるべきなのか、その区別が容易ではない場合もある。

（ⅰ）まず、行為者が犯罪事実を認識していない場合には事実の錯誤として故意が認められない、ということは争いがない。犯罪（を構成する）事実は、刑法においては「構成要件に該当する事実」と言い換えられるから、構成要件に該当する事実の認識のない場合には故意はない、ということになる。たとえば、殺人罪の構成要件は「人を殺した」（199条）ということであるから、その客体が「人」であることをわかったうえで（＝「人」であることの認識）、その生命を奪うことの認識（＝人を「殺す」ことの認識）がなければならない。したがって、たとえば、猟師が、山中において、山菜取りをしていたお婆さんを「熊」だと見間違え、それに向けて発砲し、射殺した場合、そのお婆さんに対する殺人罪の故意（殺意）はない。「人」であるとの事実認識がないからである。確認してから発砲すればよかったにもかかわらず、軽率に発砲したという点において、過失致死罪（210条）が問題になるにすぎない。

（ⅱ）「事実認識」にはその事実の有する「意味」を認識していることも含まれる。たとえば、行為者が、ある者から保管を依頼された「白い粉」を、それが「覚せい剤である」とか、「違法な薬物である」、「体に有害な物質である」との認識をもたず、ただ「白い粉」であるという以上のことを考えもせず保管していた場合、その「白い粉」という――それ自体、外形的な事実の認識・知覚においては誤りのない――事実認識だけでは、覚せい剤所持罪の故意として十分ではない。その行為が禁止されていることを基礎づける事実の（社会的）意味を伴った事実認識でなければならないのである[4]。もっとも、この意味の認識は、その物質について専門家並みの認識を必要とするものではなく、同様の立場にある通常の人のもちうる認識で足りる（素人的な平行評価）。

（ⅲ）違法性阻却事由にあたる事実を誤想した場合には議論がある。典型的には、誤想防衛の場合である[5]。判例・通説は、違法性阻却事由にあたる事実があると誤想した場合も、事実認識の誤り、つまり、「事実の錯誤」として（責任）故意を阻却すると考える。構成要件に該当する事実と、違法性阻却事由にあたる事実とは、刑法の体系的な観点からは異なった位置づけが与えられる[6]が、これらの事実の認識の誤りは、ひとしく「事実の錯誤」であると考えられる。

（ⅳ）刑法以外の法律の不知、解釈の誤りの結果として、刑法の構成要件に該当する事実認識がなかった場合、やや複雑になってくる。次の事例を考えてみよう。

4　事実認識に「意味の認識」も含まれるというのは一般的な理解である。しかし、この「意味の認識」は「違法性の意識」に近い（もしくは重なり合いのある）認識であり、この「意味の認識」の中身の理解によっては、「法律の錯誤」にあたるべき場合を「事実の錯誤」の中に取り込む作用を果たしうる。ここに両錯誤の分類を難しくしている1つの要因がある。

5　第17講Ⅱ参照。

6　違法性阻却事由にあたる事実を認識していないことを、体系的に構成要件に位置づける見解を「消極的構成要件の理論」という。消極的構成要件の理論については、参照、井田・総論2版382頁以下。

【事例1】　慌てていて他人の傘を自分の傘だと思って、その傘を持ち去った。

【事例2】　他人に売却した傘を、民法の解釈を誤って、たとえば、詐欺によって結ばれた契約だから取り消さなくても当然に無効であるとの誤った理解から（民法96条参照）、「自分の傘である」と考えて、その傘を持ち去った。

【事例3】　他人に売却した傘につき、民法の解釈を誤解した結果、それは「他人の物」ではあるが、一定の事情のある場合には「売主は所有者に無断で取り返してもよい」と考えて持ち去った。

　事例1の場合、傘を取り違え「自分の傘である」とばかり思ってそれを持ち去っているので、窃盗罪（235条）の構成要件該当事実である「他人の物」を窃取する（ひとの物を盗る）という認識（物の他人性の認識）がない。過失による窃盗ということになるが、それは現行刑法上不可罰である。お婆さんを「熊だ」と思い、誤射した先の例と同じである。もちろん、民事上の損害賠償責任は別の問題である。

　事例2は、傘を取り違えているわけではなく（この限りでの「事実」誤認はない）、所有権の帰属に関する民法の理解を誤っている。この民法の誤解に焦点をあてるならば「法律の錯誤」といえる。しかし、ここで問題にしなければならないのは、刑法235条の成否、つまり、窃盗罪の構成要件に該当する事実の認識、窃盗罪の故意の問題である。民法の解釈を誤った結果としてであれ、235条の関係において、235条の構成要件該当事実である「他人の物」を窃取する（ひとの物を盗る）という認識がない点では事例1と同じである。235条の客体である物の他人性の認識を欠いているから、事実の錯誤として窃盗罪の故意が否定されるべきことになる。刑罰法規以外の法律の規定（非刑罰法規）の不知または解釈の誤りがそもそもの原因であるとはいえ、その結果として「構成要件に該当する事実」、事例2の場合「他人の」物であるとの認識に至らなかった場合は、やはり「犯罪事実」について思い違いをしている場合ということになる。焦点が当てられるべき心理状態（認識）は、刑法の構成要件該当事実に関する認識であるといえよう。

　事例3の場合、「他人の物」であるという刑法235条の構成要件に該当する事実の認識はある。行為者は、民法の解釈を誤り、そのうえ、「一定の事情がある場合には他人の物を無断で取り返してよい」というように、刑法235条のあてはめも誤っていることから、「法律の錯誤」の場合となり、その解決は、違法性の意識（違法性の錯誤）に関する見解により異なることになる。

　判例において問題になった事案として、Xが他人所有の犬を撲殺し、器物損壊罪の成否が問われた事件があった。Xは、「本件犯行当時判示の犬が首環はつけていたが鑑札をつけていなかったところからそれが他人の飼犬ではあっても無主の犬と看做されるものであると信じてこれを撲殺するにいたった旨」の供述をしていた[7]。こ

7　当時の事情として、「明治34年5月14日大分県令第27号飼犬取締規則第1条には飼犬証票なく且つ飼主分明ならざる犬は

の事案につき、最判昭和 26 年 8 月 17 日刑集 5 巻 9 号 1789 頁は、X の供述によれば、X は「警察規則等を誤解した結果鑑札をつけていない犬はたとい他人の飼犬であつても直ちに無主犬と看做されるものと誤信していたというのであるから、本件は X において右錯誤の結果判示の犬が他人所有に属する事実について認識を欠いていたものと認むべき場合であつたかも知れない」と判示し、故意を認めた原判決を破棄して差し戻した。「他人の物を損壊し」た場合に成立する器物損壊罪（261 条。この場合、厳密には動物傷害罪）の故意には、客体が「他人の所有物」であるとの認識が必要である。この判決は X が無主犬と信じたのであれば「物の他人性」の認識を欠き、器物損壊罪の故意は阻却されるが、無主犬ではない、つまり、「他人の犬である」が殺してもかまわないと思ったのであれば法律の錯誤として故意を阻却しないとの理解に立っていると思われる[8]。

　（ⅴ）故意は構成要件に該当する事実の認識（・認容）であり、故意を阻却することになる事実の錯誤であるかどうかはその事実認識の有無が問われるものであるから、どの事実までその「構成要件に該当する事実」に含まれるか、その範囲が重要である。判例において次のような事案があった。製造業を営んでいた X は、製造過程で出る木切れを利用して副業的に幼児用の木工品の遊戯具（ブランコ・歩行器など）を製造した。これらの遊戯具は物品税の課税物品であり、申告が必要であったが、X はその申告しなかったことから、物品税法の無申告製造罪に問われた。X には、「無申告で遊戯具を製造する」という認識はあったが、その遊戯具が「課税物品である」という認識はなかった。当時の物品税法 18 条 1 項 1 号は「政府に申告せずして……第一種……の物品を製造したる者」は、5 年以下の懲役もしくは 50 万円以下の罰金に処し、または併科すると規定していた。問題になった遊戯具もこの「第一種の物品」にあたり、これらの物品には同法 1 条 1 項により物品税が課されていた。このような事案に関して、最判昭和 34 年 2 月 27 日刑集 13 巻 2 号 250 頁は、「本件製造物品が物品税の課税物品であること従ってその製造につき政府に製造申告をしなければならぬかどうかは物品税法上の問題であり、そして行為者において、単に、その課税物品であり製造申告を要することを知らなかったとの一事は、物品税法に関する法令の不知に過ぎないものであって、犯罪事実自体に関する認識の欠如、すなわち事実の錯誤となるものではない旨の原判決の判断は正当である」と判示した。これは、当時の物品税法 18 条 1 項 1 号の構成要件に該当する事実が「無申告で遊戯具を製造すること」であり、X にこの認識があることから、物品税法 18 条 1 項 1 号の構成要件該当事実の認識の誤りはなく、したがって、事実の錯誤ではなく、「課税物品である」という認識の欠如の点は法律の錯誤であると考えられたことになる[9]。このように、当該法規の解釈、ここでは、どの範囲の事実が構成要件に該当する事実といえるのかということが決定的であるといえる[10]。

　無主犬と看做す旨の規定があるが同条は同令第 7 条の警察官吏又は町村長は獣疫其の他危害予防の為必要の時期に於て無主犬の撲殺を行う旨の規定との関係上設けられたに過ぎないものであつて同規則においても私人が檀に前記無主犬と看做される犬を撲殺することを容認していたものではない」という事情があった。

8　これに対して、この事案の場合に、法律の錯誤と理解すべきだとするのは、井田・総論 2 版 418 頁など。封印等破棄罪（96 条）における差押えの有効性の錯誤について、大決大正 15 年 2 月 22 日刑集 5 巻 97 頁は事実の錯誤として故意を阻却し、最判昭和 32 年 10 月 3 日刑集 11 巻 10 号 2413 頁は法律の錯誤として故意を阻却しないとした。

9　法律の錯誤と解したうえで、X はブランコ製造は副業でやっていたにすぎず、製造業組合に入っていなかったので、申告すべきことを知らなかったのも無理もなかった（その錯誤に相当性があった）とすべきであったとの理解も有力である。

10　遊戯具が課税物品であるということも構成要件該当事実であり、故意にはその認識も必要であると解する学説もある。

（2）事実の錯誤なのか法律の錯誤なのかにつき、古くから多くの議論がなされてきた有名な事件として、「もま・むささび事件」（大判大正13年4月25日刑集3巻364頁）と、「たぬき・むじな事件」（大判大正14年6月9日刑集4巻378頁）がある。

「もま・むささび事件」とは、捕獲の禁じられていた「鼯鼠（むささび）」と「もま」が同一の動物であるにもかかわらず、Xは、そのことを知らず、「もま」を捕獲しても罪にならないと考えて捕獲したという事件である。この事件について、大審院は、「鼯鼠即ち『もま』を『もま』と知りて捕獲したるものにして犯罪構成に必要なる事実の認識に何等の欠缺あることなく唯其の行為の違法なることを知らさるに止るものなるか故に」「原判決に於て被告人か『もま』と鼯鼠とか同一なることを知らさりしは結局法律を知らさることに帰するを以て罪を犯す意なしと為すを得さる旨判示したるは正当」であると判示し、法律の錯誤の場合であるとした。

「たぬき・むじな事件」とは、Yは、「狸（たぬき）」と「狢（むじな）」とは全然種類の異なる動物であり、「あなぐま」に該当する動物が「狸」であると思っており、本件の動物は十文字の斑点を有し、Yの住む地方においては通俗「十文字狢」と称するもので、狩猟の禁止されている「狸」ではないと信じてそれを捕獲したという事件である。この事件について、大審院は、次のように判示して、事実の錯誤の場合であるとした。すなわち、Yは「狩猟法に於て捕獲を禁する狸中に俚俗に所謂狢をも包含することを意識せす従て十文字狢は禁止獣たる狸と別物なりとの信念の下に之を捕獲したるものなれは狩猟法の禁止せる狸を捕獲するの認識を缺如したるや明かなり蓋し学問上の見地よりするときは狢は狸と同一物なりとするも斯の如きは動物学上の知識を有する者にして甫めて之を知ることを得へく却て狸、狢の名称は古来並存し我国の習俗亦此の二者を区別し毫も怪まさる所なるを以て」、「我国古来の習俗上の観念に従ひ狢を以て狸と別物なりと思惟し之を捕獲したる者に対し刑罰の制裁を以て之に臨むか如きは決して其の当を得たるものと謂ふを得す故に本件の場合に於ては法律に捕獲を禁する狸なるの認識を欠缺したるYに對しては犯意を阻却する」と判示した。

このように、大審院は、いずれも捕獲を禁止されていた動物を捕獲したとして狩猟法違反の罪に問われたが、禁猟獣であると認識せずにそれを捕獲したという点で類似している2つの事案に関して、一方を法律の錯誤の場合であるとし、他方を事実の錯誤の場合であるとした。これに対して、学説の評価は分かれている。すなわち、①ある見解は、両事件とも事実の錯誤とすべきであったとし[11]、②別の見解は、XまたはYは、「もま」または「むじな」の外形的事実について誤認しておらず、ただそれらの捕獲が禁じられているということを知らなかった場合であるから、両事案とも法律の錯誤の場合とすべきあったと考える[12]。③また、別の見解は、大審院の解決、つまり、両事案を区別したことは妥当だったと考える。すなわち、たぬき・むじな事件判決は、「被告人は禁止の対象である『たぬき』と『むじな』とは別の動物と思っていたのであり、しかもその点については社会通念上も同様であった以上、被告人にはその社会的意味について錯誤があり、犯罪事実の認識はないから、故意を阻却するとしたものと解される」。これに対して、もま・むささび事件判決は、「社会通念上『もま』と『むささび』

---

[11] 浅田・総論2版338頁など。

[12] 西田・総論3版264頁など。ただし、たぬき・むじな事件の場合にはその錯誤に相当性があり、責任が阻却されるとして、結論的には無罪とした判例を支持する。

164

は同一物とされている以上、社会的意味の認識すなわち素人的認識はあり、被告人は、その動物が禁猟獣であることを知らずに捕獲したにすぎず、単なる違法性の錯誤に当たるとして故意の阻却を認めなかったものと解される」。それゆえ、両判決は「何ら矛盾するものではない」と論ずる[13]。いずれもとりうる見方といえる。各説の違いは「意味の認識」をどのように考えるかにかかっているように思われるが、判例の結論を支持する理解に賛同できよう。

（3）事実の錯誤か法律の錯誤かが問題になった比較的近時の判例として、実父の公衆浴場業を引き継いだX
が、営業許可申請書を実父から会社に変更する旨の許可申請事項変更届を県知事に提出し、受理された旨の連絡を受けたため、会社に対する許可があったものと認識して営業を続けていたところ、公衆営業法8条1号の無許可営業罪に問われたという事案について、最判平成元年7月18日刑集43巻7号752頁は事実の錯誤として故意の成立を否定したもの、自動車の座席の一部を取り外し、現実に存する席が10人以下となったが、乗車定員の変更につき自動車検査証の記入を受けていなかったことからなお道路交通法上の大型自動車に該当する自動車について、これを普通自動車免許で運転することが許されると思い込んで運転した場合に、最決平成18年2月27日刑集60巻2号253頁は、無免許運転の故意を認めたものがある。

---

13 大谷・総論新版5版163頁以下など。

第 22 講　実行の着手 1[1]

I　犯罪の実現段階 ── 予備・未遂・既遂

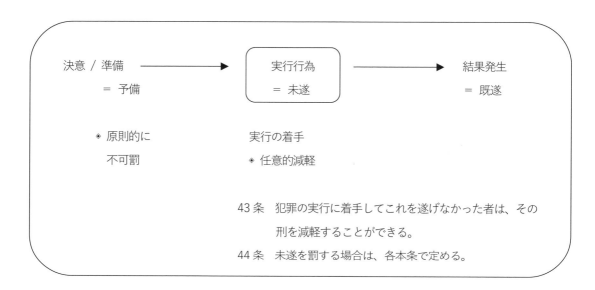

（1）犯罪は成功するとは限らない。しかし、犯罪を試みたが失敗に終った場合に、行ったことをつねに不問に付してよいということにはなるまい[2]。たとえば、人を殺そうとして刃物で切り付けたが、怪我を負わせるにとどまった場合などである。このような場合、刑法上どのように対処することができるだろうか。殺害に失敗した場合、199 条をそのまま適用することはできない。199 条の「人を殺した」という要件を充たさないからである。刑法典各則の規定は、犯罪が完成した場合──これを「既に遂げた」という意味で「既遂」という──を定めている。窃盗罪の場合をみてみよう。235 条は「他人の財物を窃取した」場合を処罰しているから、他人の家に侵入し、物を盗ろうと手をのばしたが、その家の者に見つかり物を盗らずに慌てて逃げだしたという場合、やはり 235 条を適用することはできない。そこで、立法者は、犯罪が失敗に終った場合に刑法上対処するために、各則の既遂犯の規定に修正を施す規定を総則に設けた。すなわち、「犯罪の実行に着手してこれを遂げなかった者は、その刑を減軽することができる」という 43 条の規定である。この総則の 43 条と、たとえば、各則の 199

---

[1]　実行の着手について詳しくは、原口伸夫『未遂犯論の諸問題』3 頁以下（成文堂、2018 年）。

[2]　もちろん、不問に付してもよい場合もあろう。未遂を処罰しない犯罪もある。それは、未遂に終った場合に「未遂」という立法形式での対応は不要であるという立法者の判断といえる。もっとも、その場合でも、予備・未遂にあたりうる行為を（行為態様等を限定するなどし、別の犯罪類型として）立法化する場合もある。参照、後述、注 5。

条とを併せ適用することによって、「人を殺そうとしてその実行に着手してこれを遂げなかった者」という199条を修正した構成要件ができあがる。この要件を充たす場合が殺人未遂罪である。「未だ遂げざる」場合という意味においては、未遂は決意後既遂に至る前のすべての段階を含みうるが、43条は、「未だ遂げざる」場合のうちの「実行の着手」以降の段階を、現行刑法上「未遂」としたのである。

　そして、この場合の刑について、「その刑」、つまり、殺人罪の場合でいえば、修正の対象となる199条の刑を「減軽することができる」と規定した。この「減軽することができる」とは、処断刑を形成するために減軽を施し[3]（68条参照）てもよいし、施さなくてもよいということを意味する。このことを任意的（または裁量的）減軽という。これに対して、たとえば、「その刑を減軽する」と規定する39条2項（心神耗弱）の場合は、必ず法律上の減軽をしなければならない。これを必要的（または義務的）減軽という。

　総則の43条と各則の規定をどのような場合でも結合させてよいというのではなく、「未遂を罰する場合は、各本条で定める」（44条）必要がある。たとえば、殺人未遂を処罰するために、203条は「第199条……の罪の未遂は、罰する」と規定している。これが44条の定めるところの「各本条」の規定である。つまり、殺人未遂罪は、199条、203条、43条、44条の規定がそろってはじめて処罰できる。各本条の未遂処罰規定は、すべての犯罪類型において設けられているわけではない。しかし、刑法典の犯罪においては、比較的多くの犯罪について未遂罪が処罰されており、そして、その効果は、前述のように刑の任意的減軽であり、規定上は法定刑の上限の刑を言い渡すことも可能である[4]。それに対して、予備行為の処罰は例外であり、処罰される場合にもその刑はきわめて軽い[5]。つまり、現行刑法は、犯罪行為の発展段階について、「予備」、「未遂」、「既遂」という範疇（カテゴリー）を設けてその取扱いを区別しているが、その発展段階にいわば比例して処罰を徐々に重くしていくというのではなく、原則的に不可罰な領域である予備段階と既遂並みの処罰が可能になる未遂段階の間に、刑法の介入の有無・程度に関して「決定的な線引き」を行ったのである。そして、その両者を分けるのが、条文上「犯罪の実行に着手し」た（43条）か否か、つまり、「実行の着手」の有無である。「実行の着手」は、犯罪行為の時間的発展段階という観点において、刑法上の処罰の有無・程度を決定的に画する概念なのである。

3　法定刑から処断刑を形成し、その範囲内で被告人に言い渡す宣告刑を決めることについてすでに学修した。第5講II参照。

4　特殊なケースといえるが、被害者の死亡結果との間の因果関係を否定して殺人未遂罪としつつ、被告人に死刑を言い渡したものとして濱口雄幸首相暗殺未遂事件判決が有名である（大判昭和8年11月6日刑集12巻1471頁）。事件は昭和5年11月に東京駅で起こった銃撃による暗殺事件である。なお、この事件の控訴審判決は、相当因果関係説をとったものして言及される。第9講注20参照。

5　現行刑法において予備行為を処罰しているのは、①内乱予備罪（78条）、②外患予備罪（88条）、③放火予備罪（113条）、④通貨偽造等準備罪（153条）、⑤支払用カード電磁的記録不正出準備罪（163条の4）、⑥殺人予備罪（201条）、⑦身の代金目的略取等予備罪（228条の3）、⑧強盗予備罪（237条）である。さらに、対応する基本犯罪（私戦罪）がないことから議論もあるが、⑨私戦予備罪（93条）もこれに加えることができよう。それに対して、凶器準備集合罪（208条の2）は、殺人・傷害・毀棄等の予備罪的性格もあるが、公共危険罪的性格も併有しており、単純に「予備罪」ということはできない。立法形式上、既遂罪として規定されている犯罪も、実質面からみれば、別の犯罪の予備的側面を併有するものもある。たとえば、住居侵入窃盗の場合の、窃盗罪に対する関係での住居侵入罪（130条）や、詐欺罪に対する関係において、詐欺のために行われる文書偽造罪・同行使罪である（155条・158条、159条・161条など）。さらに、行使に対する関係では偽造は実質的にはその予備行為にあたる。軽犯罪法1条3号（侵入器具不法携帯罪）、特殊開錠用具の所持の禁止等に関する法律3条、銃砲刀剣類所持等取締法などもそのような性格をもっている。

（2）「実行の着手」の有無は、強制性交等罪（177 条）、強盗罪（236 条）のような結合犯の場合、手段たる行為（暴行・脅迫）に着手したかどうかにより、当該結合犯の結果的加重犯に発展するかどうかにかかわってくる。たとえば、強制性交等致死傷罪（181 条 2 項）は、「第 177 条、第 178 条第 2 項若しくは第 179 条第 2 項の罪又はこれらの罪の未遂罪を犯し、よって人を死傷させた者は、無期又は 6 年以上の拘禁刑〔懲役〕に処する」と規定しており、強制性交等罪の実行の着手後に生じた死傷結果であれば強制性交等致死傷罪が成立し、無期拘禁刑〔懲役〕刑までの科刑が可能になる。

　事後強盗罪（238 条）は「窃盗が」所定の目的で暴行・脅迫を加えた場合に成立する。判例・通説はこの「窃盗」に窃盗既遂犯人だけでなく、窃盗未遂犯人（窃盗罪の実行に着手した者）も含むと解するから、所定の目的での暴行・脅迫を加えた時点で窃盗罪の実行に着手しているか否かにより、238 条、さらには、240 条に発展するかどうかにかかかわってくる。たとえば、住居侵入後家人に発見され、逮捕を免れるために暴行を加え、傷害を負わせた場合、窃盗の実行の着手前であれば、住居侵入罪（130 条）と傷害罪（204 条）の成立にとどまるのに対して、着手後であれば、住居侵入罪と強盗傷人罪（240 条前段）が成立することになる。

　このように、わが国の刑法は、犯罪の発展段階を「予備」→「未遂」→「既遂」と区分けし、「実行の着手」によって、処罰の有無・程度の相違をもたらすところの、予備と未遂を区別することとしたのである。

Ⅱ　実行の着手時期

（1）では、予備段階と未遂段階を画する「実行の着手」時点は、どのように判断され、どの時点に認められるべきであろうか。

　実行の着手の議論を含む未遂犯論は、古くから、新派（主観主義）刑法学と旧派（客観主義）刑法学による刑法の学派の争いの主戦場の 1 つとなってきた[6]。新派刑法学は、実行の着手論に関して、「罰せられるべきは、行為ではなく、行為者である」との基本的立場（行為者主義・犯罪徴表説）から、行為者の意思（危険な性格、悪性、反社会性）の表明・発現（撤回不可能性）に焦点をあて、たとえば、「犯意の成立がその遂行的行動に因って確定的に認められるとき」に実行の着手が認められる[7]などと主張した（主観説）。それに対して、旧派刑法学は、外部的な行為・結果を重視し、「實行の著手とは實行そのものの開始に外ならない」[8]（客観説）と主張した。もちろん、思想は罰せられない（cogitationis poenam nemo patitur）との考え方は刑法学上不動の大前提であるから、主観説が行為者の主観面を重視するとしても、それの外部的な表れ（遂行的行為等）を問題とせざるをえ

6　第 5 講注 11 参照。

7　牧野英一『刑法総論（上巻）』359 頁（有斐閣、1958 年）。

8　小野清一郎『新訂刑法講義総論』183 頁（有斐閣、1950 年）。また、瀧川幸辰『改訂犯罪論序説』182 頁以下（有斐閣、1947 年）。

ず[9]、他方で、客観説も（多くの論者は）着手の判断にあたり行為者の主観面を考慮してきており——主観面を考慮するのは妥当であり——、理論的アプローチおよびその定義をめぐる争いの激しさに比して、通常の犯罪形態の場合、その具体的結論における相違は必ずしも大きいものではなかった。

　戦後、新派刑法学は退潮し、客観的未遂論が支配的となる。そして、昭和30年代半ばにはじまり、昭和40年代に本格化した現行刑法の改正作業の進行過程で、結果無価値論と行為無価値論の対立が明確化・先鋭化していくなかで、未遂犯論における対立軸も、その対立を反映したものに重点を移していく。ここでの大きな論争点は、刑法が法益保護のためにあるのか、社会倫理規範の維持にあるのかという刑法の目的をめぐるものであった[10]が、違法性の判断対象（違法性段階における行為者の主観面の考慮の有無）・判断基準（事前判断か事後判断かなど）についての考え方にも及び、実行の着手の理解にも影響を及ぼした。

　しかし、時代が昭和から平成、令和へと年月を経るなかで、結果無価値論と行為無価値論の双方からの歩み寄りもみられ、少なくともその対立が過度に強調されることは少なくなってきた[11]。実行の着手に関しても、結果無価値論・行為無価値論のいずれの立場からも、構成要件実現（既遂結果発生）の現実的（客観的）危険性に焦点をあてて実行の着手を判断する実質的客観説が多数の支持を得てきている。そして、この実質的客観説に対して、実行行為またはそれに密接する行為を行ったことに焦点をあてる「形式的客観説」を対置するのが一般的な整理である。しかし、両説は必ずしも対立的なものとはいえない。「実質的客観説」という名の下でまとめられる見解の中に未遂の構造に関して理解を大きく異にする2つの見解を含んでおり、むしろ、これらが区別されるべきである。すなわち、1つは、「実行の着手」とは、行為者が構成要件において規定する実行行為（ないしそれに密接する行為）に取りかかることであるという伝統的な理解を前提としたうえで、その「実行行為」を「構成要件実現の危険」という観点から規定する（行為重視型実質的客観説）。たとえば、「実行行為、すなわち、犯罪構成要件の実現にいたる現実的危険性を含む行為を開始することが実行の着手である」[12]と論じられる。これと現在主張されている「形式的客観説」との距離は遠くない。もう1つは、問題とされる「危険」が（狭義の）行

9　主観説の代表的論者の1人である牧野博士は、本文引用のように、「遂行的行動」を問題にし、また、「固より、未遂は単に犯意そのものとして処罰せられるのではない。犯意は更に実行行為に依って表現せられねばならぬのである」（牧野英一『刑法総論（下巻）』623頁［有斐閣、1959年］）と論じていた。もちろん、これに対して、主観説（の出発点）と整合するのかとの批判も向けられてきた。

10　佐伯・総論の考え方8頁以下は次のように指摘する。「戦後の結果無価値論の代表的論者である平野龍一博士が批判の対象とした行為無価値論も、道徳秩序の刑法的保護を肯定する立場と結びついた行為無価値論であった。平野説が、戦後の刑法学界で大きな影響力をもった1つの理由は、刑法の任務は法益保護にあるという極めて説得的な主張が広く受け入れられたことにあると思われる。しかし、行為無価値論と道徳保護との間に必然的な結びつきがあるわけではない。刑法の任務を法益保護に求めながら、行為無価値を考慮する立場もあり得るし、現在では、そのような立場が、ドイツでもわが国でも一般的である。現在の結果無価値論と行為無価値論の争いは、刑法の任務が法益保護にあることを共通の前提としながら、これを達成するために、刑罰をどのようにどこまで用いるべきかをめぐる争いなのである」。

11　堀内・総論2版147頁は、「従来の行為無価値論も結果無価値論も、行為無価値や結果無価値だけで違法性を判断しようとしたわけではない。行為無価値論は、違法性は結果無価値に尽きるものではないとして行為無価値を強調したのである。そして、結果無価値論も、行為無価値を違法性の判断基準の1つとして考慮することまでをも否定したわけではない」。「かつてのような行為無価値論と結果無価値論をめぐる対立は、今日では解消されつつある。それは、第1に、解釈の精緻化により両者の対立の影響が緩和されたことによる。第2に、結果無価値における『結果』の意義、あるいは法益論が変質したことによる」と指摘する。

12　大塚・総論4版171頁。

為とは切り離された、外界に生じた有害な事態として、因果関係判断の両極の 1 つとして考えられるべき「結果」であるとする見解である。たとえば、「未遂犯の処罰根拠である既遂の現実的・客観的危険は、未遂犯の独自の結果であり、それが発生することが未遂犯成立のために必要だと解されるべきであり、したがって、未遂犯を一種の結果犯と解する」[13]（結果犯説）。

　結果犯説はその未遂犯の構造に関する理解において賛同しえない。第 1 に、「危険結果の発生」をもって「実行に着手し」と解釈する（「結果の発生」が「実行にとりかかること」であると解する）のは 43 条の文言と調和しがたく、現行法の解釈として難点が大きい。43 条の「実行」の解釈と 60 条の「実行」との関係も問題となろう。第 2 に、「危険結果」なるものの実体も問われよう。第 3 に、結果犯説の理解は、因果的思考に過度の比重が置かれ、構成要件において規定された行為態様という「文言による制約」（行為の視点）の軽視、そのもつ意味の矮小化につながりかねない。第 4 に、危険性という相当に幅のある程度概念によって、可罰性の有無・程度が決定的に異なる予備と未遂の限界づけを、それにとって必要な程度にまで明確にするのは難しいようにも思われる。たとえば、抽象的危険犯である現住建造物放火罪（108 条）において、その法益侵害の危険性（抽象的危険）の認められる既遂時点のさらに前段階である未遂に必要な「危険性の程度（または危険結果の発生）」をどのように線引きするのであろうか。「放火（火を放つ）行為」など各犯罪類型の実行行為を着手判断の基点として想定したうえで、その行為との関係においてその前段階のどの行為までを「未遂」として処罰すべき（処罰できる）かを考えていく方が、はるかに安定した判断を可能にし、また、実際の事例の判断はそのようになされてきたものと思われる[14]。これらのことを考えれば、実質的な要素を考慮に入れたうえで、構成要件的行為（実行行為）との関係、つまり、行為の発展段階において構成要件該当行為に密接する行為の開始といえるかどうかが判断されるべきであろう。

　密接行為かどうかの判断は、第 1 次的には、問題の行為と実行行為との時間的場所的近接性を問い、構成要件実現まで時間的または場所的に多少の隔たりがあるような場合に、補充的に、障害除去行為によりその後の犯罪実現のプロセスにおいて特段の障害なく構成要件実現へと経過していくであろうと考えられる場合に密接性を肯定しうる。このように判断される行為重視型の実質的客観説、いわば「実質的行為説」が妥当である。

　（2）実行の着手に関する裁判例をみてみよう。わが国の判例は、大審院時代から、実行行為の開始を問題とし、窃盗罪を中心として、実行行為に「密接する行為」を行った場合に実行の着手を肯定し、最高裁時代になってからも基本的にはその立場を受け継ぎつつ、実質的な要因（とりわけ構成要件実現の危険性）を考慮して実行行為に密接する行為を行った場合に実行の着手を肯定してきている。これは上記の実質的行為説と整合的であ

13　山口・総論 3 版 284 頁。

14　放火罪の既遂時期につき独立燃焼説ほか多くの見解が対立してきたにもかかわらず、それと比較した場合、着手時点についての争いが少なかったのは、放火行為（に密接する行為）への着手など、「行為」を基点とした判断が、少なくとも暗黙裡に考えられてきたからではないであろうか。ほかの犯罪類型においても多かれ少なかれ同様のことがいえる。

170

り、このような判例は支持できる。

　代表的な裁判例を犯罪類型ごとにみてみよう。

　（ア）住居侵入窃盗の場合、財物をつかんだり、財物に手をのばすことまでは必要はないが、住居に侵入した
だけでは十分ではなく、財物を盗ろうとする行為に取りかかることが必要である。物色行為を要するといわれる
こともあるが、判例は必ずしも物色行為まで必要とするわけではない。「窃盗犯人が家宅に侵入して金品物色の
為箪笥に近寄りたるか如きは」、財物に対する「事実上の支配を侵すに付密接なる行為をなしたるものにして」
「窃盗罪の著手あり」とされてきた[15]。電気器具商の店舗内に侵入し、懐中電燈により真暗な店内を照らしたと
ころ、電気器具類が積んであることがわかったが、なるべく金を盗りたいと考え、同店舗内の煙草売場の方に行
きかけたところで、被害者に発見されたという事案において、その行きかけた時点で窃盗罪の実行の着手が認め
られている[16]。土蔵に侵入しての窃盗を試みた場合に土蔵の扉の南京錠を破壊し外扉をあけた段階で実行の着手
を認めたものがある[17]。

　駅の自動券売機の釣銭返却口に接着剤を塗り付け、付着した釣銭を窃取しようとしたが、接着剤塗布後利用客
の現れる前に逮捕されたという事案において、「実行の着手は、構成要件該当行為自体の開始時点に限定されず、
これに密接な行為であって、既遂に至る客観的危険性が発生した時点に認められ」、「接着剤を各券売機の釣銭返
却口に塗布した時点において、実行の着手があった」とされた[18]。

　（イ）強制性交等罪（当時の強姦罪。177 条）に関して、ダンプカーで走行していた男性 2 人が歩行中の女性
を無理やりダンプカーの中に引きずり込み、そこから約 5800 メートル離れた護岸工事現場まで移動し、そこで
女性を姦淫したという事案に関して、最高裁は、「同女をダンプカーの運転席に引きずり込もうとした段階にお
いてすでに強姦に至る客観的な危険性が明らかに認められるから、その時点において強姦行為の着手があつた」
と判断した[19]。

　（ウ）放火罪（108 条以下）の場合、「放火し」ようとする行為といえるために、着火行為までは必要でない
が、着火するつもりで、ガソリン等を撒きはじめることが必要である[20]。

　（エ）殺人罪に関して、クロロホルム事件判決が重要である。これは、被害者にクロロホルムを吸引させて失
神させ（第 1 行為）、その状態のまま岸壁まで運び、事故死を装って自動車ごと海に転落させて殺害する（第 2
行為）ことを計画し、これを実行したところ、第 1 行為により、被害者が死亡していた可能性があったという事
案であった。最決平成 16 年 3 月 22 日刑集 58 巻 3 号 187 頁は、「第 1 行為は第 2 行為を確実かつ容易に行うた
めに必要不可欠なものであったといえること、第 1 行為に成功した場合、それ以降の殺害計画を遂行する上で障
害となるような特段の事情が存しなかったと認められることや、第 1 行為と第 2 行為との間の時間的場所的近

15　大判昭和 9 年 10 月 19 日刑集 13 巻 1473 頁。最判昭和 23 年 4 月 17 日刑集 2 巻 4 号 399 頁など。
16　最決昭和 40 年 3 月 9 日刑集 19 巻 2 号 69 頁。参照、八木國之・百選 I 2 版 142 頁。
17　名古屋高判昭和 25 年 11 月 14 日高刑集 3 巻 4 号 748 頁。また、高松高判昭和 28 年 1 月 31 日高刑判特 36 号 3 頁。
18　東京高判平成 22 年 4 月 20 日東高刑時報 61 巻 70 頁。
19　最決昭和 45 年 7 月 28 日刑集 24 巻 7 号 585 頁。参照、原口伸夫・百選 I 8 版 126 頁参照。
20　静岡地判昭和 39 年 9 月 1 日下刑集 6 巻 9・10 号 1005 頁、広島地判昭和 49 年 4 月 3 日判タ 316 号 289 頁など。

接性などに照らすと、第1行為は第2行為に密接な行為であり」、実行犯が「第1行為を開始した時点で既に殺人に至る客観的な危険性が明らかに認められるから、その時点において殺人罪の実行の着手があったものと解するのが相当である」との判断を示した。実行の着手を判断する際に、密接行為という形式的観点と構成要件実現の危険性という実質的観点の双方を考慮すべきことを示していること、および、行為者の行為計画を考慮する必要があることを最高裁として明確にした重要な判断である。

　（オ）詐欺罪につき、特殊詐欺に関する次の判例がある。事案は、前日100万円だまし取られていたＡが、警察官を名乗る氏名不詳者からの電話を受け、逮捕した不審な男がＡの名前を言っている、銀行にすぐ行って全部下ろした方がいい、などと告げられた（1回目の電話）。その後、Ａは、再び電話で、そちらに向かう旨いわれた（2回目の電話）。一方で、金銭の受取りの指示を受けＡ宅に向かったＸは、Ａ宅到着前に警察官から職務質問を受けて逮捕されたというものであった。最判平成30年3月22日刑集72巻1号82頁は、氏名不詳者が上記のように嘘（＝本件嘘）を述べた行為は、「Ａをして、本件嘘が真実であると誤信させることによって、あらかじめ現金をＡ宅に移動させた上で、後にＡ宅を訪問して警察官を装って現金の交付を求める予定であったＸに対して現金を交付させるための計画の一環として行われたものであり、本件嘘の内容は、その犯行計画上、Ａが現金を交付するか否かを判断する前提となるよう予定された事項に係る重要なものであった」。このように段階を踏んで嘘を重ねながら現金を交付させるための犯行計画の下において述べられた本件嘘には」、「Ａに現金の交付を求める行為に直接つながる嘘が含まれており、既に100万円の詐欺被害に遭っていたＡに対し、本件嘘を真実であると誤信させることは、Ａにおいて、間もなくＡ宅を訪問しようとしていたＸの求めに応じて即座に現金を交付してしまう危険性を著しく高めるものといえる。このような事実関係の下においては、本件嘘を一連のものとしてＡに対して述べた段階において、Ａに現金の交付を求める文言を述べていないとしても、詐欺罪の実行の着手があったと認められる」との判断を示した。本判決は、ストーリー一性のある虚構を段階的に被害者に述べてそれを信じさせ、役割分担をして組織的に遂行される特殊種詐欺の事案、しかも、前日に被害にあった被害者に対してそれを利用して再度の詐欺を試み、現金交付の危険性を高めたというこの事案（の特殊性）を前提とした事例判断であり、この事案において詐欺未遂を認めたという結論は重要であるが、実行の着手に関する理論枠組みが示されているわけではなく（なお、山口裁判官の補足意見参照）、本判決を一般化するのには慎重であるべきであろう。欺罔行為を行うことそれ自体に詐欺罪の違法性の重要な部分を求めるなどして、財物（利益）取得との関係において時間的・場所的な隔たりがあっても、欺罔行為への取りかかりにより常に詐欺未遂の成立を肯定できるのかどうか検討を要しよう。特殊詐欺の関係でほかにも判例があり、今後の動向が注目される[21]。

21　大阪地判令和元年10月10日LEX/DBは、警察官を名乗り、被害者に特殊詐欺の被害を調べる必要がある等と嘘をいって、キャッシュカードを用意させ、別のカードとすり替えて持ち去ろうと計画し、ＸがＡに電話をかけてかかる嘘をいった後、すり替え役のＹがＡ方に向かい、Ａ方玄関から約12メートルの路上で待機していたところ、Ｙが職務質問され、犯罪計画が失敗したという事案に関して、「架け子による欺罔行為が行われた……時点において窃盗罪の実行の着手があった」と判示した。これに対して、東京高判令和3年3月11日LEX/DBは、原審が「氏名不詳者が被害者に電話をかけ、本件欺罔行為に及んだ時点で、窃盗罪の実行の着手が認められる」としたのに対し、「本件計画に基づき、氏名不詳者が被害者に本件嘘を告げ、被告人が被害者方の門扉脇のインターホンを鳴らして来訪を告げたことにより、キャッシュカード及び暗証番号を書いたメモの入った封筒をすり替えて窃取するという窃取行為に密接であり、かつ窃取という結果発生に至る客観的な危険性が明らかに認め

172

られる行為が行われたということができる。したがって、本件計画に基づき、氏名不詳者が被害者に本件嘘を告げ、それから間もなく被告人が被害者方を訪れているという本件の事実関係の下においては、窃盗罪の実行の着手があったものと解するのが相当である」と判示した（また、横浜家川崎支決令和2年1月14日判タ1484号252頁）。電話による欺罔の段階では窃取予定の場所との場所的隔たりがあり、すり替え行為（窃取行為）に至るまでの障害もなお多いように思われる。欺罔により占有を弛緩させる準備行為をしたうえで被害者宅に赴いた時点、さらに、被害者宅のインターホンを押した時点で、土蔵侵入窃盗の着手時期（注17参照）に相応して考えることができ、窃盗罪の実行の着手を認めることができよう。大阪地裁令和元年判決がその事案において結論的に窃盗未遂罪を認めたことは支持しうるが、電話による欺罔行為の時点で実行の着手を認めることができると判示している点は疑問である。最決令和4年2月14日刑集76巻2号101頁は、すり替え窃盗を企てる犯行グループの者が電話で被害者Aにうそを言い、すり替え役のXがA宅付近まで赴いたが、警察官の尾行に気づいて断念し、その目的を遂げなかったという事案において、「本件うそが述べられ、XがA宅付近まで赴いた時点では、窃盗罪の実行の着手が既にあったと認められる」と判示した。前述のことから支持しえよう。

特別刑法の分野では、覚せい剤輸入罪に関して、最判平成20年3月4日刑集62巻3号123頁が、覚せい剤を海上で瀬取りする方法でその密輸入を企て、国外から運搬した覚せい剤を日本の沿岸海上に投下したが、荒天で風波が激しかったことから、回収担当者がそれを回収できなかったという事案に関して、「回収担当者が覚せい剤をその実力的支配の下に置いていないばかりか、その可能性にも乏しく、覚せい剤が陸揚げされる客観的な危険性が発生したとはいえないから」、覚せい剤輸入罪の「実行の着手があったものとは解されない」と判示している。

第23講　実行の着手2

Ⅲ　間接正犯の場合の実行の着手時期

　（1）間接正犯とは、他人を道具として利用して犯罪を実現する場合である[1]が、間接正犯の場合の実行の着手時期は争われてきた。利用者標準説は、利用者（＝間接正犯者）が被利用者（＝道具）に対する指示・命令などの誘致行為を開始した場合に実行の着手があるとする。それに対して、被利用者標準説は、道具として利用される被利用者の財物窃取行為などの被利用者の行為を基準にして実行の着手時期を考えるべきだとする。多数説は、間接正犯者の実行の着手時期を、一面的に利用者の行為または被利用者の行為に固定せず、ある場合には利用者の行為の時点ですでに、ある場合には被利用者の行為の時点ではじめて認めるべきであるとする（個別化説）。具体的には、概ね間接正犯者の誘致行為以降の事象がほぼ確実性をもってまたはほぼ自動的といってよい程度に経過することが見込まれる場合（典型的には、郵便制度の利用）に、その誘致行為の段階で着手を認めてよく、そうでない場合は被利用者の行為を基準に実行の着手を考えるべきであるとする。

　利用者標準説は、行為者の（実行）行為は被利用者を誘致する行為に尽きるのであり、それ以降の（被利用者の行動を含めた）事象は行為者の行為の必然的・機械的な発展、つまり、単なる因果経過にすぎないと考える。実行の着手を判断するにあたり、「行為者（間接正犯者）の行為」に焦点があてられるべきだとの認識自体は賛同できる。しかし、利用者標準説によれば、通常の場合の実行の着手時期と比べて間接正犯者の場合にだけあまりに早い時点に着手時期が認めることになり、とくに、窃盗罪のように、実行行為が因果性によってだけでは規定されえないような行為態様が構成要件において定められている場合に問題が大きい。たとえば、責任無能力の被利用者に対して「取ってこい」と命ずる誘致行為を235条の実行行為だと考えることになろう。利用者標準説は支持しがたい。一方で、他人の行為を介して犯罪を実行しようとする犯罪実現形態（間接正犯の場合）でも、利用者の行為または誘致行為の段階で既遂に至るまでの場所的・時間的離隔が少ない場合、また、それら離隔がある場合であっても誘致行為以降の犯罪実現プロセスにおいて特段の障害なくないしはほぼ自動的に構成要件実現へと経過していくことが見込まれる場合には、間接正犯者が誘致行為を行う段階で実行の着手を認めてよいと思われ[2]、一律に利用者または被利用者の行為時点にその着手時期を固定することには疑問が残り、個別化説が支持されるべきである。問題はその結論をどのように基礎づけるべきかということにある。

　具体的なケースで考えてみよう。Xが12歳の養女Yを連れて四国を巡礼中、日頃から自分の言動に逆らう素振りを見せる都度顔面にタバコの火を押し付けたりする暴行を加えて自己に従わせていたYに巡礼先の寺院や

---

[1]　間接正犯について、第25講Ⅲ参照。
[2]　たとえば、後述の最判平成26年11月7日刑集68巻9号963頁（うなぎの稚魚密輸未遂事件判決）を参照。

旅館において窃盗を行うことを命じ、これを行わせたという事案において、最決昭和58年9月21日刑集37巻7号1070頁はXに窃盗罪の間接正犯を認めた。利用者標準説によれば、XがYに窃盗を命じた時点で窃盗罪の実行の着手を認めることになり、Yがその指示に従わず逃げてしまったとしても同じである。この事例を少し変更し、Yに窃盗を命じ、また、もし被害者が抵抗するようならば暴力を行使してでも取ってこいと命じたと仮定した場合、その後Yが財物を（窃取もしくは強取して）もってきた場合、Xは窃盗（既遂）罪の責任を負うのであろうか、強盗（既遂）罪の責任を負うのであろうか。強盗罪の実行の着手時期は一般に手段たる暴行・脅迫の開始時点であるとされている。このような場合を考えると、道具Yの行動を、利用者標準説がいうように因果経過（または結果）としてではなく、Xに帰属する行為態様、つまり、窃取行為、または強取行為として、Xの行った犯罪事象の中に組み入れて考慮しなければ、Xの適切な刑事責任を判断できないというべきであろう[3]。間接正犯とは、間接正犯者自らが直接に構成要件において記述されている行為態様（実行行為）を遂行するのではなく、直接的にはかかる「実行行為」を行う道具を介して構成要件を実現する遂行態様であり、この道具の行動が行為支配に基づき間接正犯者にいわば自己の手足の延長として自らの行為として帰属する（行為帰属論）。実行の着手は、間接正犯者自身の身体的動作と、間接正犯者の行為として間接正犯者に帰属する道具の行動からなる全体的行為を基準として判断される[4]。全体的行為を基準として、その進捗過程で構成要件を直接実現することになる行為が行われた場合、もしくは犯罪実現プロセスにおいて特段の障害なく構成要件実現へと経過することが見込まれる行為が行われた場合に実行の着手が認められる。このような行為帰属という構成によりに個別化説が基礎づけられるべきである。

（2）大審院判例は、離隔犯に関して、毒を混入した砂糖を被害者宅に郵送した事案において、故意をもって「毒物を其飲食し得へき状態に置きたる事実あるときは……毒殺行為に著手したもの」[5]と判示するなど一貫して到達時説をとり、離隔犯と密接に関係する間接正犯の実行の着手時期についても被利用者標準説をとるものと

3　未遂（実行の着手時期）の問題ではないが、文書偽造罪の「実行行為」を考える場合、たとえば、相手の無知・錯覚・混乱等に乗じ、相手を欺罔し、その了解していない種類・内容の文書であると誤信させて署名・捺印させる場合（大判明治44年5月8日刑録17輯817頁、東京高判昭和50年9月25日東高刑時報26巻9号163頁など）に文書偽造罪の間接正犯を認めるならば、その場合の「偽造行為」は被利用者による文書への署名等の行為に求めざるをえないのではないだろうか。利用者の行為しか「実行行為」として認めえないと解する立場からは、この場合の「偽造行為」をどの行為に求めることになるのであろうか。

4　行為帰属論（的発想）は——そのような名称が用いられないとしても——以前から主張されてきた。代表的なものとして、「実行の着手も、被利用者の行為と合わせて全体として犯罪事実発生に接着する段階にいたったかどうかで定めるのが妥当である。被利用者は、犯罪事実に当面することからくる規範的障害を欠く者であるという意味で、利用者の道具ではあるが、被利用行為そのものは被利用者の意思に基づくものであって、機械のごとく一挙手一投足まで利用者によりあやつられる、という関係にはない」（藤木・総論279頁）。「道具はかれ〔＝間接正犯者〕の手の延長であり、道具の動きはかれの行為そのものだとみることができる」（中野次雄『刑法総論概要（第3版補訂版）』78頁［成文堂、1997年］）、「社会的な意味において行為というものを考えれば、……被利用行為をそのまま正犯者の実行行為とみることになんの支障もない」（中野・前掲80頁）と論じられている。

5　大判大正7年11月16日刑録24輯1352頁。

理解されるのが一般であった。戦後の下級審においても、同様の立場をとると考えられる判決もある[6]。しかし、到達時説とは傾向の異なる判決もある[7]。

　判例の動向を考えるうえで、近時の最判平成 26 年 11 月 7 日刑集 68 巻 9 号 963 頁の判断が注目される。この事案は、うなぎの稚魚をスーツケースの中に隠し、それを機内預託手荷物として航空機に積み込んで海外に持ち出すという方法でその密輸出を企て、エックス線検査装置による保安検査を終え、チェックインカウンター内に入り、不正に入手した検査済みシールをスーツケースに貼付したうえで航空券購入手続をしているときに犯行が発覚したというものであった。最高裁は、「周囲から区画されたチェックインカウンターエリア内にある検査済みシールを貼付された手荷物は、航空機積載に向けた一連の手続のうち、無許可輸出が発覚する可能性が最も高い保安検査で問題のないことが確認されたものとして……通常、そのまま機内預託手荷物として航空機に積載される扱いとなっていた」。そうすると、スーツケースを「機内持込手荷物と偽って保安検査を回避して同エリア内に持ち込み、不正に入手した検査済みシールを貼付した時点では、既に航空機に積載するに至る客観的な危険性が明らかに認められるから」、関税法の無許可輸出罪の実行の着手があったと判示した。

　関税法における「輸出」とは、「内国貨物を外国に向けて送り出すことをいう」（関税法 2 条 2 号）[8]。機内預託手荷物の場合、積載行為は航空会社の係員が行い、その荷物を外国に向け送り出すことになるから、この事案は情を知らない係員を利用した間接正犯の事案と考えられる。この場合に、最高裁平成 26 年判決は、行為者、つまり、利用者の行為の段階で、しかも、被利用者たる係員に荷物を委託するという誘致行為より前の時点で、荷物をチェックインカウンター内に持ち込み、「不正に入手した検査済みシールを貼付した時点では」「実行の着手があった」と判断したのである。この最高裁の判断は、これまでの判例の立場を被利用者標準説をとるものと理解するならば、それとは整合しないといえよう。間接正犯の場合の実行の着手時期についての判例の立場についてなお十分な検討の必要があるが、個別化説に立った場合、うなぎの稚魚密輸出未遂事件判例も含めた判例の立場と整合的に説明することができる。

IV　原因において自由な行為

　（1）ある者が、責任能力のある状態において（自由に）飲酒、薬物等を摂取した結果、責任無能力（または限定責任能力）状態に陥り、その状態おいて犯罪行為を行った場合に、その者の行為に関して完全な責任を問お

---

[6] 殺害目的で農道に毒入りジュースを置き、それを拾得飲用した子ども 3 名が死亡したという事案に関して、宇都宮地判昭和 40 年 12 月 9 日下刑集 7 巻 12 号 2189 頁（「被害者らによって右ジュースが拾得飲用される直前に普通殺人について実行の着手があ」る）。

[7] 郵便物を区分する業務に従事していた X が、情を知らない配達担当者に配達させて郵便物を窃取する目的で郵便物の宛名を書き替えて郵便配達区分棚に置いたが、上司に怪しまれて配達されずに至らなかったという事案について、東京高判昭和 42 年 3 月 24 日高刑集 20 巻 3 号 229 頁は窃盗未遂罪の成立を認めている。営利目的での大麻輸入に関して発送時主義に立つものとして、東京高判平成 13 年 10 月 16 日東高刑時報 52 巻 77 頁。

[8] この既遂時点は、目的の物品を日本領土外に仕向けられた船舶に積載した時点である（積載説）と解するのが判例である。

うとする理論を原因において自由な行為の法理（actio libera in causa）という[9]。

　犯罪行為を行うときに責任能力が存在しなければならない。行為と責任の同時存在の原則といわれる。ここでいう「行為」を「実行行為」と理解し、結果行為を「実行行為」であるととらえ、実行行為（結果行為）が責任無能力の状態で行われている以上、39条1項を適用し無罪とせざるをえないとする見解もある[10]。しかし、多くの見解は、原因において自由な行為の法理を適用して完全な責任を問うことができると考えてきた。

　その理論構成の1つは間接正犯の考え方を類比する。すなわち、刑事未成年者である幼児に物を取ってくるようにそそのかす場合に窃盗の間接正犯となるように、責任無能力状態での自己の行動がいわば道具として利用されているとみる（間接正犯類似説[11]）。この理解によれば、原因行為を「実行行為」と解することから、「実行行為」と責任能力の同時存在の要請は充たされることになる。しかし、この構成の問題点は、原因行為（のみ）を「実行行為」と解することにある。すなわち、この構成によれば、「実行行為」である原因行為への取りかかりをもって実行の着手を認めることになり、未遂犯の成立時期が早められすぎてしまう、たとえば、原因行為（飲酒行為）後に寝込んでしまった場合に殺人未遂となってしまおう。しかし、これは不当であると批判されてきた。もっとも、実行の着手に関する結果犯説[12]をとり、原因行為を問責対象行為としつつ、論者の要求する危険結果の発生をもって未遂犯の成立を認めることによって、未遂の成立時期に関する批判をかわすことができる。しかし、原因行為のみをもって、「実行行為」（構成要件に該当する行為）、つまり、殺害行為、傷害行為等であると位置づけることには疑問が残らざるをえない[13]。最決昭和43年2月27日刑集22巻2号67頁は、車でバーに行き、飲酒後車を運転することを認識しながら飲酒した後、心神耗弱状態で車を運転したという事案において、「酒酔い運転の行為当時に飲酒酩酊により心神耗弱の状態にあつたとしても、飲酒の際酒酔い運転の意思が認められる場合には、刑法39条2項を適用して刑の減軽をすべきではない」と判示した。車に乗る前の飲酒行為（原因行為）を運転という実行行為と解することはおよそできまい。構成要件を最終的に実現することになる行為の原因を設定する行為は、構成要件において記述されている行為、「構成要件に該当する行為」とは同じとはいえ

9　自己を責任無能力状態に陥らせる行為を「原因（設定）行為」、責任無能力状態でその後行う行為を「結果行為」といわれる。

10　浅田・総論2版302頁など。なお、箭野章五郎「責任能力制度の理解と事前責任論」刑法雑誌56巻2号12頁（2017年）。

11　構成要件モデルともいわれる。構成要件モデルとは、原因行為を構成要件該当行為であると理解することにより原因において自由な行為の処罰を基礎づけようとするアプローチの総称である。参照、富樫景子「原因において自由な行為における構成要件モデルの再検討(1)」法学74巻5号37頁以下（2010年）。

12　前述、第22講Ⅱ（1）。

13　間接正犯類似説の代表的主張者も、自己の弁別能力のない状態を道具として利用する行為そのものが構成要件的定型性を具備していなければならないとする立場から、故意による作為犯については定型性を認めるのが困難な場合が多いとする（団藤・総論3版163頁）。原因行為のみをもって「構成要件に該当する行為」とはいえない（場合が多い）との理解にまったく賛同できるが、この理解によれば、故意犯の場合、原因において自由な行為の法理はほとんど適用できないということになろう。橋爪・総論253頁以下は、構成要件モデルを基本としつつも、責任モデルも併用するのが、このような併用を主張するにあたり、窃盗罪の間接正犯の場合について、「命令行為それ自体が構成要件的な定型性を示すことは厳格に要求されておらず、それが（被利用者の行為とあいまって）財物の占有奪取を惹起した行為であることから、実行行為と評価されている。かりに、利用行為自体に『窃取』行為と評価できるような定型性を要求するのであれば、そもそも間接正犯という概念を認めることができないだろう」（橋爪・総論255頁）としている。このような理解は、被利用者（道具）の行動も、利用者の構成要件該当行為の一部として組み込んで（「あいまって」））理解しているように思われ、そうであれば、行為帰属論（前述、第22講Ⅲ（1）参照）と類似的な部分をもつ考え方であるように思われる。

ない。さらに、間接正犯類似説に立つならば、自己を限定責任能力に陥らせただけ場合には間接正犯を類比した構成により責任を問いえず、限定責任能力にとどまれば刑が減軽され、責任無能力に達すると完全な能力が問われることになり、不均衡な扱いにならざるをえないことも問題である[14]。

　もう1つの理論構成は、「行為と責任の同時存在の原則」でいう「行為」を「実行行為」と理解する必要はないと考え、責任能力のある原因行為時に犯罪事実実現についての意思決定がなされ、その意思決定が犯罪事実実現行為まで貫かれ、その過程がその意思決定を実現する一連の行為とみられる場合、その一連の行為について完全な責任を問うてよいと考える[15]。適法な行為の選択が可能な状態にあるのにあえて違法な行為を行おうと選択し、結果行為がその意思決定の実現であると考えられる場合（連続型）、その者に責任非難がなされてよい。それに対して、原因行為から結果実現行為まで意思が連続していない場合、たとえば、殺人を犯すつもりで飲酒し、病的酩酊の状態で窃盗を行った場合、窃盗罪の責任を問うことはできない。

　このような構成が基本的に妥当であると考えるが、この構成の場合に、どの行為を「実行行為」をみるべきかは検討を要する。原因行為のみを「実行行為」（構成要件に該当する行為）と位置づけるのは、前述のように妥当ではない。問責対象の行為は原因行為から結果行為までの一連の行為ととらえるべきであろう。そのうえで、構成要件を最終的に実現する行為（結果行為）を基準にしてそれへの着手またはその直前行為への着手によって未遂犯の成立を認めるべきであろう。この場合、この問責対象の一連の行為のうちの原因行為も「実行行為」と呼ぶか、たとえば、原因行為を「正犯行為」（の一部）と呼び、結果行為のみを「実行行為」と呼ぶかは、「実行行為」をどのような内容（機能）をもつ概念として理解するのかの問題でもある。「構成要件に該当する行為」（構成要件において記述された行為）から構成要件実現を最終的に実現する行為（結果行為）を排除するのは適切でない一方、原因行為を含めた一連の行為を問責対象行為とし、その際の故意・責任能力を問題にするとの点を明確にしておくのであれば、43条の「実行に着手し」、60条の共同して「犯罪を実行した」の解釈において問われるところの「実行」行為は、構成要件実現を最終的に実現する行為、構成要件で記述されている動作に（日常用語において）相応する行為と考えるのがよいように思われる。

　実行行為中に責任能力が減弱した場合も議論されてきたが、責任能力のある状態で実行行為を開始した以上、それと同一の行為態様一連の行為によりひき起こされた結果について責任を肯定してよい（39条は適用されな

---

[14] この場合を「身分なき故意ある幇助的道具」を類比して原因において自由な行為の法理の適用を肯定する見解もある（大塚・総論4版168頁）。しかし、そのように理解するならば、原因設定行為に取りかかったときに実行の着手が認められ、さらに、限定責任能力状態下での結果行為時にも実行の着手が認められるはずであり、この両者の関係が問題となろう。

[15] 責任モデル。例外モデルと呼ばれることもある。参照、富樫・前掲注(11)38頁。

い）[16]。

　このような理解に対しては同時コントロールを軽視するものだとの批判がなされてきた。行動制御能力がない場合に責任無能力とされるのは、「適法な行為をなそうと判断したにもかかわらず行動をコントロールできず違法な行為をなしてしまった」という場合にはその行為を非難できないからであり、適法か違法かを決定づける最終的な決断時に違法な行為に向けての行動の選択をコントロールができればよく、その後の行為（経過）をすべてコントロールできたことまで要求されているわけではないといえよう。事前になした意思決定の実現へと方向づけ、その実現とみうる程度に結果行為をコントロールしていればよいと思われる。

　（2）判例は原因において自由な行為の法理の適用を認めてきた。麻薬取締法違反の事件において、最決昭和28年12月24日刑集7巻13号2646頁は、麻薬中毒のため自制心を失った行為の当時に「被告人に責任能力がなくとも、麻薬を連続して使用する際被告人に責任能力があり、且つ麻薬の連続使用により麻薬中毒症状に陥ることについての認識（未必の認識）があれば、いわゆる原因において自由な行為として、処罰することを得る」と判示し、最高裁として初めて「原因において自由な行為」という言葉を用いて判示した。

　それ以前に、飲食店で飲食中に憤慨し従業員を包丁で突き刺し死亡させたという事案において、最大判昭和26年1月17日刑集5巻1号20頁は、「多量に飲酒するときは病的酩酊に陥り、因つて心神喪失の状態において他人に犯罪の害悪を及ぼす危険ある素質を有する者は居常右心神喪失の原因となる飲酒を抑止又は制限する等前示危険の発生を未然に防止するよう注意する義務あるものといわねばならない。しからば、たとえ……本件殺人の所為は被告人の心神喪失時の所為であつたとしても（イ）被告人にして……己れの素質を自覚していたものであり且つ（ロ）本件事前の飲酒につき前示注意義務を怠つたがためであるとするならば、被告人は過失致死の罪責を免れ得ない」と判示した[17]。これは、最高裁が心神喪失状態での犯罪行為に対して原因において自由な行為の法理を初めて適用したものだと理解されている。

　故意犯の場合に原因において自由な行為の法理の適用を認めたものとして、名古屋高判昭和31年4月19日高刑集9巻5号411頁がある。この事案は、薬物中毒のXが、薬物を注射して幻覚妄想を生じ、その影響下で同居の姉を刺殺したというものであった。名古屋高裁は、「薬物注射により症候性精神病を発しそれに基く妄想を起し心神喪失の状態に陥り他人に対し暴行傷害を加へ死に至らしめた場合に於て注射を為すに先だち薬物注射をすれば精神異常を招来して幻覚妄想を起し或は他人に暴行を加へることがあるかも知れないことを予想しながら敢て之を容認して薬物注射を為した時は暴行の未必の故意が成立するものと解するを相当とする」と判示し、Xに傷害致死罪を認めた。

16　長崎地判平成4年1月14日判時1415号142頁。

17　母親が授乳中に寝入り子供を窒息死させた事例に関して過失致死罪を認めたものとして、大判昭和2年10月16日刑集6巻413頁。ただ、過失犯の成立を認めるために原因において自由な行為の法理を適用する必要はなく、責任能力のある時点で注意義務違反を認めたもの（過失につき通常の認定をしたもの）と理解することも可能である。

限定責任能力の場合に原因において自由な行為の法理を適用したものとして、飲酒運転に関する前述の最高裁
昭和 43 年 2 月 27 日決定がある。

第24講　中止未遂（中止犯）[1]

I　中止未遂の場合に寛大な扱いが認められる根拠

「犯罪の実行に着手してこれを遂げなかった」場合（43条本文。広義の未遂犯）のうち、「自己の意思により犯罪を中止したときは」（43条ただし書）[2]、その刑が減軽され、または免除される[3]。これを中止未遂（中止犯）という。広義の未遂犯の効果は刑の任意的減軽であるのに対して、中止未遂の効果は刑の必要的減軽・免除であり、寛大な扱いになっている。このような寛大な扱いはなぜ認められるのだろうか。

中止未遂の場合に寛大な扱いがなされるのは、立法者が、犯罪の領域に足を踏み入れた行為者に「引き返すための黄金の橋」を架けたものであるとの説明（刑事政策説、黄金の橋の理論）が有名である。この見解は、中止未遂規定を設けること、寛大な扱いを行為者に約束することによって、行為者が引き返すこと、つまり、行為者に結果発生を阻止するように動機づける効果を狙っていると考えるのである。ドイツのリスト（Franz v. Liszt）が主張し、世界的にもよく知られた考え方である。

しかし、中止未遂規定による行為者に対する動機づけ効果を重視する黄金の橋の理論には次の点で疑問がある。まず、社会一般の人々は中止未遂規定をあまり知らないと考えられる。そうであれば、「知らない者を動機づける」というのは背理である。実際の刑事裁判においても、「後悔してやめた」とか、「大変なことをしたと思いやめた」という事例は少なからずみられるのに対して、行為者が「中止すれば裁判において刑の減免を受けられるだろう」と考えて中止したという事例はあまり指摘されていない[4]。中止奨励効果があることを基礎づける根拠

---

[1] 中止未遂について詳しくは、原口伸夫『未遂犯論の諸問題』179頁以下（成文堂、2018年）参照。

[2] 中止未遂は、43条本文の要件を充たす未遂犯のうちの、さらに43条ただし書の要件を充たす場合であり、したがって、中止の試みが奏功せず、既遂に至ってしまった場合には43条本文の要件を充たさないから43条ただし書も適用されえない。

[3] 中止未遂の認められるA罪（たとえば、殺人未遂罪、強盗未遂罪）の中に、その実行行為により生じたB罪の既遂にあたる事実（たとえば、傷害、暴行・脅迫の事実）が含まれていても、それはA罪の中で評価されており、別にB罪を構成しない。刑の「免除」の判決は有罪判決の一種である（刑訴法333条、334条参照）から、たとえA罪の刑が中止未遂により免除されたとしても、A罪が成立していることに変わりはないので、A罪の刑が免除された結果として、B罪が成立するということにならない。予備行為を行い、進んで実行に着手した後で自己の意思により犯罪を中止した場合の予備罪についても同様である。

[4] 不処罰を認めるドイツ刑法と異なり、わが国の刑法は刑の減免を認めるだけであるから中止奨励効果はあまり期待できないとの指摘もなされてきた。確かに、そのような面もある。しかし、ドイツ刑法は、遂行された未遂行為の中に既遂に達した犯罪行為が含まれている場合（たとえば、殺人行為を中止したが、傷害結果が生じている場合）、その既遂行為が原則的に処罰さ

として、身の代金目的略取誘拐罪の解放による刑の減軽の規定（228条の2）[5]が援用されることもあるが、身の代金目的で被害者を略取誘拐した事案においては、類型的に、その実行の着手から身代金の取得等までの時間が比較的長く[6]、その間に、他の者による説得、行為者自身の再考・利害打算をする十分な時間を考えうるのに対し、中止未遂は、実行に着手後既遂前の「未遂」段階でのみ問題になる。たとえば、被害者を殺害しようとその実行に「ついさっき」踏み切ったばかりであり、この試みが成功するか失敗に終わるかが判明するまでにそう長い時間は想定されない状況である。このような時間的に限定された状況において、「刑が減免される」という見込みが、実行の着手を決断した後に突如として、行為者にとって、結果発生を阻止する行動に出ることへの刺激・動機づけになりうるのかは疑わしいといわざるをえない。少なくともそう多い事態とは思われない。これに対して、43条ただし書の規定による動機づけ効果がないというのであれば、刑法の一般予防効果についても懐疑的にならざるをえないのではないかといわれることもある。しかし、刑事法全体の（警察その他の防犯・検挙活動などを通してももたらされる）一般予防効果と、43条ただし書の規定を設けることによるそれ単独の中止奨励・既遂阻止効果の有無・程度とは同列に論ずることはできない。たとえば、通報や逮捕をおそれて犯行の継続をやめた場合、それは刑罰による一般予防効果が機能したことを裏付けるものといえようが、中止未遂規定（刑の減免の約束）により動機づけられてやめた場合とはいえないだろう。

　また、43条ただし書の中止奨励効果を仮定したとしても、42条の自首規定[7]の存在が、中止奨励効果を減殺してしまうように思われる。なぜなら、必要的減免（43条ただし書）と任意的減軽（42条）という法律上の効果の違いはあるものの、一般の人はこの違いをおそらく（厳密に）意識していないであろうと考えられること、自首制度と中止未遂制度のわが国の歴史の違い[8]から、中止未遂制度よりも自首制度の方が（正確ではないにせよ、経験、事件報道、刑事ドラマなどを通じて）認知度が格段に高いであろうということを考えれば、かりにこれら

れるのに対して、わが国では、この場合殺人罪の中止未遂とされ、それとは別に傷害罪の罪責は問われない。したがって、この限りではドイツの中止規定が「黄金の橋」で、わが国の中止規定が「鉛の橋」とはいえない面もある。注3も参照。

[5]　228条の2は、身の代金目的略取誘拐罪等を犯した者が、「公訴が提起される前に、略取され又は誘拐された者を安全な場所に解放したときは、その刑を減軽する」と規定する。身の代金目的で誘拐した犯人が被拐取者を殺害するということがときに起こることから、この規定は、被拐取者を解放すれば刑を減軽するという規定を設ける（減軽を約束する）ことによって、被拐取者の殺害という最悪の事態をなんとか回避しようことを狙いとした政策的規定である。

[6]　被拐取者を解放することによる刑の減軽の場合、前注で条文を示したように、解放は身の代金取得よりもさらに後の時点である「公訴が提起される前に」行われればよい。

[7]　42条1項は、「罪を犯した者が捜査機関に発覚する前に自首したときは、その刑を減軽することができる」と規定する。既遂後でも「捜査機関に発覚する前」までこの規定の適用は可能である。42条1項でいう「自首」とは、罪を犯した者が、捜査機関に発覚する前に、捜査機関に対して自ら進んで自己の犯罪事実を申告し、訴追を含む処分を求めることをいう。自首が認められるために「捜査機関に発覚する前」に申告をしなければならないところ、①犯罪事実がまったく捜査機関に発覚していない場合、②犯罪事実は発覚しているが、犯人が誰なのかが発覚していない場合は「捜査機関に発覚する前」にあたるが、③犯罪事実および犯人が誰かは捜査機関に発覚しているが、犯人の所在が判明していないだけの場合はこれにあたらないと解するのが判例（最判昭和24年5月14日刑集3巻6号721頁）・通説である。なお、③の場合にも積極に解すべきだとの見解も有力である（改正刑法草案49条1項も参照）。各則・特別法にも自首による減免規定がある（80条、93条ただし書、228条の3ただし書、銃砲刀剣類所持取締法31条の5など）。

[8]　自首制度は東洋の律における伝統である（参照、小野清一郎『新訂刑法講義総論』291頁［有斐閣、1950年］、佐伯千仭『四訂刑法講義（総論）』321頁［有斐閣、1981年］など）のに対して、中止未遂制度は、明治になっての西洋法の継受の過程で採り入れられたもので、わが国における後者の歴史は圧倒的に浅い。

の規定の動機づけ効果が（十分に）あると考えた場合にも、その動機づけ効果は中止未遂制度より自首制度の方が優っていると考えられ、その結果、刑が軽くなるとの誘因（行為者への動機づけ）に焦点をあてるならば、「中途でやめなくでも、やるだけやってみて、その必要があるなら後で自首をすればよい」といった考えを抱かせかねないからである[9]。もちろん、中止未遂規定にしても、自首規定にしても、行為者にこのような「打算的な考慮」を促すことになると考えること自体やはり疑問符がつく。黄金の橋の理論は、その動機づけ効果を、少なくとも過大視しすぎているといわざるをえない。

　わが国のこれまでの通説は、刑事政策説を批判することによって、それに対置させる法律説を妥当とする論法がとられてきた。法律説は、自己の意思により事態を未遂にとどめたことにより、主観的違法要素を消滅させもしくは危険状態を消滅させた点に違法性の減少・消滅を認め（違法性減少説）、または、規範的意識の具体化、行為者の積極的な人格態度等の点に責任の減少・消滅を認める（責任減少説）など、違法性・責任に関連づけて説明する見解である。もっとも、通説は、刑事政策説を批判する一方で、中止未遂の法効果が必要的減軽・免除にとどまることから、いずれか1つの観点のみで説明するのは難しいと考え、複数の観点を併用して説明する。違法性減少と責任減少説、違法性減少と刑事政策説、責任減少と刑事政策説、すべての観点を考慮する総合説などである。しかし、このような併用によって、中止未遂の体系的位置づけと中止未遂の要件の解釈との関連性がみえづらいものになってしまっている。体系的整理の理論的重要性は否定しえないが、中止未遂の要件の解釈に関連づけられるような中止未遂による減免の実質的な説明も考えられるべきである。

　このような要件の解釈に関連づけられる中止未遂による刑の減免の実質的な根拠は次のように考えられる。すなわち、一旦は犯罪行為に着手し、可罰的な行為と評価された以上、その後の行動を契機に、遡って、それ以前の犯罪事実そのものが「なかったもの」とはなりえず[10]、したがって、中止前の行為に着目するならば、それに対する刑罰は必要との考えもありうる。しかし、行為者が犯罪から引き返し、法益尊重意思を行為の中に具体化し、事後的であれ自ら法の要求にかなう行為を示したことにより、犯罪が未遂にとどまった場合、刑罰を科す必要性が減少・消滅するといえる。つまり、故意をもって実行に着手したことにより、各法定刑に見合う程度に揺るがされたところの、法秩序の実効性に対する社会一般の人々の信頼が、法益尊重意思の現れである既遂阻止行為によって再び安定化され、積極的一般予防の観点から働きかける必要性が減少・消滅し、また、かかる行為者に対して国家財政を投入しての（刑事施設内での規律正しい生活や刑務作業等を通じて）刑罰により特別予防上働きかける必要性も減少・消滅し、その結果として、刑の減免にふさわしくなると考えることができる。このように一般予防・特別予防という刑罰目的に関連づけて中止未遂による刑の減免の実質的根拠を考える（刑罰目的説[11]）ことにより、中止未遂の要件の解釈的帰結——文言の可能な範囲内で——も導かれることになる。

9　旧刑法が謀殺・故殺について自首減軽を認めず、その他の罪については必要的減軽とし、財産犯の場合は損害賠償の程度により減軽の程度を異ならせていたところ、現行刑法制定の議論において、「自首者ニハ必ラス本刑ニ一等ヲ減スル為メ自首減等ヲ期シテ罪ヲ犯ス者ナキニアラサル」ことなどの「弊ヲ一掃」するために任意的減軽とされた（刑法沿革綜覧2146頁）。

10　万引き犯人が、商品を万引きし、それをポケットないしは鞄にそれを入れた段階で窃盗罪は既遂に達し、その後、そこで思い返して商品を戻したとしても、窃盗罪を犯した事実がなくなるわけではない。

11　刑罰の意味を応報に求めるならば、中止行為という良い行為に対して報いること（報償）と理解することもできる。

Ⅲ　中止未遂の要件1 ——「自己の意思により」（中止の任意性）

（1）中止未遂として刑の必要的減免が認められるために、43条本文の要件を充たし、さらに、①「自己の意思により」（中止の任意性）、②「犯罪を中止した」（中止行為）の要件を充たすことが必要である。中止未遂が認められるために、やめざるをえなかったのではなく、自己の意思でやめたといえなければならない。

> 【事例1】　Ｘは、自己の所属するグループと対立するグループに所属するＡを射殺しようとその機会をうかがっていたところ、ついにその好機がきて、所携の拳銃でＡに狙いを定め、引き金を引こうとした。しかし、まさにそのとき、Ｘはやや離れたところから警察官が近づいてくるのに気づいた。Ｘは、「逮捕を覚悟すれば、数発の発砲は可能であり、それにより積年の恨みのあるＡを射殺できる。」と考えたが、逮捕される事態は避けたかったので、次の機会を期し、発砲せずにその場から走り去った。

「自己の意思により」という要件に関しては、大きくわければ、主観説、客観説、限定主観説が対立してきた。主観説は、外部的障害が行為者の認識を通じて内部的動機に強制的な影響を与えたのか否かを問題とし、とりわけ「やろうと思えばできたがやらなかった」（任意性あり）のか、「やろうと思ってもできなかった」（任意性なし）のかというフランクの公式を用いて任意性を判断する見解である。客観説は、犯罪を遂げない原因（行為者の認識した事情）が、社会一般の通念に照らして、通常障害と考えられるべき性質のものでないとき、「自己の意思により」といえるとし、限定主観説は、反省、悔悟、憐憫、同情などの広義の後悔（これは「たいへんなことをした」、「かわいそうに」といった感情でもよい）に基づいて中止行為が行われた場合に任意性の認められる場合を限定する見解である。

その対立の構図は現行刑法制定以降大きくは変わっていない。限定主観説は、古くから現在まで有力な支持があるものの、「自己の意思により」との現行の規定以上のことを要求することになるとか、つねに広義の後悔を必要とするのは刑の必要的減免事由にすぎない法効果に照らして厳格すぎるなどと批判され、少数説にとどまっている。一方、客観説は、後述する最高裁判例の影響もあり、以前は通説と位置づけられたときもあったが、「自己の意思による」かどうかの判断は行為者（の主観・判断）を基準とすべきであり、一般的経験を標準とするのは妥当ではないとの批判が向けられてきた。これらの見解に対して、主観説が、現在では、相対的に優位にあるといえよう。

しかし、主観説にも疑問がないわけではない。事例1の場合、主観説、とくにフランクの公式に照らして考えれば、Ｘは、殺害それ自体に関しては「やろうと思えばできたがやらなかった」といえ、任意性が肯定されると考えられる[12]。一方で、「たいへんなことをした」、「かわいそうになった」といった感情を抱いて中止するケースは少なくないところ、行為者の心理における強制の程度を問う主観説からすれば、憐憫の情や反省の気持ちが強

---

[12]　もっとも、「逮捕されずに殺害すること」を問題にすれば、それは「やろうと思ってもできなかった」といえよう。しかし、構成要件該当事実（人を殺すこと）以外の事情（行為計画）を考慮に入れて判断することの適否は問題となろう。

ければ強いほど、行為者にとって「できなかった」といったことになりうる。事例1の場合に任意性（そして中止未遂）が肯定され、憐憫の情や反省の（強い）気持ちからやめたケースで任意性（そして中止未遂）が否定されるとすれば、その評価はむしろ反対ではないかという疑問を抱かざるをえない。

　事例1のXについて、限定主観説からは、広義の後悔に基づいていないから任意性が否定され、客観説からも、行為者の認識した警察官の接近は、経験上一般に犯行断念へと強いる障害と考えられる事情であるから任意性が否定されることになろう。憐憫の情や反省の気持ちからやめたケースにおいて、限定主観説からは任意性が肯定される。判例で任意性が認められたケースでは、この種の動機（感情）が認定されている場合が多い。広義の後悔など、法益尊重意識の現れと評価できる場合、そのような意識から行為者が「これ以上できない」と考えたとしても、それは「自己の意思により」やめたと評価してよい。しかし、また、「自己の意思により」という文言も十分に踏まえなければならない。行為者の主観的表象に基づく動機形成過程を評価の対象とし、一般の人が「それは犯行継続をやめる障害にならない」と考えるような事情から行為をやめた場合にも、やめざるをえなかったのではなく、「自己の意思により」やめたといってよい。

　（2）任意性に関する「判例」の評価は難しい。最判昭和24年7月9日刑集3巻8号1174頁は、強制性交未遂事件において、血の付着をみて驚愕したことが本件犯行中止の動機であるが、「その驚愕の原因となつた諸般の事情を考慮するときは、それが被告人の強姦の遂行に障礙となるべき客観性ある事情である」と判示して、中止未遂を認めなかった原判決を是認し[13]、最決昭和32年9月10日刑集11巻9号2202頁は、母親Aを殺害して自らも服毒自殺しようと考えたXが、就寝中のAの頭部をバットで殴打し、自室に戻ったが、その後、Aが自分の名を呼ぶのを聞き、Aの部屋に戻ったところ、頭部から流血し痛苦するAの姿をみて驚愕恐怖し、その後の殺害行為を続行することができなかったという事案において、本件の場合「Xにおいて更に殺害行為を継続するのがむしろ一般の通例であるというわけにはいかない」。すなわち、Xは、Aの流血痛苦の様子をみて驚愕恐怖するとともに当初の意図どおりの殺害の完遂ができないこと知り、殺害行為続行の意力を抑圧せられ、また、右意力の抑圧が「Xの良心の回復又は悔悟の念に出でたものであることは原判決の認定しないところであるのみならず」、外部からの侵入者の犯行であるかのような偽装行為に徴しても首肯しがたい。本件の「事情原因の下にXが犯行完成の意力を抑圧せしめられて本件犯行を中止した場合は、犯罪の完成を妨害するに足る性質の障がいに基くものと認むべき」であり、「自己の意思により犯行を止めたる場合に当らない」と判示した。その後、最高裁の判断はなく、これらが判例変更されていない現時点では、形式的には「判例」は客観説に立っているといいうるようにも思われる。もっとも、昭和32年（1957年）最高裁決定の後、約半世紀以上の間、最高裁判例はなく、下級審の判断は必ずしも統一的なものとはいえない。「現在の判例では、広義の反省などを必要とする、

---

13 それ以前に、大判昭和12年9月21日刑集16巻1303頁も、保険金詐取目的での放火未遂事件において、被告人が「放火の媒介物を取除き之を消止めたるは放火の時刻遅く発火払暁に及ふ虞ありし為犯罪の発覚を恐れたるに因るもの」であり、「犯罪の発覚を恐るることは経験上一般に犯罪の遂行を妨くるの事情たり得へきもの」であり、障害未遂であると判示している。

ゆるやかな限定主観説が圧倒的主流を占めているといってよい」[14]という評価も有力であり、また、判例は客観説と限定主観説を併用している見方もある。任意性に関する「判例」は確たる解釈をみいだすに至っておらず、なお定まっていないといいうるように思われる。

Ⅲ　中止未遂の要件2 ——「犯罪を中止した」（中止行為）

（1）「中止した」といえるために、着手未遂であればそれ以降の行為をやめればよいのに対して、実行（終了）未遂の場合、既遂阻止のための積極的な行動をとる必要があると一般に解されてきた。かつては、区別のために実行行為の終了時期が問われ、行為開始時の行為者の計画、実行行為の客観的態様に焦点があてられた。しかし、要求される中止措置の内容が問題であれば、「中止の時点で、既遂を阻止するために、どのような行動をとればよいのか」を考えればよい。つまり、中止しようとする時点において、事態（因果）の進行を遮断しなければ既遂に至ってしまう状態に至っているのであれば、それを遮断する積極的な阻止行為が必要であり、そのような状態に至っていなければ、それ以上行為しなければよいということになる（通説・判例）。ただ、細かくは、中止時点での実際の事態と、それに関する行為者の認識に食い違いがある場合については少し検討を要する。

実行未遂の場合に積極的な阻止行為が必要であるとすると、その「積極的な阻止行為」としてどのような行為が必要なのであろうか。事態がすでに既遂に向かって進行しはじめている場合、たとえば、傷の手当ての場合には医師、消火の場合には消防士などの専門家の協力を得た方が確実かつ迅速に結果発生を防止できるだろうから、このような場合には他人（とくに専門家）の助力を得た方がより適切な行為であるともいえる。そうすると、このような場合も含めて、実行未遂の場合に行為者自身はどのような行動をとれば「犯罪を中止した」といえるのかが問われることになる。

中止行為に関するリーディング・ケースは、「よろしく頼む」事例である。これは、放火した後、現場から立ち去る際に出会った叔父に「放火したのでよろしく頼む」と叫びながら立ち去り、自らは消火にはあたらなかったという事案である。これに関して、大判昭和12年6月25日刑集16巻998頁は、結果発生防止は必ずしも犯人単独で行う必要がないのはもちろんであるが、自らそれを行わない場合には、少なくとも犯人自身が防止にあたったのと「同視するに足るへき程度の努力」を払う必要があると判示し、この事案において中止未遂を否定した。その後の下級審判例も、この判例に依拠し、自らそれにあたったのと同視しうる真剣な努力を要するとしてきた。通説は判例を支持してきたのに対して、近時の学説においては、「努力の真摯性」という要件が倫理的な、過大な要求につながりかねないとして、真剣な努力という表現を避け、結果発生防止に適切な努力、客観的にみて結果を防止するにふさわしい積極的な行為、犯罪実現の回避が十分に見込まれる行為など、「真剣な努力」を必要とする見解よりも広く中止行為を認めていこうとする傾向にある。

---

[14]　西田・総論3版344頁。

中止未遂による刑の減免の実質的な根拠を刑罰目的に関連づけて考える場合、法秩序の実効性に対する揺るがされた社会一般の人々の信頼を安定化する程度の行動が求められることになる。それを定式化すれば、一般の人がその状況に置かれたならば、既遂を阻止するためにとるであろうような措置、つまり、人並みの法益尊重意思を示す行為が必要であり、それで十分であると考えることができる。このように考える場合、よろしく頼む事例のような放火事件において、消火活動を他人まかせにするのではなく、自らもその消火活動にあたり、ないしは少なくとも速やかな消火活動に協力することも一般に必要になってくるものと考えられ、殺傷事件においては、それを行いうる状況であるならば、救急車を手配し、あるいは、自ら被害者を病院に搬送するなどにより、被害者を医療機関に時期に遅れることなく委ねるという、一般の人からみて、「被害者の救助の見込みが立つ、一応の救助の目処をつけた」と考えられうるような措置が要求されることになるであろう。投毒行為の事案では治療にあたる者にとって毒の種類により処置が異なり、毒についての情報を与えないことが被害者の生命救助の成否を憂慮すべき程度で偶然にゆだねるような場合にはその情報提供も必要になってこよう。

　議論のある判決をいくつかみてみよう。Xが、殺意をもってAを包丁で刺し、傷害を負わせた後、Aを病院に搬送したため未遂に終ったという事案において、大阪高判昭和44年10月17日判タ244号290頁は、Xが、犯人は自分ではなく、誰に刺されたかわからないなどの虚言を弄し、病院到着前に凶器を川に投棄し犯跡を隠蔽しようとするなどしており、「病院の医師に対し、犯人が自分であることを打明けいつどこでどのような兇器でどのように突刺した」かを告げたり、「医師の手術、治療等に対し自己が経済的負担を約するとかの救助のための万全の行動を採つたものとはいいがたく、単に被害者を病院へ運ぶという一応の努力をしたに過ぎ」ず、「この程度の行動では……真摯な努力をしたものと認めるに足りない」と判示し、中止未遂を認めなかった。この判決に対して学説の批判が強い。前述のように法益尊重意思の具体化を問題にする場合にも、それは既遂の阻止との関係で考えられるべきであり、既遂の阻止とは直接関係しない要因、たとえば、自己の犯行を申告しないことや、犯跡隠蔽措置をなしたことなどは中止行為を判断するにあたり考慮されるべき要因ではなく、犯跡隠蔽等までも理由に加えて、中止行為を認めなかったのはやはり問題があるといえよう。既遂を阻止するために、被害者を救助するためにどのような行動をとるべきかが考えられるべきである。

　娘Aを包丁で刺し、家に火を放ち、自らも自殺を図ったXが、しばらくしてAの声を聞きかわいそうになり、Aを助けだそうという気持ちになり、Aを自宅の外まで引きずっていったが、自らも重傷を負っていたため意識を失いその場に倒れ込んでしまったところ、付近を偶然通りかかった通行人がAを発見して、Aを病院に搬送し、Aは一命をとりとめたという事案がある。この事案に関して、東京地判平成7年10月24日判時1596号125頁は、夜間の人通りのほとんどない住宅街での事件であった等の、当時の時間的・場所的状況等に照らすと、Xの「右の程度の行為が結果発生を自ら防止したと同視するに足りる積極的な行為を行った場合」とはいえず、Aの救助は「偶然通り掛かった通行人の110番通報により病院に収容され……た結果によるものであった」と判示し、中止未遂を認めなかった。学説の多くも、既遂を阻止するための適切な行為とはいいがたいなどとして、この判決を支持する。確かに、行為者が自ら負傷していない状態で、同様の段階で立ち去ってしまったとしたら、人並みの法益尊重意思の具体化を認めるのは難しいといえるであろう。しかし、この事案の状況下では、救助の

ために行為者のとりうる手段の中での最善の措置をとったとも評価でき、かかる場合に、行為者の置かれた具体的な状況、行為者の能力を捨象して、救助の見込みの高い一定の標準的な救助行為を措定し、要求することは、それができる状況では望ましいとしても、制約された状況下では酷な要求ではなかろうか。行為者のとるべき措置を一般化し、客観的に固定化して考えるのではなく、行為者の置かれた当該具体的な状況、とりわけ行為者の能力も考慮できるように中止行為を定式化すべきであり、それゆえ、中止行為は、人並みの法益尊重意思の現れと認められるか否かが問われるべきであると考える。

　（2）中止時点での実際の事態と、それに関する行為者の認識に食い違いがある場合についてどのように考えるべきだろうか。

【事例２】　Ｘは、１撃で射殺するつもりで、弾が１発しか入っていない銃でＡに向けて発砲し、その弾をＡに命中させた。Ａの傷は客観的には致命傷ではなかったが、Ｘは、Ａの様子をみて致命傷を与えたと考えた。
(a)　Ｘは、事態をそのように認識したことから、その場から立ち去った。Ａは、致命傷を受けたかのようなふりをしていただけであり、その後、自力で病院に行き、傷口の処置をしてもらった。
(b)　ＸはＡの様子をみてかわいそうだと思い、自らＡを病院に連れて行き、治療を受けさせた。

　「中止の時点で事態（因果）の進行を遮断しなければ既遂に至ってしまう場合」かどうかを「客観的に」判断すべきだと考えれば、事例２は(a)も(b)も、客観的にはそのような状態に至っていないことから、中止行為としては不作為態様の中止で足りることになる。ただ、客観的に考える立場からも、「中止した」の判断とは別に「中止故意」（中止意思、中止行為の認識）を要求することにより、事例２(a)の場合にはそれを欠き、中止未遂が否定される。それに対して、事例２(b)の場合には、Ｙが必要な中止行為である不作為を超える積極的な行動をしていると考えて、「中止した」の要件を充たしていると考えることができるかもしれない。しかし、不作為態様の中止を問題とするのであれば、主観面として行為の続行可能性の認識、客観面として行為の継続可能性が問われ、「そのような可能性があるにもかかわらずそれを行わなかった」という不作為が評価されることになろう。そのような可能性がなかったのであれば「やめざるをえなかった」ということになり、中止未遂の成立が否定される。１発しか込められていなかった弾を撃ってしまった事例２の場合には、行為者には主観的に行為の続行可能性の認識がなく、かつ、客観的にも行為の継続可能性が否定され、したがって、中止未遂が否定されるべきことになろう。このことは、そもそもこのようなケースの場合において「不作為態様の中止」を問題とすることが適切なのかどうかが問われることになる。
　これに対して、中止行為として法益尊重意思の具体化に焦点をあてる立場に立てば、客観的な事態そのものではなく、その事態の主観面への反映に着目すべきことになり、中止時点での行為者の認識内容を基礎として、一

般の人がその状況に置かれたならば、既遂を阻止するためにとるであろう措置を考えることになる。そうすると、事例 2 の場合、「致命傷を与えた」という行為者の認識内容を基礎にすれば、その事態が既遂に至らないようにするためには、救急車を呼ぶ、被害者を病院に連れて行くなど、積極的に既遂を阻止する措置が必要であるということになる。したがって、積極的な中止措置が行われていない(a)の場合には中止行為が否定され、それを行っている(b)の場合には中止行為が肯定されることになる。

　判例も、「中止の時点で事態（因果）の進行を遮断しなければ既遂に至ってしまう場合」かどうかに関して、事後的・客観的には判断しないようである。たとえば、殺意をもって千枚通し様のたこ焼きピックで被害者の頸部等を数回突き刺したものの、目的を遂げなかったという事案において、東京地判平成 14 年 1 月 22 日判時 1821 号 155 頁は、「既遂に至る具体的危険」の有無は「事前の一般人の立場からの判断を基準とすべきであり、事後的な客観的判断を基準とすべきではない」と判示している[15]。また、長崎地判平成 16 年 6 月 30 日裁判所 web は、殺人未遂の事案で、「一般的にみれば、このままでは被害者の生命に危険を生じかねない状況」であるとし、119 番通報などの「一連の救護措置は、結果発生回避のための真摯な努力と評価できる」とし、岡山地判平成 21 年 10 月 9 日 LEX/DB は、殺意をもって果物ナイフで被害者の左胸部を突き刺したが、殺害するに至らなかったという事案において、「犯行直後の状況からすると……被害者に死の危険性があったことは、一般人の目から見て明らかであ」り、その後も「一般人は、そのままの状態では何がおこるかわからず、被害者は死んでしまうかもしれないと思うものであり、なお被害者には死の危険性が認められる」にもかかわらず、被害者を病院へ連れて行く等「被害者に生じた死の危険性を除去するに足る行為を何もしていない」と判示して、中止未遂を否定している。これらの判例の結論は支持でき、この結論は法益尊重意思の具体化として中止行為を考えることにより基礎づけることができる。

Ⅳ　予備の中止

　犯罪の準備をした後その実行に着手する前に犯罪を実行する意思を放棄した場合、43 条ただし書を適用することはできないが、それを類推適用（準用）することができるのかどうかが議論されてきた。殺人予備罪（201 条）、放火予備罪（113 条）は、「情状により、その刑を免除することができる」と規定していることから、43 条ただし書の類推適用により刑の減免を認める実益は少ない（ただ、認めれば必要的減免となる）が、強盗予備罪（237 条）にはかかる免除規定がないため、類推適用の実益が大きい。通貨偽造等準備罪（153 条）、支払用カード電磁的記録不正作出準備罪（163 条の 4）にも同様の免除規定がない。なお、身の代金目的略取等予備罪（228

---

[15]　「中止行為の時点における結果発生の危険性および危険消滅の可能性は、事前判断により評価されなければならない。中止行為時における一般通常人に認識可能な事情（および行為者が特別に認識した事情）を基礎として、結果発生の危険性の有無・程度を判断し、その危険を消滅させることが可能と評価される行為が、中止行為として要求される」とするのは、井田・総論 2 版 467 頁以下。行為者の認識した事情および一般人の認識可能な事情を基礎にした事前判断という点では支持しうるが、中止行為においては「危険の消滅」ではなく、法益尊重意識の具体化の有無が問われるべきであるように思われる。

条の3）には実行の着手前の自首による刑の減免規定がある。

> 【事例3】　ＸとＹは、手分けをして情報を集めるなどし、資産家で1人暮らしの老人Ａ宅に強盗に入る
> 計画を練り上げ、犯行に適していると考えた某日、計画を実行するために、Ｘはサバイバルナイフを、Ｙ
> はガムテープやロープをもってＡ宅へ向かった。Ｘが「警察の者です。最近この近辺に出没する不審者の
> ことで少し事情を聴きたいのですが。」といいながら、入口のドアをノックした。その様子を脇でみていた
> Ｙは、急に罪の意識が生じ、「おれはやめる。」と一方的にＸに告げ、その場から走り去った。その後、Ｘ
> は1人になってしまったが、計画に基づきＡ宅への押込み強盗をやり遂げた。

　学説においては、43条ただし書の類推適用を認めなければ、実行に着手してから中止すれば刑の免除の可能
性があるのに、それ以前の予備段階で犯罪遂行を断念すると刑の免除の可能性がなく、刑の不均衡が生ずるなど
として、類推適用を積極に解する見解が多い。しかし、判例は、強盗予備の事案において、予備罪には中止未遂
の観念を容れる余地はないと判示し（最大判昭和29年1月20日刑集8巻1号41頁）、一貫して消極説に立っ
てきた。判例を支持する見解は、予備罪の規定には情状による刑の免除を規定するものと規定しないものとがあ
り、これは「免除」に関して立法者が意識的に区別したものと考えるべきであり、未遂犯ほど法益侵害の危険が
切迫していない予備段階においては刑の減免により中止を奨励する必要性が高くなく、また、指摘される不均衡
は適切な量刑判断によって回避できる、などの理由をあげる。

　事例3のＸの強盗既遂罪成立に問題はない。Ｙについては、予備の中止の検討前に、その罪責が強盗予備罪に
とどまること、つまり、予備段階で「共犯からの離脱」が認められることを論じる必要がある。もし、すでにな
したＹの寄与の効果が残存し、共犯者がそれを利用したなどから離脱が認められず、Ｙに強盗既遂罪の共同正犯
が成立するならば、予備の中止は問題になりえないからである。共犯からの離脱が認められれば、予備段階での
中止行為に43条ただし書の類推適用を認める立場に立つかどうか、ということが問題になる。

　類推適用を積極に解した場合、減免の対象となる刑が問題になる。既遂罪の修正形式である予備罪の法定刑は
すでに減軽されていると考え、法律上の減軽を1回に限定する68条の趣旨に照らし、減軽の対象を、予備罪の
法定刑ではなく、既遂罪の法定刑（強盗予備の場合、236条の法定刑）に求め、そのうえで、予備罪の法定刑よ
りも重くならないようにするために免除のみを認める見解がある。それに対して、この場合、予備の刑（強盗予
備の場合2年以下の拘禁刑〔懲役〕）を基準に減軽・免除を認めるべきだとする見解もある。

第 25 講　共犯概説（正犯と共犯）

I　概　説

（1）犯罪行為を 1 人で実行するのでなく、犯罪行為に複数の者がかかわる場合もある。前者を単独犯といい、後者を共犯という[1]。これまで学修してきた構成要件該当性・違法性・責任という犯罪論（犯罪の一般的な成立要件）の検討は、基本的に単独犯を念頭においてなされてきた。刑法典第 2 編の「罪」の各規定も、原則的に、1 人の行為者が犯罪行為を行い、それを完成させた場合を規定している。しかし、複数の者によって犯罪行為が行われうることは当然に予想されることであるから、現行刑法も、その場合の取扱いについて一般的ルールを定めている。60 条から 65 条の規定である[2]。

立法例をみると、複数の者が犯罪に関与した場合の取扱いについて、大きく 2 つのものがある。1 つは、犯罪実現に対してなんらかの原因を与えた者の関与類型を概念上区別せず、量刑の際に各人の関与の程度を考慮するという立法例である。つまり、犯罪にかかわった者はみな「犯罪者」とし、それぞれの関与の重要さに応じて刑の重さで区別すればよいと考える。たとえば、殺人の首謀者は死刑、参謀格の者は無期拘禁刑、これらの者の指示に従い殺害行為を行った実行犯は 20 年の拘禁刑、といったようにである。このような立法例を統一的正犯体系（概念）という[3]。もう 1 つは、関与形態を概念的に「正犯」と「共犯」に分ける立法例である。わが国の刑法典はこれを採用している。

60 条は、「二人以上共同して犯罪を実行した者は、すべて正犯とする」と規定し、共同正犯を「正犯」の 1 形態とする。これに対して、61 条 1 項は「人を教唆して犯罪を実行させた者には、正犯の刑を科する」と教唆犯を規定し、62 条 1 項は「正犯を幇助した者は、従犯と」し、「従犯の刑は、正犯の刑を減軽する」（63 条）と規定する。教唆犯は、確かに、刑の点においては正犯に関して定められた刑が科されうる。たとえば、殺人罪の教唆犯であれば、殺人罪の正犯の刑、つまり、上限は死刑、下限は 5 年の拘禁刑〔懲役〕の範囲で（199 条参照）宣告刑が決められ、言い渡される[4]。しかし、60 条と 61 条の表現を対比すれば明らかなように、教唆犯は、「正

1　広義の共犯である。刑法典第 1 編第 11 章の見出しの「共犯」はこの意味である。これに対して、正犯（者）に対する意味で共犯といわれる場合、つまり、教唆犯（61 条）・従犯（62 条）のことをいう場合は狭義の共犯である。「正犯」、「共犯」という言葉は、犯罪の関与形態としての「正犯」、「共犯」を意味する場合と、「正犯者」、「共犯者」の意味で使われる場合とがある。以下でも同様である。

2　犯罪類型そのものが当然に、または、当該構成要件の性質上はじめから、複数の行為者の関与を予定している場合を必要的共犯という。必要的共犯の場合、60 条から 65 条の規定の適用（・制限）の有無が問題になる。これについて、第 29 講参照

3　「統一的正犯体系のなかで、形式的統一的正犯体系（関与類型間の区別を一切認めず、すべてを量刑事由に委ねるものであり、イタリア刑法典、ブラジル刑法典などが採用する立法形式）と、実質的（機能的）統一的正犯体系（関与類型を概念的には認めるが、すべての関与者を正犯者として、量刑事由において独自の類型を設けるものであり、オーストリア刑法典、デンマーク刑法典、ノルウェー刑法典などが採用する立法形式）とが区別される」（高橋・総論 5 版 452 頁注 1）。

4　正犯者の刑と教唆者の刑は独立に量定され、具体的なケースにおいて、正犯者よりも教唆者の刑が重いことはありうる。

犯とする」のではなく、「正犯の刑を科す」としているから、正犯か共犯かという概念的な区別でいえば、(狭義の)「共犯」なのである。60条以下の規定は「正犯」の存在を予定している（60条、61条、62条、63条を参照）。しかし、わが国の刑法典は「正犯」とはどのような者なのか、どのような行為をする者なのかを規定していない。このことから「正犯」とはどのような者をいうのかが、学説において争われてきた。

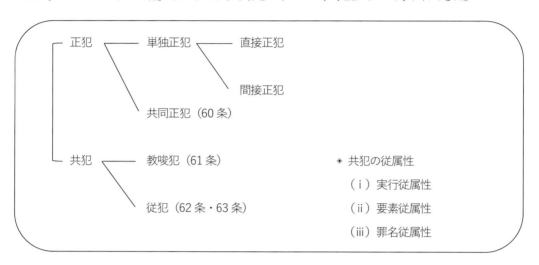

（2）（ⅰ）正犯と共犯という対概念において、正犯とはその犯罪事象の中心人物、共犯とは周辺的なかかわりをする者、あるいは、正犯とは第1次的な責任を負担すべき者、共犯とは第2次的な責任を課されるべき者だといわれる。正犯概念について争われているが、正犯に関する議論において、「実行行為（構成要件に該当する行為）を行う者が正犯である」という考え方（正犯・共犯の区別に関する形式的客観説）を「出発点」にするのが有益である。というのは、形式的客観説は修正を要する点はあるが、その出発点において正しい核心を有しており、修正を施すべき対象として考えた場合にも明確な議論の土俵を提供するからである。条文上も、共同して犯罪を「実行した」場合に正犯の1形態である共同正犯となるのに対して、共犯の1形態である教唆犯は、自ら実行するのではなく、犯罪を「実行させた者」と規定されている。現行刑法典の立法者は犯罪を「実行する者」と「実行させる者」の対比を明らかに意識していたといえよう。43条も「犯罪の実行に着手し」と規定し、まさに犯罪実現の最終段階の、構成要件実現（既遂）を決定づけるべき行為を「実行」（行為）と考えていることを条文から読み取ることができる。このような犯罪概念のいわば竜骨ともいうべき「実行行為」とは、前で論じたように[5]、構成要件において、犯罪行為を行う動作として示されている行動であり、199条（殺人罪）においては人を殺そうとする行為、204条（傷害罪）においては人に傷害を負わせようとする行為、235条（窃盗罪）においては他人の財物を窃取しようとする行為等々である。人を殺そうとする行為は、具体的には、刃物で切りつける、硬い物で頭部を強く殴る、有毒なものを飲ませる行為などである。このような殺害行為を行う者が殺人罪の

---

[5] 第9講Ⅱ（1）、第11講Ⅰ（1）参照。

実行行為を行う者である。被害者の死をもたらすべき最終段階の具体的な行動の遂行を最終的に決断して行う者がその殺人事件の中心人物、つまり「正犯者」（少なくともその１人）であるということができる[6]。

（ⅱ）これに対して、教唆者（教唆犯）は、「自ら手を下す」のではなく、正犯者に犯罪の実行を決意させ、それを実行させる者である。教唆の方法は、利益の提供、嘱託、哀願、命令、威嚇など、その方法を問わない[7]。幇助者（従犯、幇助犯）は、正犯者の実行行為を容易にし（促進し）、正犯者をいわば側面支援・後方支援する者である。凶器の提供など物理的幇助に限らず、情報提供・助言・激励など精神的幇助でもよい。新たに犯罪の決意を生じさせる場合は教唆であり、すでに犯罪を決意している者の決意を強める場合は精神的幇助である。幇助行為は、凶器の提供や情報提供など正犯者の実行行為に先行する場合、見張りなどのように実行行為と同時に行われる場合があり、既遂に至るまでに正犯行為を容易にすればよい[8]。

日常的な行為または中立的な行為が従犯にあたるか否かが議論されている[9]。たとえば、金物屋が、客の様子からもしかしたら凶器に使われるかもしれないと懸念しつつ、客に包丁を販売した場合に従犯が成立するかどうかという問題である。他人の犯罪行為を助長・促進するような場合はかなり広い範囲に及び、（未必の）故意・因果性（正犯行為の促進）（のみ）での処罰の限定は難しく、従犯の成立範囲を適切に画することができる観点の明確化が課題といえよう。

（ⅲ）狭義の共犯は、犯罪行為に周辺からかかわる関与形態であるから、必然的に、犯罪に中心的にかかわる正犯者を予定し、その正犯行為に従属すべきことになる（共犯の従属性）。条文上、教唆犯の刑は「正犯の刑を科す」、従犯の刑は「正犯の刑を減軽する」とし、共犯が正犯の存在を前提とし、それに従属すると考えるのが、条文の理解としても素直であろう。ただ、どのように、どの程度従属すべきかは議論されてきた。すなわち、①共犯が成立するために、正犯者の実行行為が現に行われたことを要するのか否かという実行従属性、②共犯が成

---

[6] 形式的客観説の問題点の１つは、正犯者を自らの身体の動静において実行行為を行う者「だけ」に限定した点にある。これは共謀共同正犯（第26講Ⅱ参照）の関係でとくに問題になる。一方で、（事実的な）「実行行為」を行った場合「常に」正犯とされるべきなのかも問題となる。

[7] 教唆は正犯者に「犯罪の決意を生じさせること」をいうから、過失犯を教唆するということはない。教唆者の故意は、正犯者の実行行為に及ぶだけではなく、それによる結果の発生にも及んでいなければならない（幇助者の故意も同様）。ただし、この点は議論がある。教唆者を教唆した者も正犯の刑を科される（間接教唆。61条2項）。従犯を教唆した者は従犯の刑が科される（62条2項）。間接教唆者を教唆した者（再間接教唆。さらに、それ以上の教唆を連鎖的教唆という）が可罰的かどうかは議論があるが、判例・多数説は積極に解する。判例（最判昭和23年10月23日刑集2巻11号1386頁）は、複数の者が犯罪を教唆することを共謀し、そのうちの１人が正犯者に教唆した場合、共謀者全員に教唆の成立を認めている（共謀共同教唆）。教唆について詳しくは、鈴木彰雄『刑法論集』211頁以下（中央大学出版部、2020年）参照。幇助者を幇助した場合（間接幇助）も議論がある。最終的な正犯行為を促進した限りで従犯の成立を認めてよかろう。拘留または科料のみに処すべき犯罪行為（たとえば、軽犯罪法違反）の教唆者・従犯は、特別の規定がなければ罰しない（64条）。軽犯罪法3条は「第1条の罪を教唆し、又は幇助した者は、正犯に準ずる」と規定し、64条のいう「特別の規定」を設けている。

[8] 既遂後に「犯罪の終了」の段階（概念）を認め、そこまで従犯の成立可能性を認めるべきだとの見解もある。

[9] ファイル共有ソフトWinnyを開発し、ウェブ上で公開し、不特定多数の者に提供した行為が、著作権法違反の従犯にあたるのか否かが争われた事件において、最決平成23年12月19日刑集65巻9号1380頁は、「かかるソフトの提供行為について、幇助犯が成立するためには、一般的可能性を超える具体的な侵害利用状況が必要であり、また、そのことを提供者においても認識、認容していることを要する」と判示している。この事案では価値中立的なソフトの提供が問題になったが、不特定多数の者を相手方とする従犯の成否という問題もかかわっている。新たな技術（開発）の社会的有用性、処罰される可能性から生じうる開発の萎縮効果を考慮することも重要であろう。参照、髙橋直哉・百選Ⅰ8版180頁、曲田統『共犯の本質と可罰性』210頁以下（成文堂、2019年）。

193

立するために、正犯者の行為が犯罪の要素（違法性や責任）をどの程度具備していなければならないのかという要素従属性、③正犯行為と共犯行為の罪名が一致しなければならないのかという罪名従属性の各問題である[10]。

Ⅱ　実行従属性

（1）狭義の共犯（教唆犯・従犯）が成立し、それが処罰されるために、正犯者の行為が一定の段階まで進展したこと、具体的には、正犯者が実行に着手したことが必要であるのかどうか、ということが問題とされてきた（実行従属性の有無）。かつて、犯罪を行為者の悪性（社会的な危険性）の徴表と考え、共犯も、正犯行為の有無にかかわらず、それから独立してその成立を考えるべきであるという共犯独立性説が、牧野英一など新派刑法学の陣営から主張されたが、現在では支持を失っており、実行従属性を認める共犯従属性説が通説である。共犯従属性説によれば、正犯者が実行に着手した段階でその共犯も可罰的になるから、（ア）教唆者が殺人を教唆したが、被教唆者が殺人の決意をしなかった場合、（イ）被教唆者が殺人の決意をしたが、実行に着手する前に翻意し、実行に取りかからなかった場合、（ウ）幇助者が正犯者に凶器を渡したが、その後正犯者は実行に着手しなかった場合、処罰されない。自ら窃盗の準備をする行為は処罰されないが、共犯独立性説によれば、他人に窃盗をするようにそそのかす行為は処罰されることになってしまう。予備行為が不可罰である場合、その不可罰である正犯行為の予備段階でなされている関与行為も不可罰であるとするのが、現行刑法の立場であるといえよう。教唆・幇助行為は、「実行」行為ではなく、その遂行は 43 条の「実行」の着手にあたらない。実行従属性は刑法の謙抑主義の 1 つの現れといえる。

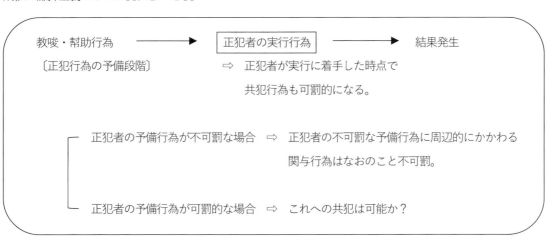

---

[10]　近時では、共犯の処罰根拠について活発に議論されている。共犯も、正犯を介してであれ、法益を（間接的に）侵害し、または脅威を及ぼすがゆえに処罰の対象となると考える因果的共犯論に幅広いコンセンサスがあるといえよう。惹起説の中で正犯行為の従属性をどのように考えるのかにつき見解がわかれるが、共犯の違法性が、構成要件で保護されている法益を（間接的に）侵害するという共犯行為自体の違法性に基づく（独立の要素）とともに、正犯行為の違法性に基づく（従属的な要素）、したがって、共犯は、共犯からみても、正犯からみても、違法な事態を惹起するものだと考える混合惹起説が多数説といえる。かかる理解から共犯と身分や必要的共犯等の問題でどのような帰結が導かれるのかが重要であり、なお検討を要する。

（2）共犯従属性説を前提としたうえでなお検討を要するのは、正犯者の「可罰的な予備行為」（予備罪が処罰されている場合の予備行為）に対する共犯（共同正犯）が認められるか、ということである。判例において次のような事案が問題になった。Xは、不倫相手Yと共謀して、Yの配偶者Aを殺害する計画を立て、毒殺の手段としての青酸カリの入手を知人Zに依頼した。Zはそれを入手し、Xに手渡したが、Xは、Aを殺害する際にそれを用いず、Aを絞殺したという事案である。この場合、XとYが殺人罪の共同正犯になることはとくに問題はない。裁判で争われたのは、毒物を調達したが、その毒物が犯行に用いられなかったZの罪責である。この事案の第1審（名古屋地判昭和36年4月28日刑集16巻11号1531頁）は、「一般に実行行為とは、刑法各本条に規定する犯罪構成要件に該当する事実を実現することと解されているが、予備罪も基本的な構成要件の修正形式ではあるが、一個の構成要件をなしているものであるから、これを充足する行為は、実行行為であると考えられ」るとし、Zに予備罪の従犯の成立を認めた。第2審(名古屋高判昭和36年11月27日刑集16巻11号1534頁)は、「構成要件を充足する行為を実行行為というのであれば、予備罪が独立して処罰される場合の、いわゆる修正された構成要件を充足する行為も又実行行為とよぶことが許される」として殺人予備罪の共同正犯を認めた。しかし、予備罪の従犯については、「予備罪の実行行為は無定形、無限定な行為であり」、「従犯の行為も又同様無限定、無定型である」から、「わが刑法は、予備罪の従犯を処罰するのは、特に明文の規定がある場合にこれを制限し、その旨の明文の規定のない場合は、一般にこれを不処罰にしたものと解すべきである」と判示した。そして、最高裁（最決昭和37年11月8日刑集16巻11号1522頁）は、「被告人の判示所為を殺人予備罪の共同正犯に問擬した原判決の判断は正当と認める」と第2審判決を是認した。

学説は、予備罪の共犯を否定する見解と肯定する見解とにわかれている。否定説は、60条にいう「実行」は、43条にいう「実行」と同じ「実行行為」（基本的構成要件に該当する行為）を意味し、実行の着手以前の行為である予備行為は「実行行為」たりえないとし、正犯者が犯罪の「実行に着手」しなければ教唆犯・従犯は処罰されないとする従属性説（実行従属性説）をとりながら、予備の共犯を可罰的とするならば、正犯者の実行の着手前の不可罰たるべき「幇助の未遂」を「予備の共犯」という形式でいわば裏口から可罰的にすることになると肯定説を批判する。これに対して、肯定説は、予備罪も修正された構成要件であり、その「修正された構成要件に該当する行為」を実行行為として観念することができる（実行行為概念の相対性）。予備罪を（例外的にであれ）可罰的としている場合、その限りで可罰的な予備行為への共犯を処罰することは、実行従属性とは矛盾しないなどを理由とする。

共犯従属性説の眼目は、共犯の処罰は可罰的な正犯行為を介して犯罪を実現する行為の処罰にある。正犯行為の予備が原則的に不可罰であることから、共犯従属性は「実行」従属性と理解されてきた[11]が、殺人予備や強盗予備のように、正犯行為の予備が可罰的な場合に、予備行為とはいえ、その可罰的な正犯行為を基点として、それに従属した共犯の成立を考えることは「共犯従属性説」の考え方に反するものではない。正犯者の行為が未遂にとどまり、かつ、その未遂処罰規定がない場合には、その共犯も可罰的にならないと考えられている。ここで

---

11 条文上の根拠としては、61条1項（「人を教唆して犯罪を実行させた者」）があげられる。

の問題は、犯罪が時間的に発展していく過程においてどの段階で共犯行為が可罰的になるべきかということが問題であり、「実行（行為）」への従属性というより、立法者が可罰的であると判断したところの「可罰的な正犯行為従属性」というべきであろう。しかし、また、概念の相対性は望ましいものではないから、避けられるならば避け、異なる意味で用いる場合でもできるだけ相違の少ない方向で考えるべきであり、60条・61条にいう「実行」は、43条にいう「実行」と同じ「実行行為」と解すべきであろう。これに対して、正犯・共犯は時間的発展段階にかかわる概念ではないから、予備段階でも未遂段階でも、行われている犯罪事象の中での中心人物を観念することができ、かかる者を「正犯」ととらえることができ、予備行為の「従犯」を認めることに条文上の支障はない。したがって、予備段階で関与する場合、——条文上の制約から、また立法者の判断を尊重して——共同正犯と教唆犯は認められず、自己予備の場合には予備罪の同時犯、他人予備の場合には予備の従犯と解すべきである。このような意味での肯定説が妥当である。

Ⅲ　要素従属性 ── 間接正犯

（1）共犯が成立するために、正犯者の行為が犯罪の要素（違法性や責任）をどの程度具備していなければならないのかということも問題とされてきた。

61条が「人を教唆して犯罪を実行させた者」と規定しているところ、「犯罪」とは、犯罪論において、「構成要件に該当し、違法で有責な行為」であると解されているから、共犯が成立するために、教唆者は正犯者に「犯罪」を実行させたこと、つまり、正犯者の行為が構成要件に該当し、違法で有責であることを要すると考える極端従属性説が、かつては通説的な見解であった。この極端従属性説を前提に、自ら実行行為を行った者が正犯であるとの見解（正犯論における形式的客観説）をとるならば場合、処罰の間隙が生じてしまうことが問題となった。以下の事例を用いて考えてみよう。

> 【事例1】　母親Aが、5歳の子どもBに、おもちゃ屋の前で「好きなおもちゃをもってきていいよ」と言った。母親からそのように言われたBは店の人に見つからないようにおもちゃをもってきた。Aはお金を払わずにその場を去った。
>
> 【事例2】　医師Cが、患者Dを殺害するため、そのような事情を知らない看護師Eに、Dに注射するように指示して毒入りの注射器を渡し、EがDにそれを注射したため、Dは死亡した。

事例1の場合、Aは自らの手により実行行為を行っていない（他人の占有する財物を自らの手により自己の占有下に移していない）から、形式的客観説によればAは窃盗罪の正犯にはならず、また、Bは刑事未成年者（41条）であるから、AはBに有責な行為、「犯罪」を実行させていないから、極端従属性説に立てばAにはBに対

196

する教唆犯は成立しない。しかし、この場合のAを不可罰とすることは法感情に反することから、「間接正犯」という概念が考えられ、発展してきた。ピストルという道具を使って人を射殺するのは通常の殺人行為である（直接正犯）。他人を「道具」のように利用して、あたかもマジック・ハンドを操作するかのようにして犯罪を実現するとすれば、それと同様であると考えた。もちろん、器械の道具と人の行為は厳密には異なるから、他人の行為を利用して犯罪を実現する場合を「間接正犯」という。事例2の場合、被害者の死を直接的にひき起こすことになる注射を行っているのは看護師Eであるが、医師Cは、自ら注射する代わりに、事情を知らないEをいわば自分の手の延長として利用して犯罪を実現したといえ、殺人罪の間接正犯となる。

「間接正犯」という概念は、前述のように、もともとは、形式的客観説をとり、かつ、極端従属性説をとることにより生じた概念であった。しかし、現在では、共犯の要素従属性に関して、狭義の共犯が成立するために、正犯者の行為が構成要件に該当し、違法であることを要するが、有責になされたことまでは必要ないという制限従属性説が通説となっている。なぜなら、他人に適法行為を行う気にならせ、または、他人の適法行為を手伝っても、それは適法な行為と考えるべきであり、犯罪たりえず、それに対して、たとえば、責任能力の有無が各人の精神状態・心理状態の問題であるように、非難可能性の有無はその者自身の一身的な問題であり、共犯者の責任の有無・程度が正犯者のそれに従属すべき合理的な理由はないからである。

そうすると、制限従属性説の通説化に伴い、極端従属性説をとる場合に生ずる「処罰の間隙」は少なくなるはずである。たとえば、事例1の場合、Bが刑事未成年者であり、その責任が認められないとしても、Bの行為は構成要件に該当し、違法な行為であるから、それに対する共犯（教唆犯）、この場合は窃盗罪の教唆犯の成立を認めることは可能となる。しかし、それにもかかわらず、制限従属性説が通説的な地位を占めるに至った後も、事例1のAをこの場合の中心人物として間接正犯者とする見解が多数を占めている。当初は、正犯にあたらず、また共犯としても処罰できないという処罰の間隙を埋めるために生み出された間接正犯という形態は、その後、次第に、正犯（犯罪事象の中心人物）といえるだけの実体をもつ場合であると考えられるようになってきたのである。そこで、この「正犯といえるだけの実体」がどのようなものなのか、これをどのような点に求めるべきなのかが議論されてきた。正犯論であり、または、正犯と共犯の区別に関する議論である。これに関してはさまざまな考えがあり、見解はなお一致していないといえよう。「実行行為（構成要件に該当する行為）を行う者が正犯である」という形式的客観説はなお有力であり、正犯の中核的な部分をとらえてはいえるが、それを厳格に考えた場合には、間接正犯や、次講で検討する共謀共同正犯の正犯性をうまく説明できず、それを純粋なかたちで維持するのは難しい。比較的有力な考え方が行為支配説である。これは犯罪実現のプロセスを支配（主導）する者が正犯であると考える。犯罪実現の最終局面で、犯罪実現を決定づける「実行行為」を行う者は、ここでいう行為支配を有する正犯（の1形態）である。しかし、その場合に加えて、「実行行為」を自らの手で行うのではなく、他人が事態の真相を知らないことを利用したり、他人を強制することによって、その優越的な立場に基づいて、他人の行為をあたかも「道具」のように利用し、犯罪実現過程を支配・コントロールして自らの犯罪意思の実現へと方向づける者（間接正犯者）も、当該犯罪実現の中心人物たる正犯者として位置づけられる。

そして、間接正犯の場合、そのように犯罪実現形態において利用された他人の「事実上の構成要件該当行為」

（たとえば、窃盗罪の場合の占有移転行為）は、間接正犯者自身の行為の延長として間接正犯者に帰属するとみるべきであろう[12]。もしそのような行為帰属を認めないとすれば、間接正犯者が、構成要件該当行為を行っていないにもかかわらず、言葉を換えれば、当該犯罪の成立要件を充足していないにもかかわらず、当該犯罪の成立を認める、といった承認しがたい帰結に至るか、そうでなければ、構成要件該当行為を憂慮すべきかたちで緩める（ないしは歪める）ことになるであろうからである。

　（2）では、間接正犯がどのような場合に認められるのか、みていこう。

　（ⅰ）利用者が、事態の真相を知らない者（被害者も含む）の行為を利用して自己の犯罪意思を実現する場合、間接正犯が認められる（事態の真相を知らず、その結果十分な規範的障害に直面していない者の行為を利用した犯罪実現プロセスの支配）。たとえば、他人の所有物を自分の物だと偽って被利用者にそれを持ち去らせる場合である（窃盗罪の間接正犯）[13]。被利用者に過失があってもよい。事例2において、看護師Eは医療従事者として注射器の内容物の違いに気づくべきであったにもかかわらずCにいわれたまま漫然と注射した点に過失（注意義務違反）がありえ、Eに過失致死罪が成立しうるとしても、医師Cは殺人罪の間接正犯になる。

　被利用者に利用者の実現しようとした当の構成要件についての故意がない場合については議論がある。「たとえば、甲（利用者）が屏風の背後にいる乙を殺す目的で、それを知らない丙（被利用者）に屏風を射つことを命じたとする。丙には器物損壊の故意はあるが、殺人の故意はない。したがって、丙は殺人に関するかぎりは、やはり単なる道具であって、甲は殺人の間接正犯である」[14]とする見解がある一方で、このような「正犯者の背後の正犯」（器物損壊罪の正犯と、その背後にいる殺人罪の間接正犯）を認めるべきではないとする見解とが対立している。

　（ⅱ）責任無能力者、とくに刑事未成年者を利用する場合（事例1）も、間接正犯の成立が認められる典型的な1場合である（判断能力が十分でない者の行為を利用した犯罪実現プロセスの支配）。判断能力がないことが、結局、事態の真相を理解できず、十分な規範的抵抗力をもちえないことに至ることから、（ⅰ）のバリエーションと考えることもできる。ただし、刑事未成年者を利用する場合、被利用者に責任能力がないことをもって、その利用がただちに間接正犯になるのではない。利用される刑事未成年者に是非弁別能力がなければ利用者は間接正犯になるが、被利用者が刑事未成年者であってもその者になお是非弁別能力があれば、利用者は教唆犯・共同正犯になると考えるのが通説であり、判例も同様であると考えられる。たとえば、日頃自己の言動に逆らう都度顔面にタバコの火を押し付けるなどの暴行を加え、自己の意のままに従わせていた12歳の子どもに対し、窃盗を命じてこれを行わせたという事案に関して、最決昭和58年9月21日刑集37巻7号1070頁は窃盗罪の間接

---

[12]　第23講Ⅲ（1）で示した行為帰属論。
[13]　最決昭和31年7月3日刑集10巻7号955頁（その物に関して自己に処分権がある如く装い情を知らない業者に売却）。
[14]　団藤・総論3版159頁注14。

正犯の成立を認めている[15]。これに対して、自己の働くスナックでの強盗を計画したXは、12歳の子どもYに対し犯行方法を示し、道具を与えるなどしてその実行を指示命令し、Yはこれを行ったという事案に関して、最決平成13年10月25日刑集55巻6号519頁は、「本件当時Yには是非弁別の能力があり、Xの指示命令はYの意思を抑圧するに足る程度のものではなく、Yは自らの意思により本件強盗の実行を決意した上、臨機応変に対処して本件強盗を完遂したことなどが明らかである」として、X・Yに強盗罪の共同正犯を認めている。

　被害者をだまして自殺させる場合も、この場合に属するといえよう。たとえば、精神遅滞の被害者に自ら首をくくっても仮死状態になるだけで、あとで蘇生できると誤信させ、自ら縊死させたという事案に関して、大判昭和8年4月19日刑集12巻471頁は殺人罪の間接正犯を認め、通常の意思能力がなく、自殺の何たるかを理解しない被害者に自ら縊死させたという事案に関しても、最決昭和27年2月21日刑集6巻2号275頁は殺人罪の間接正犯を認めている。また、相手が追死してくれると誤信させ自殺させるいわゆる偽装心中のケースにおいて、判例（最判昭和33年11月21日刑集12巻15号3519頁）は殺人罪の間接正犯を認めるが、このような欺罔によって得られた承諾が有効なのかどうかという点について非常に争われており、自殺関与罪の成立にとどめるべきだとする見解も有力である。

　（iii）行為者が、犯罪実現のために、被害者の意思を抑圧し、行為遂行を強制する場合がある（意思を抑圧された者の行為を利用した犯罪実現プロセスの支配）。たとえば、Xは、Aを自殺させて多額の保険金を取得する目的で、Xのことを極度に畏怖して服従していたAに対し、暴行、脅迫を交えつつ自殺することを執ように要求し、AをしてXの命令に応ずるほかないとの精神状態に陥らせ、Aに自ら車ごと海中に転落させたという事案に関して、最決平成16年1月20日刑集58巻1号1頁は、Xに殺人未遂罪の間接正犯を認め[16]、出資法違反容疑で逮捕されると被害者を欺罔・威迫し、恐怖心をあおり精神的に追い詰めて自殺させた事案に関して、福岡高宮崎支判平成元年3月24日高刑集42巻2号103頁は殺人罪の間接正犯を認めている。第三者の妄信状態を利用して犯罪実現プロセスを支配した最決令和2年8月24日刑集74巻5号517頁の場合もここに属する（妄想に基づいた錯誤を利用することによる支配と強制による支配の両面がある）。その事案は次のようなものであった。非科学的な力による難病治療を標榜していたXは、糖尿病のA（7歳）の治療をその両親から依頼され、インスリンを投与しなければAが死亡する現実的な危険性があることを認識しながら、Xを信頼して指示に従っている母親Yに対し、医学的な根拠もないのに、インスリンの不投与を執ようかつ強度の働きかけを行い、父親Zに対してもインスリン不投与を指示し、Y・Zをして、Aへのインスリンの投与をさせず、その結果、Aを死亡するに

---

[15] 責任無能力者を利用する場合、責任無能力者の行為は構成要件に該当し違法な行為であるから、制限従属性説によれば、この場合に教唆犯を認めることは可能である。しかし、共犯が認められないから間接正犯となり、あるいは、共犯が認められるから間接正犯にならないというのではなく、利用者の行為に「正犯といえるだけの実体」が認められるかどうかが問題とされるべきである。この点は前で指摘したが、再確認しておこう。なお、このようなケースにおいては、構成要件に該当する行為（実行行為）、この事案では財物の窃取行為を被利用者（道具）が行っていることも直視すべきである。間接正犯者の実行の着手時期に関して利用者の誘致行為を「実行行為」であると構成するとすれば（利用者標準説。第23講Ⅲ（1）参照）、1つの犯罪事象に関して異なる時点の2つの「実行行為」を認めることにもなろう。

[16] この事案ではAは車から脱出して死を免れたため殺人未遂となった。また、最決昭和59年3月27日刑集38巻5号2064頁（被害者に暴行・脅迫を加え、被害者をして厳寒の川に飛び込ませて溺死させた事案につき殺人罪の間接正犯）。

至らしめた。最高裁は、Yは「Aを何とか完治させたいとの必死な思いとあいまって、Aの生命を救い、1型糖尿病を完治させるためには、インスリンの不投与等のXの指導に従う以外にないと一途に考えるなどして、本件当時、Aへのインスリンの投与という期待された作為に出ることができない精神状態に陥っていたものであり、Xもこれを認識していた」のであり、Xは「Yを道具として利用」して「Aの生命維持に必要なインスリンを投与せず、Aを死亡させたものと認められ」るとして、Xに殺人罪の間接正犯を認めた（道具として利用されたYは起訴されていない）[17]。欺罔威迫によりYが妄信し、指示に従う以外にないと考えた精神状態（指示以外の行為を選択するのが難しい状態にまでなっていた精神状態）を利用した間接正犯を認めたものである。

（ⅳ）稀なケースであるが、緊急状態下に置かれた者の行為を利用した犯罪実現プロセスの支配もある。緊急状態が意思決定の幅を狭めている状態と考えれば、（ⅲ）のバリエーションとも考えることができる。大判大正10年5月7日刑録27輯257頁は、妊婦から堕胎の依頼を受けた者が、自ら妊婦に堕胎手段を施したところ、妊婦の生命に危険な状態を生じさせため、医師に依頼して、妊婦の生命に対する緊急避難として堕胎を実施してもらったという事案に関して、堕胎の受託者は「自己の堕胎手段に因り叙上緊急危難の状態を発生せしめ其発生を機として医師に胎児の排出を求めた」ものであり、「医師の前記正当業務行為を利用して堕胎を遂行したる者に外ならさるが故に堕胎罪の間接正犯を以て論すへき」であるとした。違法性が阻却される行為を利用した間接正犯ともいわれる。

（ⅴ）多数説は、当該犯罪の成立に必要な所定の目的や身分を欠く者を利用する場合（「故意ある道具」といわれる）にも間接正犯を認める。目的なき故意ある道具とは、行使の目的を有するAが、行使するものではないと嘘をついてBに精巧な偽造通貨を作成してもらう場合である。当該偽造通貨が行使されないとの認識で行為していることから規範的な障害に直面していない（ⅰ）のバリエーションと位置づけることも可能であろう。身分なき故意ある道具とは、たとえば、公務員Cが、意を通じた非公務員Dに賄賂を受け取ってきてもらう場合である。この場合には、「道具」とされる者は、事態の真相をすべて知っており、判断能力のある者が自らの意思決定に基づいて当該犯罪に加わっており、ただ、当該犯罪の成立に不可欠な身分を欠いているにすぎない。この場合はCとDが共同で犯罪の実現プロセスを支配しているといえ、65条1項を適用して収賄罪の共同正犯を認めるべきであろう[18]。

---

17 Zも起訴されなかったが、第1審判決は、Xの罪責につき、Zとの関係において、保護責任者不保護罪の限度で（共謀）共同正犯を認め、第2審判決もこれを支持したが、最高裁は、Xが「不保護の故意のあるZと共謀の上」と判断したが、共同正犯の範囲は明示していない。

18 松宮・総論5版補訂258頁以下は、『収受』という行為は、取引の主体が行う観念的な行為」であるとし、「公務員にその利益が帰属する場合には、公務員が秘書を介して賄賂を収受したとみ」て、この場合を直接正犯であると解する。さらに、松宮・前掲259頁は、取引行為が構成要件となっている犯罪には観念的な取引主体が正犯となることが多いとし、会社の代表取締役Xが会社の使用人Yに命じて自己の手足として食糧管理法違反の米を運搬させたという事例において、Xの行為を運搬輸送の実行正犯とした最判昭和25年7月6日刑集4巻7号1178頁について同様に解釈する。この判例については、故意ある幇助的道具を認めたものだとの理解が多い。

IV　罪名従属性 ── 行為共同説と犯罪共同説

> 【事例3】　Xは、Aに傷害を負わせる意思で、Yは殺意をもって、共同してAに対して暴行を加え、
> (a) Aに傷害を負わせた。(b) Aを死に至らしめた。

　最後に、共犯従属性の最後の問題である罪名従属性を検討しよう。事例3において、故意が異なるXとYは共同正犯となりうるかが問題とされ、共同正犯はどのようなことを共同すべきかということに関して、行為共同説と犯罪共同説の対立という枠組みのなかで議論されてきた[19]。行為共同説は、前構成要件的な（自然的）行為であれ行為を共同し、各自の企図する犯罪を遂行する場合が共同正犯であるとし、たとえば、放火罪と殺人罪、あるいは故意犯と過失犯のような異なる構成要件間の共同正犯も認められるとする[20]。これに対して、犯罪共同説は、数人が特定の犯罪（たとえば、強盗罪）を行うことの意思連絡をし、この特定の犯罪を共同して行う場合が共同正犯であると考える。ただし、現在では、異なる犯罪間であっても、両罪が構成要件的に重なり合う場合、その重なり合う限度で共同正犯が認められるとする（部分的犯罪共同説）。これが判例である。

　行為共同説によれば、事例3 (a) の場合、Xは傷害罪の共同正犯、Yは殺人未遂罪の共同正犯、事例3 (b) の場合、Xは傷害致死罪の共同正犯、Yは殺人罪の共同正犯を認め、異なる罪名の犯罪間の共同正犯を認める点に特徴がある。これに対して、部分的犯罪共同説によれば、事例3 (a) のXとYは傷害罪の限度で共同正犯となり、Yは殺人未遂罪（単独犯）となる。事例3 (b) の場合のXとYは傷害罪致死罪の限度で共同正犯となり、Yは殺人罪（単独犯）となる[21]。構成要件的に重なり合いの認められる限度で同一の犯罪の共同正犯を成立させ、過剰な事実を実現している者 (Y) の過剰事実につき単独犯として処理する点に特徴がある。なお、Yに関して、(a) (b) のいずれも、傷害（致死）罪の共同正犯は、より重い殺人（未遂）罪の単独犯に吸収される。殺人の故意で殺人の結果を生じさせた場合、死の結果を生じさせる過程で生じさせた傷害につき別途傷害罪とならないのと同様である。

　判例は部分的犯罪共同説をとっている。すなわち、事例3のような事案に関して、最決昭和54年4月13日刑集33巻3号179頁は、殺意のなかった者について、傷害致死罪の共同正犯が成立すると判示し、さらに、最

19　行為共同説と犯罪共同説の対立につき、共犯全体にかかわる対立であるとの理解と、共同正犯に限った対立であるとの理解がある。共同正犯については、次講で検討する。

20　もっとも、現在主張されている行為共同説は、どのような行為の共同でもよいとするのではなく、構成要件的に一定の共通性をもつ行為などに限定するのが一般的である。

21　事例3 (b) の場合、(ア) 致死結果がY自身の行為から発生した場合、Yは、殺意をもって自己の行為により死に至らせたのだから、当然殺人罪となる。これに対して、(イ) Aの死がXの行為により発生した（またはXの行為により発生したのかYの行為により発生したのか証明できない）場合は議論がある。X・Yには傷害致死罪の範囲で共同正犯が成立しており、そして、Yには殺意があるのだから、Yは殺意をもってAの死の結果を発生させている（一部実行の全部責任）のであり、この場合もYには殺人罪が成立することになる。参照、井田・総論2版511頁以下、高橋・総論5版471頁、佐伯・総論の考え方381頁。

決平成 17 年 7 月 4 日刑集 59 巻 6 号 403 頁（シャクティ治療殺人事件）[22]は、「未必的な殺意をもって……医療措置を受けさせないまま放置して患者を死亡させた被告人には、不作為による殺人罪が成立し、殺意のない患者の親族との間では保護責任者遺棄致死罪の限度で共同正犯となると解するのが相当である」とし、明確に、構成要件的に重なり合う限度で共同正犯を認める部分的犯罪共。

22　第 11 講 II 参照。

第26講　共同正犯（60条）

　わが国の刑法典は、関与形態を、まず正犯と共犯にわけ、正犯をさらに単独正犯と共同正犯に、共犯を教唆犯と従犯にわけている。狭義の共犯（教唆犯・従犯）は、その性質上、正犯行為に従属する（共犯の従属性）。前講においてこれらのことを学修した。わが国の刑事裁判における共犯事件の97%前後、したがって、ほとんどの場合が共同正犯として処理されている現状[1]からみて、共同正犯の問題は、実務的にも、理論的にも重要な意義を有する。

I　共同正犯の要件と効果 ── 故意犯の共同正犯

　（1）共同正犯とは、「2人以上共同して犯罪を実行した」場合である（60条）。「共同して犯罪を実行した」といえるために、①主観的には、「おい、やろうぜ」といった共犯者間の意思連絡、すなわち、共同実行の意思が必要であり、②客観的には、「一緒に実行した」と評価できるだけの事実関係、すなわち、共同実行の事実が必要である。

```
「2人以上共同して犯罪を実行した」（60条）
　　┌─ 共同実行の意思
　　│　　　　　　　　　　⇒　　【効果】一部実行の全部責任
　　└─ 共同実行の事実


　　　　・　共謀共同正犯　　　　◈　これらの場合に「共同正犯」と認めてよいか？
　　　　・　承継的共同正犯　　　　　つまり、60条を適用してよいか？
　　　　・　過失の共同正犯
```

　「共同正犯」と認められた場合、一部実行の全部責任という効果が生じる。たとえば、XとYが一緒に強盗を行おうと計画し、XがAを後から羽交い締めにし、その間に、YがAのカバンの中から現金を奪ったという場合

1　たとえば、亀井源太郎『正犯と共犯を区別するということ』1頁以下、6頁以下（弘文堂、2005年）参照。高橋・総論5版452頁は「共謀共同正犯の存在によって、実質的には統一的正犯体系化しているという評価も可能なのである」とし、井田・総論2版504頁注1も「複数人が一緒に犯罪を行うと、行為者は基本的に共同正犯として処罰されるという意味において、日本の実務は、機能的には統一的正犯概念をとっていると評価される」と指摘する。また、松宮・総論5版補訂277頁。

を考えてみよう。X・Yの行為を切り離してそれぞれ単独でみれば、Xは暴行を加えただけであり、Yは財物を盗っただけである。しかし、Xが暴行罪、Yが窃盗罪になるというのではなく、XとYは、強盗罪の共同正犯になる。共同正犯とされた場合、自分の行った行為およびその結果だけでなく、意思連絡に基づいて共犯者が行った行為および結果も含めて責任を問われることになる。また、XとYが射殺によるA暗殺を計画し、その実行の際に同時に発砲したところ、いずれかの弾があたり、Aを殺害したという場合を考えてみよう。もしXとYが事前の意思連絡なくそれぞれ独立に、同時に、同様の行為を行ったとしたら[2]、いずれの弾がAに命中したのかが判明しなかったのであれば、XもYも、「疑わしきは被告人の利益に」の原則から、殺人未遂罪にとどまることになる。人を殺そうとする行為（発砲）をしたことまでしか証明できず、自分の行為に基づいてAの死の結果が発生したということが証明できなかったからである（個人責任の原則）。しかし、事前に殺害しようと意を通じ、それに基づいて行動していたならば、XとYは殺人既遂罪の共同正犯になる。これは、Zが右手と左手に銃をもち、それをBに向け発砲したところ、どちらかの弾があたりBは死亡したが、Bにあたったのが右手の銃の弾なのか、左手の銃の弾なのかが判明しなかった場合と同じである。右手の銃の弾であれ、左手の銃の弾であれ、「ZがBを殺害した」といえるのと同じように、共同正犯とされた場合、Xの行為とYの行為が「ひとまとめ」にして扱われ、「XとYの共同の行為によりAを殺害した」と考えられるのである。このことが「共同正犯」として扱われることの、つまり、60条が適用されることの重要な効果である[3]。

　共同実行の意思（意思連絡）は、必ずしも事前に共謀することを要せず、実行の際に存在すればよい。これを現場共謀という。対立する不良グループの者と喧嘩になりそうになった際、その場において仲間同士で目配せして相手に殴りかかるような場合である。事前に共謀する場合にも、共同者が一堂に会して共謀する場合だけでなく、ある者を介してまたは順次（たとえば、AからBへ、さらに、BからCへと）意思連絡をするのでもよい。これを順次共謀という。

　共同正犯は主観的要件として共同実行の意思（相互の意思連絡）が必要であるから、いわゆる片面的共同犯は共同正犯ではない。たとえば、Xは、普段からよく面倒をみてもらい、恩義を感じていたYがA宅に空き巣に入ろうとしていることを知り、Yに内緒で、A宅へ先回りしA宅の鍵を開けておいたところ、Yは、Xの助力に気づかなかったが、Xのお蔭で難なくA宅に侵入し、多くの財物を窃取することができたという場合、XとYの間に窃盗に関して相互の意思連絡はないから、窃盗罪の共同正犯にはならない[4]。この場合、Xは窃盗罪の従犯と

---

[2]　これを同時犯という。同時犯は、因果関係のところの択一的競合という問題に関して言及した。参照、第9講注13参照。

[3]　高橋・総論5版477頁は、「共同正犯の処罰根拠は、共謀に基づく相互利用・相互補充による行為帰属の点に求められるべきであろう（相互的行為帰属論）」、共同正犯の場合「他人の行為が自己の行為として相互的に帰属される」とし、斉藤誠二『特別講義刑法』203頁以下（法学書院、1991年）は、共同正犯は「2人以上の者が、ある犯罪を共同して実現しようという合意をし、その合意にもとづいて、それぞれの者が、実行行為を分担していくものである」。「この合意にもとづくそれぞれの者の行為は、いってみれば、その犯罪の実行行為をしようという自分の意思ばかりではなく、同時に、その犯罪の実行行為をしようというほかの者の意思をも実現しているものといえる」。「そこで、共同正犯者の1人の実行行為は、それ自身の実行行為と評価されるともに、同時に、ほかの者の実行行為として評価されるものである、といってもよいものである」と論ずる。

[4]　大判大正11年2月25日刑集1巻79頁（共同正犯は「行為者各自か犯罪要素の一部を実行するに拘らす其の実行部分に応して責任を負担することなく各自犯罪全部の責任を負ふ所以は共同正犯か単独正犯と異り行為者相互に意思の連絡即共同犯行の認識ありて互に他の一方の行為を利用し全員協力して犯罪事実を発現せしむるに由る然るに若し行為者間に意思の連絡

なる（片面的従犯）。従犯は正犯者の行為を促進（いわば側面支援）すればよく、相互に意思連絡があることを要しないからである[5]。

　なお、共同実行の意思と共同実行の事実が共同正犯の要件となるのは故意犯の共同正犯の場合である。「犯罪」には故意犯と過失犯があり、過失犯の共同正犯も認められるべきであるから、共同実行の各場合ごとに定式化すれば[6]、故意犯の場合、主観的には共同実行の意思、客観的には共同実行の事実が必要であり、過失犯の場合、共同の注意義務に共同して違反したことが必要であるというべきである。

Ⅱ　共謀共同正犯

　共謀共同正犯は共同正犯と認められるか。共謀共同正犯とは、２人以上の者がある犯罪を行うことを共謀し、その共謀者のうちの一部の者がその犯罪を実行した場合をいい、その場合に、共謀に加わっただけの者（＝実行行為を行わなかった者）も共同正犯となるのかどうかが議論されてきた。

【事例１】　暴力団の甲組組長Ｘは、配下の組員Ｙ・Ｚに対して対立する暴力団のＶ組組長Ｗを殺害するように命じ、Ｙ・Ｚはその指示に基づいてＷを殺害した。

【事例２】　Ａ・Ｂ・Ｃ・Ｄ・Ｅは、現金輸送車からの現金強奪を計画し、Ａがあらかじめ当日の現金輸送車のルートを詳細に調査しておいた。決行当日、Ｂが現金輸送車の前に自転車で飛び出し車を停止させ、すぐさまＣが運転手を縛り上げ、その間にＤが現金の入ったトランクを奪取し、その後、用意しておいたＥ運転の逃走用自動車にＢ・Ｃ・Ｄを乗せ逃走した。

　（１）判例は、大審院以来一貫して共謀共同正犯を共同正犯と認めてきた[7]。学説においては、草野豹一郎の

を欠かんか縦令其の一人か他の者と共同犯行の意思を以て其の犯罪に参加したりとするも全員の協力に因りて犯罪事実を実行したるものと謂ふを得さるか故に共同正犯の成立を認めむるを得さるものとす」）。

[5]　大判大正14年１月22日刑集３巻921頁など。

[6]　大塚・総論４版291頁注１は、「共同実行の『意思』という表現は、元来、故意犯の共同正犯のみを認める立場からの用語であり、過失犯についても共同正犯を考えるときは……厳密には修正されるべきである」とし、斎藤・総論６版268頁は「一定の『犯罪を共同』するということが、『故意の共同』を当然に要求するかは疑わしい」する。

[7]　はじめは、知能犯の場合に精神的加功の部分も重要であることを理由に恐喝罪のような知能犯に限っていた（大判大正11年４月18日刑集１巻233頁など）が、次第に、放火罪、殺人罪、強盗罪など実力犯にも拡大し、一般的に共謀共同正犯を認めるようになっていった（大連判昭和11年５月28日刑集15巻715頁など）。

提唱した共同意思主体説[8]が判例の立場を支持したが、当時の通説は否定説に立ち、判例と対立した。共同意思主体説は 1 人では実行できないことが、複数の者になると互いに勇気づけあって実行できるといった集団的な心理に着目し、共同正犯は異心別体たる他人が共謀により同心一体となり、互いに相寄り相助けて犯罪を実現するものであり、そのうちの誰かが実行に及んだ場合、それを共同意思主体の活動ととられ、共謀者全員に共同正犯が成立するとする。これに対して、かつての通説は共同意思主体説を団体責任論である等と批判し[9]、次のような論理を展開した。すなわち、①正犯とは実行行為を行う者である（形式的客観説、または限縮的正犯概念）。②共同正犯も正犯の 1 場合であるから、共同正犯と認められるためには、実行行為の少なくとも一部を分担しなければならない。したがって、③共謀に加わっただけの者は共同正犯にならない、という論理である。

　共謀共同正犯を肯定する判例とこれを批判する通説との対立的な構図は、練馬事件最高裁判決（最大判昭和 33 年 5 月 28 日刑集 12 巻 8 号 1718 頁）を 1 つのきっかけに、その後変化していく。練馬事件判決は、「共謀共同正犯が成立するには、2 人以上の者が、特定の犯罪を行うため、共同意思の下に一体となって互に他人の行為を利用し、各自の意思を実行に移すことを内容とする謀議をなし、よって犯罪を実行した事実が認められなければならない。したがって右のような関係において共謀に参加した事実が認められる以上、直接実行行為に関与しない者でも、他人の行為をいわば自己の手段として犯罪を行ったという意味において、その間に刑責の成立に差異を生ずると解すべき理由はない」と判示した。団体責任的だとして批判された共同意思主体説的な理由づけではなく、間接正犯に類似した説明が注目された[10]。実務に定着した考え方を全面的に否定するよりも、これを認めたうえで合理的に限定し、行き過ぎのないように抑制するというのが現実的であるとの見方も示された[11]。

　具体例で考えると、事例 1 の X は「殺人の実行行為」を行っておらず、事例 2 の A・B・E は「強盗の実行行為」を行っていない。前述の否定説によれば、事例 1 の X は殺人罪の教唆犯、これに対して、事例 2 の A・B は強盗罪の従犯、E は強盗罪の従犯または犯人隠避罪[12]ということになろう。しかし、事例 1（支配型）の X のように、組織犯罪において背後から全体をあやつる黒幕（首謀者）が、教唆者には正犯者と同等の刑を科すことができるとはいえ、共犯者、つまり 2 次的な責任を負う者だと評価することに対して疑問が向けられてきた。事例

---

[8] 草野豹一郎『刑法改正上の重要問題』315 頁以下（厳松堂書店、1950 年）、下村康正『共謀共同正犯と共犯理論』（1975 年、学陽書房）。近時、共同意思主体説を修正しつつも主張するのは、曲田統『共犯の本質と可罰性』1 頁以下（成文堂、2019 年）。

[9] 共同意思主体説は「基本的に、近代刑法学における個人責任の原理に背馳する団体責任主義的立場であるとともに、また、積極的に団体責任を論ずるわけでもなく、かえって民法の組合理論を刑法解釈の上に推及して、その団体構成員の個人的責任を認めようとするのであって、論理的に矛盾を含む」（大塚・総論 4 版 304 頁）といった批判が向けられた。

[10] 練馬事件最高裁判決は、本文引用の判示のように、「謀議」の存在を共謀共同正犯の成立要件にしたこと、そして、それが「罪となるべき事実」に属し、「厳格な証明」によって証明されなければならないと判断した点においても重要であった。

[11] 平野・総論 II 403 頁は、「判例は、法を具体化してゆくものであり、学説はそのための参考意見にすぎない。したがって、判例として確立している場合には、是正するとしてもむしろ立法によるべきであって、解釈論としては判例の基本線はそれを前提とせざるをえないこともある」と指摘した。共謀共同正犯は否定しつつも、「実行を担当しない共謀者が、社会観念上、実行担当者に対して圧倒的な優越的地位に立ち、実行担当者に強い心理的拘束を与えて実行にいたらせている場合」を優越支配共同正犯として共同正犯として認めるのは、大塚・総論 4 版 307 頁。

[12] 逃走手段を用意しているということが、犯行の際に安心感を与えるなど、他の共犯者の精神的幇助となっていれば、その点において強盗罪の従犯となりうる。そのような犯行の促進が認められなければ、既遂後の従犯は認められないから、逃走の手助けした点で犯人隠避罪となろう。犯人隠避罪は、犯人をかくまい、その逃走を助ける罪である。

2 (対等型) のように、共犯者間で機能的に役割を分担して犯罪を遂行した場合、割り当てられた役割の違いにより正犯と共犯と評価がわかれるというのは必ずしも説得的とはいえない。共同正犯において「一部実行全部責任」が認められる根拠が相互利用・補充関係による犯罪実現の容易化・確実化にあるのであれば、共謀共同正犯の場合も、主観的には、共同者の存在により心理的に支え、規範的障害を低減させるなど、自己の存在が他の共犯者を心理的に強化・促進すると同時に、自分だけは抜けられないと心理的に拘束しあい、客観的には、役割分担により単独での実行より効率的になり、また失敗のリスクを減少させ、目的実現の可能性を高めるということによって、犯罪実現が容易化・確実化されることになる。ここに共同正犯の認められる実質的な理由があろう。60条の文理においても、実行行為を分担しなくても、共謀者を含め、みなで「共同して犯罪を実行した」(60条)と評価できる実体が認められる場合はある。そのような場合には共謀共同正犯を認めることができよう。学説においても、現在では、共謀共同正犯を認める見解が多数になってきているといえる。

　裁判例においては、以下のようなさまざま要素を総合的に考慮し、さらに、当該犯罪の性質 (罪種)・内容なども勘案したうえで、その者の分担する寄与が重要なものである場合、共同正犯を認め、周辺的なかかわりにすぎないと評価される場合、従犯としていると考えられる。その考慮要素は、①共謀者と実行行為者の関係 (上下・主従、対等関係、犯罪組織内における地位、組織の拘束力の強さなど)、②犯行の動機 (犯罪事実実現に関する利害関係、経済的利益を目的とする犯罪の場合の予定の分配利益の大小など)、③共謀者と実行行為者間の意思疎通行為の態様・経過、④被告人が行った具体的加担行為ないし役割 (計画立案・謀議の主催・現場指揮・実行担当・見張り等々、また分担の変更ないし代替可能性など。謀議の際の合意形成への影響力の程度、関与の積極性、実行に関与するかどうか決定した事情なども)、⑤犯行後の行動・分配利益 (犯跡隠蔽行為、実際の分け前分与、実行行為後に続く行為への参加など) 等の諸点である。

　(2) 近時の裁判例は、共謀共同正犯の成立範囲をさらに広げているのではないかとの懸念、もしくは批判も示されている。1つはスワット事件判例であり、もう1つは廃棄物不法投棄事件判例である。

　前者のスワット事件とは、暴力団組長Xを警護するために随行していたスワットと呼ばれるボディーガードYらが、X警護のためXからの直接の指示ではなく自発的にけん銃を携行していたという事案であり、Xのけん銃の不法所持罪の共同正犯の成否が問われた。最決平成15年5月1日刑集57案5号507頁は、「Xは、スワットらに対してけん銃等を携行して警護するように直接指示を下さなくても、スワットらが自発的にXを警護するために本件けん銃等を所持していることを確定的に認識しながら、それを当然のこととして受け入れて認容していたものであり、そのことをスワットらも承知していた」。本件事実関係によれば、XとYらの間に「けん銃等の所持につき黙示的に意思の連絡があったといえる。そして、スワットらはXの警護のために本件けん銃等を所持しながら終始Xの近辺にいてXと行動を共にしていたものであり、彼らを指揮命令する権限を有するXの地位と彼らによって警護を受けるというXの立場を併せ考えれば、実質的には、正にXがスワットらに本件けん銃等を所持させていたと評し得る」と判示して、XとYらにけん銃不法所持罪の共謀共同正犯の成立を認めた。具体的

な指示行為・打合せのないケースにおいて黙示の共謀（黙示的な意思連絡）を認めたことに対しては批判も強く、前述の練馬事件判例との関係も問題となる。スワット事件判例は、犯行時に犯行現場にいないケースにおいて事前共謀により共謀共同正犯が認められた練馬事件の場合とは異なり、犯行時に犯行現場の近辺に現在し、実行者と行動を共にしていたケースにおいて、（従前の関係も含めて）支配・服従の関係、利益の享受・帰属、被告人の認識等から、黙示的な意思連絡とはいえ、実質的にはXがスワットらにけん銃等を所持させていたと評価できる類型（事前に「謀議」を行った練馬事件とは異なる類型）を認めたものといえよう[13]。

後者の廃棄物不法投棄事件は、Xが硫酸ピッチ入りのドラム缶の処理をYに委託したところ、Yがこれを不法投棄したという事件であった。これに関して、最決平成19年11月14日刑集61巻8号757頁は、Xらは、「Yや実際に処理に当たる者らが、同ドラム缶を不法投棄することを確定的に認識していたわけではないものの、不法投棄に及ぶ可能性を強く認識しながら、それでもやむを得ないと考えてYにその処理を委託したというのである」。そうすると、Xらは、「その後Yを介して共犯者により行われた同ドラム缶の不法投棄について、未必の故意による共謀共同正犯の責任を負う」と判示した[14]。

Ⅲ　承継的共同正犯

（1）Xが犯罪の実行に着手した後、Yがその事情を認識しつつ関与した場合、Yはどの範囲で責任を負うのか、関与する前のXによる行為および結果も「承継」して責任を負うのか。「承継的共犯（承継的共同正犯）」といわれる問題である。以下の事例をもとに考えてみよう。

> 【事例3】　Aが財物を奪取するために甲を殺害した後で、Bは、Aと意思を通じて一緒に甲の財物を取り去った。
>
> 【事例4】　Cが財物を詐取する意思で乙を欺罔し、乙を錯誤に陥らせた後で、CとDとで意思を通じ、Dが乙から財物を受け取ってきた。
>
> 【事例5】　Eが丙に暴行を加え傷害を与えた後で、連絡を受けて現場にきたFがEとともに丙に暴行を加え、その傷害を重篤化させた。

13　また、最決平成17年11月29日裁判集288号543頁、最判平成21年10月19日判時2063号155頁。なお、相互的な意思拘束がないから共謀共同正犯は認められないとし、組織的権力機構による（組織支配による）間接正犯を考えるべきであるとするのは、曲田・前掲注(8)49頁以下。

14　平野・総論Ⅱ405頁が、「共謀共同正犯が、一方では犯罪の元兇を捉える機能を持つ反面、責任のない者もまき込む危険を持つ、いわば、両刃の剣であることは、やはり記憶しておかなければならない」と指摘しているのは重みをもとう。

犯罪に最初から関与している事例3のAに強盗殺人罪が、事例4のCに詐欺罪が、事例5のEに傷害罪が成立するのはとくに問題はない。犯罪の途中から加わったB、D、Fの罪責が問題になる。自分の関与する前に行われていた犯罪事実についても帰責が認められてよいのか、一罪性（犯罪の不可分性）をどのように考えるべきか、共同正犯と従犯の構造的な異同をどのように考えるべきか、などが問題となろう。

学説では、後行者に先行行為も含めた犯罪全体の共犯を認める（全面的）肯定説と、後行者は関与後の行為・結果についてのみ責任を負うとする（全面的）否定説とが対立してきた。全面的肯定説によれば、Bに強盗殺人罪の共同正犯、Dに詐欺罪の共同正犯、Fに（その関与する前に生じた傷害結果も含め）傷害罪の共同正犯が成立することになる。これに対して、全面的否定説によれば、Bに窃盗罪の共同正犯、Dは無罪[15]、Fには（関与後に生じさせたと証明される傷害結果に限って）傷害罪が成立することになる。さらに、両説の中間に位置する見解として、Bに強盗罪の範囲で共同正犯を認め、Dに詐欺罪の共同正犯（または従犯）の成立を認める見解も有力である[16]。

自己が関与する前の、自己の行為と因果関係を有さない行為および結果について責任を問われるべきでなく、先行行為の「承継」は認めるべきではない。したがって、全面的肯定説は妥当でない。一方で、全面的否定説は、Dが既遂に向けて進行中の「詐欺行為」の一端を担い、「詐欺」の既遂に至るためにDの受領行為が重要な寄与であるにもかかわらず、不可罰（ないしは盗品関与罪）になる、つまり、「詐欺」にかかわっていないとの結論においてやはり疑問が残る。後行者の関与以降の行為を評価しても、Bが強盗行為にかかわっている（強盗罪の共犯）、Dが詐欺行為にかかわっている（詐欺罪の共犯）と認めることは可能であろう[17]。この場合に共同正犯が認められるか、従犯にとどまるかは、共同正犯と従犯の区別の問題であり、寄与の重要性により区別されるべきだと考えれば、関与後の行為が犯罪事象の中で共同正犯に値する程度の重要性をもつこともあろう。その重要性が否定される場合でも、強盗を手伝った、詐欺を手伝ったという従犯の責任を認めるべきである。

事例5のFについても、理論的には、自己の関与後に重篤化させた傷害の範囲において傷害罪の共同正犯の責任が問われるべきであるが、複数の者により多数回の暴行が加えられたケースにおいては、そのなかで被告人の行為と因果関係のある傷害を特定するのが難しい場合もあり、その認定の方法については工夫を要しよう。

（2）判例においてリーディング・ケースとされるのは、大判昭和13年11月18日刑集17巻839頁である。この判例は、強盗目的で被害者を殺害した[18]夫から事情を知らされたうえ金員の強取につき協力を求められた妻が、やむなくこれを承諾し、ロウソクで照らして夫の金品強取を容易にしたという事案について、一罪性を根拠

---

15 盗品関与罪、または占有離脱物横領罪の成立を認める見解もある。

16 その理由づけはいくつかある。Bについて窃盗罪の共同正犯と強盗罪の従犯（観念的競合）、Dに詐欺罪の従犯（事情により共同正犯）とする立場も有力である。

17 参照、西田・総論3版395頁以下、佐伯・総論の考え方387頁、橋爪・総論381頁。

18 強盗殺人罪（240条後段）は被害者の殺害によって（まだ財物を奪取していなくても）既遂に達するという点に留意を要する。

に強盗殺人罪の従犯を認めた。その後の下級審の判例は統一的ではなく、一罪性や後行者が先行者の行為および結果を認識しつつそれを利用したことを根拠[19]に承継を肯定するものも少なくなかった。しかし、平成になり、判例が大きく動くことになる。最決平成24年11月6日刑集66巻11号1281頁が、事例5のような事案において、「共謀加担前に〔共犯者〕が既に生じさせていた傷害結果については、被告人の共謀及びそれに基づく行為がこれと因果関係を有することはないから、傷害罪の共同正犯としての責任を負うことはなく、共謀加担後の傷害を引き起こすに足りる暴行によって〔被害者〕の傷害の発生に寄与したことについてのみ、傷害罪の共同正犯としての責任を負う」と判示した[20]。共謀加担前の傷害結果につき共同正犯の成立を明確に否定したのは、注目すべき重要な判断といえよう。さらに、このあと、特殊詐欺の事案において、被害者Aがうそを見破り、警察への相談後「だまされたふり作戦」が実施され、Aは現金が入っていない荷物を詐欺グループから指定された場所に発送し、一方、Xは「だまされたふり作戦」の開始を認識せずに、詐欺グループの者から荷物の受領を依頼され、Aの発送した現金が入っていない荷物を受領したという事案に関して、最決平成29年12月11日刑集71巻10号535頁は、「Xは、本件詐欺につき、共犯者による本件欺罔行為がされた後、だまされたふり作戦が開始されたことを認識せずに、共犯者らと共謀の上、本件詐欺を完遂する上で本件欺罔行為と一体のものとして予定されていた本件受領行為に関与している。そうすると、だまされたふり作戦の開始いかんにかかわらず、被告人は、その加功前の本件欺罔行為の点も含めた本件詐欺につき、詐欺未遂罪の共同正犯としての責任を負うと解するのが相当である」と判示した。これは、その判示文言を素直に読めば、「その加功前の本件欺罔行為の点も含め」、つまり、関与前の共犯者の行為も承継して詐欺未遂罪の共同正犯を認めたもののように思われる。もちろん、そのような「承継」を認めるものだとすれば、それは疑問である。また、最高裁平成24年決定との関係も問題になろう。今後の判例の動向が注視される[21]。

（3）事例5のようなケースにおいて、被害者の負った傷害が後行者の関与前のものか後のものかがわからなかった（証明できなかった）という場合に、承継的共犯を否定したうえで、207条の同時傷害の特例を適用して後行者に傷害罪の成立を認めることができるか、ということも議論されてきた。積極説は、事例5のE・Fに意

---

[19] 代表的なのは、大阪高判昭和62年7月10日高刑集40巻3号720頁である。この事案は、Yらが、Aに対してタクシー内で暴行を加え、さらに事務所内で暴行を加え、一連の暴行によりAに傷害を負わせたところにXが現れ、事情を察知し、Aの傷害を認識・認容しながら、犯行に加担する意思でAの顎を2、3回突き上げる暴行を加えたというものであった。大阪高裁昭和62年判決は、「いわゆる承継的共同正犯が成立するのは、後行者において、先行者の行為及びこれによつて生じた結果を認識・認容するに止まらず、これを自己の犯罪遂行の手段として積極的に利用する意思のもとに、実体法上の一罪（狭義の単純一罪に限らない。）を構成する先行者の犯罪に途中から共謀加担し、右行為等を現にそのような手段として利用した場合に限られると解するのが相当である」と判示した（傷害罪について消極に解したが、恐喝罪について積極に解した）。

[20] 「強盗、恐喝、詐欺等の罪責を負わせる場合には、共謀加担前の先行者の行為の効果を利用することによって犯罪の結果について因果関係を持ち、犯罪が成立する場合があり得るので、承継的共同正犯の成立を認め得るであろう」との千葉裁判官の補足意見が付されている。

[21] 承継的共犯に関する学説・判例につき、髙橋直哉「承継的共犯論の帰趨」『理論刑法学の探究⑨』159頁以下（成文堂、2016年）も参照。

思連絡がなかったとすれば、207条の適用により後行者Fは傷害の責任を負うのに、意思連絡があり、より悪質と考えられる場合にそれが適用されず、Fが暴行にとどまるというのは不均衡であるということを理由とする。それに対して、消極説は、事例5のケースでは、先行者Eに傷害罪が成立し、誰も傷害の責任を負わないという場合ではないのだから、疑わしきは被告人の利益の原則、挙証責任との関係で問題をはらみ、例外規定と考えられるべき207条の適用は厳格に解すべきであると論ずる。これまで積極に解する下級審の裁判例があった[22]が、近時、最決令和2年9月30日刑集74巻6号669頁は、次のように判示して積極説に立つことを明確にした。すなわち、検察官が、207条適用の前提となる事実関係を証明した場合、「途中から行為者間に共謀が成立していた事実が認められるからといって、同条が適用できなくなるとする理由はなく、むしろ同条を適用しないとすれば、不合理であって、共謀関係が認められないときとの均衡も失する」。「先行者に対し当該傷害についての責任を問い得ることは、同条の適用を妨げる事情とはならない」と判示した。事例5のようなケースにおいて207条の適用を認めることにより、承継的共犯に関する否定説を採ることの意味は相当に減殺されるが、やはり自己の行為と因果関係のない行為・結果の責任を問うことは疑問であり、207条の適用も限定的に考えるべきである。

IV 過失犯の共同正犯

（1）過失犯の場合に共同正犯を認めることができるか。否定説は、「共同して犯罪を実行した」といえるためには、ある犯罪を「一緒に実行しよう」との事前の意思連絡、ないしは故意による共同が不可欠であり、無意識部分（不注意）を犯罪の本質とする過失犯については、かかる意思連絡、したがって、それに基づく共同正犯は認められないとする。これに対して、肯定説は、共同実行の意思が認められるためには、犯罪を一緒に実行しようという意識を有している必要はなく、なんらかの作業を一緒に行うといった意識、その意思連絡があればよいとする。否定説は、肯定説が過失犯の共同正犯を認めるケースでは過失犯の同時犯、または監督過失として構成することができ、過失犯の共同正犯を認める実益がなく、また、各自の過失を具体的に認定すべきであると主張する。

共同実行の意思は「犯罪」を行う意思（連絡）というべきであり、犯罪ではない行為の意思連絡でよいというのは十分な理由づけとはいいがたい。60条が「共同して犯罪を実行した」と規定しているところ、「犯罪」には故意犯と過失犯があり、故意犯と過失犯とでは共同の仕方がまったく異なることを直視すれば、60条の規定を故意犯の場合と過失犯の場合とでその主観的要件を読みわけ、故意犯の場合、主観的には共同実行の意思、客観的には共同実行の事実が必要であり、過失犯の場合、共同の注意義務に共同して違反したことが必要であると解することができよう。

22　大阪地判平成9年8月20日判タ995号286頁、名古屋高判平成14年8月29日判時1831号158頁（共犯からの離脱の事例で共犯から排除された事例）。なお、大阪高判昭和62年7月10日（前掲注19）。

（2）判例は、古くは、共犯規定は過失犯に適用されないとしていた[23]が、最高裁の時代になり、飲食店を共同経営する者が、法定の除外量以上のメタノールを含有する液体を不注意にも検査せずに客に販売した行為につき、「その意思を連絡して販売をした」のであるから、「60条を適用したのは正当」であると判示した[24]。その後、過失の共同正犯を積極に解する下級審判決の判断が蓄積してきていた[25]が、近時、花火大会が実施された公園と最寄りの駅を結ぶ歩道橋において多数の参集者が折り重なって転倒し（いわゆる群衆なだれが発生し）、11名が死亡し、183名が重軽傷を負ったという雑踏事故（明石花火大会歩道橋事件）に関して、最決平成28年7月12日刑集70巻6号411頁[26]が、「業務上過失致死傷罪の共同正犯が成立するためには、共同の業務上の注意義務に共同して違反したことが必要である」と判示し[27]、過失の共同正犯の要件を明示するに至った。

（3）結果的加重犯の共同正犯について、これを認めるのが通説であり、過失の共同正犯を否定する見解であってもこれを肯定するものが多い。判例も、強盗を共謀し、そのうちの1人が被害者を死に至らしめた場合に共謀者全員に強盗致死罪の共同正犯を認めた[28]ように、一貫して積極に解してきた。基本犯の範囲で故意犯の共同正犯、加重結果に関して過失犯の共同正犯を複合したものと考えられる。

V　不作為と共犯

（1）不作為と共犯の問題は、不作為犯に対して作為により加功する場合、保障者的義務のある複数の者がいずれも不作為により事象に関与する場合、そして、作為犯に対して不作為により加功する場合とにわけることができる。

　不作為犯に対して作為により加功する場合、不作為犯に対する教唆犯・従犯が認められうる。たとえば、Xが、乳児Aの親Yに、Aに栄養を与えないようにそそのかしてAを餓死させた場合、Xには（Yの不作為による）殺

---

[23]　大判明治44年3月16日刑録17輯380頁など。

[24]　最判昭和28年1月23日刑集7巻1号30頁。この事案では、「ウイスキー」と称するこの液を飲んだ客が中毒により死傷したが、業務上過失致死傷罪ではなく、有毒飲食物等取締令違反（過失によるメタノール含有飲食物販売罪）に問われた。

[25]　名古屋高判昭和61年9月30日高刑集39巻4号371頁（溶接の火花による業務上失火）、東京地判平成4年1月23日判時1419号133頁（地下道作業でのランプ消し忘れによる業務上失火）。

[26]　この事故に関して、現場の警備責任者など5名が起訴され、最決平成22年5月31日刑集64巻4号447頁は、「歩道橋内への流入規制等を実現して雑踏事故の発生を未然に防止すべき業務上の注意義務」、その違反に基づく業務上過失致死傷罪の成立を認めた（参照、15講注4）。そして、このとき起訴されなかった警察副署長が強制起訴された事件の上告審判決が、本文の最高裁決定である。この副署長の起訴は事故発生から日時が経っていたため、副署長と先に起訴された警備責任者とが共犯関係にあり、共犯の公訴提起による時効の停止なければ、公訴時効となってしまうという事情があり（2004年改正前の刑訴法250条4号、254条2項）、そこで、過失の共同正犯が認められるかどうかが問題になった。

[27]　ただし、最高裁平成28年決定は、結論的には、副署長と警備責任者と「分担する役割は基本的に異な」り、事故回避のために負う「具体的注意義務」が異なるため共同正犯は成立せず、副署長につき公訴時効が成立していると判示した。

[28]　最判昭和26年3月27日刑集5巻4号686頁。

人罪の教唆犯が成立する[29]。事例を少し変えて、すでに不作為によるA殺害を決意しているYをXが精神的に幇助したならば、Xには殺人罪の従犯が成立する。

　乳児Aの両親X・Yが意を通じてAに栄養を与えずAを餓死させた場合、X・Yは不作為による殺人罪の共同正犯となる。

　（2）作為の実行行為に不作為で加功した場合、原則的に従犯であると考えるのが多数説である。たとえば、（ア）Xは、未成年のわが子Aが第三者Yから暴行を加えられそうになっているのを目撃し、Aの救助が可能であったにもかかわらず拱手傍観していた結果、Aは傷害を負わせられた場合、または、（イ）XはAがYに危害を加えそうになっているのを目撃し、介入してそれを阻止するのが可能であったにもかかわらず放置したため、AがYに傷害を負わせた場合、いずれも寄与の重要性・事象への影響力からみて、作為（者）の方が構成要件実現に決定的・現実的な作用を及ぼしていると考えることができ、それに応じて、不作為（者）の方は従的な役割を果たすにすぎないということになるからである[30]。もちろん、意思連絡の内容、寄与の重要性により（共謀）共同正犯とされる場合もある[31]。

　判例も原則的に従犯と考えているといえよう。たとえば、選挙長がAによる投票干渉行為を現認しながら制止しなかった場合に投票干渉の従犯とし[32]、劇場の責任者が踊り子の公然わいせつにあたる行為を目撃しながら微温的な警告にとどめ公演を継続させた場合に公然わいせつ罪の従犯としている[33]。近時のものでも、暴力団組長であるX、Yらは、債権回収のため、破産した会社の経営者Aから隠し財産の所在を聞き出そうとAに暴行・脅迫を加えたがはかばかしい返答が得られず、Xが約10分間現場を離れている間にYがAを殺害したという事案において、Xに殺人罪の従犯が認められ[34]、Xが内縁の夫Yが自己の連れ子A（3歳）に居宅で折檻しているのを知りながら放置したことから、AがYの虐待により死亡したという事案において、Xに傷害致死罪の従犯が認められている[35]。

29　この場合に犯罪事象の中でのXの寄与が重要なものであると考えられれば、（65条1項により）共同正犯になりうる。

30　これに対して、不作為による加功は原則的に正犯であると考える見解や、義務の内容により区別し、本文（ア）のような被監護者の法益を保護する義務に違反する場合には原則的に正犯、（イ）のような危険源の監督義務（犯罪阻止）義務に違反する場合は従犯であるとする見解などもある。

31　大阪高判平成13年6月21日判タ1085号292頁、東京高判平成20年10月6日判タ1309号292頁など。

32　大判昭和3年3月9日刑集7巻172頁。

33　最判昭和29年3月2日裁判集93号59頁。

34　大阪高判昭和62年10月2日判タ675号246頁。

35　札幌高判平成12年3月16日判時1711号170頁。従犯の成否が争われ、無罪としたものとして、保険金詐取目的での放火事件において、犯人から放火の決意を打ち明けられたが、それを思いとどまらせようとしなかった者につき、放火の具体的な方法や、そもそも放火を決行するのかどうかも定かではなく、それを阻止する義務がないとした名古屋高判昭和31年2月10日高刑集9巻4号325頁、売春防止法違反事件において、料理店経営者に営業許可の名義貸しをした者が、同店で業としての売春場所の提供が行われていることを知った後も放置した場合に、幇助犯成立に必要な法的作為義務が認められないとした大阪高判平成2年1月23日高刑集43巻1号1頁、集金人から現金を強取した強盗致傷事件において、共犯者から事前に犯行計画を知らされたが、警察への通報等をしたくなかった者につき、その犯罪を防止する義務はないとした東京高判平成11年1月29日判時1683号153頁などがある。

第27講　共犯関係の解消など──共犯成立の限界

I　共犯からの離脱

（1）ある者が犯罪に一旦関与した場合でも、その犯罪が既遂に至る前に、場合によっては一連の犯罪行為が終了する前に、それ以上その犯罪にかかわるのをやめようと考え、その場から立ち去るなど、犯行の途中で翻意して犯罪事象から離れ去る場合がある。このような離脱者の刑事責任はどのように考えられるべきだろうか。かつては、離脱者が離脱した場合に離脱後に行われた共犯者の行為についても責任を負うのか否かという共犯からの離脱の問題と、共犯者への中止未遂規定の適用（準用）の可否という共犯と中止未遂の問題とが必ずしも明確に区別して論じられず、中止未遂論の共犯への応用により議論がなされていた。

しかし、中止未遂規定（43条ただし書）は、その者に未遂罪が成立する場合にのみ適用され、既遂に至った段階以降はもはや適用されえず、未遂に至る前の予備段階の行為にも適用されない。したがって、その者の責任が予備罪にとどまるのか、未遂罪の責任を負うのか、既遂罪が成立するのかということが、43条ただし書の適用を考える前に確定されなければならない。たとえば、X・YらがAを監禁し、それを継続するうちにXは後悔し、Yらに「自分はもうやめる」と告げ、監禁場所から立ち去ったが、Yらはそれ以降も監禁を続けたという場合、Xには離脱前にすでに監禁既遂罪（220条）の共同正犯が成立している。しかし、監禁罪の成立の点において変わらないとしても、Xの立ち去り後Yらにより継続された監禁行為についてまでXが責任を負うべきかどうかが──この場合にもはや43条ただし書の適用が問題になりえないとしても──問われなければならない。それに対して、離脱者の責任が未遂にとどまる場合には、さらに43条ただし書の要件（任意性および中止行為）を充たしているかどうかが問われるべきことになる。

（2）1980年代以降、共犯からの離脱に関する議論が大きく進展し[1]、（共同正犯も含めた）共犯の処罰根拠を構成要件該当事実の実現に対する因果性に求める因果的共犯論への支持の広がり[2]を背景として、ある共犯者が、離脱することにより、離脱後の残余の共犯者の行為および結果に対する自己の寄与の物理的・心理的な因果的効果を解消したか否かを問題にする因果性遮断説が通説的地位を占めるに至った。自己の行為と因果関係のな

---

[1] 西田典之「共犯の中止について──共犯からの離脱と共犯の中止犯──」法学協会雑誌100巻2号1頁以下（1983年）が議論の進展に大きな影響力をもった。これ以前にも、井上正治「共犯と中止犯」平野龍一ほか編『判例演習（刑法総論）』209頁以下（有斐閣、1960年）、大塚仁「共同正犯関係からの離脱」研修301号3頁以下（1973年）が、因果性の遮断という観点から問題もあるが、注目すべき議論をしていた。

[2] 因果的共犯論について、第25講注10参照。

い他人の行為、それに基づく結果についてまで責任を問われるべきではないから、共犯者は、自分の寄与の因果的効果を解消すれば、その犯罪事象の段階を問わず、他の共犯者による以後の行為および結果について責任を問われないと解すべきである。これに対して、共犯関係の解消が認められる要件を実行の着手前後で区別し、実行の着手前は、離脱者が離脱意思を表明し、他の共犯者がそれを了承することにより共犯関係の解消が肯定され、実行の着手後は、他の共犯者による犯行の継続（結果発生）を阻止するために積極的な措置を講ずることが必要であるという見解が有力に主張された[3]。しかし、因果的共犯論からすれば、問題の離脱行為が実行の着手前であったのか着手後であったかが決定的な意味をもつわけではなく、また、離脱意思の表明と他の共犯者による離脱の了承もそれ自体が不可欠でもない。離脱意思の表明と了承による心理的因果性は切断されるといえるが、それだけでなく、物理的寄与の残存の有無も問われなければならない。実行の着手の前後を問わず、自己のなした寄与の解消、それ以降の行為・結果に対する因果性の遮断のみが問題である。

（3）近時の判例も因果的遮断説と親和的である。2つの最高裁決定が重要である。1つは最決平成元年6月26日刑集43巻6号567頁であり、もう1つは最決平成21年6月30日刑集63巻5号475頁である。前者の事案は、X・Yが共同してAに暴行を加えた後、Xが「おれ帰る」と告げてその場を立ち去ったところ、Yはその後もAに暴行を加え、Aを死に至らしめたが、Aの傷害が、Xの立ち去る前に生じたのか、その後に生じたのかは明らかにならなかったというものである。これに関して、最高裁平成元年決定は、「Xが帰つた時点では、Yにおいてなお制裁を加えるおそれが消滅していなかつたのに、Xにおいて格別これを防止する措置を講ずることなく、成り行きに任せて現場を去つたに過ぎ」ず、「当初の共犯関係が右の時点で解消した」とはいえず、「その後のYの暴行も右の共謀に基づくものと認めるのが相当である」。そうすると「かりにAの死の結果がXが帰つた後にYが加えた暴行によつて生じていたとしても、Xは傷害致死の責を負う」と判示した。制裁を加えるおそれの消滅を問題にするなど、実質的に因果性の遮断の有無を問題にするものと考えられる。

後者の最高裁平成21年決定は、甲・乙らが強盗を共謀し、乙らがB方の施錠を外すなど侵入口を確保したが、甲が付近の様子から犯行発覚をおそれ、「危ないから待てない。先に帰る。」などと乙らに伝え、現場を立ち去ったが、乙らはそのまま強盗に及び、Bに傷害を負わせたというものである。これに関して、最高裁平成21年決定は、「甲において格別それ以後の犯行を防止する措置を講ずることなく待機していた場所から見張り役らと共に離脱したにすぎず、残された共犯者らがそのまま強盗に及んだものと認められる。そうすると、甲が離脱したのは強盗行為に着手する前であり」、たとえ「残された共犯者らが甲の離脱をその後知るに至ったという事情があったとしても、当初の共謀関係が解消したということはできず、その後の共犯者らの強盗も当初の共謀に基づいて行われたものと認めるのが相当である」と判示した。これは、実行の着手前か後かによる図式的な解決に固

---

[3] 判例として、福岡高判昭和28年1月12日高刑集6巻1号1頁など。この事案の場合、離脱者の寄与の因果的効果は解消されていないが、離脱により、後述、I（4）の「当初の共犯関係とは別個の新たな共犯関係」とみうる事案といえる。

執せず、寄与の因果的効果の解消（残存）の有無を問題としたと考えることができよう。そして、この事例では、共犯者との同種犯行の反復から、甲の共謀参加それ自体が心理的な影響（重み）をもっており、離脱前に、下見の実施・被害者宅への侵入口の確保といった共謀内容の重要な部分の具体化がなされており、それにひき続き、その状態を利用した強盗の実行がなされており、単なる立ち去りによって、被告人の（共謀）参加により与えられた（促進的な）影響・効果が解消されず、なお残存するその効果は離脱後の強盗の中にまで及んでいたということができよう。

（4）因果性遮断説が妥当であり、共犯者は、自分の寄与の因果的効果を解消すれば、それ以降、他の共犯者がひき続き行った行為、それによりひき起こされた結果について責任を問われない。しかし、問題はさらにその先にある。すなわち、離脱者が自己の寄与の因果的効果を完全には解消できず、他の共犯者が残存するその効果を利用して犯罪を行ったというような場合でも、離脱者が離脱後の他の共犯者の行為・結果に関する責任を問われない場合があるのか、あるとすれば、どのような場合であればその責任が問われないのか、ということである。

　因果性の遮断（自分の寄与の因果的効果の解消）とは異なる観点として、「当初の共犯関係とは別個の新たな共犯関係」かどうか（犯罪事象の同一性の有無）が問題とされるべきである。なぜなら、離脱すべき共犯関係が存在しなければ、そもそも「離脱」も問題になりえないからである。「離脱」を考える前提として、離脱すべき対象、つまり、離脱が関係づけられるべき共犯関係が問題とされなければならない。Ｘが犯罪とかかわりをもち、その後それと距離を置いた後、他の共犯者がそれに関連して犯罪を行った場合、Ｘの離脱前後の犯罪（の共犯関係）の同一性がなければ、離脱後に行われた問題の犯罪は、Ｘのかかわっていない（共犯関係のない）別個の犯罪と評価されるべきであろう。

　では、「当初の共犯関係とは別個の新たな共犯関係」かどうかはどのように判断されるべきであろうか。当該の具体的な共謀（意思連絡）の内容[4]をその出発点とし、その当初の共謀内容に照らして、当初の共謀からの逸脱の程度、前後の犯罪の時間的・場所的隔たりの有無・程度、犯意・動機の継続性の有無・程度、離脱の際にとった措置などを総合的に判断し、離脱者を除いて行われた後の犯罪遂行がなお当初の共謀内容に照らしてなお同一と評価できるか否か、犯行の枠組みが組み直されたと評価すべきか否かが判断されるべきである。

　具体的には、たとえば、共犯者の働きかけによって正犯者もしくは共同正犯者が一旦犯意を（真意で）放棄するに至ったが、その後新たに決意して、もしくは新たな共謀に基づき犯罪行為を再開する場合、共犯者の離脱によって犯罪計画を大幅に変更せざるをえなくなった場合、離脱により当面の犯罪の実行を頓挫させ時間的な延期を強いるような場合[5]、別個独立の新たな共犯関係が問題になりうる。

---

[4] 犯行の動機、予定された客体・行為態様、役割分担・共犯者の中で占める地位などが重要であるが、計画遂行の障害や状況の変化に応じて予定されていた、または許容されうる計画変更の程度なども考慮に入れられなければならない。

[5] 特段の防止措置等がとられてはいないが、時が経過し、当初の共犯関係を支える諸事情の変化により、共犯関係が自然に消滅してしまう場合もある。たとえば、東京地判昭和52年9月12日判時919号126頁。

判例では、たとえば、X・YらがAに共同してAに暴行を加えた後、XがAを介抱しようとしたところ、Yが腹を立ててXを殴りXも失神させ、Xを放置したままAを連れて別の場所に移動し、さらにAに対してYらが暴行を加えたという事案がある。名古屋高判平成14年8月29日判時1831号158頁は、「Yを中心としXを含めて形成された共犯関係は、Xに対する暴行とその結果失神したXの放置というY自身の行動によって一方的に解消され、その後の第2の暴行はXの意思・関与を排除してY……らのみによってなされたものと解するのが相当である」と判示した。共同の第1暴行によりAが抵抗できない状態が形成され、これに基づき第2暴行が行われており、Xによりなされた寄与の因果的効果が解消されたとはいえない。しかし、Xの排除により新たな共犯関係が形成され、第2暴行は当初の（第1暴行の）共謀に基づくものではないと評価できよう。いわば共犯関係から排除された場合といえる。

　また、共同の防衛行為後に一部の者が過剰防衛に及んだ事案がある。これは、Bから乱暴された甲を助けるために、乙・丙らがBに攻撃を加え、それによりBは甲への乱暴をやめた。しかし、乙らがBにさらに暴行を加えようとしたことから、丙がこれを制止したが、乙はこれを振り切りBを殴打し、Bに傷害を負わせた。この場合に、丙につき、その制止後の乙の傷害（過剰防衛）の責任を負うのか否かが問題になった。最判平成6年12月6日刑集48巻8号509頁は、「相手方の侵害に対し、複数人が共同して防衛行為としての暴行に及び、相手方からの侵害が終了した後に、なおも一部の者が暴行を続けた場合において、後の暴行を加えていない者について正当防衛の成否を検討するに当たっては、侵害現在時と侵害終了後とに分けて考察するのが相当であり、侵害現在時における暴行が正当防衛と認められる場合には、侵害終了後の暴行については、侵害現在時における防衛行為としての暴行の共同意思から離脱したかどうかではなく、新たに共謀が成立したかどうかを検討すべきであって、共謀の成立が認められるときに初めて、侵害現在時及び侵害終了後の一連の行為を全体として考察し、防衛行為としての相当性を検討すべきである」とし、丙に関して、反撃行為は正当防衛となり、追撃行為について新たな暴行の共謀の成立は認められないと判示した。この事案では、Bへの反撃行為の影響が残っている状況下で、乙のさらなる暴行が行われており、丙は制止行為をしているものの、自己の寄与の因果的効果を完全に解消したとはいえない。しかし、この場合に焦点をあてられるべきなのは、因果性の遮断の有無ではなく、離脱の対象となる共犯関係の存否、ここでは防衛行為の意思連絡（共謀）の内容・射程であるといえよう。甲に対する不正な侵害の排除目的で形成されたところの、防衛行為（反撃行為）についての意思連絡に、侵害終了後の追撃行為まで含まれていなければ、丙の寄与の因果的効果がなお残存しており、それを利用して乙の追撃行為がなされたとしても、丙に関しては、乙らの追撃行為は当初の意思連絡（共謀）の射程の及ばない「別個の新たな違法行為」ということになろう。このような理解が最高裁平成6年判決の意味するところであろう。

（5）自分の寄与の因果的効果を解消することができず、また、犯罪事象の同一性が認められる範囲内での他の共犯者の行為を阻止できなかったとしても、当初共同正犯的に共働し、または、自分に割り当てられた寄与を計画通りになしたとすれば共同正犯の責任を負うような者は、意思連絡の断絶前に自分に割り当てられた寄与を

すべてなし終えていた場合や、他の者によって代替できない不可欠な寄与をすでになしており、その寄与がなければそれ以降の事象も行われえなかったであろうような場合を除けば、犯意を放棄して意思連絡を断ち犯罪事象から離れ去ることによって、それ以降の事象に対しては教唆犯もしくは従犯の責任にとどまるべきである。

Ⅱ　共犯者の中止未遂

　共犯者の中止未遂の問題について、共犯者（共同正犯者も含む）が、正犯者の実行の着手後既遂に至る前に、正犯者の実行行為を妨げ、もしくは結果の発生を阻止した場合、すなわち、犯罪行為が既遂に至るのを阻止した場合、43条ただし書が準用（類推適用）されうる[6]。中止の効果は一身的にしか作用しない。さらに、前述のような共犯からの離脱が認められる場合、Xの離脱後残余の共犯者が犯行を継続したとしても、Xが、自分のなした寄与を自己の意思で（任意性）解消すれば（中止行為）[7]、中止未遂による刑の減免が認められるべきである。

Ⅲ　共犯と錯誤

　（1）共犯者（教唆者・幇助者、広義では、共同正犯者）の場合も錯誤の問題が生じる。この場合の錯誤の取扱いは、基本的には、単独犯の場合のその処理と同様である。ただ、犯罪事象に複数の者がかかわり、とりわけその実行を他者に委ねることから、単独犯行の場合以上に、共犯者の考えていたことと正犯者により実現された事実との間に食い違いが多く生じえ、また、複雑になる面もある。

　（ア）XがYにAの殺害を教唆（幇助）したところ、Yが人を取り違えてBを殺害した場合（正犯者の客体の錯誤）、（イ）YはAを狙ったが、狙いが外れCを殺害した場合（正犯者の方法の錯誤）、いずれも同一構成要件内（具体的事実）の錯誤であり、法定的符合説によれば、（ア）Bに対する殺人既遂罪の教唆（従犯）、（イ）Cに対する殺人既遂罪（およびAに対する殺人未遂罪）の教唆（従犯）となる[8]。（ウ）XがYにA宅での窃盗を教唆（幇助）したところ、YがA宅に侵入できず、侵入場所を変更してB宅で窃盗を行った場合（正犯者に錯誤はな

---

[6]　43条ただし書は43条本文の意味で「実行」に着手した者を前提としていることから、「実行行為」を行わない教唆者、幇助者、実行行為を分担しない共謀共同正犯者には43条ただし書は「適用」されえない。しかし、これらの者が、自己の意思により積極的な犯罪防止措置をとるなどして犯罪行為の既遂を阻止した場合には、実質的に考えて同様に取り扱われるべきであり、43条ただし書が準用されるべきである。

[7]　第三者の介入や被害者自身の防衛措置によって既遂が阻止された場合、正犯者や他の共犯者の中止行為によって既遂が阻止された場合や、実行行為が「不能」であった（致死量に足りない毒物を投与したなど）ために既遂に至らなかった場合に、行為者がそのことを知らずに真剣な中止措置をなし、または結果の発生を防止するに足りる努力をした場合には、43条ただし書（の準用）により刑の減免を受けることができると解すべきであろう。

[8]　具体的符合説によれば、（イ）のYは、Aに対する殺人未遂罪の教唆とCに対する過失致死罪となる。（ア）のYについては、Yにとっても方法の錯誤であり、Bに対する過失致死罪となるとする見解と、Bに対する殺人未遂の教唆とする見解など、結論がわかれている。

いが、共犯者にとっては方法の錯誤）、XにB宅での窃盗罪の教唆（従犯）が成立する[9]。

異なる構成要件にまたがる（抽象的事実の）錯誤の場合、実質的に構成要件の重なり合いの認められる限度で軽い罪の教唆（従犯）が認められることになる。たとえば、（エ）XがYにA宅での窃盗を教唆（幇助）したところ、YがA宅で（事後）強盗に及んだ場合、Xには窃盗罪の教唆（従犯）が成立する[10]。

結果的加重犯の場合、たとえば、（オ）XがYにAの暴行を教唆（または幇助）したところ、Yが傷害（さらに、傷害致死、または殺人）に及んだ場合、XがAの傷害（死）を予見しえた限りで、判例・通説は、Xに傷害罪（傷害致死罪）の教唆犯（または従犯）を認める[11]。

（2）共犯形式について錯誤が生ずる場合もある。関与形式（形態）の違いであり、問題となる犯罪（罪質）は異ならないから、軽い共犯形式の成立が認められる。たとえば、賭博の共同正犯者のつもりで見張りをしていたが、従犯と評価される場合、従犯が成立し、XがYを教唆したつもりであったが、Yはすでに当該犯罪の決意をしており、その決意の強化にとどまった場合、従犯（精神的幇助）が成立する。

間接正犯の意思で教唆の事実を実現した場合、教唆犯の成立が認められ、逆に、教唆を行ったつもりで間接正犯の事実を実現した場合も教唆犯となる。さらに、（カ）たとえば、意思Xが、Aを殺害する目的、情を知らない看護師Yに（ひそかに毒薬を入れた）注射をするように指示したところ、Aへの注射前にYが事情を知ったが、Yも殺意を抱き、指示通り注射し、それによりAを死に至らしめたという場合は争いがある。殺人既遂罪の間接正犯を認める見解もあるが、殺人既遂罪の教唆犯を認めるのが多数説であり、妥当であろう[12]。

---

9 教唆行為とB宅での窃盗行為（結果）との間の因果関係が必要である。参照、最判昭和25年7月11日刑集4巻7号1261頁（「犯罪の故意ありとなすには、必ずしも犯人が認識した事実と、現に発生した事実とが、具体的に一致（符合）することを要するものではなく、右両者が犯罪の類型（定型）として規定している範囲において一致（符合）することを以て足るものと解すべきものであるから」、B宅への「住居侵入強盗の所為が、Xの教唆に基いてなされたものと認められる限り、Xは住居侵入窃盗の範囲において」、「教唆犯としての責任を負う」）。

10 共同正犯の場合も同様である。Xが傷害の故意で、Yが殺意をもって、共同して被害者に暴行を加え、傷害を負わせた（死に至らしめた）場合については、第25講IVを参照。

11 基本的犯罪である暴行罪の教唆にとどまるとする見解もある。結果的加重犯の共同正犯について、第26講IV（3）参照。

12 この場合、殺人未遂罪の間接正犯も成立するかどうかは、間接正犯の実行の着手の考え方による。利用者標準説によれば、Xが情を知らないYに注射を指示した時点で、Xに殺人罪の間接正犯の実行の着手が認められることになる。これと殺人既遂罪の教唆とでは後者の方が重いから、罪数処理において後者の成立のみが認められる。被利用者標準説によれば、誘致行為の時点ではなお間接正犯の実行の着手は認められないから、殺人既遂罪の教唆のみが成立する。
間接正犯のつもりで誘致行為を行ったが、その後、被利用者が情を知るに至った（やや特殊な）場合として最決平成9年10月30日刑集51巻9号816頁の事案がある。これは、Xが国際宅配貨物を利用して大麻の密輸入を企て、成田空港において情を知らない通関業者をして輸入申告をさせた（関税法上の禁制品輸入罪の実行の着手）が、その後、税関検査で大麻隠匿が発覚し、捜査機関によりコントロールド・デリバリーが実施され、その監視下で当該貨物が配達業者により保税地域から本邦に引き取られ（禁制品輸入罪の既遂時点）、依頼の住所に配達されたというものであった。最高裁は、このような場合も「依頼に基づく運送契約上の義務の履行としての性格を失」わず、「Xらは、その意図したとおり、第三者の行為を自己の犯罪実現のための道具として利用した」として禁制品輸入罪の既遂を認めた。しかし、コントロールド・デリバリーの実施により、Xによる犯罪事象の支配（被利用者の道具性）が失われたとみるべきであり、禁制品密輸罪の未遂にとどまるというべきであろう。なお、禁制品輸入未遂罪（関税法109条3項）は43条の適用（未遂減軽）が排除され、禁制品輸入罪（109条1項・2項）と同じ刑が科され、また、この種の事案では、禁制品の輸入罪（本件の場合、大麻輸入罪）が陸揚げ・取りおろし時に既遂となり、これと禁制輸入罪とは観念的競合となることも留意されてよかろう。本件につき、若原克幸「判例批評」法学新報105巻8・9号279頁以下（1999年）参照。

第 28 講　共犯と身分

Ⅰ　共犯と身分（65 条）

　犯罪類型の中には、犯罪を行う主体を限定しているものがある。たとえば、収賄罪は、「公務員が、その職務に関し、賄賂を収取し、又はその要求若しくは約束をしたとき」に成立し（197 条 1 項前段）、犯罪を行う主体を公務員に限定している。したがって、収賄罪は、「公務員」という身分のある者ではなければ犯すことができず、たとえば、民間企業の社長が袖の下から金品を受け取って相手に便宜を図ったとしても収賄罪とはなりえない[1]。このように犯罪を犯す主体を限定している犯罪のことを身分犯という。また、老年・幼年等のために扶助を必要とする者を遺棄する行為を誰が行っても（単純）遺棄罪（217 条）となるが、「老年者、幼年者、身体障害者又は病者を保護する責任のある者がこれらの者を遺棄し」た場合には保護責任者遺棄罪が成立し（218 条）、その刑は単純遺棄罪よりも重くなる。賭博行為を誰が行っても（単純）賭博罪（185 条）が成立するが、「常習として賭博をした」場合には常習賭博罪（186 条）が成立し、単純賭博罪よりも刑が重くなる。

　収賄罪のように、身分のある者がそれを行うことによりはじめて行為の可罰性が基礎づけられる犯罪を構成的（真正）身分犯といい、遺棄罪や賭博罪のように、誰がその行為を行っても犯罪となるが、一定の身分がある者がその行為を行った場合により刑を加重する犯罪を加減的（不真正）身分犯という。

　では、このような身分犯に身分のない者が関与した場合、身分のない者の行為はどのように考えられるべきであろうか。次の事例で考えてみよう。

【事例 1】　（公務員でない）夫 A の発案に基づき、公務員の妻 B は、役所に出入りする業者 C に対して、B の職務に関する事柄での便宜供与を提案し、その見返りとして賄賂を要求し、後日、C から金銭を受け取った。

【事例 2】　警察官 D の友人である私人 E は、D が職権を濫用して F を逮捕監禁する際、D に頼まれて F を逮捕するのを手伝った。

　（ⅰ）事例 1 の夫 A は公務員ではないから、「公務員」を犯罪の主体とする 197 条の成立要件を充たさない。身分のない者が構成的身分犯に加功した場合である。しかし、A がまったく刑事責任を問われないというのでよ

---

[1] これに対して、贈賄罪（198 条）にはこのような主体の限定はない。贈賄罪は誰でも犯すことのできる犯罪であり、これが普通の場合である。

いだろうか。立法者は、身分犯に非身分者が加功するケースを想定して規定を設けた。65 条の規定である。65 条 1 項は、「犯人の身分によって構成すべき犯罪行為に加功したときは、身分のない者であっても、共犯とする」と規定し、65 条 2 項は、「身分によって特に刑の軽重があるときは、身分のない者には通常の刑を科する」と規定する。判例・通説は、65 条 1 項を構成的身分犯、2 項を加減的身分犯に関する規定であると解する[2]。収賄罪は構成的身分犯であるから、この理解によれば、65 条 1 項が適用され、身分のないAであっても、収賄罪が成立するBの共犯、この場合、収賄罪の教唆犯が成立することになる[3]。

　（ⅱ）不法に人を逮捕した場合、逮捕監禁罪（220 条）が成立し、警察の職務を行う者等がその職権を濫用して人を逮捕したときは特別公務員職権濫用罪（194 条）が成立するから、特別公務員職権濫用罪は加減的身分犯と解されている。事例 2 は身分のない者が加減的身分犯に加功した場合であり、65 条 2 項により、警察官Dには特別公務員職権濫用罪が成立し、それを手伝った私人、つまり、警察官という身分ないEには、65 条 2 項により通常の刑が科され、したがって、Eには逮捕監禁罪（220 条）が成立することになる[4]。

　判例は、「身分」の意義に関して、「刑法 65 条にいわゆる身分は、男女の性別、内外国人の別、親族の関係、公務員たるの資格のような関係のみに限らず、総て一定の犯罪行為に関する犯人の人的関係である特殊の地位又は状態を指称するものである」と解しており[5]、「営利の目的」などの「目的」も身分に含まれると解している[6]。判例により 65 条 1 項の身分と認められたものとして、①虚偽公文書作成罪（156 条）の「公務員」、②偽証罪（169 条）の証人、③収賄罪（197 条以下）の公務員、④横領罪（252 条）の他人の物の占有者、⑤背任罪（247 条）の他人の事務を処理する者などがあり、判例により 2 項の身分と認められたものとして、⑥常習賭博罪（186 条 1 項）の常習者、⑦業務上堕胎罪（214 条）の医師などがある[7]。

---

[2]　まずは判例・通説の立場を理解しよう。異なる理解として、(a) 65 条 1 項が、真正身分犯・不真正身分犯を通じて、「共犯の成立」に関して規定し、2 項が、不真正不作為犯について「科刑」の問題を規定し、非身分者に「通常の刑」を科す趣旨の規定であると解する見解、(b) 65 条 1 項は違法身分の連帯性を、2 項は責任身分の個別性を規定したものであると解する見解もある。

[3]　通説・判例によれば、65 条 1 項の「共犯」には教唆犯・従犯だけでなく、共同正犯も含まれる（最決昭和 40 年 3 月 30 日刑集 19 巻 2 号 125 頁）から、Aの寄与の態様・重要度によっては、AとBが共同正犯になるとの理解もありうる。

[4]　注 2 で示した (a) 説は、この場合、身分のないEについても、65 条 1 項により特別公務員職権濫用罪の従犯が成立し、65 条 2 項により逮捕監禁罪（220 条）の刑（「通常の刑」）が科されるとするが、(成立) 罪名と科刑の分離を認める点で妥当でないと批判されてきた。注 2 で示した (b) 説は、この場合、「194 条（特別公務員職権濫用罪）は形式的には 220 条（逮捕監禁罪）の加重類型であるが、その加重の根拠が公務執行の適正の侵害という付加的法益侵害にあるから、私人が警察官に職権を濫用した逮捕行為を教唆した場合、私人は、65 条 1 項により 194 条の共犯として重く処罰される」（西田・総論 3 版 436 頁）とするが、これに対して、加減的身分犯（194 条）の場合に、私人である共犯者に 65 条 2 項を適用して「通常の刑」、つまり、220 条の刑を科さないのは罪刑法定主義上疑問であるとの批判が向けられてきた。また、(b) 説は、違法身分と責任身分を（厳密に）区別することは困難であるとも批判される。

[5]　最判昭和 27 年 9 月 19 日刑集 6 巻 8 号 1083 頁。

[6]　最判昭和 42 年 3 月 7 日刑集 21 巻 2 号 417 頁など。

[7]　無免許運転罪（道交法 64 条 1 項、117 条の 2 の 2 第 1 号）のように「免許を有しない者」による行為が犯罪を構成する場合を消極的身分犯というが、たとえば、運転免許を持っていないXに運転免許を持っているYが無免許運転をそそのかした場合、Yには無免許運転罪の教唆犯が成立する（この場合に、65 条 1 項を適用すべきか否かが議論されている）。

【事例3】　賭博の常習者Gが、賭博の非常習者Hの賭博行為を幇助した。

【事例4】　業務上他人の物を占有しているXと、その物を占有していない（業務者でもない）Yとが、共同で、Xの占有する他人の物を横領した。

　（iii）事例3は、身分のある者（常習賭博者G）が非身分犯（単純賭博罪）に加功した場合の処理が問われている。賭博行為を誰が行っても（単純）賭博罪（185条）が成立するから、事例3のHに賭博罪が成立することは問題がない。争われているのは、常習賭博者Gに単純賭博罪の従犯が成立するのか、常習賭博罪の従犯が成立するのかということである。判例は後者の立場をとる[8]。しかし、正犯に成立するのが単純賭博罪である場合、その範囲内でのみ共犯が成立する（共犯は正犯の違法・責任を超えられない）と考えるべきであるとして、Gには単純賭博罪の従犯が成立するとの見解も有力である。「身分のない者には通常の刑を科する」ことを定めた65条2項は正犯に身分があり、共犯に身分がないケースの規定であり、非身分犯に身分のある者が加功するというケースは適用されないと解するのが素直なように思われ、実質的にも正犯の違法性が共犯の違法性を枠づけると考えるべきであり、後者の見解が支持されるべきであるように思われる。

　（iv）横領罪（252条）は「物の占有者」を身分とする構成的身分犯であると解されており、業務上横領罪（253条）は「業務者」であることを理由に刑が加重される加減的身分犯であると解されている。そこで、業務上の占有者Xと、業務者でもなくその物の占有もしていない者Yとにより共同で横領行為が行われた場合の取扱いが議論されてきた。判例は、65条1項によりXYに業務上横領罪（253条）の共同正犯が成立し、身分のないY（・Z）については65条2項により横領罪（252条）の刑が科されるとする。すなわち、「Xのみが……S村の収入役として同村のため右中学校建設資金の寄附金の受領、保管その他の会計事務に従事していたものであつて、被告人両名〔＝Y・Z〕はかかる業務に従事していたことは認められないから、刑法65条1項により同法253条に該当する業務上横領罪の共同正犯として論ずべきものである。しかし、同法253条は横領罪の犯人が業務上物を占有する場合において、とくに重い刑を科することを規定したものであるから、業務上物の占有者たる身分のない被告人両名〔Y・Z〕に対しては同法65条2項により同法252条1項の通常の横領罪の刑を科すべきものである」と判示した[9]。この判例は成立罪名と科刑の分離を認める点で疑問であり、傷害を共謀して被害者に暴行を加えたところ、そのうちの1人が殺意をもって被害者を殺害したという事案において、殺意のなかった共犯者に「殺人罪の共同正犯が成立するいわれはなく、もし犯罪としては重い殺人罪の共同正犯が成立し刑のみを暴行罪ないし傷害罪の結果的加重犯である傷害致死罪の共同正犯の刑で処断するにとどめるとするならば、それ

---

[8]　大連判大正3年5月18日刑録20輯932頁。
[9]　最判昭和32年11月19日刑集11巻12号3073頁。

は誤りといわなければならない」と判示した最決昭和54年4月13日刑集33巻3号179頁[10]との整合性が問われよう[11]。事例4の場合、ＸＹは、65条1項により横領罪（252条）の共同正犯となり、業務上占有しているＸが、65条2項により、業務上横領罪（253条）が成立すると解すべきであろう。

　（ⅴ）Ｘが窃盗（未遂・既遂）の罪を犯した後、窃盗に関与していないＹが、Ｘと意を通じて、238条所定の目的で追跡者等に暴行・脅迫を加えた場合のＹの罪責について争いがある。判例は、事後強盗罪を身分犯、しかも真正（構成的）身分犯と解し、Ｙについて65条1項により事後強盗罪の共同正犯の成立を認める[12]。学説においてこれを支持する見解もあるが、事後強盗罪は窃盗と暴行・脅迫の結合犯と解すべきであろう。なぜなら、（ア）通説・判例のように、事後強盗罪の未遂・既遂を窃盗の点の未遂・既遂により判断するのであれば、それは、窃取および暴行・脅迫の完全な充足をもって、その構成要件を充足する（既遂になる）と考えているのであり、窃取行為も事後強盗罪の実行行為であり、窃取行為による財物の占有移転（の企て）はその違法性の重要な部分を形づくっているものと考えざるをえないからである。そして、（イ）暴行・脅迫が「窃盗の機会」に行われなければならないこと、（ウ）暴行・脅迫の程度が強盗罪と同程度であること、（エ）先行する窃盗行為が別罪を構成せず事後強盗罪に吸収されることは、いずれも「窃盗」を身分と解する場合には、そのように解すべき理由はなく、これらの解釈は結合犯説と整合的である。結合犯説に立てば、Ｙについては承継的共同正犯の考え方により処理されることになる。当初の窃盗行為に関与していないＹは、事後強盗全体の事象のなかでは従的な位置づけといえるから、原則的には、暴行罪・脅迫罪の共同正犯と事後強盗罪の従犯の成立となろう。ただし、窃盗既遂の場合でＹの暴行・脅迫がその財物確保に寄与している場合、Ｙは事後強盗罪の共同正犯になりうる。

10　さらに、最決平成17年7月4日刑集59巻6号403頁。第25講Ⅳ参照。

11　判例は、その後も、この法適用を維持しているように思われる。近時でも、公訴時効期間に関する判断をしたものであるが、その前提となる、業務上の占有者という身分のない者の法適用に関して、最判令和4年6月9日裁判所webは、「刑法65条1項により、同法60条、253条（業務上横領罪）に該当するが」、「同法65条2項により同法252条1項（横領罪）の刑を科することとなる」とした第1審・原判決の判断は正当であるとし、そのうえで、公訴時効期間は、横領罪（252条1項）の法定刑が基準となると判示した。

12　大阪高判昭和62年7月17日判時1253号141頁など。なお、新潟地判昭和42年12月5日下刑集9巻12号1548頁。事後強盗罪を不真正（加重的）身分犯と解し、Ｙには65条1項により事後強盗罪の共同正犯が成立し、65条2項により暴行罪・脅迫罪の刑が科せられる65条2項により暴行罪・脅迫罪の共同正犯が成立する。また、東京地判昭和60年3月19日判時1172号155頁。参照、原口伸夫「判例批評」法学新報126巻3・4号123頁以下（2019年）。

第 29 講　必要的共犯

（1）第 25 講から前講まで「共犯」について論じてきた。それらは、単独犯の形式で規定されている行為に他の（複数の）者が関与するケースにかかわっており、その関与者には総則 60 条以下の規定（共同正犯・教唆犯・従犯）が適用される。このような場合の関与を任意的共犯という。

それに対して、犯罪類型そのものが当然に、または、当該構成要件の性質上はじめから、複数の行為者の関与を予定している場合がある。これを必要的共犯という。必要的共犯には、内乱罪（77 条）、騒乱罪（106 条）のように、同一方向に向けられた多数の者の行為が問題になる犯罪類型（多衆犯・集団犯）と、贈収賄罪（197 条・198 条）における賄賂を渡す行為と賄賂を受け取る行為のように、2 人以上のいわば向かい合った行為が予定している犯罪類型（対向犯）がある。対向犯は、さらに、（ア）関与者を同等に処罰する場合（重婚罪。184 条）、（イ）関与者の法定刑に差異のある場合（贈収賄罪。197 条・198 条）、（ウ）当然予想される対向的な行為の一方につき処罰規定がない場合（わいせつ物頒布罪・販売罪。175 条）がある。

これらの犯罪類型の場合に刑法総則の共犯規定（60 条以下）の適用が制限・排除されるのか、制限・排除されるとすれば、それはどの場合なのかが争われてきた。

（2）対向犯について、次のように論じられる。「対向犯的な性質をもつ a・b という 2 つの行為の中で、法律が a 行為だけを犯罪定型として規定しているときは――当然に定型的に予想される b 行為を立法にあたって不問に付したわけであるから――b 行為は罪としない趣旨だと解釈しなければならない。したがって、b 行為が a 罪の教唆行為または幇助行為にあたるばあいでも、それが a 罪に対する定型的な関与形式であるかぎりは、これを a 罪の教唆犯・幇助犯として罰することは許されないと解するべきである。その限度で、61 要・62 条は適用を制限されることになる」[1]と。立法者の意思を考慮した解釈であり、必要的共犯に関する解釈の出発点としては基本的に妥当であろう。

たとえば、わいせつ物頒布罪（175 条）の場合、当然にそのわいせつ物の交付を受ける者の存在が予定されている[2]。しかし、175 条は「わいせつな文書……を頒布し……た者」を処罰対処とするが、それを購入するなど、有償または無償でその交付を受ける者の処罰規定を設けていない。この場合に立法者が交付を受ける者を不処罰にする（不問に付す）という趣旨で 175 条を規定したと解釈できるのであれば、もし交付を受ける者を頒布者の

---

[1] 団藤・総論 3 版 432 頁。
[2] 175 条の「頒布」とは、不特定または多数の者に有償または無償でその物を交付することをいう。

共犯者として処罰するならば、そのような立法者の意思を無に帰せしめることになってしまおう[3]。

　贈収賄罪は、賄賂を贈る者（贈賄者）と賄賂をもらう者（収賄者）の存在が予定されている犯罪類型である。この場合、収賄者・贈賄者ともに処罰規定が設けられているが、両者の刑に差異が設けられており（197条・198条参照）、立法者の意思（決定）を無に帰せしめる解釈をとるべきではないという点では、175条の場合と事情は同様である。具体的に考えてみよう。贈賄者は収賄者の「共犯者」ということもできる。たとえば、ある会社の社長Aが政治家Bに特別な便宜を図ってもらおうと金銭を渡した場合に総則の共犯規定を適用すれば、AはBに収賄をそそのかしたといえ、収賄罪の教唆犯となりうる。単純収賄罪（197条1項前段）の刑は「5年以下の拘禁刑〔懲役〕」であり、教唆犯は「正犯の刑を科する」（61条）から、収賄罪の教唆犯となるとその刑は「5年以下の拘禁刑〔懲役〕」ということになる。一方で、贈賄罪（198条）の刑は、「3年以下の拘禁刑〔懲役〕又は250万円以下の罰金」と規定されている。受託収賄罪（197条1項後段）の教唆犯となればその刑は「7年以下の拘禁刑〔懲役〕」となり、加重収賄罪（197条の3第1項）の教唆犯となればその刑は「20年以下の拘禁刑〔懲役〕」となってしまう。しかし、収賄者・贈賄者が当然に予定される贈収賄罪において、立法者が収賄罪に197条1項前段（ほか各収賄罪）、贈賄罪に198条の規定を設けた、ということを考えれば、贈賄者には198条のみが適用され、それとは別に197条の共犯にはならない、つまり、総則60条以下の共犯規定の適用は排除されると解釈すべきことになろう。

　もっとも、収賄罪関係の共犯規定の適用は単純ではなく、収賄者の側、贈賄者の側に立っての共犯は排除されない。たとえば、上記の社長A・政治家Bの例で、社長Aと重役Cとが相談のうえ政治家Bに賄賂を供与したとすれば、AとCは贈賄罪の共同正犯となる。また、政治家Bが、その妻Dの強い要請を受けて、Aの供与した賄賂を収受した場合、DはBの共犯（共同正犯）になりうる。そうすると、収賄者 ↔ 贈賄者という「対向的な関係」において総則の共犯規定の適用が排除されると解されることになる。

　（3）多衆犯の場合、条文上、関与形態により刑の重さが区別されている。内乱罪の場合、首謀者（77条1項1号）、謀議参与者・群集指揮者（同2号）、諸般の職務従事者（同2号）、付和随行者・単純参加者（同3号）、騒乱罪の場合、首謀者（106条1号）、他人の指揮者・率先しての勢助者（同2号）、付和随行者（同3号）の刑を区別している。そこで、それぞれの関与行為に外部から加功した場合、たとえば、首謀者を教唆した場合[4]に60条以下の規定が適用されるのか否か議論されてきたが、判例・多数説はこれを肯定する。

3　これは、普通の売買契約にみられる単純な買主としての定型的な申込みの場合であり、「もし相手に対してとくに積極的に働きかけて目的物を売るように仕向けたばあいは、教唆犯の成立をみとめるべき」であるとされる（団藤・総論3版433頁注3）。必要的共犯として不可罰となるのは、当該犯罪類型にとって必要な限度の行為に限りということであろう。最判昭和43年12月24日刑集22巻13号1625頁（弁護士法違反）も参照。わいせつ物頒布罪の買い手が処罰されない理由を、実質的にその者が被害者であるということに求め、積極的に売るように働きかけた場合も処罰されないとし、ただ、他の者にも売るように教唆したときはその限度で教唆犯となるとの見解もある（平野・総論II379頁）。

4　兵器、資金もしくは食糧を供給し、またはその他の行為により、内乱行為・内乱予備行為を幇助した場合、内乱幇助罪として7年以下の拘禁刑〔禁錮〕に処すとの規定が設けられている（79条）から、総則の従犯規定の適用は排除される。

第 30 講　罪数

① 当該犯罪行為が一個の罪なのか、数個の罪なのか。（構成要件充足の評価の 1 回性）

② 数個の罪が成立する場合にどのように処断すべきか。（数罪成立。処罰の 1 回性）

◈ ①は犯罪論に属し、②は刑罰論の問題である。

```
        ┌─ 単純一罪
     1罪 ┼─ 法条競合
    ┌┤   └─ 包括一罪
    │
    └┤      ┌─ 科刑上一罪 (観念的競合、牽連犯。54 条 1 項)  ⇒ その最も重い刑に
     数罪 ┼─ 併合罪 (45 条以下)  ⇒ 原則 1・5 倍。              により処断。
            └─ 単純数罪
```

I　併合罪（45 条以下）、観念的競合・牽連犯（54 条）

　（1）刑事裁判において、被告人が複数の犯罪を犯したとして裁かれる場合がある。たとえば、（ア）殺人被疑事件で、Xが殺人罪（199 条）と死体遺棄罪（190 条）で起訴されたような場合である。あるいは、（イ）A宅への空き巣に入った際に現行犯逮捕されたYが、取り調べにおいて、それ以前にB宅・C宅へも空き巣に入っていることがわかり、それら 3 件の窃盗罪（235 条）が一緒に起訴されたという場合もあろう。複数の罪が成立する場合、被告人に言い渡す刑はどのように決められるのだろうか。このことをまず考えてみよう。

　複数の罪が成立する場合、原則的に、併合罪（45 条）[1]として扱われる。併合罪の場合、有期拘禁刑〔懲役刑・禁錮刑〕に処すときは[2]最も重い罪の刑を 1・5 倍にする（47 条）。前述の（イ）の窃盗の例で考えると、懲役刑を選択した場合[3]、235 条の法定刑は「10 年以下の拘禁刑〔懲役〕」であるから、2 個（以上）の窃盗罪につき併

---

[1] 「確定裁判を経ていない 2 個以上の罪」が併合罪である（45 条）。「確定裁判」とは、通常の上訴という手段でその裁判を取り消すことのできない状態に至った裁判であり、一事不再理効（憲法 39 条後段）をもつ。同時訴追・審判の可能性がある（あった）数罪が併合罪として扱われる。確定裁判前に犯された数罪と、確定裁判後に犯された罪とは併合罪にならず、各別に刑が量定され、宣告される（単純数罪）。確定裁判前は、判決による強い戒めを受けていなかったことを斟酌してやや寛大に扱われるのに対して、その後は、その戒めを受けたにもかかわらずさらに罪を犯しており、なんら「割引き」はない。

[2] 併合罪のうち 1 個の罪について死刑、無期拘禁刑〔無期懲役、無期禁錮〕に処するときは、他の刑を科さない。ただし、死刑の場合に没収を、無期拘禁刑〔無期懲役・無期禁錮〕の場合に罰金・科料・没収を併科することができる（46 条）。

[3] 法定刑に 2 個以上の刑名があるときは、まず適用する刑種を選択する。たとえば、235 条（窃盗罪）は「10 年以下の拘禁刑

合罪加重がなされると、その長期 10 年を 1・5 倍して「15 年以下の拘禁刑〔懲役〕」という処断刑が形成される。このことは、別の言い方をすると——極端な例ではあるが——100 人の被害者に対してそれぞれ別の日に窃盗を犯した場合（100 個の窃盗罪）も、それらが併合罪となれば、その処断刑は 15 年以下の拘禁刑〔懲役〕であり、それ以上重く処断することはできない。

　前述（ア）の殺人の例を考えてみると、有期懲役刑を選択した場合、199 条は「5 年以上の 20 年以下の拘禁刑〔懲役〕」であり、殺人罪と併合罪となる[4]死体遺棄罪（190 条）の「3 年以下の拘禁刑〔懲役〕」より 199 条の方が重いから、それを 1・5 倍すれば「30 年以下の拘禁刑〔懲役〕」ということになりそうである。しかし、併合罪加重の制限として、併合罪となるそれぞれに罪について定めた刑の長期の合計を超えることができないとの制限があり（47 条ただし書）、（ア）の例では、殺人罪の長期である 20 年の拘禁刑〔懲役〕と死体遺棄罪の長期である 3 年の拘禁刑〔懲役〕の合計 23 年の拘禁刑〔懲役〕を超えることができない。したがって、（ア）の場合、併合罪加重により「23 年以下の拘禁刑〔懲役〕」という処断刑が形成されることになる。

　（2）複数の罪が成立する場合に併合罪処理よりも軽く処断される場合がある。観念的競合と牽連犯の場合である。観念的競合とは、「1 個の行為が 2 個以上の罪名に触れ」る場合（54 条 1 項前段）であり[5]、牽連犯とは、「犯罪の手段若しくは結果である行為が他の罪名に触れる」場合（54 条 1 項後段）である。観念的競合の場合も、牽連犯の場合も、「その最も重い刑[6]により処断」される。これらを科刑上一罪という[7]。

　たとえば、（ウ）Ｘが爆弾を投てきして爆発させ、そこにいたＡ・Ｂを殺害した場合、爆弾を爆発させるというＸの「1 個の行為」が、Ａに対する殺人罪、Ｂに対する殺人罪という「2 個以上の罪名に触れ」ており、観念的競合として「その最も重い刑」——この場合、いずれも殺人罪なので殺人罪の刑——により処断される。つまり、Ｘは殺人罪の法定刑である「死刑又は無期若しくは 5 年以上の拘禁刑〔懲役〕」で処断される。観念的競合となると刑の加重はなされず、（ウ）の場合には 1 個の殺人罪と同じ処断刑ということになる[8]。（エ）Ｙが公務執行中の警察官Ｃを 1 回殴って、Ｃに怪我をさせた場合、Ｃには公務執行妨害罪（95 条 1 項）と傷害罪（204 条）が成立する。そして、Ｃの殴打という「1 個の行為」が公務執行妨害罪と傷害罪という「2 個の罪名に触れ」ているので、観念的競合となり、「その最も重い刑」——この場合、傷害罪の刑——により処断される。Ｙの処断刑は、「15 年以下の拘禁刑〔懲役〕又は 50 万円以下の罰金となる。

　〔懲役〕又は 50 万円以下の罰金に処する」と規定しているので、言い渡す刑を拘禁刑〔懲役〕にするのか、罰金にするのかをまず決定する。

4　牽連犯になるとする見解も有力であるが、判例は併合罪とする。

5　観念的競合に関して、参照、只木誠『罪数論の研究（補訂版）』（成文堂、2009 年）。

6　刑の上限（長期・多額）・下限（短期・寡額）ともに重いものによる。

7　科刑上一罪の関係にある犯罪すべてに一事不再理効が及び、その一部の罪が確定した後に、起訴されなかった犯罪を起訴することはできない。併合罪であればそれが可能である。

8　もちろん、具体的な量刑において、1 名殺害の場合よりも 2 名殺害の方がその被害において重く評価されることになろう。

観念的競合（54条1項前段）にいう「1個の行為」について、最大判昭和49年5月29日刑集28巻4号114頁は、「法的評価をはなれ構成要件的観点を捨象した自然的観察のもとで、行為者の動態が社会的見解上1個のものとの評価をうける場合をいう」と判示した。無免許でかつ酒に酔って車を運転した場合、無免許運転罪（道交法64条1項・117条の2の2第1項）と酒酔い運転罪（道交法65条1項・117条の2第1項）は観念的競合となる。それに対して、酒に酔って運転している際に人身事故をひき起こした場合、酒酔い運転罪と過失運転致死傷罪（自動車運転死傷行為処罰法5条）とは併合罪になる。自動車を運転する行為は時間的継続と場所的移動を伴うのに対して、人身事故・信号無視は運転継続中に1時点1場所における行為であり、社会的見解上別個のものと評価され、いわば点と点（または線と線）として重なる場合は観念的競合、点と線の関係にある場合は併合罪であるというように説明されている。銃砲刀剣類の所持とそれを用いての殺人（強盗）は併合罪になる[9]。

　（3）牽連犯は2つの行為が手段・目的、または、原因・結果の関係にある場合である。より厳密には、それに加え、両者に罪質上の通常性（類型的な牽連関係）が必要である。牽連犯の代表例は、住居に侵入してその住居内での窃盗（強盗、殺人、暴行、傷害、強制性交、放火など目的とした犯罪）を犯した場合である。住居侵入は、その住居内で犯そうとする犯罪の手段にすぎない。住居侵入窃盗の場合、住居侵入罪（130条）と窃盗罪（235条）が成立するが、その最も重い刑——この場合、窃盗罪の刑——で処断される。牽連犯となるもう1つの代表例は、文書（・通貨・有価証券）を偽造して行使する場合である。文書を偽造するのは、それを行使するための手段であり、公〔私〕文書偽造罪（155条1項〔159条1項〕）と偽造公〔私〕文書行使罪（158条1項〔161条1項〕）が成立し、両罪は牽連犯となる[10]。その文書の偽造・行使が、詐欺の手段である場合、公文書偽造罪、偽造公文書行使罪および詐欺罪（246条）の3罪が牽連犯となる[11]。

　上記の類型以外について、判例は牽連犯と認めることに消極的である[12]。判例が牽連犯と認めなかった場合として、保険金詐取目的での放火と詐欺、殺人と死体遺棄・損壊、強盗殺人と犯跡を隠蔽するための放火、窃盗教唆と盗品等有償譲受け、誤射による業務上過失傷害と殺人[13]、監禁とそれを手段とした恐喝罪[14]などがある。

---

[9]　最判昭和24年12月8日刑集3巻12号1915頁など。

[10]　ほかに、たとえば、わいせつ目的誘拐罪（225条）と強制わいせつ罪（176条）、身の代金目的拐取罪（225条の2第1項）と身の代金要求罪（225条の2第2項）も牽連犯となる。

[11]　かすがい現象（理論）といわれる問題がある。かすがい現象とは、たとえば、XがA宅に侵入し、A・B・C3名を殺害したという場合、住居侵入罪とAの殺人罪が牽連犯となり、同様に、住居侵入罪とBの殺人罪、住居侵入罪とCの殺人罪がそれぞれ牽連犯となり、住居侵入を「かすがい」として全体が牽連犯になる（最決昭和29年5月27日刑集8巻5号741頁。また、最決平成21年7月7日刑集63巻6号507頁）というものである。この場合に、全体が牽連犯となることにより、最も重い殺人罪の刑で処断される。野外で3人を殺害すれば3個の殺人罪が併合罪になるのに対して、屋内で3人を殺害すれば牽連犯となって刑が軽くなり、不均衡・不合理ではないということが問題にされてきた。

[12]　「牽連犯とされる事例は、判例において縮減的に固定化され、立法論として削除の方向にある」（只木誠「罪数論」法学教室371号26頁注4（2011年））とされ、「牽連犯とは、判例により認められた牽連犯のことをいう」ともいわれる（大谷・総論新版5版494頁）。

[13]　最決昭和53年3月22日刑集32巻2号381頁（熊撃ち事件）。熊撃ち事件について、第10講Ⅳ参照。

[14]　最判平成17年4月14日刑集59巻3号283頁（牽連犯から判例変更）。

Ⅱ　法条競合、包括一罪

（1）前述Ⅰでは、複数の罪が成立する場合の処理をみてきたが、そもそも複数の罪が成立するのか、1個の罪が成立するのみなのかが問われうる場合がある。たとえば、（オ）XがAとの口論中かっとなりAを殴ったが、興奮したXは、さらに続けて2回、3回とAを殴った場合、Xには3個の暴行罪が成立し、それらは併合罪（または牽連犯）となるのであろうか。あるいは、（カ）YがB宅に放火し、それを焼損したが、さらに、火が延焼し、C所有の倉庫、D所有のバイクにも延焼させた場合はどうだろうか。

　数個の罪が成立するようにみえて、1個の罪が成立するにすぎない場合として、法条競合と包括一罪がある。

　法条競合とは、構成要件相互の概念的（論理的）関係から、2つの犯罪の成立を認めると1個の犯罪事実に対する2重評価（過剰な評価）となってしまうことから、一方の罪のみの成立を認める（他方の罪の成立を排除する）場合である（罰条間の論理的関係による一罪）。法条競合には特別関係、補充関係、択一関係、吸収関係がある。

　特別法は一般法に優先する（特別関係）。過失致死罪（210条）と業務上過失致死罪（211条）、遺棄罪（217条）と保護責任者遺棄罪（218条）、横領罪（252条）と業務上横領罪（253条）、背任罪（247条）と特別背任罪（会社法960条）、強要罪（223条）と強盗罪（236条）・強制性交等罪（177条）などにおいて、後者の罪（特別法）が成立するときは前者の罪（一般法）は成立しない。

　基本法が適用されない場合にのみ補充法が適用される（補充関係）。器物損壊罪（261条）は、「前3条に規定するもののほか、他人の物を損壊し」と規定しており、前3条である公用文書毀棄罪、私用文書毀棄罪、建造物損壊罪の補充法である。同様に、建造物等以外放火罪（110条）は、「前2条に規定する物以外の物を焼損し」と規定しており、前2条である現住建造物等放火罪、非現住建造物等放火罪の補充法である。「暴行を加えた者が人を傷害するに至らなかったとき」と規定する暴行罪（208条）は傷害罪（204条）の補充法である。

　択一関係にある一方の罰条が適用される場合、他方の罰条は適用されない。横領罪（252条・253条）と背任罪（247条）がこの択一関係あるとされる。

　基本犯（傷害罪）と結果的加重犯（傷害致死罪）は吸収関係にある。

　（2）包括一罪とは、数個の行為があって、それぞれ独立して構成要件に該当するようにみえるが、犯意の同一性・継続性、被害法益の同一性、行為態様の同一性・類似性、犯行日時・場所の近接性などの事情から、1回の構成要件的評価によってそれらを包括して評価すべき場合という。したがって、包括一罪では、どの範囲の行為までその構成要件の1回的な評価によって評価し尽くすことができるのか（または評価すべきか）ということが問題となる[15]

---

[15] 包括一罪は「一種の科刑上一罪」だとの理解もある（平野・総論Ⅱ413頁、山口・総論3版399頁以下など）。確かに、「包括一罪」と言われる場合もさまざまなものが含まれており、構成要件該当性の段階での評価に位置づける場合、そして、犯罪

（ⅰ）同質の行為が繰り返される場合がある。同一の客体に対して[16]同一の犯意に基づき場所的・時間的近接して数個の同種行為が行われる場合、当該構成要件の 1 回的な評価として想定する範囲内にあるものとして包括して 1 罪となる。接続犯といわれる[17]。たとえば、前述の（オ）のように、同一の被害者をたて続けに殴る場合、暴行罪（208 条）1 罪が成立する。3 回殴ったことにより 3 個の暴行罪が成立するのではない。X が傷害の故意をもって刃物で A に切りかかり、A に 2 か所に傷を負わせた場合も同じであり、2 個の傷害罪（204 条）が成立するのではなく、A に対する 1 個の傷害罪が成立する。判例は、約 2 時間の間に同一の倉庫から 3 回に分けて米俵 9 俵を窃取した場合に、「短時間のうちに同一場所で為されたもので同一機会を利用したものであ」り、「単一の犯意の発現たる一連の動作である」として窃盗罪 1 罪を認めている[18]。最決平成 22 年 3 月 17 日刑集 64 巻 2 号 111 頁は、難病の子供たちの支援活動を装って、約 2 か月間にわたって街頭募金の名のもとに多数の通行人から金銭を詐取した事案に関して、不特定多数の通行人に対して同一内容の定型的な働きかけにより寄付を募り、被害者も匿名で少額の現金を募金箱に投入し立ち去るのが通常であるなどのこの場合の特殊性から、詐欺罪の包括一罪を認めた[19]。

さらに、予備から未遂に、そして、既遂に発展するまで、同一の犯意に基づいて、複数の行為が行われた場合、各行為ごとに犯罪が成立する（たとえば、殺人予備罪、複数回の殺害の試みにつき複数の殺人未遂罪、そして、殺人既遂罪）というのではなく、殺人既遂罪（199 条） 1 罪が成立する[20]。

（ⅱ）構成要件の中には、1 つの構成要件に目的・手段の関係にある複数の行為態様を規定しているものがある。これらの行為が一連のものとして行われた場合、包括して 1 罪とされる（構成要件上の包括。狭義の包括一罪）。たとえば、逮捕にひき続き監禁した場合、逮捕監禁罪（220 条）1 罪となる。同様に、同一人に対し賄賂を要求し、約束した後、収受した場合、収賄罪（197 条）1 罪が成立し、犯人を蔵匿した後、隠避した場合、犯人蔵匿罪 1 罪（103 条）が成立する。盗品等を運搬し、保管し、有償処分のあっせんをした場合、盗品等関与罪（256 条 2 項）1 罪が成立する。

それぞれ単独でも犯罪とされる 2 個以上の行為を結合して 1 つの構成要件としている結合犯の場合の場合、

成立後の処断と体系づけるべき場合など、その体系的位置づけを整理すべきであろう。

16 個人的法益（とりわけ一身専属的な法益）に対する罪の場合、原則として、侵害された法益ごとに 1 罪が成立する。1 人を殺せば殺人罪 1 罪であり、2 人を殺せば殺人罪 2 罪である。これに対して、社会的法益に対する罪、公共危険罪である放火罪の場合、公共の危険の個数によってその放火罪の個数が定められる。たとえば、複数の住宅を焼損したとしても、生じた公共の危険が 1 個であれば、焼損を予見していた客体のうち最も重い類型の放火罪 1 罪が成立する。

17 旧 55 条は「連続シタル数個ノ行為ニシテ同一ノ罪名ニ触ルルトキハ一罪トシテ処断ス」と規定し、「連続犯」という概念を認め、その適用範囲が広く解釈されていたところ、戦後の刑事訴訟法改正により捜査の規律の厳格化に伴って、連続犯適用による一事不再理効の及ぶ範囲の広さが問題視され、1947 年（昭和 22 年）の刑法改正において、旧 55 条は削除された。しかし、その後も「連続犯」と解されていた場合がすべて数罪として扱われることになったのではなく、「接続犯」などにより 1 罪の中に取り込まれているものもある。

18 最判昭和 24 年 7 月 23 日刑集 3 巻 8 号 1373 頁。さらに、医師が、3 か月間で 54 回、さらに、その 3 年後の 2 か月間で 35 回にわたって麻酔注射を施用した行為（最判昭和 31 年 8 月 3 日刑集 10 巻 8 号 1202 頁）、約 4 か月にわたり断続的に暴行を加え、傷害を負わせた行為（最決平成 26 年 3 月 17 日刑集 68 巻 3 号 368 頁）を包括一罪としたものがある。この場合を接続犯と区別して、連続的包括一罪と呼ばれる場合もある。

19 本判決につき、只木誠・百選Ⅰ8 版 206 頁参照。

20 法条競合の吸収関係とするか、包括一罪に分類すべきかは議論がある。

たとえば、強盗罪の場合に暴行罪と強盗罪が成立するのではなく、強盗罪（236条）１罪が成立する。

　（ⅲ）また、構成要件の中には、継続的な数個の同種行為の反復を予定して設けられている犯罪類型がある。常習犯（常習賭博罪、186条１項）、職業犯・営業犯（わいせつ物販売罪、175条１項）などの集合犯である。賭博の常習者が１回を賭博をした場合でも、数回にわたって賭博をした場合でも、常習賭博罪１罪が成立し、わいせつ文書を数回にわたり販売しても包括してわいせつ物販売罪１罪が成立し、医師でない者が、医療行為を繰り返したとしても無免許医業罪（医師法31条１項１号、17条）１罪となる。

　（ⅳ）万引きした食品を食べたり、窃取した商品を買い取ってもらい換金するなど、窃取した財物を費消・処分したとしても、新たな財産犯は成立しない。そのような行為は先行する窃盗罪の構成要件において評価済みと考えられるからである（不可罰的事後行為または共罰的事後行為）。これに対して、ひき続いて行われる行為が、前の行為の構成要件的評価を超える場合は数罪を構成する。たとえば、盗んだピストルを用いて人を殺害した場合、窃盗罪とは別に殺人罪が成立する。予備と既遂の関係は共罰的事前行為とも説明される。委託に基づいて他人の不動産を占有する者がほしいままに不動産に抵当権を設定し（第１の横領）、その後、それを売却した（第１の横領）場合に、抵当権設定行為につき横領罪が成立し、その後の所有権移転行為は別の横領罪を構成しないとしたかつての判例（最判昭和31年６月26日刑集10巻６号874頁）を変更し、最大判平成15年４月23日刑集57巻４号467頁は、「先行の抵当権設定行為が存在することは、後行の所有権移転行為について犯罪の成立自体を妨げる事情にはならない」。「検察官は、事案の軽重、立証の難易等諸般の事情を考慮し……後行の所有権移転行為をとらえて公訴を提起することができる」との判断を示した。

　ピストルや刃物を用いて被害者を殺害した際にその衣服を損壊した場合、殺人罪のほかに器物損壊罪（261条）が成立するというのではない。衣服の損壊は殺人行為にしばしば伴い、その構成要件的評価において評価済と考えられ、殺人罪１罪が成立する（随伴行為）。顔面殴打し傷害した際に眼鏡を損壊した場合に傷害罪のみの成立を認めたものがある[21]。

　（ⅴ）混合的包括一罪といわれる場合がある。たとえば、窃取ないし詐取した後その物の返還請求を免れる目的で殺害した場合（殺害が未遂に終った場合）、強盗殺人（未遂）の包括一罪となり[22]、窃盗の着手（さらに既遂）後に居直って強盗を働いた場合、強盗罪一罪となる[23]。混合的包括一罪の実体は一種の科刑上一罪といえよう。

　（３）教唆犯・従犯の「犯罪の個数」は正犯により実行された犯罪の個数に従うが、教唆・幇助行為が１個の行為でなされた場合、観念的競合になる。たとえば、Ｘが、Ｙの覚せい剤密輸入に際し、Ｙに現金を渡して密輸

21　東京地判平成７年１月31日判時1559号152頁。
22　最決昭和61年11月18日刑集40巻７号523頁。
23　高松高判昭和28年７月27日高刑集６巻11号1442頁など。

入を幇助したところ、Yは2回にわたり覚せい剤を密輸入したという場合、Xには「2個の幇助罪」が成立するが、幇助行為（金銭提供）は1個この行為であるから観念的競合になる[24]。

[24] 最決昭和57年2月17日刑集36巻2号206頁。

234

NOTE

刑法総論講義案

2023年3月20日　初版第1刷発行

著　者　　原　口　伸　夫
発行者　　阿　部　成　一

〒162-0041　東京都新宿区早稲田鶴巻町514
発行所　　　　　　株式会社　成文堂
電話03(3203)9201(代)　FAX03(3203)9206
http://www.seibundoh.co.jp

印刷・製本：三報社印刷

© 2023 N. haraguchi　　　Printed in Japan
☆ 乱丁本・落丁本はおとりかえいたします ☆
ISBN 978-4-7923-9284-0 C3032　　　検印省略
定価（本体2,500円＋税）